2015年教育部人文社会科学研究规划基金项目『晚清民国时期报业管理思想专题研究』（编号：15YJA860017）的最终成果

科学管理的探索

晚清民国时期报业管理思想史

曾来海　著

浙江大学出版社
ZHEJIANG UNIVERSITY PRESS
·杭州

图书在版编目(CIP)数据

科学管理的探索:晚清民国时期报业管理思想史 /
曾来海著. —杭州:浙江大学出版社,2023.8
ISBN 978-7-308-23961-5

Ⅰ.①科… Ⅱ.①曾… Ⅲ.①报业—经营管理—思想
史—研究—中国—近代 Ⅳ.①G219.295

中国国家版本馆 CIP 数据核字(2023)第 115053 号

科学管理的探索:晚清民国时期报业管理思想史
曾来海　著

责任编辑	杨　茜
责任校对	许艺涛
封面设计	周　灵
出版发行	浙江大学出版社
	（杭州市天目山路 148 号　邮政编码 310007）
	（网址：http://www.zjupress.com）
排　版	浙江大千时代文化传媒有限公司
印　刷	杭州钱江彩色印务有限公司
开　本	710mm×1000mm　1/16
印　张	17.75
字　数	291 千
版 印 次	2023 年 8 月第 1 版　2023 年 8 月第 1 次印刷
书　号	ISBN 978-7-308-23961-5
定　价	78.00 元

目　录

绪　论

一、研究的目的与意义

虽然自从报纸诞生以来，报纸生产、发行、销售等报业经营与管理活动便一直存在，但是由于我国邸报、小报或京报等古代报纸长期属于小规模作坊式生产，报业经营与管理未能得到足够的重视。直到晚清民国时期大量在华外国人所创办的外文中文商业性报纸、大量的民营报业及国民党党报系开始普遍推行商业化企业化运营之后，报业发行、广告、人事、财务、股份筹资等具体的专业的报业经营与管理活动才逐渐普及与推广。与此同时，报业经营与管理活动的理论研究也引起了新闻界的关注与重视，甚至在晚清民国时期普遍出现了报业管理学的专门论文、专著、教材及专业课程，形成了新闻学一个独立分支的学科——报业经营与管理学。

然而长期以来由于种种原因，国内新闻界对晚清民国时期报业经营与管理的历史这一冷门问题一直关注不够。直到改革开放以后，随着国内传媒"事业单位企业化管理"政策的实施，与传媒经营与管理有关的广告、发行、收视、收听问题才得到重视，有关传媒经营与管理的理论研究也得到不断推进，甚至传媒管理学、传媒经济学一度被视为热门的新兴学科。在国内传媒管理学、传媒经济学研究的过程中，晚清民国时期报业经营与管理的发展史、学术史及思想史也都陆陆续续被国内新闻学界所关注，也有学者进行了不同程度的史料整理与研究。但从既有的晚清民国时期报业经营与管理思想史的研究现状来看，大多数研究停留在对报纸个案或对著名报人管理实务经验的总结与归纳，而对同时期报业经营与管理理论研究的思想智慧的梳理与研究不够,把实践经验与理论研究结合起来研究晚清民国时期报业经营与管理思想史的成果则更为鲜见。

本书研究的理论意义及现实价值主要在于:

在理论上,主要通过全面梳理晚清民国时期报业经营与管理的实践活动及理论研究的有关文献史料,试图以美国"管理学之父"弗雷德里克·温斯洛·泰勒(Frederick Winslow Taylor)的科学管理理论为依据,从报业生产管理、发行管理、广告管理、人事管理、组织管理与财务管理等报业企业内部管理方面系统梳理与建构晚清民国时期报业企业微观科学管理的思想体系,补充与丰富了我国传媒经济与管理思想史的研究,为我国传媒经济与管理学的研究、教育及学科建设做出了一些基础性贡献。

在实践上,通过系统梳理与建构晚清民国时期报业企业微观科学管理的思想体系,为我国报业、广播、电视、网络等传媒企业、文化企业内部科学管理及现代化管理的实践与改革提供了理论依据和可参考或借鉴的历史智慧。

二、文献综述

有关本论题的相关文献综述主要包括晚清民国时期报业管理思想史的相关研究及泰勒科学管理理论综述。

(一)晚清民国时期报业经营与管理思想史研究

从国内既有相关研究文献来看,有关晚清民国时期报业经营与管理思想史的研究主要聚焦于晚清民国时期主流报纸企业个案的经营与管理思想史、知名报人或报业老板的经营与管理思想史方面的研究。此外,也有个别学者从报业经营与管理实践内容或报业管理阶段性差异,较为宏观地梳理过晚清民国时期报业经营与管理思想史。

首先,既有的晚清民国时期报业经营与管理思想史的研究大多集中于《申报》《新闻报》《大公报》《中央日报》等重要而有影响的大报经营与管理思想的个案研究。其中有关《申报》经营与管理思想的研究有罗国干对美查时期《申报》的经营之道的研究，[①]1912—1934 年《申报》的营销策略研究，[②]于鑫、[③]郭墨池[④]对史量才时期《申报》经营管理的研究，古晓峰对民国时期《申报》经营管理的研究并与《新闻报》比较，[⑤]等等。有关《新闻报》经营与管理思想研究的有姚福申对新中国成立前《新闻报》经营策略的研究，[⑥]温汉华对《新闻报》受众观的研究，[⑦]对汪汉溪主持时期《新闻报》经营管理策略研究，[⑧]等等。还有对《大公报》《中央日报》《生活》周刊经营与管理思想的研究，如罗国干[⑨]、王春泉[⑩]、严晋[⑪]、郜怡君[⑫]对新记《大公报》的经营管理的研究，罗国干对邹韬奋《生活》周刊的经营方略的研究，[⑬]以及冷冰对南京《中央日报》的经营策略及其启示的研究，[⑭]等等。

其次，关于晚清民国时期知名报人或报业老板经营与管理思想的研究也较为常见。如胡太春[⑮]、代雅静[⑯]等对史量才报业经营思想的研究，陈贝贝[⑰]、游垠[⑱]对成舍我报业经营管理思想的研究，佘绍敏、许清茂、黄飞等对汪汉溪广告经营理念的研究，[⑲]赵娜[⑳]、赵旭[㉑]对胡政之报纸经营思想的研究及

①　罗国干.美查时期《申报》的经营之道——媒介经营管理研究之一[J].广西大学学报(哲学社会科学版),2006(3):109-113.
②　闫俊霞.1912—1934 年《申报》的营销策略研究[D].重庆:西南大学,2012.
③　于鑫.史量才主持时期《申报》经营管理研究[D].保定:河北大学,2006.
④　郭墨池.史量才时期的《申报》经营策略研究[J].新闻知识,2009(3):70-72.
⑤　古晓峰.民国时期《申报》经营管理研究——兼与《新闻报》的比较[D].上海:复旦大学,2007.
⑥　姚福申.解放前《新闻报》经营策略研究[J].新闻大学,1994(1):39-45.
⑦　温汉华.从经营的角度看《新闻报》的受众观[J].新闻爱好者,2009(24):168-169.
⑧　李东霞,孙剑.汪汉溪主持时期《新闻报》经营管理策略[J].青年记者,2014(1):74-75.
⑨　罗国干.新记《大公报》的经营管理——媒介经营管理研究之三[J].广西大学学报(哲学社会科学版),2006(5):63-68.
⑩　王春泉.新记公司《大公报》的经营管理之道[J].报刊之友,1997(11):34-35.
⑪　严晋.新记《大公报》经营管理方略研究[D].长沙:湖南大学,2013.
⑫　郜怡君.新记《大公报》的经营管理之道[D].呼和浩特:内蒙古大学,2012.
⑬　罗国干.韬奋《生活》周刊的经营方略——媒介经营管理研究之二[J].广西大学学报(哲学社会科学版),2006(4):91-96.
⑭　冷冰.南京《中央日报》的经营策略及启示[J].青年记者,2005(4):51-52.
⑮　胡太春.中国近代新闻思想史[M].太原:山西教育出版社,1987:264-280.
⑯　代雅静.经营报纸——史量才报刊思想研究[D].兰州:兰州大学,2007.
⑰　陈贝贝.成舍我的报业经营管理思想研究[D]保定:河北大学,2010.
⑱　游垠.成舍我报业管理思想与实践研究[D].武汉:华中科技大学,2013.
⑲　佘绍敏,许清茂,黄飞,等.汪汉溪广告经营理念初探[J].新闻记者,2005(4):77-78.
⑳　赵娜.胡政之报纸经营思想研究[D].保定:河北大学,2008.
㉑　赵旭.胡政之经营管理思想研究[D].长春:吉林大学,2011.

俞凡对胡政之报业人力资源管理思想的研究，①胡志强对胡政之的新闻职业观与实践的研究，②杨宇清对邹韬奋报刊经营管理思想的研究，③芦莉菲对邹韬奋媒介经营管理思想的研究，④梁玉峰等对恽逸群的党报经营思想的研究，⑤等等。

此外，还有少数学者从报业经营与管理实践内容或报业管理阶段性差异角度，较为宏观地梳理过晚清民国时期报业经营与管理思想史。其中汪志海主要以晚清民国时期各报业经营与管理的实践经验的个案研究为出发点，从定位与发展、发行、广告、管理方法、体制与制度、多元经营、资本原始积累等方面归纳与总结了晚清民国时期报业的经营与管理思想，⑥但仅限于个案经营与管理实践经验的梳理，并没有把当时理论界已有的报业经营与管理研究的理论成果纳入研究的视野。李秀云则从报业管理阶段性差异角度对中国现代报业企业化经营管理、战时经营管理与军事管制思想做了一个简略的描述。⑦胡太春则以有代表性的报纸经营与管理的个案研究为基础，从纵向对中国报业经营与管理做了较为完备的综合性研究，主要以时间先后顺序为主线对中国报业的经营与管理，特别是企业化经营思想做了较为全面的梳理。⑧还有学者就晚清民国时期民营报业这一类型报业的经营与管理思想展开专题研究，如刘小燕分析了中国民营报业托拉斯道路的破灭，⑨张洁分析了中国近代民营报业经营方略，⑩李煜秋分析了旧中国民营大报经营策略，⑪等等。

由此可见，现有关于晚清民国时期报业经营与管理思想史的研究大多停留在对知名报人、报业老板或主流大报尤其是民营报人与报业经营与管

---

①　俞凡.胡政之报业人力资源管理思想研究——兼论对中国传媒业人力资源管理问题的启示[J].新闻界,2011(2):151-153.
②　胡志强.胡政之新闻职业观及其实践研究[D].武汉:华中科技大学,2010.
③　杨宇清.韬奋经营管理思想论[J].江西社会科学,1987(4):113-117.
④　芦莉菲.邹韬奋媒介经营管理思想研究[D].保定:河北大学,2006.
⑤　梁玉峰,冯兵.恽逸群的党报经营思想[J].今传媒,2013(4):142-143.
⑥　汪志海.新中国建国前传媒经营管理思想史[D].上海:上海大学,2005.
⑦　李秀云.中国现代新闻思想史[M].北京:中国社会科学出版社,2007:99-120.
⑧　胡太春.中国报业经营管理史[M].太原:山西教育出版社,1998.
⑨　刘小燕.中国民营报业托拉斯道路的破灭[J].新闻大学,2003(4):18-2.
⑩　张洁.中国近代民营报业经营方略(上)[J].新闻与写作,2005(6):29-30;张洁.中国近代民营报业经营方略(下)[J].新闻与写作,2005(7):32-33.
⑪　李煜秋.旧中国民营大报经营策略初探[J].青年记者,2009(12):90-91.

理实践经验的归纳与总结,并没有纳入当时报业经营与管理的理论背景之中,难免缺乏理论的支撑及理论的高度,大多仍处于感性的经验层面。事实上,人类之思想不仅源于实践经验,也来自对实践认识的思考、推演与研究。所以对于晚清民国时期报业经营与管理思想史的科学研究,应该把当时报业经营与管理的实务经验与报业经营与管理的理论研究成果两者有机结合。只有这样才能使晚清民国时期报业经营与管理思想史的研究做到理论与实践的统一。

（二）泰勒科学管理理论的引入

19世纪末20世纪初,美国"科学管理之父"弗里德里克·泰勒创立了企业高效率生产管理的科学管理理论（或简称任务管理理论）,标志着企业管理开始从数百年的经验管理过渡到科学管理的阶段。"科学管理（或简称任务管理）是由一些普遍通用的原则和一些可应用于多方面的基本原理,以及任何个人就如何应用这些原则的说明组成的。"[①]具体地说,泰勒的科学管理方法包含以下四项基本原则:

第一,发展真正的科学;

第二,科学地选拔工人;

第三,工人的科学教育和发展;

第四,管理者与工人之间亲密、友好地合作。[②]

而且科学管理是管理中所有要素的整合,不是任何单个要素可以构成的。泰勒将其总结为:

它是科学,而不是单凭经验的方法。

它是和谐,而不是冲突。

它是合作,而不是个人主义。

它以最大产出代替有限产出。

它让每个人都达到最高效率和获得最大富裕。[③]

---

① 泰勒.科学管理原理[M].黄榛,译.北京:北京理工大学出版社,2012:13-14.
② Frederick W. Taylor. The Principles of Scientific Management[M]. New York:Harper & Brother,1911:130.
③ Frederick W. Taylor. The Principles of Scientific Management[M]. New York:Harper & Brother,1911:140.

　　科学管理就是改变仅凭经验管理企业生产的方式,要科学研究工人的工作方法并制定工作标准,然后用科学的方法选拔与培训工人,并对工人进行科学教育,让他们不断进步与成长。同时在实施管理的过程中要求管理者与职工之间职责分明又精诚合作,从而最大限度地发挥每个人的潜能与智慧,达到高效率、低成本,最终实现企业最大产出及工人最大收入。用泰勒的原话来说,也即"毋庸赘言,雇主的财富最大化和雇员的财富最大化应该是管理的两个首要目标"[①]。之后,泰勒的科学管理理论在卡尔·G.巴思(Carl G.Barth)等泰勒门徒的推动下得到了广泛传播,并得以不断完善与发展。[②]

　　随着欧美企业科学管理浪潮的掀起,泰勒的科学管理理论在 20 世纪初开始引入中国。1916 年,中华书局出版发行了泰勒《科学管理原理》的第一个中译本。该书由我国著名企业家穆藕初与董东苏合译,其中文书名为《工厂适用学理的管理法》,之后在国内兴起了一场科学管理改革的热潮。甚至有学者这样评价:"到 20 世纪 20—30 年代科学管理理念得到中国企业家的广泛响应,许多企业在科学管理思想的支配下兴起了一场颇具规模的科学管理改革,这是中国历史上第一次大规模主动吸纳异域管理思想文明成果。"[③]尤其是在王云五于 1930 年担任商务印书馆总经理之后,他以隐忍、渐进改良方式把泰勒的科学管理方法引入商务印书馆人事、财务等方面的管理并取得全面成功,进而成为当时企业科学管理改革的示范。在商务印书馆科学管理改革示范的引领下,全国主流报业纷纷仿效推行科学管理改革,以便节约成本、提高效率。

三、研究思路及研究方法

　　本书在综合前人已有关于晚清民国时期报业经营与管理研究的基础上,提出主要的研究问题并形成全书的研究思路与行文框架,然后根据问题解决的需要选择文本分析、历史研究等合适的研究方法。

---

①　泰勒.科学管理原理[M].黄榛,译.北京:北京理工大学出版社,2012:2.

②　雷恩,贝德安.管理思想史[M].6 版.孙健敏,黄小勇,李原,译.北京:中国人民大学出版社,2014:182-218.

③　徐敦楷.民国时期科学管理思想在中国的传播与运用[J].中南财经政法大学学报,2010(2):83-89.

（一）研究思路

在相关研究文献的基础上，本书主要是通过对有关晚清民国时期报业经营与管理的专门文献与相关文献进行全面、系统的梳理与再研究，试图解决的问题主要是：晚清民国时期报业企业的经营与管理实践及理论研究如何在引入泰勒科学管理理论的基础上结合中国的实际，建立起本土化的报业科学管理思想体系？该思想的具体内容及特征是怎样的？其产生的历史条件如何，是如何形成与发展的？其对当前的借鉴与启示又是什么？

为了解决上述问题，本书以晚清民国时期报业经营与管理的生产管理、发行管理、广告管理、组织管理、人事管理及财务管理等微观的具体问题为基本内容框架，全书共计六章，外加绪论与结语，其中绪论主要介绍本书研究的目的与意义、文献综述、研究思路、研究方法等基础性问题。结语主要是总括性回顾与评价晚清民国时期报业科学管理思想的内容、特点、历史贡献及不足。各章具体内容如下：

第一章是晚清民国时期报业生产管理思想研究。在晚清民国时期，新闻界在初步认识了新闻生产的宏观理论的基础上，为了高效率地生产新闻精品，晚清民国时期新闻界特别倡导精编主义思想。随着实践的推进，"精编主义"又得到了进一步的丰富与发展，并通过精编新闻、精辟言论、精美版面、精编副刊、精编广告等生产流程不断实践，并得到进一步的理论评估。

第二章是晚清民国时期报业发行管理思想研究。随着报业的全面营业，报纸以发行为基础的观念普遍形成。为了夯实报纸发行的基础地位，实现报业产出最大化，为报业的营业与竞争创造条件，晚清民国时期报业发行日益盛行"长""广""厚"三部曲的思想。为了实现这三部曲的目标与要求，不仅要建立自主发行网络，采取多样化的促销与推广，实施报馆发行的日常监控，还应该实行报业发行稽核制度。

第三章是晚清民国时期报业广告管理思想研究。为了实现报馆营收及利润的最大化，晚清民国时期报业普遍倡导"广告本位"的经营观念。但与欧美报业由"发行本位"到"广告本位"的转型变革不同，晚清民国时期国内报业是先历经"津贴本位"以后才全面进入"营业本位"，进而才逐渐实现"广告本位"的全面转型。"广告本位"思想不仅体现为对"广告本位"观念的普遍认同，还表现在"广告本位"实施的具体策略，如广告专业化设计与制作、广告个性化推销、开发新式分类广告及科学合理的广告定价等，甚至还包含了"广告本位"应有的广告道德与广告法律制度等具体的行业规范。

第四章是晚清民国时期报馆组织管理思想研究。随着报业的自由竞争与发展，晚清民国时期《申报》等实力强大的报业已实现组织健全的规模化发展。尤其是随着欧美发达国家的报业"托拉斯"化思想浪潮的涌入及国内报业"托拉斯"化大趋势，很多国内新闻学者在态度上较为谨慎，进而排斥和拒绝报馆组织向"托拉斯"化方向发展。但是，为了实现报业产出的最大化及高效率，晚清民国时期国内具有强大实力的报馆纷纷尝试扩张独资"托拉斯"化、经济协作联合"托拉斯"化或跨区连锁股份"托拉斯"化。

第五章是晚清民国时期报馆人事管理思想研究。晚清民国时期新闻人才普遍缺乏，所以"报馆譬之人体，人材则灵魂也"的观念逐渐形成，甚至认为报馆"卓然"之"树立"，"在专材之养成"，同时对于新闻人才特别强调新闻记者职业化、尊重新闻的专业性。因此为了报业的高效发展，新闻界学者们极力主张革除"熟人举荐"的进人传统，转而引入泰勒科学管理的科学选人用人理论，实行公开招考选拔录用新人。同时对于已有新闻人才要通过教育培训、合理薪酬、基本福利、额外奖励等措施以达到"培庸奖进，蔚为成材"的管理目标，进而把他们留住，真正解决"人才难找，找到难留住"的问题。

第六章是晚清民国时期报馆财务管理思想研究。为了节约成本并实现报业产出及利润的最大化，在晚清民国时期"新式会计"运动的推动下，国内新闻学者根据当时的实际状况直接引入了西方现代会计方法与制度理论，试图建立中国报馆的"新式会计"制度，以便通过预算决算与报告报表等具体实务来建立控制风险及相互牵制的"新式会计"基本原则。当时还特别引入了现代企业科学化管理中众多的会计项目与会计制度，如成本会计、商誉估值、资产折旧等至今仍在传媒会计中非常重要而实用的会计项目与会计思想。

（二）研究方法

本书主要是根据晚清民国时期报业经营与管理实务记载档案及理论研究文献，加之著名报人的回忆性文献等历史文献资料，采用历史研究法、文本分析法、比较研究法等基本方法来分析所收集的相关历史文献资料，试图建构与呈现晚清民国时期报业科学管理的思想体系。

首先，采用历史研究法。本书属于历史学中思想史的研究类型。关于思想的研究方法有三种：一是问题研究法。即将要研究的思想问题列出，拟定若干题目进行展开。二是时代研究法。即按时代的先后顺序排列,在同一时代中又以某人出生年月排列。三是学派划分研究法。如,将各种思想特征汇总,相同者分为一类,由此形成若干学派。① 也有学者在具体考察了美国政治思想史的研究方法之后归纳了类似政治思想史的研究方法,并解释说,据说在美国政治思想史可以分成三类:第一类是建构那些被指定列入花名册中的思想家之间就永恒问题而进行的玄秘对话;第二类是选取若干文本,构成一条线索,比如"西方政治传统"的发展;第三类则是长期充当标准教科书,以文本、语境和哲学评论混合而成的折中主义产物,萨拜因的《政治学史》是其典型。② 也就是说,目前思想史的研究主要是问题研究、时代研究、学派划分研究三种研究方法或研究视角。本书为了更符合报业企业科学管理的实际需求,采用问题研究法,以泰勒的科学管理理论为依据,就报业经营与管理中生产管理、发行管理、广告管理、组织管理、人事管理及财务管理等具体而微观的业务问题,梳理与建构晚清民国时期报业经营与管理思想史。

其次,采用文本分析法。文本分析就是对历史文献资料的内容进行文本的释义与解读,这是历史考证的基本方法,也是本书研究的基本方法之一。本书所收集的历史文献资料主要包括晚清民国时期及之后大量公开的主流报业企业的历史档案资料,以及知名报人或报业老板或新闻工作者的回忆录或传记等文献资料;已出版的报业经营与管理的专著、编著、教材、译著、学术论文集、新闻学术期刊刊载的相关学术论文,以及散见于报刊及其他新闻学著作中有关报业经营与管理的论述与概括的文献资料。然后对这些历史文献资料中有关报业经营与管理的内容进行文本的释义与解读,以全面考察晚清民国时期报业经营与管理思想具体的内容、特点、产生的社会条件及其对现实的借鉴意义。

最后,采用比较研究法。本书力求通过对中外报业经营与管理思想及实践做横向考察与比较,全面展示晚清民国时期报业经营与管理思想的来龙去脉及历史地位。同时适当地与当前国内传媒经营与管理的实际做纵向比较,展示晚清民国时期报业经营与管理思想的历史价值。

---

① 吴平,钱荣贵.中国编辑思想史(上)[M].北京:学习出版社,2014:79.
② 黄旦.增发新的"性情":关于新闻传播思想研究的对话[J].新闻记者,2017(11):70-75.

第一章 报业生产管理思想：精编主义

报业生产管理主要是指对报纸内容产品的采编及印刷等生产环节的管理，尤其是对作为核心产品的新闻的生产管理。在报业产业中，报业生产是报业企业的中心活动，也是报业发行销售、广告经营等营业管理活动的前提和基础。为了生产报纸，各报馆都非常重视编辑部及印刷部的建设，同时不断地改进生产技术、更新生产观念。"报纸之主务在编辑，故为报社业务机能之原动力者，编辑部也。编辑部之在新闻社犹如吾人之神经系，新闻事业之所以异于寻常营业而具极高之权威者赖有此耳。故欲得健全之报纸必先有健全之编辑部，是为新闻事业成立之第一元素。"①编辑加工后进行印刷部或技术部的机械印刷，最终完成报纸成品的生产，进而流入发行营销的环节。随着报纸编辑技术与观念的更新，晚清民国时期各大报纸为了高效实现最大产出以应对市场竞争，逐步倡导与盛行"精编主义"思想，尤其以北平《实报》的小报"大办"、南京《民生报》的小报"精编"、上海《立报》的小报"精办"、上海《时事新报》的"简报"专栏最为典型。之后，"精编主义"随着实践的发展而不断丰富与发展，甚至也是至今仍为国内传媒界所称道的新闻生产观念。

---

① 任白涛.应用新闻学[M].上海：上海书店出版社，2011：75.

第一节　精编主义思想形成的理论基础 及现实背景

晚清民国时期报纸新闻生产"精编主义"思想的形成是一个渐进的过程,既有其产生的理论基础,又有其形成的现实背景。从新闻生产的理论演变来看,"精编主义"报纸新闻生产思想产生的理论基础就是报纸新闻生产宏观理论的认识与归纳。从现实背景来看,"精编主义"报纸新闻生产思想的现实基础就是"新闻地位(版面)"的宝贵与新闻稿源无限增加之间的矛盾冲突。

一、精编主义思想形成的理论基础:新闻生产宏观理论的认识与归纳

自 1815 年第一份西式生产的报刊《察世俗每月统计传》创办以来,西方新式新闻生产的理论及实践经验便随着"西学东渐"的热潮不断被引入国内,并在国内的报业生产实践中普遍推广,也逐步得到国内孙怀仁等新闻界人士的关注与重视,并对此进行深刻认识与总结。

(一)新闻生产的含义:由劳动力、资本与经营管理机关构成的知识生产

从市场的角度看,仅报纸传媒而言,新闻生产就是由专业的新闻机构(一般为报社)为了传播新闻信息或兼济实现营业利润而利用人、财、物所组织的新闻采访、写作、编辑、校对、印刷、发行等活动,并最终生产出新闻纸等新闻产品。民国时期有学者曾经从新闻生产的定义、要素、流程等方面对新闻生产的内涵进行解释。其中孙怀仁在《新闻学概论》一书中曾以"新闻之生产"一篇里"新闻之生产要素及生产过程""新闻之生产劳动""新闻用纸及油墨""资本"四部分的篇幅具体阐述过新闻生产。[①]

1.新闻生产的定义:新闻生产属于知识的生产

关于新闻生产的含义,有学者认为新闻生产属于知识的生产,"新闻是

---

① 　孙怀仁.新闻学概论:申报新闻函授学校讲义之一[M].上海:申报馆,1936:63-84.

知识之生产，换言之，人类知识劳动之结果，藉活字、纸及油墨等而表现"[①]。在报馆里，新闻生产的主体是报社编辑部和印刷部，"编辑部者，新闻纸之制造厂也"[②]。但是报社编辑部仅生产新闻纸样品或大样，而新闻纸的正式定版和大批量印刷则由报社印刷部或机器部来完成。事实上，时至今日，新闻生产虽然在技术和载体上已全面革新，但是作为知识生产的属性却仍未改变。

2. 新闻生产的构成要素：劳动力、资本、经营管理机关

晚清民国时期新闻学者普遍认新闻生产的要素主要是由劳动力、纸张、油墨、工场、资本及管理经营机关组成，其中劳动力包括记者、编辑等文人们写作的知识劳动、劳工们印刷的技术劳动、报贩们喊卖的筋肉劳动（体力劳动），资本又包括固定资本与流动资本，经营管理机关又包括编辑部、印刷部和营业部。[③] 其中陈珍干则把由固定资本、流动资本构成的资本及由印刷机器、新闻用纸、铅字、油墨等构成的各种工具合称为物质的设备。[④] 有人把工场概括为机器和铅字，[⑤]也有人在上述各要素基础上把"馆址"也作为其中的一个重要要素，由于建筑工场与馆址需要土地，[⑥]这其实就是今天意义上的土地使用权，也是任何新闻传媒实体企业生产不可或缺的生产要素。

在所有新闻生产要素中，资本是其他一切新闻生产要素的基础与前提。在新闻生产中，可以通过资本在市场交易中购得劳动力、纸张、油墨、报馆建筑及土地、印刷机及活字等其他新闻生产要素。所以，在近代资本主义生产中，资本是最重要的新闻生产要素。有人认为："在近代的资本主义生产下，只要有资本，一切劳动及油墨，一切馆址，通信设备，都可以购买与置备了。因此资本实在可以说是最重要的新闻生产要素。"[⑦]不仅如此，资本还是报馆

① 孙怀仁.新闻学概论：申报新闻函授学校讲义之一[M].上海：申报馆，1936：63.
② 吴定九.新闻事业经营法[M].2版.上海：现代书局，1932：11.
③ 陈珍干.新闻生产的过程[J].青年界，193，7(1)：207-209；徐渊若.新闻发行学：申报新闻函授学校讲义之九[M].上海：申报馆，1936：194-196；钱伯涵，孙恩霖.报馆管理与组织：申报新闻函授学校讲义之二[M].上海：申报馆，1936：82；孙怀仁.新闻学概论：申报新闻函授学校讲义之一[M].上海：申报馆，1936：63-84.
④ 陈珍干.新闻生产的过程[J].青年界，1935，7(1)：207-209.
⑤ 钱伯涵，孙恩霖.报馆管理与组织：申报新闻函授学校讲义之二[M].上海：申报馆，1936：82.
⑥ 孙怀仁.新闻学概论：申报新闻函授学校讲义之一[M].上海：申报馆，1936：63-64.
⑦ 孙怀仁.新闻学概论：申报新闻函授学校讲义之一[M].上海：申报馆，1936：69.

营利及扩大再生产的根本。孙怀仁的解释是:"新闻的生产资本,同时就是营利资本。……以资本生产新闻,藉新闻获得广告等的利益,利益的蓄积可以为资本的再生产,结果,资本也就愈转愈大。最初以小资本经营的报馆,只要经营得法,五十年或百年以后,就不难变成数百万元或数千万的资本了。"①

而经营管理机关则是报馆新闻生产的实施、执行机构或组织,是新闻生产高效及营利的关键,是"管理执行机关,任经营之职,企图事业之振兴与发展,同时,指导、统制及激励全组织,以求能率(效率,笔者注)之增进与事务之迈进"②。如果是"以股份有限公司组织的报馆,通常由董事长、常务董事、董事、经理及副经理等,以当管理执行之任;至于在个人经营时,通常由所有主人亲自经营,或者委托代理人经营,而此种组织的报馆,一切经营方针,大都由经营者之独断专行而决定"③。

此外,人或者劳动力则是新闻生产竞争的核心,也是报馆核心竞争力的根本。"新闻的生产劳动中,需要像新闻记者那样的最高智识勤劳者,需要印刷工那样的熟练者,需要像报贩那样的筋肉劳动者。这三种人——即知识勤劳者、技术劳动者及筋肉劳动者,都是新闻的生产劳动者。"④同时新闻记者、速记者、摄影员、贩卖部员工、广告部员工、会计、庶务等大体都可以视为知识勤劳者,但事实上所有劳动者都是知识劳动与筋肉劳动相结合的,⑤也就是说知识劳动与筋肉劳动诚然是很不易分的。

3. 新闻生产的流程或环节

根据新闻生产的工序,新闻生产的流程或环节主要有采访、写作、编辑、校对、印刷、发行。⑥ 甚至有学者还绘制了完整的报纸新闻生产流程图(见图1.1、图1.2)。这是广义上的流程,狭义上的新闻生产仅指新闻纸产品成品最终下线且尚未进入流通环节。在今天看来,虽然激光照排、数字印刷、互联网技术、算法推送、大数据技术等已经严重冲击并改变了新闻生产的环节

---

① 孙怀仁.新闻学概论:申报新闻函授学校讲义之一[M].上海:申报馆,1936:69.
② 孙怀仁.新闻学概论:申报新闻函授学校讲义之一[M].上海:申报馆,1936:85.
③ 孙怀仁.新闻学概论:申报新闻函授学校讲义之一[M].上海:申报馆,1936:85-86.
④ 孙怀仁.新闻学概论:申报新闻函授学校讲义之一[M].上海:申报馆,1936:67.
⑤ 孙怀仁.新闻学概论:申报新闻函授学校讲义之一[M].上海:申报馆,1936:68.
⑥ 刘元钊.新闻学讲话[M].上海:乐华图书公司,1936:65-98.

与流程的形式,但是新闻生产环节或流程的内容与根本规律没有随之改变。

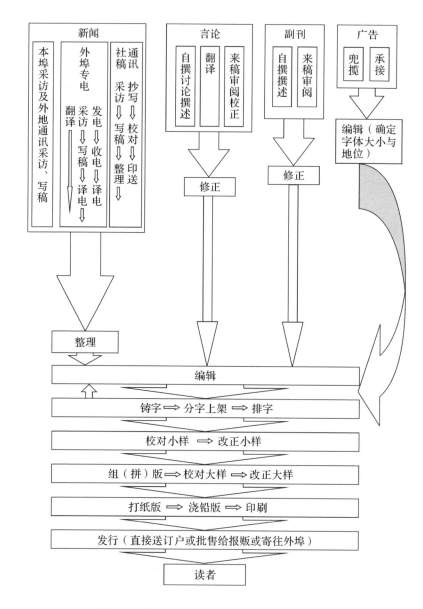

图 1.1 恽逸群所绘制的报纸新闻生产流程①

---

① 恽逸群.恽逸群文集[M].南京:江苏人民出版社,1986:300.

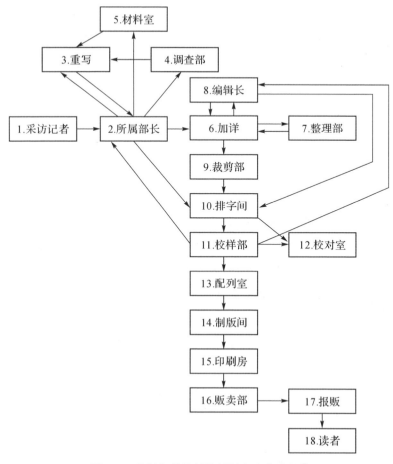

图 1.2　孙怀仁所绘制的新闻之生产过程①

（二）新闻生产的目的:社会沟通、读者消费、商业营利

晚清民国时期新闻生产既有社会交流的目的,也有读者消费的目的,还有营利的目的。从宏观上讲,新闻生产在任何社会都有其特定的社会效益,或社会目的与社会作用。当时关于新闻生产的社会目的曾经有过不同的说法。其中有人认为:"这个新闻的生产,是以'社会之心的交通机关'的效用为目的,他方面还以营利为目的。"②也就是说,新闻生产既有社会思想沟通或交流或传播的目的,也有营利的目的与动机。也有人把资本主义社会与

①　孙怀仁.新闻学概论:申报新闻函授学校讲义之一[M].上海:申报馆,1936:64.
②　孙怀仁.新闻学概论:申报新闻函授学校讲义之一[M].上海:申报馆,1936:63.

社会主义社会的新闻生产的社会目的对比甚至对立起来,认为在资本主义社会,新闻生产是以营利为目的;在社会主义社会,新闻生产则是以社会效益为目的。① 这虽然肯定了新闻生产的社会目的的存在,也揭示了新闻生产的社会目的在不同社会有所差异,但是把新闻生产的营利目的与社会效益割裂开来讨论,是不科学、也不符合实际的。事实上,无论在哪种社会,新闻生产都有其特定的社会效益或社会目的,在社会主义社会里以社会效益为目的,在资本主义社会里也必须以维护社会的主流价值观、主流文化、公众利益或社会根本制度为其社会效益,因为若新闻生产没有其社会效益或社会目的,也就没有其存在的理由,其营利的目的则更是无从谈起;同时,在资本主义社会里追求营利甚至以营利为目的,但在社会主义社会里新闻生产要得以继续甚至扩大再生产,就必须有持续的投入或投资,比如政府投入、社会力量投资或者自身商业化运营,要商业化运营,就必须赢利,否则其原本的社会效益也无法预期实现。因此新闻生产的社会效益与赢利这两大社会目的并不矛盾,是可以相辅相成、同时并行的。这也是新闻事业社会效益与经济效益的统一或者说是新闻事业公共性与营利性的统一所决定的。具体而言,新闻生产的社会目的就是传播新闻,使大众能够公开批评,构成舆论力量;知识的供给;对未来社会产生启示;拥护大众利益。② 也即:以最迅速的方法供给读者正确而有价值的新闻;解释新闻事实以引导社会舆论;刊登广告辅助商品役务(服务)的交换分配;记载各种专文和富有兴味的小品给予读者知识的满足和精神的娱乐。③

从生产与消费的关系角度来说,新闻生产的直接目的就是满足读者的新闻消费。根据市场供求关系原理,任何产品的生产都是为了满足消费市场的需要而进行的,新闻的生产也不外乎是为了读者的新闻阅读消费而进行的。所以有人认为:"新闻之消费实即(际)就是新闻生产之目的。也就是完成新闻存在之目的。"④具体而言,新闻消费既满足了读者的新闻欲望,又间接负担了广告费用,最终实现了新闻生产的社会效益和经济效益。正如孙怀仁所解释的:"新闻之消费,就是完成一切新闻所供给之消息、意见、读

---

① 徐渊若.新闻发行学:申报新闻函授学校讲义之九[M].上海:申报馆,1936:193.
② 徐渊若.新闻发行学:申报新闻函授学校讲义之九[M].上海:申报馆,1936:202.
③ 刘觉民.报业管理概论[M].上海:商务印书馆,1936:1.
④ 孙怀仁.新闻学概论:申报新闻函授学校讲义之一[M].上海:申报馆,1936:187.

物、绘画、照片、广告等之效用,而使一般接(阅,笔者注)读新闻的人满足终局的欲望。同时,另一方面由消费者取得报费,而间接的使消费者负担揭载广告费,藉以完成新闻生产之营利的目的。"①此外,新闻消费不仅是新闻生产的目的,新闻消费的需求反过来又促进了新闻的再生产,新闻生产与新闻消费相辅相成、相互促进。所以有人认为:"这消费成为需要而促进生产,他(另一)方面,生产成为供给而求消费,这消费与生产之两者间,实是结着不可分之因果关系,而使新闻有着继续不断地再生产。"②

(三)新闻生产的类型:预约生产与市场生产

根据决定新闻生产的依据,有人把新闻生产分为"预约生产"(或计划生产)和"市场生产"(或"预想生产")两种类型。其中新闻的"预约生产",也即订单生产,就是根据上一年度读者对下一年度报纸订阅的数量来决定新闻生产过程中报纸印刷及发行的数量。这其实就是我们日常所说的计划生产,是最早也是对报馆来说最为理想的生产方式。这样既可以提前收取报纸订阅费,又可以做到有计划地印刷与发行报纸,而不至于过多印刷造成浪费。正如有人所说:"新闻最早的生产是一种'预约生产',或者可以说是'顾客生产',这时候的新闻生产量之决定,乃是根据新闻读者之预约数的,因此其生产量为数有限。"③

而新闻的"市场生产"呢? 有人是这样解释的:"所谓新闻之市场生产,就是不以读者之预约数为生产量标准的生产,而完全凭着自己预想消费市场之需要而决定生产量的,因此,这种生产或者称之谓'预想生产'。"④也就是说,新闻生产不再严格按照读者报纸订阅数来决定报纸的印刷与发行的数量,而是根据对报纸零售或批发的估算或预设数量来印刷报纸,然后把报纸通过报贩当日销售与贩卖,未卖完的报纸要回收处理。这种新闻生产是产业革命以后才出现的,只有报馆印刷工厂由手摇脚踏印刷机转变为电气印刷机之后才能实现短时间内的多量印刷,进而满足大量的"市场生产"。这种生产往往生产量大,生产过剩或浪费现象明显。

所以,新闻"市场生产"的结果就必然是新闻生产的过剩及报纸发行的

---

① 孙怀仁. 新闻学概论:申报新闻函授学校讲义之一[M].上海:申报馆,1936:187.
② 孙怀仁. 新闻学概论:申报新闻函授学校讲义之一[M].上海:申报馆,1936:187-188.
③ 孙怀仁. 新闻学概论:申报新闻函授学校讲义之一[M].上海:申报馆,1936:189.
④ 孙怀仁. 新闻学概论:申报新闻函授学校讲义之一[M].上海:申报馆,1936:189.

价格竞争。有学者对此是这样解释的:"新闻一方既已扩张至于大量的'市场生产',而消费却不能不依理解新闻文字与言语为前提,而断难尽量扩大,这样,结果往往就形成生产过剩,而生产过剩的结果,就必然的发生'新闻滥卖战'。"①新闻生产过剩的结果就是引发各报馆报纸销售发行的激烈竞争,引起读者的反感。正如有人所述:"新闻的生产过剩时,他不能实行毁弃过剩产品以求贩路,因此新闻欲求其过剩商品有出路,只能实行滥卖,或者暂时免费赠阅,或者想出种种口实以增添附录,或者减低定价,这样一种滥卖战的结果,于是新闻社与新闻社之间,往往引起极大的龃龉,而读者之间,往往竟因此而引起一种对新闻之憎恶之感。"②所以,有人建议:"新闻社要使财政基础巩固起见,新闻生产最好能限制于确实的需要范围以内,实行'真不二价'的定价贩卖。反之,徒然以发行份数增加为炫耀,或者实行过度宣传扩张,或者实行资本浪费的过剩生产,这些都是新闻之非科学的经营,而应该竭力排斥的。"③也就是说,为了巩固报馆的财务基础,报馆应尽量避免新闻生产过剩及报纸发行的激烈竞争这类不科学的经营方式。

(四)新闻生产的技术观念:科技至上

科学技术是第一生产力的定律历来在新闻生产中都表现得特别明显。在晚清民国时期的报馆新闻生产中,各大报馆不仅非常重视和崇尚当时最先进的科学技术,还在新闻采访、新闻传输、报刊印刷及发行等新闻生产环节中较为及时地采用了当时最新、最先进的电报电话技术、无线电广播技术、电气轮转印刷技术及包括自行车、火车或航空飞机等在内的先进交通运输技术,并在此基础上逐步形成了技术驱动、科技至上的新闻生产技术观念。

1. 在观念上充分意识到先进的科学技术对报纸新闻生产的促进与驱动

在晚清民国时期,随着在华外报西式先进新闻生产技术的引入,国内报人也逐步意识到了先进的科学技术对报纸新闻生产的驱动与影响。其中民国著名报人成舍我自始至终都特别强调发达的科学技术对报纸新闻生产的影响。他认为,"因为近代科学界猛烈的进步,无论那(哪)种事业都没有不

---

① 孙怀仁.新闻学概论:申报新闻函授学校讲义之一[M].上海:申报馆,1936:190.
② 孙怀仁.新闻学概论:申报新闻函授学校讲义之一[M].上海:申报馆,1936:190.
③ 孙怀仁.新闻学概论:申报新闻函授学校讲义之一[M].上海:申报馆,1936:191.

受科学的影响,"尤其是"自从产业革命以后,报纸也同样的受了蒸汽机和电气的影响"①。他还从国外国内报纸新闻生产的发展演变及未来报纸新闻生产发展的预测等多角度考察与论证了先进科学技术对报纸新闻生产的促进。他以当时最先进的《泰晤士报》的新闻生产为例解释说:"就报纸说,一百年前,不仅中国,即(使)在报纸最发达的英国",最初的《泰晤士报》"印刷异常模糊,所有消息,如巴黎、罗马等处通信,都是经过了十天二十天才能达到"。"有了电报,就是比巴黎、伦敦距离更加几十百倍的地方,也没有需要一天的。从前没有火车、轮船,更没有飞机,报纸发行异常困难,现在这种困难自然也一律消灭了。这就是科学发达影响报纸的实例。"②他又以当时国内报纸新闻生产为例解释说:"现在再讲到报纸新闻的采集与选择,中国报纸在过去数十年间,传递新闻的工具是如何缺乏、穷劣","到最近几年,无线电发达到了中国,各处短波电台和广播无线电台如雨后春笋纷纷设立,报纸上的电讯才突然增多了"。"没有飞机以前,我们若要从甘肃兰州寄一封通信到北平起码总要十多天,现在北平到兰州的航空就要完成,那么昨天兰州的通信,今晚就可收到,明天北平报上即可注销(登出)。"③此外,他还以未来报纸新闻生产的预测为例解释说:"中国报纸依着科学和机械的进步,在未来三五十年中一定有很大的变迁。最显著的就是飞机、无线电、电传写真这几样东西,将成为未来新闻事业中最重要的工具。"④后来,这些都逐渐成为新闻生产的关键技术,同时国内新闻生产的技术观念也不断普及。

2.在新闻生产实践中极力推广使用先进的科学技术

在晚清民国时期所有与报纸新闻生产关系密切的科学技术当中,既有与新闻采集、传递密切相关的电话电报技术,又有与报纸印刷直接相关的高速轮转印刷技术及自动排字技术,还有与报纸运输发行紧密相关的自行车、火车及飞机等先进交通运输技术。这些先进的科学技术都逐步在当时报纸新闻生产实践中推广、普及使用。

首先,在新闻生产中推广电话电报、无线电广播等当时最先进的新闻信息采集、传递(传播)技术。其中电报技术自从晚清国内各省电报线路建成

① 成舍我.中国报纸之将来[M]//新闻学研究.北平:良友公司,1932:9-36.
② 成舍我.中国报纸之将来[M]//新闻学研究.北平:良友公司,1932:9-36.
③ 成舍我.中国报纸之将来[M]//新闻学研究.北平:良友公司,1932:9-36.
④ 成舍我.中国报纸之将来[M]//新闻学研究.北平:良友公司,1932:9-36.

以后,各大报纸起初用电报传递乡试榜单,之后日渐用于传递新闻消息,且享有特别优惠价格。有记载:"光绪二十年,各省电线告成,消息敏捷。报纸常用以拍发乡试榜名,争一二日之先后;其纳费与商电同,每字一角起,每间一局递加一分。当时系以路线之远近,定收费之多寡。迨清末颁定报律,有凡遵行者,得减半收费。民国新立,上海日报公会呈请南京政府准减少电费四分之一。嗣交通部特颁新闻电报章程,本国境内,无论远近,每字收费三分,洋文六分。"①在民国早期,虽然无线电是当时最新流行的通信利器,但是政府借口军事所需,限制甚严。当时属于交通部的北京、张家口、武昌、吴淞、福州、广州、崇明、上海这八个电报局可收发商业电报,通信距离为200~600海里;而属陆军部的南京、保定、天津这三个电报局专供军用。装有电报机的学校仅有南洋大学。该校电报机由于装有二重变音器,通信距离较远。该校曾在华盛顿会议时成功地利用该电报机向各报供给会议消息,效果甚佳。此外,《新闻报》最早添设了一架电报接收机,用来收发国外消息。② 但是,若要使用密码电报则比较烦琐,须报馆与记者事先联系好或借用官署密码,若用西文电报还要求普通均用本特利密码(Bentley's Complete Phrase),而且密码翻检比较困难,耗费时间,往往容易削弱新闻的时效性。③ 之后,又出现了无线电话技术。虽然无线电话的电波比无线电报的电波弱,但是更加便捷。《申报》率先购置了一部无线电话机,用以演奏音乐歌曲和报告新闻。④ 同时,虽然电话优于电报,但是最怕秋雁成群,所以要求收发员具备一定的技能。⑤ 后来,又出现了无线电广播技术,并出现了远距离传播声音的无线电广播电台这一新的媒体形式。所以,民国著名报人成舍我在多次论及全国范围内组建一个报业集团的时候,都特别强调在总馆与分馆之间利用无线电广播来沟通信息。比如在谈及组建"国家报"的时候,他的设想是"每一分馆,均有自用无线电,可随时与总馆及其他分馆,互通消息"⑥。在抗日战争时期,成舍我在建议创办一份全国性报纸的时候,他的设想是在重要都市设立总社,以县团为单位设立分社,总社将所有报纸内容编排好,以短

---

① 戈公振.中国报学史[M].北京:生活·读书·新知三联书店,1955:209.
② 戈公振.中国报学史[M].北京:生活·读书·新知三联书店,1955:314.
③ 戈公振.中国报学史[M].北京:生活·读书·新知三联书店,1955:315.
④ 戈公振.中国报学史[M].北京:生活·读书·新知三联书店,1955:315.
⑤ 秦明初.长途电话与消息传递[J].新闻记者,1937,1(3):32-34.
⑥ 成舍我.中国报纸之将来[M]//新闻学研究.北平:良友公司,1932:9-36.

波无线电报传送给各分社。① 在抗日战争胜利之后,成舍我谈到在首都及以县为单位创办一份全国性报纸的时候,再次设想在首都把报纸的新闻、评论都弄好,甚至标题字体都确定好,然后广播出去,再由各县单位用收报机收取,只留一两个位置,供各地刊载当地新闻。②

其次,在新闻生产中大力普及使用高速轮转印刷机与自动排字机印刷报纸。晚清时期的报纸基本上是陈旧的手摇式印刷机印刷的,到民国初期各报馆一般销数达 1 万张以上的报纸多购用英美制迪普乐(Duplo)式平版卷纸机,销数至 5 万张左右的报纸多购用美德制落好(R. Hae)或斯科特(Scott)式之圆版卷纸机。这两款印刷机都可以自印、自切、自数,无须人工,且墨色匀洁,无漶漫不清之弊,若再加装机件,又可套印颜色二三种。其中当时上海的报馆普遍采用这些先进的印刷机印刷。正如有人所言:"自上海报界之情形言之,每遇本埠及国内发生大事时,尝于最后之数十分钟内,互争消息之先后。故印刷愈迟,消息愈速,然非备有最高速度印机不为功。"③也就是说,上海各大报纸的新闻竞争必须有最新高速印刷机。后来随着报纸销量的扩大,各大报馆纷纷采用更为先进的高速轮转印刷机以满足新闻竞争的生产需求。正如有人所言:"近来报纸销数大增,为缩短时间计,乃不得不用印报轮转机,每小时可印四大张者万份。同时为美术上之配置,且有用套色印报轮转机者。今因时局扰攘,各报常于最后之数分钟内,竞争消息之先后,则机械方面之改良,尚方兴而未艾也。"④而此时最为先进的印刷机主要有半圆版印刷机(semi-cylindrical plate press)及由美国的亨利·F.贝克曼(Henry F. Bechman)发明且由美国密歇根的迪普莱公司(Duplex Printing Press Company)制造为代表的筒版机(tubular-plate press)两种高速轮转印刷机,这些印刷机印得快、印得多、印得好,非常适合大型报纸及报馆的印刷需求。⑤ 这些价格在 15 万元以上的高速度轮转印报机器起初只有上海申报、新闻报与时事新报等报馆有四五台,后来天津的报馆也添置了两

① 成舍我.纸弹亦可歼敌[M]//中国青年记者学会.战时新闻工作入门.重庆:生活书店,1939:90-108.
② 武月卿,孔珞,祝修廖,等.报纸下乡问题(本刊第六次座谈会)[J].报学杂志,1948,1(5):3-8.
③ 戈公振.中国报学史[M].北京:生活·读书·新知三联书店,1955:237.
④ 戈公振.中国报学史[M].北京:生活·读书·新知三联书店,1955:257.
⑤ 詹文浒.报业经营与管理[M].上海:正中书局,1946:200-201.

台。[①] 比如成舍我在抗日战争时期曾在设想创办一份全国性报纸的时候提议,各县团分社按照总社指示,用吉士得速印机印刷报纸并在当地发行,[②]但他在抗日战争胜利之后谈到在首都及以县为单位创办一份全国性报纸的时候,设想各县分社用英国吉士特式的轮转油印机印刷,该印刷机每小时用电可印 5000 多份,用手摇每小时也可以印到 2000 份,远超过普通旧式的平版机每小时仅 1000 多份的印刷速度。[③] 后来,最为先进的 48 页轮转印机每小时能印刷新闻纸数万份以至数十万份,而旧式 16 页平版印机通常每小时能印刷 1000～1500 份新闻纸的单面。[④] 若要印刷画报的话,还得使用专门的画报印刷机。由于画报印刷须非常精美,普通印书机无法胜任。据记载,当时最通行的画报印刷机有美制迷日尔(Mirehle)式印画报机及德制凯里巴(Kaeruy Barve)式印画报机。当时一般报馆尚未具备,仅商务印书馆有一台德制凯里巴式印画报机。[⑤] 为了全面提高报纸印刷的效率与速度,先进的排字技术也广受关注。比如当时欧美最流行的有赍纳浇排机(linotype)、因特排字机(intertype)和蒙诺排字机(monotype)三种。美国的马更推拉(Margenthaler)于 1883 年发明了自动排字机。这种排字机不用现成的铅字排组版面,而是用字模代替铅字,借以排组版面,并于排组进行之际随即铸成新铅字。且每次排组版面均可随时铸成新字,所以印刷完成以后,不必拆版还字,直接把铅字倒入熔字炉即可。[⑥] 这项技术引起很多国内新闻生产同仁的关注与重视。

此外,在新闻生产中也尽力使用自行车、火车甚至飞机等当时最先进的交通技术运输、发行报纸。其中上海《申报》《新闻报》曾利用火车把报纸送到苏州,成舍我在上海创办的《立报》曾大力使用自行车在市区街道投递、贩卖报纸,而当时最先进的交通工具是飞机。曾经有人认为:“发行所需的唯一利器,就是飞机。中国未来新闻事业的发行,就疆域辽阔言,需要飞机实

---

① 刘豁轩.中国报业的演变及其问题[J].报学,1941(1):5-13.

② 成舍我.纸弹亦可歼敌[M]//中国青年记者学会.战时新闻工作入门.重庆:生活书店,1939:90-108.

③ 武月卿,孔珞,祝修麐,等.报纸下乡问题(本刊第六次座谈会)[J].报学杂志,1948,1(5):3-8.

④ 吴定九.新闻事业经营法[M].2 版.上海:现代书局,1932:105-106.

⑤ 戈公振.中国报学史[M].北京:生活·读书·新知三联书店,1955:237.

⑥ 詹文浒.报业经营与管理[M].上海:正中书局,1946:184.

在比一切还要迫切、重要。"①所以,马星野在抗日战争时期曾提出利用民用飞机空投纸版来创办"地方报纸"。具体而言,在重庆(或中央社)设立总社,在重庆到成都、到西安、到贵阳、到昆明四条线上选出 50 个县,各设立分社。总社把 4 开或 8 开报纸内容编好排版好 3/4,留 1/4 版面为空白,然后打成纸版 50 份,每天或每两天用飞机沿途送达。各分社负责者把自己采访的当地消息和总社在纸版制出以后传来的简短新闻排成半版(即 1/4 总版面),并与总社传来的纸版一起就地印刷与发行。②

二、精编主义思想提出的现实背景:"新闻地位"的宝贵迫使报纸编辑由"多多益善"向"精编主义"转变

晚清民初时期,各大报纸由于新闻稿源相对较少,一般报纸的新闻记者、编辑秉持"来者不拒""多多益善""有闻必录"等编辑观念。这一观念往往追求新闻的量大、不太注意新闻自身的价值,不论何种新闻均记载详尽,不惜版面加以刊载。虽然新闻稿源越来越多,各大报纸起初也往往通过缩排版、小字号或标题等变通的方式来编辑新闻,以便尽可能多地刊登新闻文字。有人通过历史对比来描述这一变化:

> 试展吾国已往报纸之历史,则最初电报每日不足百字,今则日须四五千字以上。电报之排印最初用二号铅字,今则大半已改用四号铅字。往昔电报不立标题,年来则亦有多立标题之趋势。十年以前之本埠新闻,尚以二四号铅字排印(现内地报纸仍有此种现象)今已改用五号字或六号字。当时以破获"燕子窝"为一等新闻者,今则本埠新闻中将无复其存在之余地。③

但是缩小排版字号等方式只是部分解决了一时之急,并未从根本上解决新闻信息量与版面资源之间的冲突与矛盾。尤其是随着新闻信息量日渐增多,即使使用小字号排版、设立新闻标题也无济于事。所以,从根本上说,这种"来者不拒""多多益善"的编辑方法与观念已经严重滞后,无法再适应报纸日常编辑需要,甚至阻碍了报纸新闻生产的进步。当时上海《时事新

---

① 成舍我.中国报纸之将来[M]//新闻学研究.北平:良友公司,1932:9-36.
② 马星野.地方报纸的症结及其对策[J].战时记者,1939(7):19.
③ 周孝庵.最新实验新闻学[M].2 版.上海:时事新报馆,1930:276.

报》编辑周孝庵曾批评此编辑观念既浪费版面资源又淹没新闻价值,最终将阻碍报纸新闻生产的发展。他批评说:

> 其对于新闻之"来者不拒"及"多多益善",实为主因。据其大者,则编辑方针之不确定,无聊新闻之多,编辑方法之守旧,皆足以淹没新闻价值并减杀读者兴趣,此种弱点实为华报前进之一大障碍。且访员有一重大之误解,以为访员之责任,在记载详尽,故不论何种新闻,凡经其采访者,不问事件性质如何,悉详记之。一若"详记"为采访上之荣誉,殊知不然,盖报纸之地位有限,而有限之地位,须登有价值之新闻。若不问性质如何,一律详记,实足浪费地位,使后到之重要新闻无插足之地位,即令编辑者加以删减,然所费之时间实属可观,故新闻之应否详记,应以有无详记之价值为断,而访员尤应观察新闻"重心"之所在,若详记琐屑轻微之事件,殊太无谓。[①]

第二节 精编主义思想的形成及其内涵

在对已有新闻生产宏观理论进行初步认识与归纳之后,为了克服报纸版面的有限与新闻稿源的无限增多之间的矛盾与冲突,民国时期各大报纸纷纷推行"精编"策略,精编主义思想在报纸新闻生产实践中逐渐形成并盛行,其内涵也得到了周孝庵等新闻学者的关注与归纳,进而得到进一步的丰富与拓展。

一、精编主义思想逐步形成

由于"来者不拒""多多益善""有闻必录"等编辑观念已经严重阻碍了报纸新闻生产的发展与进步,民国时期各大报纸为了克服报纸消息来源多而版面有限的客观矛盾,在新闻生产实践中不断尝试并逐步推广"精编主义",最终在报纸新闻生产观念上形成了"精编主义"的主流观念。

(一)精编主义思想的早期实践及其逐步推广

在民国时期报业市场化经营的体制下,各报纸作为自主经营、自负盈亏

---

① 周孝庵.最新实验新闻学[M].2版.上海:时事新报馆,1930:276-277.

的市场主体,都是独立经营的企业公司。各报纸之间读者、广告竞争激烈,尤其是在津、平、沪、宁等大都市,报纸竞争更激烈。所以,为了获得市场竞争的胜利,民国时期各大报纸竞争的重心首先在于报纸的新闻生产,也即体现"编辑至上,内容第一"的理念,实行小报大办、小报精编,提倡"精编主义"。尤其是在民国初年,各大报纸依旧习惯于"多多益善"的新闻生产旧传统,"然所载新闻,求其能合于'精编'者,尚不多观"①。所以在当时能推行精编主义,做精报纸内容和言论,无疑是极其少见且非常成功的经营方略。

从相关文献记载来看,精编主义在民国初年已经在个别报纸的新闻生产中得以实践,比如民国时期著名报人成舍我曾认真学习与研究过的当时畅销于北平市井的《群强报》,就是早期践行精编主义新闻生产观念的先驱与典范。该报创刊于 1912 年,所登载的新闻也剪自各大报,仅用简单的白话文把每条新闻缩编为几十字,最多也不过两三百字,再加上价格便宜,使这份原本不起眼的小报纸成为当时北平引车卖浆者等市井平民最喜欢的报纸,也是当时北平日销量最高的报纸。

之后,北平《实报》、上海《时事新报》也全面推行新闻生产的精编主义,成舍我也把《群强报》"小报精编"或曰精编主义的成功经验创造性地运用到了南京《民生报》、上海《立报》并取得全面成功。这些都成为当时践行精编主义新闻生产的杰作与典范。其中创刊于 1928 年的北平《实报》采取"小报大办"的方针,其精编主义表现在消息齐全、短小精悍。该报自 1931 年 10 月20 日起,"为了充实内容革新报面起见,改用新五号字,与原幅比较多排 3000字,每张仍售(铜元)4 枚不另加价"②。曾任《实报》编辑的老报人张友渔对此是这样概括的:"任何重要消息,《实报》都有,但编得短小精悍,消息重要而所占篇幅不大。我国和外国通讯社报道的重要消息,它都采用,但经过重新编写,保留各通讯社消息各自的特点,集中编成一条,使读者对重要新闻的全貌和不同的报道能够一目了然。消息既多而不重复,细心人还能从中看到消息之外的消息。"③正是由于《实报》践行精编主义,精选精编新闻,言短意长、体裁多样、重点突出、编排醒目,从而很受读者欢迎,日发行量最高时曾超过 10 万份,成为当时华北地区发行量最大的报纸。创办于 1927 年的南

①　周孝庵.最新实验新闻学[M].2 版.上海:时事新报馆,1930:276.

②　《实报》特别启事[N].实报,1931-10-20(1).

③　张友渔.张友渔文选(上)[M].北京:法律出版社,1997:697-702.

京《民生报》从创刊之日起便实行精编主义，推行"精美细致、简要明了、全面观照"的编辑方针，也即"精、简、全"的编辑方针，结果很快打开了南京的读者市场，仅创办一年日销量便由 3000 份增至 15000 份，几年后日销曾达 30000 份，远远超过了同城国民党中央机关报《中央日报》的发行量。而创刊于 1935 年的上海《立报》作为一份四开的小型日报，也从创刊开始一直奉行精编主义，继续推行"精、简、全"的编辑方针，其新闻报道的范围采取平衡主义，各种新闻均予刊载，因而新闻报道不能不力求精简，一般而言，一则新闻报道，很少超过 500 字。曾任《立报》总编辑的褚保衡回忆说："因为（《立报》）篇幅少，必须采精编主义，对这一点成社长要求很严格。做编辑的必须把通讯社的稿子，重新缩写。成社长下令，排字房可拒排油印稿，任何编辑发排的稿子，必须是用手写过的。"[1]因此，为了缩减篇幅，"每一篇文章每一条新闻，最好都不超过五百字。举凡一般大报所刊载冗长而又沉闷，特别是我们中国若干要人们又长又臭不知所云的演说，是绝对不容许在小型报内全文照登"[2]。但在强调篇幅短小的同时，《立报》也强调重点突出，当短则短，当长则长，简洁明快；它不是大报的"摘要"（将新闻压缩成"目录似的短条"），而是大报的"精华"——"不多几句然而警（简）明扼要的记载"[3]。《立报》因此迅速得到了广大读者的认可与信任，在创办一年后日发行量就达到 10 万份，最高日发行量在 20 万份以上，远超同时期同城的老牌报纸《申报》和《新闻报》，创造了当时日报日发行量的最高纪录。

此外，曾被段祺瑞政府查封的《京报》于 1928 年由邵飘萍夫人汤修慧女士主持复刊，复刊之后该报也实行精编主义，使其印刷编排之精美冠于华北。[4] 潘公展于 1932 年在上海创办的《晨报》也曾采取精编主义并最终成为当时上海重要报纸之一，发行量曾达 3 万份。[5]

在这些成功的精编主义新闻生产范例的引领与激励下，原本稿件粗糙、编排混乱、栏目随意变更甚至时生时灭的报纸也纷纷推行精编主义思想，以全面提高报纸的编排质量。比如，在 1931 年至 1937 年间的上海报界，《社会

① 　马之骕.新闻界三老兵:曾虚白、成舍我、马星野奋斗历程[M].台北:经世书局,1986:229.
② 　成舍我.从上海到香港——想起十年前手创的《立报》(上)[J].新闻天地,1952(2):228-229.
③ 　玄珠.小型报的性质[N].立报,1936-1-8(2).
④ 　宁树藩.中国地区比较新闻史(上)[M].上海:复旦大学出版社,2018:373.
⑤ 　李瞻.世界新闻史[M].台北:商务印书馆,1966:977;李明水.世界新闻传播发展史:分析、比较与批判[M].台北:大华晚报社,198:614.

日报》的主持人胡雄飞及主编陈灵犀、《大晶报》的主编冯梦云、《福尔摩斯报》的主编吴微雨、《辛报》的主编姚苏凤、《上海报》的主编王雪尘、《上海日报》的主编秦瘦鹃与匡克衡、曾任《上海报》与《上海日报》主编的谢啼红、《晶报》的主编吴农花、《时代日报》的樊仲云与卢溢秀等知名报人率先在自己所办的报纸上厉行改革,大大加强版面编辑力量,改变采、写、编一人负责到底的做法,聘请专人分版编辑把关,朝精编的方向努力。① 随着这些小报精编主义革新浪潮的兴起,精编主义新闻生产观念逐渐在全国报纸尤其是小型报和地方报全面盛行起来,并普遍推广。

(二)"精编主义"逐渐成为报纸新闻生产的主流观念

为了应对报纸消息来源日益增多而版面始终有限的客观矛盾,民国时期有人建议在使用小字号排版、编辑新闻标题的基础上追求"精",周孝庵认为:"盖报纸之'纸面地位'依然,而新闻则日见增多而不已,增多之结果,不得不限之以'精',求合适此地位,若铅字之改小,不重要新闻之割弃,谓非报纸进步之现象,不可得也。"②

尤其是随着各报纸对新闻采访写作的重视及自行采写新闻量越来越大,再加上中央社等通讯社的新闻稿源供给,一般报纸的新闻稿源量越来越大,远甚于报纸固定且有限的版面资源所需。为此,有学者认为应通过割舍不重要的新闻等方式来追求"精",并全面践行精编主义新闻生产观念。如周孝庵认为:"时代愈进化,社会组织愈复杂,则发生之事件愈多,而报纸上之'新闻地位'乃愈可宝贵,新闻记载当愈求经济,'精编主义'之产生,即为适应此环境。"③随着报纸版面小报化的趋势,新闻生产的精编主义更是势在必行。有人对此是这样预言的:

> 将来报纸的篇幅也必然的(地)要日趋缩减。就数量言,由多而少;就体积而言,由大而小。这是可以预断的。不过新闻的选择也必要更趋谨严,一切力取"精编主义",量减而质增。其实,像现在中国的报纸,日刊好几大张的上海报,若将广告价值提高,大广告改小广告,将那些不相干、无意义的新闻、琐谈尽力删减。那么,有两大张或四小张也尽

① 方汉奇.中国新闻事业通史(第2卷)[M].北京:中国人民大学出版社,1996:354-355.
② 周孝庵.最新实验新闻学[M].2版.上海:时事新报馆,1930:276.
③ 周孝庵.最新实验新闻学[M].2版.上海:时事新报馆,1930:276.

可使人满足。①

也就是说,各报纸在大量的新闻信息源中应该大胆地按照自身定位及新闻价值的标准精选新闻,并在有限的版面中精编新闻、精排版面。于是有学者在综合分析周孝庵与成舍我有关"精编主义"的不同论述之后认为,两人对精编主义的理解其实并无差异,并进而认为:"如此看来,'精编主义'已然成为报人的自觉意识,成为一种日益被认可的编辑理念。"②甚至有人从报纸发展与演变规律的角度也认为,随着"五四"前后中国报纸由"言论本位"转向"新闻本位",新闻在报纸上的地位越来越重要时,新闻采写的量也越来越大,对新闻的编辑不能再采取"来者不拒""多多益善"的方针,而是要寻求精益求精(也即"精编主义")的方式来编辑新闻。③

因此,可以说,民国时期小报新闻生产的精编主义观念是在新闻信息量的增多与报纸版面资源的有限之间发生冲突时产生并逐步盛行的。所以有人认为:"报纸之篇幅有限,新闻之来源无穷,若一一照原稿尽量揭载,则又焉能容纳如许之消息焉。故精编之提倡乃盛行于各报。"④以至于有人更直接地认为报纸实行精编主义主要是为了应对报纸消息来源多而版面有限的客观矛盾,⑤并最终迫使报纸编辑观念从"多多益善"转向"精编主义"。

事实上,精编主义新闻生产观念后来不仅逐渐成为创办小型报的共识和准则,而且成为创办大报的基本共识。也就是说,不仅小报要实行精编主义新闻生产,大报也应该采取精编主义的新闻生产观念。尤其是在 20 世纪 30 年代,上海《时事新报》《民国日报》通过在"本埠新闻"设置"简报"专栏等方式成功地进行精编主义新闻生产实践之后,精编主义逐步被成舍我、周孝庵、恽逸群等国内著名报人视为主流的新闻生产观念。其中著名报人恽逸群曾参与《立报》的筹办与出版,精编主义也成为其在此之后长期的新闻实践中一直信奉与坚守的新闻生产观念。有人对恽逸群是这样评价的:"其(即精编主义)中是不是有恽逸群贡献的成份,现在很难考究。但对于小型

---

① 成舍我.中国报纸之将来[M]//新闻学研究.北平:良友公司,1932:9-36.
② 李时新.上海《立报》史研究(1935—1937)[M].广州:暨南大学出版社,2012:36-37.
③ 李秀云.中国报纸编辑理念的历史变迁[J].新闻爱好者,2007(18):25-26.
④ 赵君豪.中国近代之报业[M].上海:上海书店,1938:41.
⑤ 李杰琼.《实报》"小报大办"实践的困境与策略——兼论 20 世纪 20 年代小型报的生存空间[J].新闻与传播研究,2011(2):49-59.

报必须厉行精编主义，包括大型报也可以精编，这在恽逸群以后的新闻实践中，一直是信奉不渝的。"①

以至于在抗日战争时期及战后，新闻界依然提倡通过精编主义创办小型报来满足社会读者的现实需求。当时由于长期的战乱，国内老百姓的生活日趋困难，所以他们更需要的是一种简明、价格低廉、通俗易懂又内容丰富的小型报纸。"所谓'小型报纸'是指新闻的报道，采取精编主义的。"②所以，中国青年记者学会总会曾于 1940 年公然宣称："今后阶段内，宣传工具，自全国范围言之……小报重于大报，故本会工作应以推进地方小型报为中心任务。"③也就是说，在抗日战争时期及战后，以精编主义理念创办小型报是办报的主流与重点。

二、精编主义思想的内涵："取精用宏""宁缺毋滥"

虽然精编主义新闻生产在民国初年开始尝试实践并得到逐步推广，但是直到 20 世纪 30 年代才有学者从理论上对精编主义进行概括与总结。其中上海《时事新报》编辑周孝庵在总结《时事新报》精编主义新闻生产的实践之后认为："……精编主义之目的，一言以蔽之，则在'不贵量而贵质'，凡质之良者，取精用宏，不厌其多，质之不良者，则毅然割弃，宁缺毋滥。"④这就从新闻的选择及新闻的编排两方面界定了"精编主义"观念的本质与内涵。

（一）在新闻选择上：精编主义要求重质不重量或增质减量

精编主义的核心是"取精用宏"，也就是在报纸版面资源有限的前提下新闻的选择重质不重量，强调与追求的是质量、新闻自身的价值、对读者的吸引力，而不再刻意追求新闻数量，甚至减少新闻的字数和总量。可以说，精编主义新闻生产的根本和精髓就在于取精用宏、宁缺毋滥，也即日常所说的取其精华、弃其糟粕的意思。

为了实现"取精用宏"这一目标，精编主义要求编辑在新闻实际生产中必须根据新闻价值、报纸编辑方针、新闻事实的真实性、社会法律伦理、社会

---

① 陈镐汶.新闻学专刊——《大美晚报·记者座谈》——为纪念恽逸群逝世 15 周年作[J].新闻大学,1994(3):38-40.

② 小型报纸的前途[N].大美晚报,1935-07-04(5).

③ 中国青年记者学会总会.给全国会友一封信[J].新闻记者,1940,2(8):2-3.

④ 周孝庵.最新实验新闻学[M].2 版.上海:时事新报馆,1930:277.

风化等方面的要求精选报纸内容材料。具体而言,主要是精选有新闻价值、满足读者兴味且真实的新闻材料、言论材料,精选真实且符合社会法规与道德风化的广告材料,精选满足读者兴趣、报纸定位又符合社会法律伦理的副刊材料。同时剔除"毒素"新闻及其他不良的内容材料。只有这样才能真正达到取其精华、弃其糟粕的"精"。

(二)在新闻编排上:精编主义力求精简兼顾详略

而在新闻的编排处理上,精编主义强调详略得当,该详则详,不厌其多;该短则短,一字不多。也就是说,精编主义在"篇幅受限制的报纸,处理新闻稿件最合理的编辑方针,应该是详尽主义处理重要新闻,以精编主义处理次要新闻;一方面发挥重点主义的功效,另一方面不使次要新闻遗漏过多"[①]。

这样一来,精编主义既体现了新闻报道简明扼要、节省报纸篇幅的优势,也满足了工作忙碌的读者在短时间内迅速获得国内外各方面重要新闻的要求,还避免了情节曲折复杂的重要新闻由于叙述过于简单而无法求其详尽、完整与生动的不足,纠正了精编主义简单地等同于精简主义的错误观念。

为了实现"精简",精编主义要求编辑在新闻实际生产中必须根据版面资源容量精编报纸内容,也就是说精编主义是以力求严格的精简作为处理一切新闻报道的方针,与详尽主义的主张完全相反。[②] 其目的是在报纸篇幅受限的情况下尽量精简每一则新闻的报道,借以节省篇幅,容纳较多的新闻。也即赵君豪所言:"精编主义,系酌量新闻之篇幅,按照来稿之多寡而善为支配者也。"[③]其中当时上海《时事新报》新闻生产的取材标准就是秉持新闻价值的有无大小,而其"本埠新闻"中的"简报"尤为特别,并被视为当时精编主义新闻生产的先例。还有上海《民国日报》也曾在"本埠新闻"中开设"简报"专栏,践行"精编主义"新闻生产观念。而北平《实报》则强调消息齐全、短小精悍。上海《立报》则强调"精""简""全",一般而言,一则新闻报道,很少超过 500 字。

诚如有学者所言:"精编主义,就新闻编辑的原则言,'精编'本是编辑工

---

①　胡传厚.编辑理论与实务[M].台北:学生书局,1977:17.

②　胡传厚.编辑理论与实务[M].台北:学生书局,1977:17.

③　赵君豪.中国近代之报业[M].上海:上海书店,1938:42.

作的基本要求;编辑工作者如不对新闻稿作精细缜密的处理,即不能达成编辑的任务。"①所以,"精"才是精编主义新闻生产的核心与关键。那么对于报纸来说,精编主义新闻生产就是报纸编辑们在版面容量范围内,在所有搜集或获取的新闻材料中要以精细精工的工匠精神精选材料、精编新闻、精辟言论、精编广告、精编副刊、精排版面、精美印刷,以实现重质不重量的宗旨。

三、精编主义思想的基本要求:"精""新""真""善(或敦)""全"

在各大报纸新闻生产的精编主义观念广泛实施之后,民国时期有很多学者根据实践效果与实际需求提出,报纸新闻生产的精编主义思想应该坚持"精""新""真""善(或敦)""全"的基本原则与要求。比如曾任《申报》总编辑的陈冷认为:"报纸最要之点,一曰确、二曰速、三曰博。"②也就是说报纸新闻生产要达到真实准确、迅速新鲜、广泛全面的产品标准。而胡健中认为报纸新闻生产的精编主义观念应坚持以"新、真、精、善"来辨别与取舍新闻的材料,其中"新"不但指时间也指内容"新鲜","真"指真实,"精"指精美,"善"指新闻对读者所发生积极的建设性的善意的影响与指引。③ 也有人认为报纸新闻生产的精编主义观念要一直铭记戴季陶先生赠予的"真""精""新""敦"四字。④ 这些建议得到了当时新闻生产业界的普遍认可,并以此作为报纸新闻生产的"精编主义"观念再实践的理论指导原则。

(一)"精":精选材料、精美编排与精良品质

顾名思义,精编主义新闻生产观念的一切都在于强调"精",无论在内涵上还是外延上都体现出"精",不仅限于精选与精编新闻、言论、广告与副刊,还包括报纸产品品质的精良、材料的精选、新闻编辑工作的精细。其中有学者认为畅销新闻纸的"精编主义"之"精"的标准是品质的精良、材料的精选、成品的精美。其观点是:"新闻纸既视为一种商品,则欲求商品之畅销,必先求其品质之精良;欲求品质之精良,则全恃材料之精选与制造之得法。"⑤而在"新、真、精、善"原则中,"精"也指精美。民国时期著名报人王芸生则从自

---

① 胡传厚.编辑理论与实务[M].台北:学生书局,1977:17.
② 陈冷.二十年来记者生涯之回顾[M]//最近之五十年.上海:申报馆,1923:461.
③ 胡健中.新闻的编辑与采访[J].苏衡,1936(17-18):8-9.
④ 钱沧硕.谈编辑[J].中国新闻学会年刊,1942:40-43.
⑤ 吴定九.新闻事业经营法[M].2版.上海:现代书局,1932:11.

身经历出发认为,精编主义新闻生产的"精"更体现在新闻编辑工作犹如披沙拣金、采花酿蜜似的"精细"。他解释说:"我以为新闻的选择应该是披沙拣金,新闻的编辑应该是采花酿蜜;而大块搬运,囫囵吞枣是最不足取。"①此外,新闻要"精",报纸文字也要"精",也就是用尽量少的文字叙述主要包括事件、人物、时间、地点、过程、原因等新闻事实的基本要素,要求新闻写作简洁明晰、精炼准确。比如在成舍我看来,"精"还是对报纸版面的精打细算,在有限的4开小报版面中尽可能多地刊登新闻内容,且做到精选新闻精排版面;他所强调的"简"就是文字要简短明了,言论要言简意赅。② 其"简"可以说是"精"的结果或体现,已经包含在"精"里面。因此,也可以说,报纸新闻生产的精编主义观念是处处以"精"字当头,时时以"精"字着眼。

(二)"新":事实新近、新奇

在"新、真、精、善"原则中,"新"不但指时间,也指内容"新鲜",也即精编主义新闻生产所选择的新闻事实必须是新近发生的或新鲜的。具体而言,从时间上看,"新闻者,乃多数阅者所注意之最近事实也"③。所以,报纸所精选的新闻材料应该是时效性强的,新近发生、刚刚发生、正在发生或即将发生的事实,也即时态上所说的进行时、将来时,而非过去久远的历史。从内容和形式上看,报纸所精选刊载的事实是难得一见、闻所未闻、新奇特异的现象或规律。在实际生活中,这也往往表现为异常的或反常的、少见多怪,所以也是最引人关注且最能引发读者好奇心和求知欲的。"新"是新闻的根本属性,是区别于历史的根本所在,也是取决于某一事实能否成为新闻的重要评判依据,是新闻选择的重要标准,是新闻价值的标准之一,更是报纸"精编主义"新闻生产观念实施的一项基本原则。

(三)"真":真人真事、真实可信

在"新、真、精、善"原则中,"真"指的是真实。也就是说,"精编主义"新闻生产所选择的新闻材料自身应该是真人真事,是真实可信而不是子虚乌有或纯属虚构的东西。真实是新闻的根本,更是新闻的生命。事实的真实是新闻的前提和基础,否则新闻选择便无从说起。按照精编主义的要求,新

① 王芸生.新闻的选择与编辑[J].中国新闻学会年刊,1942:44-46.
② 陈建云.报人成舍我的成功之道[J].新闻大学,2011(2):44-50.
③ 徐宝璜.新闻学[M].北平:国立北京大学新闻学研究会,1919:7.

闻的"真"不仅要全面核实包括事件、人物、时间、地点、过程、原因等新闻事实的基本要素的全面真实且客观发生,不得有任何的想象、假设与虚构,而且要确保新闻报道的整体真实。同时,新闻的"真"不仅要保证事实的真实,还要确保表达用词的客观真实,切忌使用主观情感色彩浓厚的词或夸张的形容词、副词等修饰词。此外,还要尽可能通过各种渠道核实与全面判断、评估新闻事实的真实与否,防止虚假新闻的出现。

（四）"善（或敦）":积极的、善意的、建设性的

在"新、真、精、善"原则中,"善"指的是新闻对读者所产生的积极而有建设性的善意影响与指引。而在戴季陶先生赠予的"真""精""新""敦"四字原则中,"敦"的基本含义是诚恳、厚道、笃实、不虚假、不违心,从本质上讲也是追求积极、建设、向善,也是"善"的指向。由此可见,报纸新闻生产的精编主义观念还坚持"善"或"敦"的目标或指向要求,并从社会及长远利益来要求新闻和言论的社会影响应是积极的、善意的、建设性的而非破坏性的、害人害己的,要达到真、善、美的境界。所以,精编主义新闻生产观念要求在选择报纸内容材料的时侯要有社会道德伦理的判断,有真、善、美的追求;在通过报纸社论等言论评论时事、引导社会舆论的过程中秉持真、善、美的根本标准。

（五）"全":人有我有、人无我有

此外,从报纸竞争的角度看,报纸新闻生产的精编主义观念除了强调"精""新""真""善（或敦）"之外,也要考虑新闻资讯的"全"。成舍我创办的南京《民生报》、上海《立报》践行的精编主义新闻生产观念是坚持"精""简""全"三原则。其中"全"就是内容要丰富,版面虽少,但要闻、言论、副刊、广告等一项都不可少,做到"麻雀虽小,五脏俱全",能够满足不同读者的需要。[①] 事实上,"全"不仅是成舍我精编主义新闻生产所奉行的特殊标准与要求,也是当时其他报纸"精编主义"新闻生产逐步仿效的做法。由于在报纸市场竞争中新闻资讯的替代性明显,历来遵循"人无我有、人有我优、人优我特"的策略,报纸编辑不仅要"精",同时新闻信息量还要"全",购买了某报就无须再读其他同类报纸。此外,北平《实报》的精编主义也强调"全"。该报

---

① 　陈建云.报人成舍我的成功之道[J].新闻大学,2011(2):44-50.

仅有 4 开一小张,国际、国内、本市新闻一应俱全,还"礼聘"了一些有名的编辑和主编,采取精编主义,大新闻都经过浓缩,副刊也精雕细琢、图文并茂。戏目广告虽然没有《群强报》多,但也力求齐全。① 同时,"精"使新闻内容简短,也就可以在报纸版面中登载更多数量的新闻资讯,数量多也就逐渐"全"了。比如民国时期上海《立报》"替读者在每天的新闻之海中熬出了新闻的精,这对于一天忙碌中的现代人,尤其是都会人,实在是一种功德无量的事情。有许多朋友,时常接连几天都没有功夫看那些所谓的大报,都没有一天不看《立报》。其理由大概就在此"②。这才真正实现了读者"读过《立报》即可不读《申报》,但读过《申报》仍愿再读《立报》"③的目标。所以精编主义新闻生产的"精"与"全"并不对立,而是相互一致、相互统一的。

由此可见,报纸精编主义思想内涵自身已经在实践到理论再到实践的过程中,从初期的"精"(即取精用宏、宁缺毋滥)丰富与发展到"精""新""真""善(或敦)""全",实现了由技术到技术、指向与专业有机结合的理论层面,使"精编主义"对当时及之后的报纸编辑实际工作的指导更具针对性与科学性。

第三节　精编主义思想的实施路径与效果评估

在精编主义思想于民国时期报纸新闻生产中盛行并普及,且得到新闻学者的系统理论总结、归纳与发展之后,如何再回归新闻生产实践并科学指导新闻生产实践,以及实践的效果又是如何评估的,这已成为一个不可回避的问题。

一、精编主义思想的实施路径:精编新闻、精辟言论与精美版面

精编主义在民国时期全国报纸特别是小型报和地方报中间非常盛行,并成为这些报纸赢得市场竞争的法宝。那么,在当时报纸的实践中又是如

---

① 徐铸成.报海旧闻[M].北京:生活·读书·新知三联书店,2010:68.

② 任钧.元旦谈《立报》[N].立报,1936-1-1(1).

③ 张佛千.追思成舍我先生:为成舍我先生百岁冥诞纪念集而作[J].传记文学,1998,73(2):65-71.

何实施精编主义的呢？从报纸新闻生产的流程来看,民国时期报纸精编主义思想的实施路径主要包括精编新闻、精辟言论、精美版面等。其中精编新闻又包括精选新闻材料、精简新闻内容、精致新闻标题,精美版面又包括精细图文、精工印刷,通过一道道精细精工的生产环节来生产报纸精品。

（一）精编新闻

精编新闻是"精编主义"的核心和关键环节,也是保证报纸产品成为精品的关键环节。在具体实施中,精编新闻又包含了精选新闻、精简内容、精致标题等三个重要生产环节。

1.精选新闻

报纸每天都有海量的新闻资讯,有大量自采、通讯社供稿与外报新闻稿源,如何选择重要而又有价值且读者喜欢的新闻登载在有限的版面中呢？其新闻选择的标准又是什么呢？是仅仅按照编辑个人的喜好,还是其他的因素在起决定性作用呢？从新闻专业的角度看,主要是由新闻价值、报纸编辑方针、读者定位及社会法律伦理等多种因素综合决定的。

首先,新闻选择的首要标准是新闻信息自身所具有的价值。就目前新闻价值理论来说,主要考虑新闻事实是否具有或在多大程度上体现了时新性、重要性、显著性、接近性或人情味等基本特性,也如当时有人所言,一件事是否是新闻主要取决于其是否有适时性、贴近性、突出性、重要性、非常性、人情味等特性。[①] 所以,"'精编'应以新闻价值为标准,苟有价值,应详为登载,否则,绝不应刊载"[②];并且认为新闻价值大小主要依新与旧、平与奇、真与伪、趣味深浅、关系疏密、与距离远近而定。[③] 同时,"编辑者一面注意新闻中之'毒素',一面搜集适当之材料"[④]。排除或割舍利用报纸以图私利的新闻、纯宣传性质新闻、不明来源的新闻稿源、被人收买的公雇访员的新闻、攻击人隐私的新闻、广告新闻、空中楼阁的假新闻等"毒素"新闻。[⑤]新闻选择宁缺毋滥,不允许有任何的差错和不是,才能真正做到精益求精。据周孝庵介绍,当时他所在的上海《时事新报》平日之取材标准,纯粹以新闻价值之有

① 贺仁麟.记者、新闻与报道[J].新闻学季刊,1947,3(2):28-35.

② 周孝庵.最新实验新闻学[M].2版.上海:时事新报馆,1930:277.

③ 周孝庵.最新实验新闻学[M].2版.上海:时事新报馆,1930:156-164.

④ 周孝庵.最新实验新闻学[M].2版.上海:时事新报馆,1930:277.

⑤ 周孝庵.最新实验新闻学[M].2版.上海:时事新报馆,1930:214-219.

无和大小定去取。①

　　其次,新闻选择的标准之一是要符合读者的兴趣与欲望,也就是要登载读者喜欢或感兴趣的新闻,尤其是读者欲知而未知的最新事实。有人认为,"我国报纸所载之新闻,常注意于何方面,其及于社会之影响又若何;此为读报者所欲知"②。"新闻是一种新事实的公正确实的记载。此种事实对于报纸读者之个人与社会有重要关系并富有趣味性者。"③所以构成新闻价值的主要因素有时间性、重要性、兴趣度(从记者的叙述上讲)、公正性、确实性。④那么"何种'新闻'有兴味乎,则可一言以蔽之曰:凡可满足吾人之希望、动起吾人之情感者,即为有兴味之'新闻'"⑤。比如美国著名报人赫斯特要求编辑部人员做到"一切新闻必须登载,但对于新闻须较其他各报编者有更为深切之认识,而欲引起读者之兴趣,必须本身见得到兴趣。吾年已衰老,惟勿令吾报亦随之衰败或入于睡眠状态"⑥。美国哥伦比亚大学新闻学院新闻学教授德列亚博士关于新闻材料的选择(或新闻价值)的研究发现,美国报纸新闻选择往往偏好于异常之事、爱读者的人数、与读者距离近、竞争事业、人类的兴趣、儿童的兴味、动物的兴味、娱乐及嗜好的兴趣、著名的兴味、家庭及职业的兴味、兴味的结合。⑦甚至有人认为新闻尤其要反映读者对人类爱斗争、向上、同情、癖爱的心理等方面的兴趣与需求。⑧而徐宝璜把读者的兴趣与欲望理解为新闻的精彩,即新闻选择的标准是精彩,他的解释是:"新闻者,乃多数阅者所注意之最近事实也。"⑨而"推定最近事实是否为多数阅者所注意之标准,曰新闻之精采。新闻之精采、乃足引起多数人注意某事实之物也。凡最近事实、有之者即可推定其必为多数阅者所注意、故为可登于报之新闻、无之者则可推定其必不为多数阅者所注意、故不成为新闻也"⑩。具

---

①　周孝庵.最新实验新闻学[M].2版.上海:时事新报馆,1930:277-278.

②　戈公振.中国报学史[M].北京:生活·读书·新知三联书店,1955:202.

③　耿修业.新闻与新闻要素[J].新闻学季刊,1940,1(3):6-10.

④　耿修业.新闻与新闻要素[J].新闻学季刊,1940,1(3):6-10.

⑤　任白涛.应用新闻学[M].上海:上海书店出版社,2011:18.

⑥　赫斯特与其报纸[J].李宜培,译.报人世界,1936(4):9-10.

⑦　伍超.新闻学大纲[M].上海:商务印书馆,1925:151-161;任白涛.应用新闻学[M].上海:上海书店出版社,2011:19-22.

⑧　贺仁麟.记者、新闻与报道[J].新闻学季刊,1947,3(2):28-35.

⑨　徐宝璜.新闻学[M].北平:国立北京大学新闻学研究会,1919:7.

⑩　徐宝璜.新闻学[M].北平:国立北京大学新闻学研究会,1919:13.

体而言,"新闻之精采"包括:"个人之关系""人类之同情(生命的损失、财产的损失、奋斗之精神)""求胜之竞事""著名人物之姓名""著名机关之名称""事情之希奇"。① 换句话说,就是"新闻之价值者,即注意人数多寡与注意程度深浅之问题也"②。这是西方报纸新闻价值的主流看法,也是民国时期新闻理论界较为盛行的新闻选择标准。但在注重读者兴趣的同时也须考虑事实本身、社会影响等方面的因素。

此外,还特别要注意新闻事实是否真实,新闻选择要注意社会法律、伦理、社会风化等方面的制约。其中真实是新闻的根本、新闻的生命。所以有人认为只有新闻真实宣传才有效,"不论报章杂志,或广播演剧,都需要真实的资料,有真确的资料的宣传,才能发生宏大的效力,虚构的消息一定不会收到什么效果的"③。选择新闻的时候尤其要注意是否存在新闻记者活动的疏懈(采访的疏忽)、新闻记者缺学力经验、被访问者错误之答复、官僚政客欺蒙记者、不良记者欺蒙读者、时间与环境已变更等原因导致新闻失实的现象。④ 事实的真实是新闻的前提和基础,否则新闻选择便无从说起。另外,新闻选择不仅由新闻记者编辑的专业素养及报馆编辑方针决定,还受社会法律、伦理、社会风化等方面的制约。比如有人认为新闻编辑在编辑处理一条新闻时应考虑新闻价值(趣味是其中之一)、法律、社会风化、道德方面的因素。⑤ 更有人建议,好的新闻价值的判断应该从社会的观点去衡量、从伦理的观点去衡量、根据报纸的政策来决定、根据新闻的特性来决定,⑥而不应该仅持有趣味本位新闻观。趣味本位新闻观就是以取悦读者为新闻价值维度的新闻观,其理论基础是"予读者以其所欲"⑦。比如在抗日战争时期,张季鸾曾对新闻纸编辑的要求是全面反映中国抗战这一主要社会问题,他认为:"报纸生命,首在新闻,盖应能反映中国之全部主要问题,以满足救亡建国途中国民之一切需要。"⑧

① 徐宝璜.新闻学[M].北平:国立北京大学新闻学研究会,1919:13-18.
② 徐宝璜.新闻学[M].北平:国立北京大学新闻学研究会,1919:18.
③ 清安.建立健全国营通讯社[J].上海记者,1942(1):5-6.
④ 邵飘萍.新闻学总论:国立法政大学讲义[M].北平:京报馆,1924:85.
⑤ 吴雄剑:今日的中国新闻纸[J].新闻学期刊,1934:66-70.
⑥ 贺仁麟.记者、新闻与报道[J].新闻学季刊,1947,3(2):28-35.
⑦ 武希辕.趣味本位新闻观批判[J].新闻学季刊,1941,1(4):28-33.
⑧ 张季鸾.本报复刊十年纪念之辞[N].大公报(津沪版),1936-9-1(1).

　　所以在识别与选择新闻的过程中,有人建议要注意通过辨别来源、考察其因果关系并依据普通情理以判断一事的真假来识别新闻的真实性,留意新闻的时效性,留意新闻的道德性,留意新闻的广告性,留意新闻的政治性,注意避免新闻的神怪性,留意新闻的表意性。① 比如含欺诈性广告的、涉及个人之隐私的、背乎良善之风俗的等都应一概排除。② 且在选择新闻时社会道德伦理的判断是必不可少的,有学者建议:"……凡是与社会上风俗人心道德有密切关系的;如善良观念的启发,积极向上的坚韧意志之养成,果断力责任心的激励。以及促成不良行为的反省,迷路上的自觉等……这些,报纸都应当负一部分责任的。"③

　　由此可见,精编主义的精选新闻不仅要根据新闻事实自身的新闻价值标准,尤其是读者兴趣与欲望,还需要考虑新闻事实的真实与否,要受到社会法律、伦理、社会风化等外在因素的制约。

　　2. 精简内容

　　在精选新闻之后,若"有材料而不善编辑,真如衣锦夜行,在报馆尤为极大之损失"④。所以,精编主义要求必须对所选新闻的内容材料进行精简,力求内容短小精悍、言简意赅,不繁杂、不冗长。如何精简新闻内容呢? 从技术上说,一方面是缩写新闻,缩写新闻是精简新闻内容的基础环节。新闻要"精",首先报纸文字要"精",即"用少数文字记载充实的事件"⑤。也就是用尽量少的文字叙述主要包括什么事(What)、什么人(Who)、什么时候(When)、什么地方(Where)、如何(How)、何故(Why)⑥或何事、何人、何处、何时、何故⑦等新闻事实的基本要素,要求新闻写作正确详尽、简洁明晰、客观、公正。⑧ 同时为了便于阅读与排版,在新闻写作过程中,"新闻之格式,乃分为新闻撮要与详记二部。新闻之第一段,曰撮要。其次诸段,曰详记。"且

① 胡健中. 怎样编辑新闻[J]. 新闻学季刊,1941,1(4):1-7.
② 任白涛. 应用新闻学[M]. 上海:上海书店出版社,2011:22-23.
③ 谢小鲁. 新闻与广告之伦理观[J]. 报展,1936(纪念刊):98-103.
④ 戈公振. 中国报学史[M]. 北京:生活·读书·新知三联书店,1955:209.
⑤ 徐渊若. 新闻发行学:申报新闻函授学校讲义之九[M]. 上海:申报馆,1936:205.
⑥ 胡健中. 新闻的编辑与采访[J]. 苏衡,1936(17-18):8-9.
⑦ 赵慕儒. 采访新闻的方法[J]. 记者月报,1941(2-3):7-12.
⑧ 贺仁麟. 记者、新闻与报道[J]. 新闻学季刊,1947,3(2):28-35.

"新闻之摄要,以新闻之精采及数问题之简单答案组成之"①,也即由导语与主体组成。由于"新闻甚多,报纸之篇幅有限"及"欲使读报者易于触目,而促其注意,能于短少之时间内,知其事之大要,苟无暇晷,则往下即可不读"②,新闻写作尤其注重新闻导语的写作,所以有人认为"凡一新闻,宜将要点列于第一句。无论——新闻之修短何如,其精髓统宜归入第一节内"③。这也是欧美报界新闻记事制作历来的惯例,即将事件要领提置于起首作为开头。④ 所以在精简内容的过程中,大部分消息都可以直接使用导语来缩写,把新闻最基本的六要素概括清楚即可。比如前文所述的北平《实报》采取缩写的"精编主义"做法曾获得著名报人张友渔的高度赞扬,他说:"它的办法,我看可以叫精编主义。"⑤

另一方面是精编新闻。精编新闻的主要做法是对最重要的新闻刊布不厌其详、不用删减,把"无关宏旨"的新闻加以精编,"量为减短,务使摒除无用之字句,只保留其精华,而又不失其新闻价值,以达到精编之'精'字";性质相同的新闻,则列在一起,"冠以总题,在形式上固可免予支离零落"⑥。精编主义的主力倡导者及实践者周孝庵认为,精编新闻的具体方法有简报、对于同事件应立在同一标题之下、使公文变成纯粹的新闻、报纸仅登载公函的事实而非其格式、仅登载重要社团的开会新闻、仅登载重要真实的广告新闻、仅登载政府对外宣言及政局中心任务等重要的通电宣言、无须详登轻微事件、仅登载重要集会新闻、破除迷信。⑦ 其中上海《时事新报》平日之取材标准纯以新闻价值之有无大小定去取,而其本埠新闻中之"简报"尤为有特色,⑧并被视为当时精编主义的典范。还有,民国时期上海《立报》坚持一般情况下一则新闻报道很少超过500字的做法,这也是当时精编主义观念的实践标杆。

---

① 徐宝璜.新闻学[M].北平:国立北京大学新闻学研究会,1919:48.
② 休曼.实用新闻学[M]//余家宏,宁树藩,徐培汀,等.新闻文存.北京:中国新闻出版社,1987:193.
③ 休曼.实用新闻学[M]//余家宏,宁树藩,徐培汀,等.新闻文存.北京:中国新闻出版社,1987:192.
④ 任白涛.应用新闻学[M].上海:上海书店出版社,2011:51.
⑤ 张友渔.我和《实报》[J].新闻研究资料,1981(4):14-20.
⑥ 赵君豪.中国近代之报业[M].上海:上海书店,1938:42.
⑦ 周孝庵.最新实验新闻学[M].2版.上海:时事新报馆,1930:279-294.
⑧ 周孝庵.最新实验新闻学[M].2版.上海:时事新报馆,1930:277-278.

此外，在精简内容的时候也要注意语言文字的通俗易懂，尽量使用白话文，少用或不用文言文。当时有人主张小型报纸的文字应该浅显通俗，以小学六年级学生所能理解的程度为标准。具体而言，要求语言简洁而切实、用通俗的文字成语及题材、用直接讨论法、用自由自然的风格、力避难解的机械式的术语、少用缩写名词、多用良好的条解、有动人的大字体、好拼版的标题及清晰的印刷。①

3.精致标题

俗话说，看文先看题。也就是说读者是否继续读某一新闻的关键取决于该新闻的标题是否有吸引力。正如"标题因其形式及位置，可做记事内容之广告、贩卖之先导。读者目触秀美之标题则兴致勃然，进而读其记事……"②也即新闻标题的目的是要吸引读者的兴趣。③ 所以，在民国时期精编主义的实践过程中，报纸编辑们都充分认识到了新闻标题在吸引读者、美化版面等方面的重要功能，比如便利读者阅读新闻并使新闻版面美化的作用，④为读者提示新闻纲要、广告新闻内容、唤起社会舆论的功能，⑤揭示纲领便利读者、标奇炫异引起注意⑥或便利阅读、引人注意⑦的效果，节约读者的时间、给予读者以刺激、"为留空白地位"美化版面的功效。⑧ 那时报纸把"标题是新闻的眼睛"视为基本操守，各报纸及编辑都非常重视新闻标题的制作，往往把新闻标题视为新闻编辑最重要和重视的工作内容，甚至以起标题是否恰当和精致来作为对编辑专业水平和能力的评价。有人曾这样评价："编辑记者所最当惨淡经营者，新闻记事之标题是也。标题在报纸上、实占有最重要之部分……读者纵无暇读记事之全部，只一瞥标题即可悉其概略。故秀美之标题即记事之脊髓也。"⑨

新闻标题既然如此重要，那么在精编主义者心中，什么样的新闻标题才

① 刘汉兴.小型报纸的检讨[J].新闻学季刊，1940,1(3):25-29.
② 任白涛.应用新闻学[M].上海:上海书店出版社,2011:94.
③ 潘焕昆.报纸上的标题[J].新闻学季刊，1940,1(3):15-25.
④ 胡健中.怎样编辑新闻[J].新闻学季刊，1941,1(4):1-7.
⑤ 陈铭德.新闻标题之研究[J].报展,1936(纪念刊):104-115.
⑥ 阙名.新闻之标题[J].报学月刊，1929,1(3):60-78.
⑦ 徐宝璜.新闻学[M].北平:国立北京大学新闻研究会,1919:58.
⑧ 张友鸾.新闻纸面[J].中国新闻学会年刊，1942:58-63.
⑨ 任白涛.应用新闻学[M].上海:上海书店出版社,2011:94.

是精致的好标题呢？一般来说，内容上要精确概括，形式上要恰当优美。当时有人认为新闻作标题的创作应该忠实（使与内容一致，不可夸张）、概括（把新闻的内容，都扼要的完全表示出来）、浅显（不可过于古典、晦涩，使人难解）、美妙（美妙生动，引人无穷爱好）。[①] 也有人要求新闻标题的拟制应该简单明了、撮要之撮要、概括、深刻、悦目、动人。[②] 也有人认为好标题应该短引、显、活、善。[③] 甚至有人要求好标题的标准应该是形式优美、内容清楚[④]，须站在公正的客观立场写标题，标题必须生动有力、高度正确，[⑤]也就是内容、形式都追求完美、精致。

　　那么精编主义又是如何来拟制精致的新闻标题的呢？首先，新闻标题应该概括新闻的基本事实，真实不夸大。合理的新闻标题"应能包括全条新闻之要点。……在原则上，标题当概及何事、何时、何人、何地、结果如何"[⑥]，且新闻标题的拟写要把握新闻的主题、表现新闻的内容、斟酌标题的大小。[⑦]但是无论如何，新闻标题都应该真实，不可以随意渲染或夸大其词，所以有人认为："甚至有为引人购买起见，遂致新闻虽甚确实，而于其题目中，则不惜牺牲事实，故意夸大其词，言过其实者。此诚为不正当之举动。因题目应与普通广告同，以事实为根据，以诚实为标准，不可允许新闻中所不能履行者也。"[⑧]其次，新闻标题的形式应该灵活多样。据介绍西文报纸的标题有横线标题、雁斜式或阶梯式标题、倒金字塔标题、悬旗式或称低格式标题、细腰式等种类，中文报纸的标题有单行式、平行式、加框式、加边式、分裂式或直行标题、横行标题；主标题、前标题、副标题和分标题等类别。[⑨] 同时，新闻标题可以按照行数、字数、铅字号数进行分类，如有跨栏题目、围线题目、标识

---

① 胡健中.怎样编辑新闻[J].新闻学季刊,1941,1(4):1-7.

② 胡健中.新闻的编辑与采访[J].苏衡,1936(17-18):8-9.

③ 周孝庵.最新实验新闻学[M].2版.上海:时事新报馆,1930:349.

④ 即要求全部内容尽可能包括在主标题中，免用意义双关或含混之字句，慎用简写之地名及其他名词，用熟知的人名、地名或其他特别名词，外电必须标明来电地名，每行标题须有相当的独立性。

⑤ 潘焕昆.报纸上的标题[J].新闻学季刊,1940,1(3):15-25.

⑥ 张友鸾.新闻纸面[J].中国新闻学会年刊,1942:58-63.

⑦ 金志英.编辑新闻的五项工作[J].上海记者,1942(4):9-11.

⑧ 徐宝璜.新闻学[M].北平:国立北京大学新闻学研究会,1919:58.

⑨ 潘焕昆.报纸上的标题[J].新闻学季刊,1940,1(3):15-25.

题目、彩色题目、接排题目、别体题目、提要题目;①那么在拟制新闻标题的时候就应该灵活运用多种标题形式,美化标题与版面。但是"我国报纸向皆不知标题之妙用,更不注意'侧标题(即副标题)'"②。此外,在语气、韵律、字数等方面均有考量。新闻题目一般要求内容忠实、文字简洁、意味灵活、分别轻重、不可重复,避忌使用询问、命令语气,忌用否定式、被动式,不舍本逐末。③ 且"标题之性质既为记述的,故当与记事同一公平,尤不可用批评的语句"④。同时,拟写标题的时候应注意标题内容次序先后不可倒置、习惯上不可押韵、分行必须在可成段落之处、介词之下不得另起一行、动词之下不可另起一行、动词不宜用作标题的开端、标题开端一般不用数字等。⑤ 新闻标题的拟定应尽量注意"字数宜取奇数""为空白关系,主题之外,多附以挂题(或将作母题子题)","倘系以五七字为题,音节叶调之方法,要与吟诗无别,即'一三五不论,二四六分明'""题目字数甚少,自须简练""忌用助词""勿掉书袋,用古文句子标题""不避俗词,却勿滥用俗词""注意谐音字""注意双关字""勿用重复字"。⑥ 比如当时著名报人周孝庵曾把新闻标题归纳为成语、讽刺、摘句、疑问、刺激性、惊叹、数目等种类。⑦

(二)精辟言论

由于晚清民国时期很多报纸偏重商业化且当时舆论不健全,政府不尊重评论的意识,民众视评论为欺人的论调,尤其是当时普遍存在"闲谈式"敷衍式的和只为津贴而说风凉话的"打落水狗"式的两种评论让人厌倦,⑧时事评论在当时中国报纸上曾长期遭受冷落。但报纸作为言论纸,也就是说报纸不仅有新闻信息内容,还有言论版块,甚至如果说新闻是报纸的生命的话,言论则是报纸的灵魂。所以,在民国时期精编主义观念中,非常重视新闻评论的地位与作用,同时还强调新闻与言论分开,而且特别注重新闻评论的编辑与写作,实现言论精辟。

---

① 阙名.新闻之标题[J].报学月刊,1929,1(3):60-78.
② 任白涛.应用新闻学[M].上海:上海书店出版社,2011:96.
③ 阙名.新闻之标题[J].报学月刊,1929,1(3):60-78.
④ 任白涛.应用新闻学[M].上海:上海书店出版社,2011:94.
⑤ 潘焕昆.报纸上的标题[J].新闻学季刊,1940,1(3):15-25.
⑥ 张友鸾.新闻纸面[J].中国新闻学会年刊,1942:58-63.
⑦ 周孝庵.最新实验新闻学[M].2版.上海:时事新报馆,1930:297-311.
⑧ 吴雄剑.今日的中国新闻纸[J].新闻学期刊,1934:66-70.

首先,在精编主义观念中,编辑们都非常重视言论的编辑,坚持言论是报纸的灵魂的传统。如徐宝璜认为:"新闻纸之'社论'一栏,乃其正当发表对于时事之意见以代表舆论或创造舆论之地也。"[①]且"论说为报纸权威之集中点,报纸之所以具有代表舆论、指导社会之资格者全恃乎此。换言之,论说者,报纸之灵魂也。报纸而无论说,直破残躯壳之死体耳"[②]。"社论是代表报社的言论""社论是含有指导性之言论""所以社论乃是代表报社解释时事并批判社会各种问题之言论"。[③] 同时言论往往也是报纸社会责任及力量的体现。饶引之认为:"社论者,为代表报社的意见,对于时事有所解释、批评及主张以期指导读者之言论也。"[④]所以社论的特性是批评社会所发生的事实、代表报社本身的意见,以指导读者为目的、有所解释或批判或主张的观点,其内容应该彰显报纸的个性、富有超拔的思想、饱含丰富的知识。[⑤] 社论通过代言(代表舆论)、立言(创造舆论)、正言(指导舆论),[⑥]对群众、政治与外交都有直接的影响,"故论说之势力,对内可以支配群众、监督政治,对外可作国民外交之公牍。其与报纸关系之重且巨如此"[⑦]。

其次,精编主义在新闻编辑中坚持新闻与言论分开,不含混。言论对报纸来说,可以"解释新闻,创造舆论,构成个性"[⑧]。但是"新闻只说真伪,社论专论是非,真伪易明,是非难辨"[⑨],两者分野明显。有人总结了新闻与意见分开的好处:供给真实的消息免除读者的误会、文字可免于冗漫(除长篇通讯与事实需要外)、社论与新闻分工因消息正确而销路益广。[⑩] 当时报纸的评论体裁也很多,名称也不统一,比如有人归纳有社论、时评、专论、来论、代论、特别论著、征文披露、译论、述评等。[⑪] 还有当时上海《时报》特有的短评。无论采用哪种评论形式,在版面安排与编辑的时候都要求与新闻明显区分

---

① 徐宝璜.新闻学[M].北平:国立北京大学新闻学研究会,1919:65.

② 任白涛.应用新闻学[M].上海:上海书店出版社,2011:45.

③ 胡健中.新闻学讲座:社论写作应有的认识[J].新闻战线,1941(2):4-6.

④ 饶引之.介绍新闻学(三)[J].读书青年,1945,2(1):12-13,22.

⑤ 饶引之.介绍新闻学(三)[J].读书青年,1945,2(1):12-13,22.

⑥ 胡健中.新闻学讲座:社论写作应有的认识[J].新闻战线,1941(2):4-6.

⑦ 任白涛.应用新闻学[M].上海:上海书店出版社,2011:45.

⑧ 孙如陵.评论与报纸的关系[J].新闻学季刊,1941,2(1):16-18.

⑨ 胡健中.新闻学讲座:社论写作应有的认识[J].新闻战线,1941(2):4-6.

⑩ 徐渊若.新闻发行学:申报新闻函授学校讲义之九[M].上海:申报馆,1936:204.

⑪ 潘君健.报纸评论与社会舆论[J].报学季刊,1934(创刊号):53-56.

开来,不能混杂在一起。

最后,就是特别重视报纸言论的编辑与写作,追求言论精辟。"报纸论说,则以提供问题为主旨。即将多数人尚未周知之问题、提撕而论究之。"[①]所以,社论的写作要注意立场鲜明、观点正确、论证严密、言简意赅。如徐宝璜认为社论若要正确地代表舆论或创造舆论,应注意以新闻为材料,有透辟的批评,用简明的文字,抱有正大的宗旨。[②] 也有人认为评论写作要论当其时、凝练概括、对于事实真相无不周知、词达可诵、见理透彻且用语精辟,即"论说有五要:论当其时,一也。凝练肃括,二也。于一事之情实,无不周知,三也。词达可诵,四也。见理透彻,造语奇警,五也。要而言之,凡一论说,宜将所论之事,简括言之,不伤于繁碎,而后随加评议"[③]。且在修辞上,要大众化、通俗化[④],在选材上,无论是解释性社论还是批评性社论的选材,都应该注意在时间上须最新、空间上须最近、性质上最显要,还要求社论的立场与态度应该具备善意的动机、建设的意见、客观的材料、责任的观念。[⑤] 由于"报纸论说,乃为归纳之材料,而其断案则委诸读者"[⑥],所以"论说之内容宜将新事实为具体的罗列。一切引据更期毫无谬误而且丰富"[⑦]。否则言论将成为胡吹瞎编、虚假论说,也没有任何说服力。在革命的年代,于右任认为新闻纸社评应该大众化、革命化、时代化。[⑧] 当时上海狄楚青的《时报》最早推出的短评很有特色,其特色就是受字数限制而形成的。短,就是它的特色,针对外交、军事、政治、经济、法律、教育、社会、其他等问题以解释、议论或杂体的短评形式通过归纳式和演绎式铺陈事实、发抒意见,在当时的上海很受读者欢迎,并为全国报纸所仿效。[⑨]

(三)精美版面

精编主义不仅精编新闻、精辟言论,还在形式、外观上让版面更精美,从

① 任白涛.应用新闻学[M].上海:上海书店出版社,2011:46.
② 徐宝璜.新闻学[M].北平:国立北京大学新闻学研究会,1919:65-68.
③ 休曼.实用新闻学[M]//余家宏,宁树藩,徐培汀,等.新闻文存.北京:中国新闻出版社,1987:209.
④ 赵春仙.社论之作法及其趋势[J].新闻学季刊,1947,3(2):43-50.
⑤ 胡健中.新闻学讲座:社论写作应有的认识[J].新闻战线,1941(2):4-6.
⑥ 任白涛.应用新闻学[M].上海:上海书店出版社,2011:46.
⑦ 任白涛.应用新闻学[M].上海:上海书店出版社,2011:46.
⑧ 于右任.如何写作社评[J].新闻学季刊,1940,1(2):1-7.
⑨ 孙如陵.短评概观[J].新闻学季刊,1942,2(2):6-16.

而做到内容与形式的统一,真正生产报纸精品。从晚清民国时期报纸版面编辑处理的实践来看,精美版面主要包括报纸新闻、图画版面的精美、整体版面的精美及其印刷的精细精工。

首先,根据读者的阅读习惯确定报纸新闻版面的编辑风格。当时被各国新闻界视为优秀新闻版面的编辑风格类型有综合式和分类式。其中分类式编辑是以新闻的地域与性质来划分类别,英国的新闻纸都采用此类风格。综合式(或混合式)编辑则是以新闻重要与否来决定排版的次序,美国的新闻纸都采用此种风格类型,也即英国的"社论式"和美国的"单一式"。① 这体现了英国新闻纸普遍更重视言论,美国新闻纸则更注重新闻本身。田萌对这两种版面风格进行了比较,认为分类编辑的不合理之处在于未能反映整个社会,不符合事物的纵向与横向的关联;而综合编辑是把当日内发生的各种重要的新闻收集起来并综合在一处,使报纸的读者能对当日的时事一目了然。所以综合编辑能够全面、有机地反映社会的发展,能够进行系统的连续报道,能够把新闻的材料适当地配列,避免了分类的材料上的重复和冲突。② 胡建中认为综合式新闻编辑有拔粹、节时、鸟瞰等优点,也有分工难、及时难、调剂难等缺点。③ 实际上,晚清民国时期国内报纸大多数采用混合编辑风格,没有单一的分类式编辑或综合式编辑,比如有人认为地方报纸的国际新闻应采取混合编辑制,比如日出两张的报纸平时可以制定半版或 2/3版为范围,而日出一张的应以 1/4 版为范围;其稿件的采用应当重质不重量,要以灵活的裁剪手法,编得简明扼要。④

其次,图画版面的编辑要求做到图画优先、图文相济。从文字的演变历史来看,文字是由早期的图画逐步演变而成的。然而,图画的诞生虽然先于文字,我国近代新闻纸却由于报纸制版技术的限制未能最先刊载图画新闻,而是最先刊载文字新闻,甚至仅为文字新闻。直到晚清民国时期图画制版技术的出现、照相术的发明,图画才逐渐普遍刊载在我国新闻纸中。对此戈公振是这样描述的:

> 我国报纸之有图画,其初纯为历象、生物、汽机、风景之类,镂以铜

————————

① 彭革陈.新闻编排的方法论[J].报学季刊,1934(创刊号):41-43.

② 田萌.论版面排列[J].上海记者,1943(6):1-4.

③ 胡健中.怎样编辑新闻[J].新闻学季刊,1941,1(4):1-7.

④ 邢颂文.地方报纸国际新闻编辑的商榷[J].江苏月报,1935,4(4):26-28.

版,其费至巨。石印既行,始有绘画时事者,如《点石斋画报》《飞影板画报》《书画谱报》等是。惜取材有类《聊斋》,无关大局。迨《民立》《舆论》《时事》《太平洋》等画报出,乃渐有进步,有时讽刺时局,可与大报相辅而行。惟描写未必与真相相符,犹是一病耳。自照相铜版出,与图画以一大革新。光复之际,民军与官军激战,照片时见于报端。图画在报纸上地位之重要,至此始露其端。近则规模较大之报馆,均已设有铜版部,图画常能与有关之新闻同时披露,已于时间上争先后,乃可喜之现象也。……

民国九年,《时报》创《图画周刊》,注意中外大事,印以道林纸,是为我国有现代画报之始。近北京《晨报》亦发行《星期画报》,注意时事与艺术,皆取材严谨,足以引起国民之美感。吾意画报之精采,第一在印刷清晰,图画则必取生动者。一片之优点何在,须能表而出之。至材料之时时变易,排列之参差有致,又其次焉者也。①

图画一旦在新闻纸中出现,图画新闻的效果则立竿见影,并称为"无音之新闻"且为我国新闻界所认识与重视。有人是这样解释的:"文义有深浅,而图画则尽人可阅;纪事有真伪,而图画则赤裸裸表出。盖图画先于文字,为人类天然爱好之物。虽村夫稚子,亦能引其兴趣而加以粗浅之品评。英国名记者北岩氏谓图画为无音之新闻,最能吸引读者而推广一报之销路,诚至论也。"②随着图画的普及,为了满足广大读者的需要,逐渐产生了以专门刊载图画新闻信息的图画周刊、画报,并且广受欢迎。戈公振对此是这样叙述的:"图画为无音之新闻,不识字者亦能读之。故在各种周刊中,以国画周刊为最受读者欢迎。"③这也就是我们今天所说的"一图胜千文""有图有真相"。从此开始出现图片新闻报道形式,并随之出现了专业摄影记者、美术编辑、图片编辑等专业岗位、专业人员。

但是此时国内图片新闻与英美国家的图片新闻相比还是较为落后。据记载:英美新闻纸"图画新闻,既打破绘画与文学之旧例,遂以精巧之写真版

---

① 戈公振.中国报学史[M].北京:生活·读书·新知三联书店,1955:248-249.
② 戈公振.中国报学史[M].北京:生活·读书·新知三联书店,1955:248.
③ 戈公振.中国报学史[M].北京:生活·读书·新知三联书店,1955:247.

而代木版,……今日图画新闻,大半皆以写真版为适宜"①。照相、写真已经是英美新闻纸图片新闻的主流,且有专门的照相人员和团队,而国内报社还得依赖专业的照相馆,与照相馆合作。当时戈公振意识到了这一点,并感叹道:"新闻照相,在取得一事之要点,与普通照相之专供纪念者不同。欧美报馆,均有照相队,其搜罗材料之能力,常与记者并驾齐驱。我国报馆,今尚未知养成此种专材,故多与照相馆合作。"②

在新闻纸中图画不断普及的过程中,也有人开始从理论上思考与研究图画新闻编辑的问题,并在新闻界逐渐形成了图文相济、图文并茂的编辑观念与原则。其中谢开杰对新闻纸中照片、漫画和地图这三种插图在新闻纸中的地位与作用有较为深刻的见解,他认为照片的价值在于提高新闻价值、引起读者的兴趣,使读者有深刻的印象,"调剂篇幅";地图的价值在于图解新闻、提供背景资料;讽刺画(即漫画)的价值在于有宣传的奇效、有教育的价值,引起注意和加深读者印象。③ 他还建议照片、漫画的取舍标准应该是新鲜、接近、特殊价值、是否真实。④ 由此可见,图画优先、图文相济已经不仅是习惯性的新闻编辑传统和经验,而是经过理论思考之后的新闻编辑的基本理念与操守。事实上,直到今日,这个理念与操守依然是新闻纸、杂志、电视、网络等传媒新闻信息编辑处理的基本规律与守则。

此外,就是报纸整体版面的精美。从整体上看,精美的版面应该是一个比较能使读者"不忍释手"的报纸版面。这种版面应该具有以下特点:每一个版面的拼排布置,应各具风格,比如属于硬性的新闻,应充分发挥其硬性的特质,须处处顾虑到新闻的冗长、枯燥,而属于软性的新闻,应充分发挥趣味性的特质;应以艺术家的眼光去布置标题、布置图片位置;适当线条的使用;报纸版面应该有匀整、朴素、紧凑、活泼的艺术感或富丽、复杂的艺术感。⑤ 其版面组合应当注意:在不违背读者阅读习惯的条件下追求充分的变化;在把新鲜和重要材料提炼出来的同时,必须顾及与其他新闻材料相互间的关联性;在排列的技巧上必须顾及标题的对照性、均匀性,以及整个版面

① 松本君平.新闻学[M]//余家宏,宁树藩,徐培汀,等.新闻文存.北京:中国新闻出版社,1987:117.
② 戈公振.中国报学史[M].北京:生活·读书·新知三联书店,1955:250.
③ 谢开杰.报纸之插图[J].新闻学季刊,1941,1(4):76-81.
④ 谢开杰.报纸之插图[J].新闻学季刊,1941,1(4):76-81.
⑤ 王纪元.记者常识讲座:报纸版面的研究[J].战时记者,1939(8):14-15.

的调和性。① 其编排格式应该追求新颖美观、生动活泼,必须标题适称、排版整齐、印刷醒目,标题要具备报道性、提示性、批判性、反映性、时间性、一贯性、艺术性。② 也有人认为精美版面应给人单纯美或复杂美两种艺术感,所以要处理好版面应遵循编排的对照性、编排的统一性、编排的多样性、编排的相关性、编排的定线性等原则。③ 也有人提出当时中国报纸的编列和形式上应该推行材料的综合化、报纸的杂志化、版面的艺术化来全面改革,以便做到多变化、有刺激性、抓住读者新的阅读习惯、调和匀称、对照和整洁。④

晚清民国时期新闻纸版面大体分为大报与小报两种版面类型。"一般之见解,大型新闻纸,道貌昂然,大气磅礴;小型新闻纸,娇巧玲珑,短小精悍。根据此种观点,因而论定:大型新闻纸宜有上格之评论,端庄之标题,小型新闻纸不妨为游戏之文章,采风趣之手法。于是大型者必成'绅士',小型者定是'浪人'。"⑤事实上其分类也并不这么决然区分与对立,"余以为新闻纸根本不应有绅士浪人之分,无论其为报道与言论,使读者有趣而有益,岂有二致? 所谓绅士的道貌,实有拒人千里之意,小型新闻纸固不宜有此,大型新闻纸亦何可以此鸣高? 至于'精悍',不能专属之小型新闻纸,惟觉有负佳名,而认真精编之大型新闻纸,又何尝不可以称精悍哉"⑥? 也就是说,大型新闻纸和小型新闻纸都应该精悍,不要过于绅士化从而导致曲高和寡。

最后,就是报纸版面的精细精工印刷。晚清民国时期由于大部分报馆经济实力较弱,难以有足够资本投入印刷部的建设、更新与维护。有人对此做了如下记载:

中国今日之报社组织中,最被人忽略的一环,是印刷部门。除上海申新两报曾自建印刷工场,颇注意于管理外,其他报馆的印刷间,大多黑暗肮脏,设备寡陋,不但排印甚多错误,即纸版房中的烘纸炉,亦常易烧着。这种危险,证明印刷部门的设备实在不够,同时印刷工人,知识水平很低,不能灵活运用,以致错误百出,为世所诟病。⑦

---

① 田萌.论版面排列[J].上海记者,1943(6):1-4.
② 我们的意见:报纸纵横谈[J].新闻学报,1940(2):3-4.
③ 马锐筹.新闻学术研究:编排的艺术[J].新闻战线,1942,2(2-3):21-23.
④ 田萌.论版面排列[J].上海记者,1943(6):1-4.
⑤ 张友鸾.新闻纸版面[J].中国新闻学会年刊,1942:58-63.
⑥ 张友鸾.新闻纸版面[J].中国新闻学会年刊,1942:58-63.
⑦ 毛楷清.报社组织之检讨[J].新闻学季刊,1939,1(1):38-44.

但是,报纸的印刷又是报纸生产不可缺少的重要环节,是保证报纸版面印刷精美的前提,也是各报馆之间竞争的关键技术。所以为了报纸能够精细精工印刷,经济实力强的大型报为了印得快、印得多、印得好[①],纷纷从美国、德国采购活字铸造机、铅版铸造机、铜版照相机、电子照相机、里诺排字机、自动制铜版机、高速轮转印报机等当时最先进最昂贵的印刷设备。尤其是"画报印刷,须极精美,非普通印书机所能胜任。今之最通行者,为美制迷日尔式印画报机,每架约一万元。若欧美所通行之德制凯里巴式之印画报机,我国只商务印书馆有一架,报界尚未有备之者"[②]。在各大报纸的印刷基本实现机械化之后,报纸的印刷基本实现了分工化、标准化、大量生产化、工人技术精确化、工人思想和技巧的传授、各部工作的联合。[③] 这一切都是从技术设备的角度来保证报纸版面印刷的精细精工。此外,还通过印刷工场的管理来保证报纸版面印刷的精细精工。为了增进工作效能和保证劳动者身体的健康安全,[④]一方面要求印刷工场预留未来扩充设备的场地、预备最大产能的生产设备、符合工作流程的劳动经济原则、工场室内光线和室温等符合工作效率和工人健康标准;[⑤]另一方面还要从精神上关心与激励印刷工人,使他们有清晰的头脑、奋斗的精神、时间的观念、纯熟的技术,[⑥]进而保证日常大量报纸的印刷能正常进行,并实现报纸精美版面印刷的精细精工。

除了精编新闻、精辟言论、精美版面之外,精编主义还要注意报纸副刊及广告的精编。就晚清民国时期报纸副刊的精编来说,除了"五四"时期上海《时事新报》副刊《学灯》、北平《晨报》副刊《晨报副镌》、《民国日报》副刊《觉悟》、北平《京报》副刊《京报副刊》被称为民国四大副刊,甚至超过了正刊的社会影响力,但报纸副刊的编辑普遍不重视,往往也编不精。吴定九这样批评这种现象:"今日各报之副张,果能应此需要否？或偏于旧,一意模仿古人作品;或偏于新,有类学校讲义。下焉者,则搜罗新奇之事物,谓姑志之以供博物学家之研究,非失之荒唐,即失之滑稽。是编者欲供读者以娱乐,而

---

① 詹文浒.报业经营与管理[M].上海:正中书局,1946:200.
② 戈公振.中国报学史[M].北京:生活·读书·新知三联书店,1955:237.
③ 徐渊若.新闻发行学:申报新闻函授学校讲义之九[M].上海:申报馆,1936:113-114.
④ 刘觉民.报业管理概论[M].上海:商务印书馆,1936:76.
⑤ 刘觉民.报业管理概论[M].上海:商务印书馆,1936:77.
⑥ 吴定九.新闻事业经营法[M].2版.上海:现代书局,1932:107.

结果适得其反。"①吴雄剑甚至直言副刊所登载的文字是垃圾堆里找出来的废物,不值一看:"今日新闻纸上'副刊'的文字所载的是怎(什)么呢? 吟风弄月的伤感文字,无病呻吟,喊穷道苦的肉麻文章,报告某地狗产猫的怪闻,低级趣味的吃蟹法种菊记,不痛不痒的骗稿费谈话……种种包罗万象,都是垃圾堆里找出来的废物。"②所以有人建议精编副刊在选材上"必以文艺为基础,如批评、小说、诗歌、戏曲与新闻之类,凡足以引起研究之兴味者,均可兼收并蓄,而要在与日常生活有关,与读者之常识相去不远"③,从内容、形式、文字等方面把"副刊"改革成真正大众化、真正是灌输文化、启导民众的知识。④ 甚至针对战争时期报纸副刊大多停刊的问题,建议"各报特开版面,增出副刊,对于纸面趣味之调和,仍觉未能达成其任务。盖副刊之版面趣味太浓,其他版面依然枯燥也。最佳之方法,莫如将副刊之分列于各个版面。每一版面皆能读到二三十行之软性文字,趣味得适当之调和,则其他硬性文字,反可因刺激而增强其作用"⑤,从而真正实现当时报纸副刊版面的精编。

就精编报纸广告来说,主要是要求严格把关,精选真实的广告,且将报纸广告版面限制在适当的篇幅范围内。晚清民国时期报纸主要依靠广告收入作为经济来源,各报纸都非常重视报纸广告的登载与经营,但是有的报纸对广告来者不拒、多多益善,经常刊登虚假广告甚至低俗广告。所以,精编主义不仅精编新闻、精辟言论,也要求精编广告。有人认为:"严格说来,理想中的报纸,是应当排斥以广告为本位的,但亦不是完全不要广告。因为正当的广告亦有其宣传效用与新闻价值,我们的理想,广告的登载是应当采取严格主义的,一切广告,为了顾到报纸本身的报格,都须加以审慎的抉择与限制;对于含有毒素或有欺骗性的广告,应在排斥之列。同时更要注意广告的地位,最好不超过全份报纸的十分之一篇幅。"⑥

二、精编主义思想实践效果的测量:精编主义报纸的评价

晚清民国时期精编主义思想在各大报纸不断广泛实践之后,究竟对当

① 戈公振.中国报学史[M].北京:生活·读书·新知三联书店,1955:247.
② 吴雄剑.今日的中国新闻纸[J].新闻学期刊,1934:66-70.
③ 戈公振.中国报学史[M].北京:生活·读书·新知三联书店,1955:247.
④ 吴雄剑.今日的中国新闻纸[J].新闻学期刊,1934:66-70.
⑤ 张友鸾.新闻纸面[J].中国新闻学会年刊,1942:58-63.
⑥ 我们的意见:报纸纵横谈[J].新闻学报,1940(2):3-4.

时的报纸生产有什么影响? 报纸质量得到提高了吗? 精编主义的做法得到
读者及同行的认可了吗? 这都涉及对精编主义报纸产品的评价问题。晚清
民国时期新闻界往往以好的报纸、合理化的报纸、有个性特色的报纸、有成
效的报纸、成功的报纸等不同术语从不同角度来评价精编主义报纸产品,进
而测量民国时期报纸"精编主义"思想的实践效果。

　　首先,有的人认为精编主义的报纸应该是好报纸,是大家认可、满意、喜
欢的报纸。究竟怎样才是好的报纸呢? 梁启超认为好的新闻纸应该宗旨定
而高、思想新而正、材料富而当、报事确而速,他说:"校报章之良否,其率如
何? 一曰宗旨定而高,二曰思想新而正,三曰材料富而当,四曰报事确而速。
若是则良,反是则劣。"①戴永福认为好的报纸应该代表公众利益、新闻的真
实、评论的公正。② 马星野认为好报纸的新闻风格应该简单、明晰、创造、短
劲、生动、自然。③ 好的报纸的新闻编辑要求翔实、明了、简单、材料适当之安
排。④ 好的报纸在编辑方针上应坚持"议论谨严""消息灵通"。⑤

　　其次,有的人认为精编主义的报纸应当是合理化的报纸,从内容到形式
都要合理化。有人认为合理化的(即好的、正常的、理想的)报纸的内容应该
是:确立编辑方针、报道正确新闻、提供大众意见、教育读者思想、文字深入
浅出;合理化报纸的形式应该是大型的对开报、中型的 3 开报、小型的 4 开
报。⑥ 合理化的报纸为了得到普通百姓的认可,应该做到文字大众化、记事
趣味化、编排经济化、取材精审化、译名统一化。⑦ 合理化的报纸应注意报纸
读者的兴趣、报社本身的政策、文字的适合、报纸的外观。⑧

　　此外,有的人认为精编主义的报纸应该是有个性特色的报纸。怎样才
算是有个性特色的报纸呢? 有人是这样解释的:"读者群的兴味是对象,迎
合他们的意旨,以为立论编报的指南针,而表现为适如其分的纸面,这是形
态,对象和形态的总和,就是新闻纸的个性。"且这里所说的"新闻纸的个性,

————————

① 梁启超.本馆第一百册祝辞并论报馆之责任及本馆之经历[N].清议报,1901-12-21.
② 戴永福.论报纸的标准[J].报学杂志,1948,1(7):4-5.
③ 马星野.论新闻之风格[J].新闻战线,1945,5(2-3):1-4.
④ 徐宝璜.新闻学[M].北平:国立北京大学新闻学研究会,1919:45-47.
⑤ 吴定九.新闻事业经营法[M].2 版.上海:现代书局,1932:12.
⑥ 我们的意见:报纸纵横谈[J].新闻学报,1940(2):3-4.
⑦ 汪远涵.中国报业的出路问题[J].报展,1936(纪念刊):128-131.
⑧ 饶引之.介绍新闻学(三)[J].读书青年,1945,2(1):12-13,22.

必须旨趣高尚,绝对不可为逢人之好,而自趋于卑鄙下流,诲淫诲盗的个性,同样是不齿于人类的"①。具体地说,我们这里所探讨的个性要具有崇高的报格、有精彩的特色、循合理的途径、用正当的竞争、尊重读者而不阿附读者、要正其义不谋其利,明其道不计其功。②

还有的人认为精编主义的报纸应该是有成效的报纸。其成效最突出的表现是独立;办报要大胆有勇气,不怕外来的压力、胁迫、诱惑,不受一切的制裁;新闻要真实,不应伪饰或捏造以丧失信用、自贬价值;新闻记载要有兴趣;要干净(免除卑鄙恶浊的新闻)、纯洁(一秉公正,不偏不党)且有用处。③

也有的人认为精编主义的报纸应该是成功的、销量数一数二的报纸。"至于如何才可以使销路达到第一或第二位,毫无疑问,就看你的言论是否比别人精辟、公正,你的新闻是否比别人迅速确实,你的排版是否比别人生动美观? 文理不通的话,和排印错误的字,你是否能够保证比别人少,或完全没有。换一句话说,即必须一切内容都比同一区域内任何一家别的报纸好,或任何一家报纸,有你独特的优点,然后你才可以安全稳固,取得广大的读者。"④反之,不成功的报纸则是这样的:"我所以说他们必然惨败,是败在不先注意报纸内容。因为内容不弄好,言论、版面一塌糊涂,就发行说,你即逢人哀求,或竟免费奉送,人家也不愿阅看。"⑤比如民国时期被广泛认可的小型报就是创办成功、销量好的"精编主义"的杰作与典范。有人将当时"精编主义"小型报的特点归纳为篇幅小巧、节省纸张、翻阅灵便;外表生动、大字标题、显著插图;内容丰富、文字与图画并重、言论轻松幽默、辞句简洁、雅俗共赏、易引起"人类趣味"(human interest);编排匀整、印刷美观、相片插图与文字的位置有平衡的处理;广告发达而普遍、广告的设计和编排既美观又显明还能兼顾读者的注意及兴趣。⑥

总之,无论从哪个角度或侧面来评价精编主义报纸产品、测量报纸精编主义思想的实践效果,都应从新闻、言论、广告、副刊等的内容、语言、形式、外观、销量、读者满意度及同行专家的认可度等多方面进行综合评价,才是

---

① 杜绍文.创造新闻纸独特的个性[J].战时记者,1939(12):2-4.
② 杜绍文.创造新闻纸独特的个性[J].战时记者,1939(12):2-4.
③ 任白涛.应用新闻学[M].上海:上海书店出版社,2011:127-128.
④ 成舍我.如何办好一张报[N].新生报,1953-5-29(1).
⑤ 成舍我.如何办好一张报[N].新生报,1953-5-29(1).
⑥ 许邦兴.中国小型报纸[J].报学,1941(1):145-158.

科学的、客观的、公正的,否则就仅为一面之词、个人之见。

第四节　本章小结

　　晚清民国时期的新闻界前辈们已认识到了报纸新闻生产属于知识生产的本质,并把新闻生产的构成要素归结为劳动力、资本与经营管理机关,也即人、财、物三个方面,还把新闻生产的目的概括为社会沟通、读者消费及商业赢利三个目标与动机,又以决定新闻生产的依据把新闻生产分为"预约生产"与"市场生产",也即"计划生产"与"预想生产"两大类,还充分认识到了技术对新闻生产的驱动与影响并逐渐形成了技术驱动、科技至上的技术观念。在此基础上,为了高效地实现新闻精品生产的最大化,晚清民国时期新闻界特别倡导精编主义思想。

　　事实上,精编主义早在民国初年北平《实报》就开始实践,但直到20世纪二三十年代才开始逐渐推广并盛行。尤其是随着报业之间竞争的激烈及报纸编辑技术、编辑观念的更新,精编主义被新闻理论界逐步归纳、概括、总结,并最终形成以"精"为核心、以"取精用宏、宁缺毋滥"为内涵的精编主义报纸编辑理论与思想观念。同时随着精编主义实践的推进,精编主义思想在历经从实践到理论再到实践的过程中得到了进一步的丰富与发展,最终形成以"精""新""真""善(或敦)""全"为基本原则与要求的报纸编辑理论和思想观念。精编主义观念在报纸生产的过程主要体现在"汇集资料、选择资料、整理资料、标写题目、编列版面"[1]等具体工作环节中,也即精编新闻、精辟言论、精美版面、精编副刊、精编广告等生产流程中。在实践了精编主义之后,为了检验精编主义思想实践的效果,晚清民国时期新闻界习惯以好的报纸、合理化的报纸、有个性特色的报纸及销量数一数二的报纸等标准进行评价,具体来说,从内容、语言、形式、外观、销量、读者满意度及同行专家的认可度等多方面进行客观、公正、科学的评价。为了更好地实践精编主义,新闻编辑应该遵守勿轻率、勿固执、善致疑、勤搜求四大原则,[2]坚持以新闻

---

① 金志英.编辑新闻的五项工作[J].上海记者,1942(4):9-11.

② 钱沧硕.谈编辑[J].中国新闻学会年刊,1942:40-43.

专业主义标准精编新闻,秉持精细精工的工匠精神精美版面,合力生产被认可的畅销的报纸精品。

从现实新闻生产的实际来看,在这些有关新闻生产的宏观理论论断中,真正不合时宜或者说已经被修正或淘汰的应该是有关新闻生产的环节与流程的形式。由于激光照排技术的兴起与普及,新闻生产再也无须铸字、检字、排字等流程环节,甚至在计算机互联网及各种新媒体技术普及之后,在网络与各类新媒体新闻生产的环节与流程中连印刷、发行等环节也被淘汰了,而是借助算法把新闻产品向用户进行个性化推送。除此之外,无论是新闻生产的含义、构成要素、目的、分类、技术观念、基本原则,还是新闻生产的产品标准,虽然时过境迁,但数十年之前的理论仍然适用于目前甚至未来新闻生产的实践。尤其是民国时期报纸精编主义思想在当时看来是报纸编辑的前沿理论和先进观念,对当时国内报纸编辑水平的提高效果明显,对当时小型报纸的生产、经营、管理都有相当大的促进作用。但同时对精编主义的实施路径及效果的评价却意见不一且较为粗浅。在八九十年之后的今天,盛行了数百年的报纸已渐趋边缘化,广播、电视也在互联网、手机等新媒体的冲击下日渐衰落,各种媒介之间的融合重生正加紧进行,但传媒信息产品的质量却不断下滑,"标题党"泛滥、错别字随处可见、谣言满天飞,假新闻及各种煽情蛊惑性文字时而出现,甚至绑架公益的商业炒作也屡禁不止。虽然此一时彼一时,但是在这个"急就章"甚至粗制滥造新闻信息频频出现的时代,精编主义思想严重缺失,以至于新闻正品难以识别、新闻良品越来越少、新闻精品难得一见。虽然有人建议通过借鉴精编主义让日薄西山的报纸努力图生存,①事实上,不仅报纸可以借助精编主义图生存,广播、电视、网络尤其是微信公众号、微博等社交媒体更是亟须精编主义,以生产新闻信息精品,而非粗制滥造、充满错字、真假难断、是非不清的"标题党"文章。

---

① 刘泱育.论报纸图存的战略取径及其历史资源[J].当代传播,2013(6):99-101.

第二章　报业发行管理思想：
"长""广""厚"三部曲

发行是报纸营业的前提与基础，一方面完成传播信息服务读者的社会使命，使报纸成为报纸，而不是"白纸"；另一方面又招徕广告从而增加了报纸的价值，同时也为报馆创造一部分收入。所以以发行为基础已成为晚清民国时期报业发行的基本观念。同时，为了巩固报业发行的基础地位并通过科学管理实现报业发行的高效及最大有效数量，晚清民国时期报业发行盛行"长""广""厚"观念。

第一节　"长""广""厚"思想的内涵与要求

虽然随着报业营业模式的转型，晚清民国报业已经由"发行本位"转为"广告本位"，发行的基础地位逐步形成，但是这一时期报馆普遍存在"守株待兔"式的发行管理现象。所以为了推动报业的发行，新闻理论界与实务界极力倡导"长""广""厚"的观念。虽然仅有三个字，但从报业发行理论角度来分析，其内涵丰富，意义深刻。

一、背景：以发行为基础的观念逐渐形成及"守株待兔"式的发行管理

随着报业商业经营模式的改变，报业营业日趋"广告本位"，发行则由之前的营业本位逐步转为营业的基础。由于报纸发行不仅不赚钱甚至还严重亏损,于是晚清民国时期很多报馆都不重视报纸的发行,甚至普遍形成了一种"守株待兔"式的消极管理。

（一）报业以发行为基础的经营观念逐渐形成

自从晚清时期引入外国商业报纸以后,中国报业的经营模式逐步发生改变,尤其是自民国以来,全国报纸进入"营业"期之后,中国报业全面实现了由"发行本位"到"广告本位"的转型,由此而来,报业以发行为基础的经营观念逐渐形成。

1.曾经盛行的报业"发行本位"观念

不言而喻,本位就是根本地位或主导地位,而所谓发行本位,就是指报馆的经济政策,以报纸的发行数量为其收入的大宗。[①] 也就是说,在报馆所有的经济来源中,报纸的发行收入是主导与关键。报纸发行所得将决定报馆的存亡,换句话说,没有发行收入,报馆就要关闭。"从理论上言之,新闻社之营养应专恃发行之收入。盖制造所谓新闻纸之商品以出售,即于出售此种商品时获得利益而维持发展其机关,似属当然之事。"[②]这在报纸发展的初期是显而易见的。比如在意大利威尼斯所产生的最早的手抄新闻及我国明清时期街头出售的京报或小报,这些报纸出售所得即为抄报人或报房收入的全部。这是最早的"发行本位"的经营现象。不仅如此,其实在商业不发达的国家报业中也存在"发行本位"的经营现象。如20世纪初期的法国就是"发行本位"的典型。据记载,法国新闻事业的特点有:"巴黎者,新闻势力之中心点也""新闻者,非营业,乃政治之机关也""法国新闻,乃文学之新闻也""新闻纸者,全属个人之事""广告极少"。[③] 可见当时法国的报纸极不重视营业,广告很少,其存在是靠文学内容扩大发行量来维持的。所以后来有人直接把法国报业作为"发行本位"经营的典型。"盖以法国之社会,缺少活动与进取精神,其商业亦有沉滞之势。故对于广告之效用,至为冷淡。且法国之国民性较为轻快,喜读新闻纸者较为多数。因之经营新闻事业者,乃注其全力以迎合国人之性(心)理,使报纸销数之广大,其趋向乃皆以发行为

---

① 木子.广告本位与发行本位[J].战时记者,1939(6):20.

② 邵飘萍.新闻学总论:国立法政大学讲义[M].北平:京报馆,1924:59-60.

③ 松本君平.新闻学[M]//余家宏,宁树藩,徐培汀,等.新闻文存.北京:中国新闻出版社,1987:134-136.

本位。"①不仅法国如此,德国也类似,黄天鹏认为,"法德今犹皆然。法人喜读报,而厌读广告,即其商业亦不甚发达,故主持者乃倾全力以迎合国人之心理,以求读者之增加,谋发行数之普遍而造成发行为本位。德报凤以科学研究著称,且多有趣之长篇记事,长期订阅者甚多,营业因而侧重发行方面"②。在 20 世纪 30 年代的美国经济恐慌中也曾出现"发行本位"的现象,"因为广告的收入减少,报纸欲打开销路,不得不从发行入手;又因发行数字受着一般不景气影响,本来在那里低降(递减),现在欲从发行方面,获得一部分经济的接济,自然需用极大努力,而发行部和发行经理的成绩亦由此而大著"③。"从此以后,发行经理的地位与(之)前大不相同,他在报馆中占据极重要地位,不仅关于发行本身的问题须由他来主持,来解决,即对于出版的一般政策,他也具有决定性的发言权。在若干报馆内,发行经理的地位仅次于发行人而已。"④

但是,随着报业商业化的进一步发展、社会商品广告的增多,加上报业之间竞争的激烈,报纸的销售价格越来越低,甚至低于报纸的生产成本,导致销售越多亏损越大,"发行本位"的经营逐步失效。尤其到一便士即可买一份报纸的"便士报"出现以后,意味着报纸大众化的到来,更标志着报纸"发行本位"经营历史的终结。

2. 从"发行本位"到以发行为基础的观念转变

既然报馆生产与发行报纸不仅亏本,而且销售越多亏损越大,那么是否意味着报馆要停止报纸的生产与销售呢?事实恰恰相反,各大报馆不仅没有停止生产与销售报纸,反而越亏本越生产,甚至利用现代化机器大规模生产,越赔本越要卖,并且要多卖、竞卖。既然销售报纸亏本,那报馆以什么为主要经济来源?这些问题是我们在明白报纸以发行为基础的观念之前必须回答的。

根据报纸二次销售原理,报纸的第一次出售是把报纸商品(新闻、信息)卖给读者,之后把广告资源出售给广告商,其中第一次销售往往是亏本的,只有第二次销售才可以获得利润。也即现代报纸的营业主要有发行与广

---

①　吴定九.新闻事业经营法[M].2 版.上海:现代书局,1932:8.
②　黄天鹏.中国新闻事业[M].上海:联合书店,1930:59.
③　詹文浒.报业经营与管理[M].上海:正中书局,1947:113.
④　詹文浒.报业经营与管理[M].上海:正中书局,1947:114.

告,但是真正能够创造利润的是广告。所以报纸的营业本位就由"发行本位"转变为"广告本位",换句话说,广告收入成了报馆的大宗收入和主要的经济来源。当时很多学者已经认识到了报纸这种经营模式的转变。如陶良鹤认为:"新闻社的营业,分为二种:一是发行;一是广告。最初广告尚不发达,收入只靠发行来挹注。自从商务兴盛了,广告的收入骤然增了许多,成为新闻社唯一的财源。"①吴定九认为:"在昔经营新闻事业者,以发行报纸——销售报纸——为其主要之财源,近则以广告为主要之财源,而销售报纸反有为新闻社之损失者矣。"②亚浦夏根认为:"以发行报纸而赚钱,其方法不外乎注重两个要点:即'销额'和'广告'。真正可以赚钱的倒是广告,因为仅售一便士一份的报纸,其成本远不止一便士。"③所以,"按目下情况,以发行为本位者报纸难销行至全国,不足以维持经济之稳固。所以多数报纸采取以广告为本位的营业方针"④。吴晓芝认为:"近年各国新闻营业,为引起多数之读者起见,报纸销路竞争,售价低廉,成本过昂,开销更大,往往报纸售价,不足以抵补纸费,发行愈多,赔累更甚,不得不改变方针,注重于广告之收入,以偿发行之损失。"⑤邵飘萍认为:"然苟衡诸各国新闻社之实状,即见理论与事实之不一致,因新闻纸售价特廉,而如编辑费、营业费、通信费、电报费、纸张印刷费等支出乃非常繁重。若页数多者,区区售价所获,每不足以支纸价,然则仅恃发行之收入必致经费亏累甚巨,不待言矣,既有此种显著之事实,于是各国新闻界营业之方针,莫不亟亟于图广告之发达。广告部遂占营业方面之第一重要位置。"⑥邹韬奋也认为,"不过销数愈多,在代销零销各方面的亏折也随之俱增,唯一的维持方法是希望因销数增多而广告也可有相当的增多,藉资挹注,否则销数愈多愈难于维持"⑦。国内新闻学者不仅认识到了报业从"发行本位"到"广告本位"的转型,而且还通过报馆的收入统计来佐证,如"欧美各国之报纸,其卖报所得,多半不及所耗纸费二分之一乃至三分之一。众视卖报贴本为当,盖其特为挹注者乃广告之刊费也。

① 陶良鹤.最新应用新闻学[M].上海:复旦大学新闻学会,1930:61-63.
② 吴定九.新闻事业经营法[M].2版.上海:现代书局,1932:5-6.
③ 亚浦夏根.英国新闻纸面面观[J].学鸣,译.上海记者,1944,2(5-6):17-21.
④ 郑瑞梅.报纸营业之方针[J].新闻学期刊,1934:49-50.
⑤ 吴晓芝.新闻学之理论与实用[M].北平:立达书局,1933:165.
⑥ 邵飘萍.新闻学总论:国立法政大学讲义[M].北平:京报馆,1924:59-60.
⑦ 邹韬奋.编后随笔[J].生活,1930,5(9):137.

有若干之报纸,列其发行上所受之损失为'推广费',其理由实值得吾人之深思与研究"①。还有"在中国的商营报纸,发行收入占四分之一,广告收入占四分之三;外国的商营报纸,发行收入占三分之一,广告收入占三分之二,此外特别注意则是推销问题"②。由此可见,报业经营的本位确实已经由"发行本位"转为"广告本位"。

既然报纸发行要亏本,报纸"发行本位"经营失效,那么报纸的发行还需要吗?若需要,又处于怎样的地位?事实证明,发行始终是报业经营的一个不可或缺的重要环节,是整个报业经营的基础与前提。

一方面,发行是报纸存在的前提,是报社的命脉。当时新闻学家布郎说,销量是一个报纸的"生命素",没有读者的报纸是根本无法存在的,而销量不大的报纸,就不能推销广告。③《新民报》发行人陈铭德也认为:"报纸之发行,为报社命脉之所在,此理甚明。一份较完善之报纸,若不能以推广的方法发行之,亦何异于'衣锦夜行'哉?"④徐渊若认为:"发行科第一非为创造广告价值而贩卖报纸不可,'新闻用纸'是仅有'纸'的价值,'纸'化成真的贩卖份数后,才能产生广告费,才能获得与发行收入相并而构成新闻收入二大要素的广告收入。"⑤所以发行的重要目的就是完成报纸的职责,增进广告的价值。⑥也就是说,发行从根本上实现了报纸信息传播的功能,是报纸之所以为报纸的根本。此外,发行虽然亏本,但是毕竟还是有发行收入的,并非纯支出,一般报纸发行收入占总收入的三成左右,有的还可以达到五成以上。

另一方面,发行是广告的基础与前提。没有发行,就不会有广告,因为报纸销售量大是招徕广告的重要因素。"报纸唯一的财源既是广告,但是广告的来源,又靠报纸的销路,所以报纸虽在发行上无利可图,甚至有时多销一份就亏一份,但是报馆在发行上,仍不得不努力,以求销路的激增。"⑦也即"但是一家报社要吸引广告订户,纯以该报是否拥有多数的读者,和该报的

①　陈铭德.报纸经营与报社管理[J].中国新闻学会年刊,1942:54-57.
②　魏九如.新闻纸发行论(上)[J].上海记者,1944,2(5-6):4-7.
③　刘觉民.报业管理概论[M].上海:商务印书馆,1936:223.
④　陈铭德.报纸经营与报社管理[J].中国新闻学会年刊,1942:54-57.
⑤　徐渊若.新闻发行学:申报新闻函授学校讲义之九[M].上海:申报馆,1936:76.
⑥　钱伯涵,孙恩霖.报馆管理与组织:申报新闻函授学校讲义之二[M].上海:申报馆,1936:98.
⑦　储玉坤.现代新闻学概论[M].2版.上海:世界书局,1945:191.

读者属于哪一类人为断"①，而且"广告之能得巨大刊费，须有多数之广告，广告欲得多，须报纸销路广。故业新闻者，以经营新闻之策略，宁愿牺牲发行上之损失，取得多数读者，以求广告之增加"②。同时，"报纸销路既广，读者益多，广告效力，亦随之增加，广告愈增加，价目愈提高，此自然之理"③。"所以广告的推销实际等于出售销数，销数大的报纸是不愁没有广告的销售，第一须要先行推广报纸的发行。没有销路的报纸的广告地位恐怕还不及他的白纸地位的成本，惟其是白纸地位而又有大的销数然后才能建立起高的广告价目。然后才能增加报业的收入。"④"但自报社一方言之，欲吸收多数之广告，自当先求发行之广大。欲求发行之广大，由根本上言之，自当先求报纸内容之丰富，消息之灵通，而减低报纸之价值，实为推广销路之快捷方式。"⑤不仅如此，"实则新闻纸销路广，广告亦增多，在登广告者固择销行最广之新闻纸以刊载，是以广告多寡与报纸销路，颇有因果。而执新闻纸业者亦不歧视之，善营新闻业者必精其内容，美其印刷，阅者既多，销行自广矣"⑥。此外，"报馆之经营虽以广告为本位，而发行之收入亦殊可观，且广告之增加，亦以发行为正比例，是至堪注意也"⑦。有学者也认为发行从营业上稍稍弥补纸张的成本和支出的不足，且依旧具有服务社会的性质。⑧

所以发行与广告之间关系密切，互为因果、互相为用。"但广告何以能发达乎？在先使众人认其广告效力非常伟大，广告效力何以能非常伟大？在先使购读者多，则自因得见此项广告者亦多而效力随之愈增，推究至此，遂发现广告与发行两者密切而不可离之关系。各国新闻社本此营业方针以竞争，新闻纸之定价，益行减少，而贩卖者所得之回扣益行增大，社中不注重于发行之收入，宁愿发行亏本，而不能不图发行额之愈多，以为招徕广告之积极手段，凡此皆营业重心所以由发行而移于广告之原因也。换言之，在营

---

① 亚浦夏根.英国新闻纸面面观[J].学鸣，译.上海记者，1944，2(5-6)：17-21.
② 郑瑞梅.报纸营业之方针[J].新闻学期刊，1934：49-50.
③ 吴晓芝.新闻学之理论与实用[M].北平：立达书局，1933：165.
④ 刘觉民.报业管理概论[M].上海：商务印书馆，1936：210-211.
⑤ 吴定九.新闻事业经营法[M].2版.上海：现代书局，1932：6.
⑥ 徐宝璜.新闻事业之将来[J].报学月刊，1929，1(1)：12-18.
⑦ 黄天鹏.中国新闻事业[M].上海：联合书店，1930：84.
⑧ 魏九如.新闻纸发行论(上)[J].上海记者，1944，2(5-6)：4-7.

业方面,发行已成招徕广告之手段,而广告反为营业之目的也。"①

也正是因为如此,有人把报纸发行比作一根扁担,一头挑着读者,将报纸信息"卖"给读者;一头挑着广告客户,将读者的注意力"卖"给广告客户。这个比喻非常形象地描绘了发行的基础地位。同时在报业实际运营策略中,以发行为基础与"广告本位"之间的密切关系表现得更为明显,比如"故由新闻事业之本质言之,当以发行为本位。于其策略而言,则又当以广告为本位也"②。"销数好比是牛鼻子,广告是牛身,只要牢牢牵住鼻子,整个牛身自会乖乖地跟着走,不必更费大力气。"③这都是报纸以发行为基础的体现。

(二)晚清民国时期"守株待兔"式的发行管理实践

晚清民国时期报界长期有重编辑、轻发行与广告的职业偏见,对于报纸发行的管理往往采取"守株待兔"式的消极策略。所以有学者指出当时报业发行存在的弊端:一般从事新闻工作的人,都喜欢做采编业务,而鄙视发行工作;一般报纸经济拮据,不能以更高的待遇来聘请水准较高的人员;有些人办报纸只图政治资本,而不在报纸本身,所以根本不重视发行;就报纸本身采访来说,有些报纸有津贴可拿,无须靠发行来维持业务。④ 所以往往报馆所聘任的发行人员普遍文化水平不高、态度差、服务不周。戈公振对此曾如此描述:"然报馆对于发行之法多不研究,如每日将报中大事揭示于路人注目之处,尚无人举行;稍僻之区及乡镇,即无售报处所;远道则非长年订阅者不可得;已订阅者无地址之存留,一朝停阅,便成陌路;未订阅者,亦不设法兜揽。如外商得一新顾客,则曲意与之联络,断不使其中止;即使其中止,亦必连寄数月,希望其赓续。登载一关于某人之新闻,必设法使某人知之,而劝其订报若干年或若干月。若在我国则不然。办事者疏懒成性,偶有询问报纸因何不到,亦置不复;若有投报纸以不满意之函,亦未尝研究如何可以改良;对于分馆推销,亦任其自然,不为之计画而指导之。"⑤所以他进一步认为,我国报纸销售量的增加是社会进步的结果,而非报馆的努力,"故吾国

① 邵飘萍.新闻学总论:国立法政大学讲义[M].北平:京报馆,1924:59-60.
② 吴定九.新闻事业经营法[M].2版.上海:现代书局,1932:6.
③ 汪仲韦.我与新闻报的关系[M]//新闻研究资料(第12辑).北京:中国展望出版社,1982:127-157.
④ 蔡策.杂谈发行工作[J].报学杂志,1949,1(10):14-15,33.
⑤ 戈公振.中国报学史[M].北京:生活・读书・新知三联书店,1955:226.

报纸之销行日多,乃社会进步促成之,非报馆之努力也"①。由此可见,对报纸发行的消极管理不是个别现象和问题,而是行业的普遍现象。

由于晚清民国时期报馆对发行的消极管理,在报业发行的较量当中一直存在各报发行量无从知晓、"吃报"及"转卖"报纸等发行乱象。报馆的发行份数通常是秘密。报纸发行量的大小不仅直接决定着报馆发行收入的多少,还直接影响到广告的效果与广告收入,所以在报业的竞争中,各报馆都会极力提高报纸的发行量,以获得更多的广告收益。虽然广告商特别注重报纸发行量,甚至一般都会把报纸发行量的大小作为选择广告媒体的依据,但是各报馆却一直没能对外公布其真实的发行量。即使对外公布,也仅有个别报纸向社会公布其印刷份数或者"估定份数"作为该报的发行份数。钱伯涵、孙恩霖对此现象概括为:"国内则存在以印刷份数来说'本报发行××份'的'自称份数'和有外界利用调查方法,凑合各方面的结果而估定的份数叫'估定份数'。"②但对于大多数报纸来说,在当时报纸发行份数约定俗成地成了行业的秘密。这个秘密只有报馆总经理一个人知道,有的报纸发行管理混乱,甚至连总经理和发行经理也不一定掌握确切的发行数字。可以说,这种"销数不公开"③就是当时国内报纸发行的最大缺点,甚至"报纸之销数,各馆常秘不以告人,否则即以少报多,更不可信"④。所以有学者批评这是不可取的策略,其中刘觉民认为这是下乘的政策,他指出:"中国所有的报纸,除了负责经理人知道他的确实销数而外,社会人士很少能够明了他们的发行状况的,一般报社的负责人都不愿意把他们的真确发行份数告知旁人的原因,大概是恐怕人们知道了他那很小的销行确数,会影响到广告的推销,所以都讳莫如深的不肯诚实的讲出来,甚切反而宣传他的销数是如何之多,希望能够多骗一些广告收入,这是多么下剩(乘)的政策。"⑤邵飘萍也认为这是不应该的,他认为:"发行是怎么一回事? 就是销售多少的问题,然而这个报馆销售多少的问题,在报馆方面常常不肯说出实有数目,除却美国的新闻纸外,差不多都不肯告诉人;就是报馆的社员亦应守绝对的秘密,要是按诸

---

① 戈公振.中国报学史[M].北京:生活·读书·新知三联书店,1955:226.
② 钱伯涵,孙恩霖.报馆管理与组织:申报新闻函授学校讲义之二[M].上海:申报馆,1936:141-142.
③ 朱司晨.新闻纸之广告与推广问题[J].晨光周刊,1935,4(24):15-17.
④ 戈公振.中国报学史[M].北京:生活·读书·新知三联书店,1955:229.
⑤ 刘觉民.报业管理概论[M].上海:商务印书馆,1936:235.

新闻学而论,是不应该的。"①然而环视境外,"日本号称进步,然发行额亦皆认为神圣不可侵犯之秘密。无一肯公开宣布之者,有时自吹为几十百万,社会上亦决不信以为实。而发行方面种种不可究诘之手段,即活跃于此种秘密之中,若完全公开之,则一切手段苦无所施其技"②。"欧美报纸常自宣布其销数,请会计师或专门家证明之,以夸示于同业,而诱致多量之广告。故全国报纸销数之统计,于年监(鉴)中,不难一检即得。若在我国,则殊无法可以知之。"③甚至有私自设立机构调查报纸的发行量并公布其所得到的数字。比如美国在1915年以前,已设立了私立"新闻发行额监查局",以谋行业的公开进步,该局专以调查全美各地新闻杂志的发行的准确数字为目标,并在1915年的大会上公开了调查所得的数字。④ 这不仅使报纸得到了广告商与社会公众的支持与信任,同时从长远来看,对于报业行业的公平竞争与良性发展更具开拓性意义。由此可见,欧美报纸是如此重视报纸发行量的准确性,而相形之下,"我国新闻纸,至今绝无销数若干之统计"⑤,这不免让人觉得遗憾与无奈。但是几十年以后的今天,我国报纸的发行份数依旧是行业秘密,这种状况没有得到根本性的改变,还是没有独立机构发布权威可信的调查数据,仍然只能从年鉴或主管部门获得报纸大概的印刷量。其次,存在"吃报"现象。在当时报业发行当中,一直存在默认甚至放任的"吃报"现象。所谓"吃报"现象,钱伯涵、孙恩霖的解释是:"'吃报'现象,也就是报纸不到读者的手里,中途被人'吃'去。报贩的购入报纸,往往超过他所能售的数量,这些剩余报纸,既不能退回报馆,于是就当旧报纸卖给旧货商人。这在报馆和报贩都没有损失,但对广告户却无形中受损很大。"⑥据胡政之的记载,"黑龙江有人向上海批发报纸,而当废纸发售,道远竟不费一文"⑦。其实这种现象不仅当时有过,即使在今天,国内报纸的发行当中也出现过类似的现象,尤其是在报价低于报纸当作废纸卖所得的时候,就更容易发生了,甚

① 邵飘萍.中国新闻学不发达之原因及其事业之要点(遗稿)[M]//黄天鹏.新闻学名论集.上海:联合书店,1930:39-67.
② 邵飘萍.新闻学总论:国立法政大学讲义[M].北平:京报馆,1924:73.
③ 戈公振.中国报学史[M].北京:生活·读书·新知三联书店,1955:229.
④ 邵飘萍.新闻学总论:国立法政大学讲义[M].北平:京报馆,1924:73.
⑤ 邵飘萍.新闻学总论:国立法政大学讲义[M].北平:京报馆,1924:73.
⑥ 钱伯涵,孙恩霖.报馆管理与组织:申报新闻函授学校讲义之二[M].上海:申报馆,1936:147.
⑦ 胡政之.中国新闻事业[M]//黄天鹏.新闻学刊全集.上海:光华书局,1930:243.

至常出现"转卖"报纸的现象。在当时报业发行过程中,还存在"转卖"报纸的现象。"转卖"报纸,就是把自己购买或订阅的报纸看完以后,折价转卖给另外一个人阅读。蒋国珍对此是这样描述的:"还有一种,可以注意的事情,就是早晨以五分钱买入之报纸,午后还可以二分钱卖出,翌日仍可以卖得一分钱,可以展转经过几个读者,报馆对于此事,倒是无可奈何呢。"①可是,总体上看,晚清民国时期报纸原本市场发行量不怎么大,甚至很多人买不到或买不起报纸,而且报纸作为时效极强的消耗品,理应隔日便成不值一文的"废品",却偏偏出现了如此违背报业市场规则的奇特现象。

二、报业发行"长""广""厚"思想的提出及其内涵

虽然晚清民国时期报业发行的管理普遍存在"守株待兔"的现象,但是新闻学界对于报纸发行做了不少研究,同时提出了一些很有见地的思想与观点。其中当时比较典型的发行思想就是"长""广""厚"的发行原则与要求。

(一)"长""广""厚"思想的提出

钱伯涵、孙恩霖根据自己的理解对"长""广""厚"做了归纳与解释,他们认为:"近代讲报纸发行的,都说报纸的发行具有三部曲:长、广、厚",并进一步解释,"长""就是拿它净付费的发行份数来估量";"广"即"报纸销售地的幅员,不论乡镇城市,各区都要计算在内";"厚""是读者对于它的信仰如何,也就是报纸的声望"。②这其实就是从报纸发行的数量、范围、信誉(或影响)三方面来评价与要求报纸的发行。同时也有学者表达了类似的观点,如"新闻纸的发行工作,主要的须(需)把握三个原则:在时间上必须力求其迅速;在数量上必须力求其增高;在地域上必须力求其普遍与扩展"③。其中数量与地域范围的要求都是一致的。可见,追求"长""广"都是报纸发行的基础性目标与要求,而"厚"则是报纸发行的长远目标与原则。

(二)"长""广""厚"思想的内涵

虽然只有区区三个字,但是从报纸发行的理论与实践来分析的话,其内

---

① 蒋国珍.中国新闻发达史[M].上海:世界书局,1927:61.
② 钱伯涵,孙恩霖.报馆管理与组织:申报新闻函授学校讲义之二[M].上海:申报馆,1936:143.
③ 鲁风.新闻学[M].上海:新中国报社,1944:172.

涵却非常丰富与深刻。可以说,不仅晚清民国时期的报纸发行遵循这一原则,即使到了今天,这个原则对报纸发行或其他大众传媒受众市场的开拓与占有仍然具有指导意义。

1."长":付费发行量大

"长",从字面意义上说,是与"短"相对的一个概念。然而用来形容报纸的发行似乎有点不可思议,因为字面上"长"与发行行为几乎没有关系。但是从"就是拿它净付费的发行份数来估量"(钱伯涵、孙恩霖语)这句话的提示,可以知道这个"长"指的是一组数字的长与否,也就是发行量数字的长与否。所以,在此可以明白"长"的第一层意思是要求报纸发行量的数字要长,换句话说,就是报纸发行量要大。这是一般报纸都追求的目标。当然,报纸发行所追求的"长"本身是相对的,也就是说,报纸追求发行量大的"大"是相对而言的。比如当时美国多数著名报纸的发行量,都在 20 万~150 万份。此数与伦敦《泰晤士报》、东京《朝日新闻》的 300 万份、150 万份相比,自是很小的数字。但是美国报纸以州或大都市等地方而非以全国为单位,故其发行量亦是小单位的。有 15 万至二三十万份的发行量,就算一个很大的日报了。[①] 此外,还有另一层意思,就是以净付费的份数的"长",也即净付费的发行份数的数字的"大"。"净付费",即付费订阅或购买报纸,也就排除了免费送、工作报、服务报、推广报等不收费派送的报纸。"要新闻纸发行数多,若不要钱。去散发则什么也无需了。不取钱的新闻纸,大抵是很不堪的新闻纸,要完成新闻纸的使命,无论如何非要被买而堪看不可。因此任何新闻社,都视现实购买部数的增加,比单发行的部数的增加重要多了。贩卖部努力于斯,而广告部欢迎之,这是当然的事。"[②]

2."广":发行地域范围广

"广",也就是广泛、广远,幅员辽阔的意思,与"窄"相对。从报纸发行的角度来说,也就是"报纸销售地的幅员,不论乡镇城市,各区都要计算在内"(钱伯涵、孙恩霖语),也即报纸发行的地域范围要广阔,全国性或世界性,同时也意味着报纸发行的读者层次要广泛,也即大众化,面向社会各个阶层,而非只针对某个群体或阶层发行。所以,陈铭德认为:"报纸发行之多寡,要

① 唐克明.近代美英新闻事业鸟瞰[J].新闻学期刊,1934:28-38.

② 杉村广太郎.新闻概论[M].2 版.王文萱,译.上海:现代书局,1932:184-185.

以其内容丰富为凡例,此理固无人不知,然有可以销行十万份之报纸,每每发行至五六万份,即达最高案,不再增益。彼辈常自定其发行区域,假定举重庆为例,则甲报以嘉陵江为其发行区域,乙丙两报以长江上下游为发行区域,丁报则以公路线为发行区域,彼此不相侵犯。又或以读者阶层为发行对象,甲报致力于公务员,乙报致力于青年学生,丙报致力于劳工,亦复彼此不相侵犯。此种'友谊'情态,有时可以为报纸进化之阻力,实弗足取。"①也就是说,限制报纸发行量、发行区域、读者范围会阻碍报纸的发展,这是不可取的。

3."厚":讲信用或有声望

"厚",即忠实厚道,也就是讲信用,被人信任,有声望,有影响,有势力。从报纸发行的角度来说,"是读者对于它的信仰如何,也就是报纸的声望"(钱伯涵、孙恩霖语)。报纸发行量大、发行范围广,那么它的影响力、势力就大,就会被社会公众支持和信任。也正如当时法国著名新闻记者卡萨尼亚克(Cassagnac)于1901年鉴于减少订报之危险状态而提出的"加沙亚克氏(即卡萨尼亚克,编者注)之定例"所言:"报纸须从独立与诚实上着手,无论何时,如不以信用为主,则易减少卖报与定报之数。盖定报足以支持经费,并可望其兴旺,若读者抛弃订阅,临时买报,则为报社之不幸之事也。"②还有学者非常强调报纸发行的信用,如民国时期新闻学者孙怀仁先生所举出的新闻发行的四个要素:"要新闻不说诳,不虚报,不说非常识的话,同时应该拥护社会大众之利益""要获得读者的信用,必须对于新闻之外观要使之整然庄重""新闻要获得新闻读者的信用,必须要有一定不变之妥当的定价""假若要获得读者的信用,那么报纸分送必须亲切丁宁(叮咛),随时随地顾及读者之便利。"③甚至还有人批评报纸发行通过与新闻无关的方法来促销与推广是有损报纸的地位、影响与信用的:"近年来有一种风气,便是以与新闻本身绝无关系的方法来推广销路,譬如替定户保险和开奖等等以增加销数,再藉以提高广告刊费。这种风气也足以损害报纸的地位与影响。这种方法,以新闻言,是全无价值,至多不过多找几个所谓'登记读者',而读者的

---

① 陈铭德.报纸经营与报社管理[J].中国新闻学会年刊,1942:54-57.
② 吴晓芝.新闻学之理论与实用[M].北平:立达书局,1933:168.
③ 孙怀仁.新闻学概论:申报新闻函授学校讲义之一[M].上海:申报馆,1936:192-193.

目的无非贪保险的利益,或是多买几份报去,专剪赠券,初非为了读报。在这种情形下,广告客户实在收不到预期的效力。"①

总而言之,报纸发行的"长""广""厚"思想,就是报纸的有效发行既追求量大,又追求发行区域范围广,从而深得社会的信任,报纸就有影响力、公信力,最终达到"厚"的目标。

第二节　"长""广""厚"的实现: 倡导自主发行推广与监控

"长""广""厚"是晚清民国时期报业发行的基本要求和原则。但是如何在报纸发行实践中实现"长""广""厚",这是晚清民国时期报业发行必须解决的关键问题。尤其是在国家战乱不堪、报业发行乱象丛生的状态下,虽然要从根本上实现"长""广""厚"既迫切又艰难,但晚清民国时期新闻学者们仍然纷纷主张要通过建立自主发行网,推行多样化的促销与推广措施,规范报社日常发行的监控,努力达到"长""广""厚"的目标与要求。

一、建立自主发行网的主张

晚清民国时期报纸的发行也不外乎两种渠道,一是邮政系统、报贩与派报社组成的社会发行网络,二是报馆自己建立的直接派送与分馆组成的自主发行网络。但是长期以来,由于报馆规模普遍偏小,一般报馆都无力建立自主发行网,仅依靠和委托社会发行网来发行。可是由于民国时期邮局发行的高昂代价及报贩、派报社对城市报纸发行市场的垄断与把持,各大报纸为了摆脱社会发行网的制肘,又不得不主张建立自主发行网。

(一)社会发行网的弊端

邮局递送与报贩街头零售一直是报纸发行的基本渠道,也是晚清民国时期报纸发行的主要渠道。大多数报馆的做法是,本地发行交给报贩与派报社,外地发行交给邮局、分馆、派报社,尤其是发行量不大的报纸和新办报纸更是如此。但是在民国时期,一方面邮局发行须付出高昂的代价,另一方

---

① 斯蒂德.新闻学的理论与实际[M].王季深,吴饮冰,译.上海:上海文化服务社,1947:19.

面报贩与派报社又全面垄断与把持了整个报纸零售发行市场,所以当时报纸的社会发行存在诸多的困难与问题。

1.邮局发行的高昂代价

邮政事业不仅是近代报纸诞生的前提条件之一,更是报纸发行与递送的主要渠道,一直以来报业的发展都与邮局息息相关。到了民国时期,随着国内报业的不断发展,各大报馆的外地发行,尤其是内陆地区与边远地区的发行几乎全靠邮局。按照国际惯例,邮局对报纸等印刷出版物有特别的优惠政策。"惟东西欧美各国政府,对于报纸莫不离予扶助,日本国内轮机已通处,迄报输送不取邮费,即零卷报取报价亦廉。各国对于报纸邮费,及新闻记者来往车票,亦莫不优待,电报收费既廉,且格外从速拍发,如路透社电消息较寻常商电为速。"①其中美国有"一磅报纸一分寄费的便利与铁路邮务的制度,乡村免费寄送的权利和二等邮件的免费寄递等等"②。

但是晚清民国时期邮局对报纸的发行却相反,不仅没有多大的优惠,也没有为报纸的发行提供多少便利,甚至出现强行多收费用和耽误报纸发行的现象。对此王润泽概括为:邮局收费过高,标准过于笼统;邮局不按规定,强行多收费用;取消了边远地区的人力邮差;报纸海外发行收费更加高昂。③上海《新闻报》总经理汪汉溪曾这样描述邮局送报的资费偏高的情形:"邮政局对于新闻纸,分迄报零卷,又分机轮已通未通,已通处所,迄报每份每一百格兰姆(克)取洋一厘,每份如逾一百格兰姆,即作二百格兰姆加倍收费,不能如零报统磅计算,如《新闻报》四张分(份)量尚只一百格兰姆,如四张半,即二百格兰姆加倍收费矣。其未通处所,每份如一百格兰姆,邮费一分,按八折八厘实收,如逾一百格兰姆,照分(份)量磅算,不点份数。小卷子报纸(即单份定报),邮局不分机轮已通未通,外埠每卷分(份)量重一百格兰姆,收邮费一分,按八折实收八厘,本埠减半,统磅计算,不点份数。边远各省邮递定报,私拆、遗漏、迟到、并送之弊,在所不免。邮局对于已通处,收费尚在情理之中,而对于未通处所贵至十倍。"④报纸的境外发行就更是如此,"外洋

---

① 汪汉溪.新闻事业困难之原因[M]//《新闻报》三十年纪念册.上海:新闻报馆,1923:2-5.

② 刘觉民.报业管理概论[M].上海:商务印书馆,1936:213.

③ 王润泽.北洋政府时期的新闻业及其现代化(1916—1928)[M].北京:中国人民大学出版社,2010:280-283.

④ 汪汉溪.新闻事业困难之原因[M]//《新闻报》三十年纪念册.上海:新闻报馆,1923:2-5.

报纸除日本照国内收费外，其余各国零卷一份一百格兰姆，取邮费六分，如逾一百格兰姆，递加收费，香港零卷一份，每一百格兰姆邮费四分，多则递加。试问每份报国内所收报资统扯不过大洋二分，而邮局所收输送费，未通处所在一分以上"[1]。甚至还出现标准笼统，强行多收费用的情况，如"最可笑者，如清江一埠，小轮行驶十余年，而邮局强照未通处收费，屡次交涉，则谓该局未与该轮局妥订合同，只好仍作未通处收费。诸如此类，不止清江一处"[2]。这样一来，报纸的邮局发行成本非常高，甚至每份通过邮局递送的报纸都要亏损，汪汉溪计算的结果是，在未通"汽机"的地方，每销售一份报纸要亏本"洋二分余""本报报面所刊每份收大洋三分六厘，实则本埠批与卖报人每份小洋二分二厘，着（折，编者注）现在市价，合大洋不足一分八厘。外埠批价均以大洋计算，每份统扯亦不过二分。照现在纸价市面，平常不为昂贵，每份假定五张，纸本需三分余，而邮局取输送费，未通处假定五张约收一分以上，统计销报一份，须亏本洋二分余"。[3]

　　为了解决报业邮局全国发行的困难，1928年上海日报公会曾向政府提出了一系列改进的建议，其中对邮局发行改革的要求有：统一邮费，全部按照汽轮机已通的标准收费；改订邮线，邮件传递以敏捷为主；恢复邮差；增加邮寄班次，服务内地；嘉惠侨胞，降低报纸国际邮费；改良寄递，在上海特设报纸业务。[4] 但是政府的回复却仅有"汽机未通地点之运报邮费，当以邮局一时力有未逮，暂先自每百公分8厘减至6厘"[5]，这根本无法满足报业的发行要求。加上长年的战乱，中国邮政系统本身就面临诸多的困难，也遭受了无数的破坏。因此，要从根本上解决当时报纸邮局发行的根本困难与问题几乎不可能。于是报馆只好采取其他办法。其中有的报馆对外埠，尤其是边远地区实行"限卖"。据记载："以前因销报愈多，亏本愈大，故办报者不求多销，往往外埠分馆，因读者增加，请求多寄，而报馆拒绝，这实在是新闻事业中最奇特的现象。"[6]上海《申报》《新闻报》曾经由于外埠发行亏损严重，外埠广告少甚至没有，而限制报纸外埠的销数。但是"限卖"毕竟不是解决问

[1]　汪汉溪.新闻事业困难之原因[M]//《新闻报》三十年纪念册.上海：新闻报馆，1923：2-5.
[2]　汪汉溪.新闻事业困难之原因[M]//《新闻报》三十年纪念册.上海：新闻报馆，1923：2-5.
[3]　汪汉溪.新闻事业困难之原因[M]//《新闻报》三十年纪念册.上海：新闻报馆，1923：2-5.
[4]　报界使用邮电案之陈请书[M]//黄天鹏.新闻学刊全集.上海：光华书局，1930：467-473.
[5]　使用邮电案已获相当之结果[M]//黄天鹏.新闻学刊全集.上海：光华书局，1930：499-500.
[6]　成舍我.中国报纸的将来[M]//新闻学研究.北平：良友公司，1932：9-36.

题的好办法，因为报纸必须销量大才能实现广告价格的提高、广告收入的增加，再说报纸不满足社会读者阅读的基本需要，按常理也说不过去，所以只好提高广告价格来弥补邮局发行的亏损。"照目前风气渐开，轮轨四通八达，报纸日销数十万亦属常事，第不知最困难者，多销一份，即多赔累洋二分余，是以不得不增加广告刊费以资挹注。广告刊费多收二分余，即可多推销报纸一份，故报纸销数愈多，广告效力愈大。"①

2.报贩与派报社把持发行市场

晚清民国时期报纸发行的基本渠道之一就是报贩与派报社。报贩与派报社都是社会商业发行渠道。其中报贩渠道主要是报贩负责人从报馆批发报纸，然后雇报贩在街头叫卖，销售报纸。而派报社则是一般意义上的报馆分销机构，吴定九的解释是"派报社为代销新闻纸机关，有一社而代销新闻纸数十种者，其目的虽纯以利益为本位，但新闻社则颇可利用之而使之推广销路"②。无论是大报还是小报的发行，往往都得依托报贩和派报社来发行，新创办的报纸更是如此。

"以上海情形言，此种报贩人数极多，组有捷音公所，团结甚坚。有立街头叫卖者，有专送住宅商店者，各有主顾，不相侵犯，诚足推广报纸之销路也。"③还有更详细的记载："全上海有九百大报贩，一切报纸的总批发都需经过他们的手，他们是衣钵相传，别人是不能侵入他们的领域去的。九大之下有若干小报贩，他们或是自摆报摊，或是做中间人，从大报贩批来报纸转给小报贩，从中取利……"④其中"几个老奸巨滑的报贩头子，手下率领一群小报贩，每天替他派报，替他赚钱，而他自己则坐享其成，他的唯一工作即为依据地方恶势力，对报贩剥削，对报馆敲诈"⑤。1926年，上海共有30多家派报社，比较重要的有位于老靶子路来安里的陈如记、位于西门附近的仲根记和杨树路公余里的郑三记，它们彼此之间有地盘的划定，互不侵犯，其佣金高达报纸零售价格的一半。其中大报贩王春山、陆开庭、张阿毛、蒋仁清，曾有

① 汪汉溪.新闻事业困难之原因[M]//《新闻报》三十年纪念册.上海：新闻报馆，1923：2-5.

② 吴定九.新闻事业经营法[M].2版.上海：现代书局，1932：69.

③ 戈公振.中国报学史[M].北京：生活·读书·新知三联书店，1955：226.

④ 求实(李伟森).《上海报》一年的回顾[M]//倪祖敏，张骏德.报刊发行学概论.上海：复旦大学出版社，2005：86.

⑤ 詹文浒.报业经营与管理[M].上海：正中书局，1947：124.

"望平街四金刚"之称,他们控制众多小报贩,并有行业组织"捷音公所",势力嚣张。^① 要加入捷音公所更不容易,据记载,有一个送报人费了很大的气力,花了一笔钱才取得会员的资格,但因为与该区原有报贩发生地盘冲突,这位不幸的新报贩不仅报袋被撕烂,失去了会员资格,而且挨了一顿打! 公会是由一批"老资格"把持的,因此有冤亦无处申,只好哑巴吃黄连,心里苦。^② 还有"掏报人",他们拥有大量的固定订户,而这是报馆的命脉所在。每个报馆都有自己的"掏报人",他们还负责调停报馆发行部和报贩间的大小纠纷。如《申报》的"掏报人"名叫徐志钦,俗名"徐阿七",他拥有不少的固定订户,1921 年其手下的报贩多达百余人,有各报固定订户两万几千份,人称"报贩大王"。^③

在上海如此,在北京,发行市场也被"报贩团体"掌控。据邵飘萍记载:"北京送报人之团体。颇为坚固,而行动每多不正,其势力足以防碍新闻事业之发达,更有多数无聊之新闻社,可名为津贴本位之新闻社。甘受其蹂躏者,遂增加发行上不少困难。"^④甚至很多北方报贩"多为流氓报贩,常为骗局。黑龙江有人向上海批发报纸,而当废纸发售,道远竟不费一文;或挂代售报纸之名,而为他种不正当营业,如贩卖鸦片等,迭出不穷,不胜列举"^⑤。

因此,采用这种社会发行方式,虽然报馆可以节省相当大一部分人力与发行的开支,但是"这种报贩与派报社因为他不隶属报社也不隶属读者,成为真正的自由职业,所以他们往往不对读者尽应尽的职责,有时还有受人利用与报社为难的事"^⑥。更为严重的是,"可是在这报贩订户的制度之下,报馆的发行基础完全建筑在报贩身上,报纸要涨价,须得报贩的同意,报纸的回佣制度如欲修改,事前亦须征取报贩的意见,甚至报纸因成本关系,有时要减少篇幅或酌减印数,事先亦须商得报贩同意,否则他们就会强词夺理,

---

① 王润泽.北洋政府时期的新闻业及其现代化(1916—1928)[M].北京:中国人民大学出版社,2010:275-276.

② 求实(李伟森).《上海报》一年的回顾[M]//倪祖敏,张骏德.报刊发行学概论.上海:复旦大学出版社,2005:87.

③ 王润泽.北洋政府时期的新闻业及其现代化(1916—1928)[M].北京:中国人民大学出版社,2010:276.

④ 邵飘萍.新闻学总论:国立法政大学讲义[M].北平:京报馆,1924:72.

⑤ 胡政之.中国新闻事业[M]//黄天鹏.新闻学刊全集.上海:光华书局,1930:243.

⑥ 萨空了.科学的新闻学概论[M].香港:文化供应社,1946:155-156.

作种种不近情理的要求,要求不遂,更会集体拒销"①。比如上海《新闻报》曾经有一次没有满足报贩的要求,他们竟撕碎了千份报纸,最后还是报馆与他们谈判,并且请客才了结。又如1936年天津《大公报》到上海发展,出报三天,读者根本见不到报纸,究其原因乃是报贩将报纸全部收去,给《大公报》一个"下马威",直到胡政之请杜月笙出马宴请了上海的几位大报贩,才在上海站稳脚跟。② 所以胡政之曾感叹,"新闻记者终日劳苦之所获,半为报贩所得,十成红利,报贩得六七,报馆仅得三四,最多亦不过剖而过半"③。由此可见,当时上海和北平报贩是如此猖狂地把持报纸的零售市场。有学者曾严厉痛斥这种不良现象:"一种对社会影响极大的新闻事业,其发行网操纵在这般人手中,自然极不合理。"④

(二)建立自主发行网的观点

由于晚清民国时期通过邮局发行报纸成本高昂,甚至亏本很多,同时报贩与派报社不仅操纵了城市报纸零售市场的价格,而且还没有尽应尽的职责,甚至给报馆带来麻烦。所以,当时很多报馆经理与新闻学者都主张建立自主发行网络,以满足未来报纸的发展。为此,很多新闻学者在研究国外报馆自主发行经验的基础上,极力主张报馆建立自己的发行网络,以免长期受制于邮局与报贩、派报社的制约。

1.积极引进国外报馆自主发行的经验

近代报纸不仅诞生于国外,而且国外报纸一直比较发达。尤其是欧美、日本等西方国家的报业发展,不仅规模大,而且市场化、专业化水平都很高,同时报纸的发行网络也完备,发行管理也较为先进。一般报馆的发行网络往往都是:外地与乡村由邮局递送,城市与郊区由报社发行部直接递送或由委托给当地报贩或专门的报刊发行公司销售。后来为了赢得竞争、减少发行成本,各报纷纷设立发行部,雇用送报人,直接派送报纸到订户手中,组织竞赛活动与制定激励制度来推动发行,甚至还设立了发行推广科来组织策划报纸的促销与推广。

---

① 詹文浒.报业经营与管理[M].上海:正中书局,1947:124.

② 王润泽.北洋政府时期的新闻业及其现代化(1916—1928)[M].北京:中国人民大学出版社,2010:277-278.

③ 胡政之.中国新闻事业[M]//黄天鹏.新闻学刊全集.上海:光华书局,1930:243.

④ 萨空了.科学的新闻学概论[M].香港:文化供应社,1946:156.

(1)建立自主发行网络

国外报馆为了赢得竞争,纷纷设立发行部,直接雇人派送报纸、推销报纸,并推出相关制度来约束报纸发行人员。首先,直接雇人送报,就是报馆直接雇人送报到订户手中。这也是报馆比较早采用的自主发行方法,但是由于对送报人的管理比较麻烦,且人力成本高,后来就委托或外包给报贩或专业发行公司。最后为了竞争,各报又纷纷组建自己的送报网络,以提高送报服务的质量,并尝试采用多种制度来约束送报人,以加强管理,提高效率。其中当时美国《帕萨迪纳星报》(*Pasadena Star News*)的发行经理汉米克(Hammick)认为,为了保证报纸能够准时确实到达读者手里,为送报人制定了以下规定:送报童子每天必须在某个时间准备开始送递;送报童子必须完全知道他那一路的情形,同时还须知道其他各路的情况;送报童子必须认识到,发行部的成功,大半责任在他们肩上;送报童子必须能在送递方面切实满足读者对于早点送达报纸的要求。[①] 其次,直接雇人街头叫卖。英国的《每周新闻》(*Weekly News*)最早雇人在街头叫卖,建立自己的发行推销网络。1622 年《每周新闻》的发行人纳撒尼尔·巴特(Nathaniel Butter)破天荒第一次雇人拿了报纸在大街上"叫卖"(hawk),算是开了现代各国在市上叫卖新闻纸的先河。[②] 后来,在街头巷尾、旅馆、茶楼、车站、轮船码头、戏院及其他人群聚集的公共场所,报馆都雇人在叫卖。这种方法很快就普及开了,并成为欧美报纸销售的主要途径,直到今天也仍然是世界各国报纸市场销售的主要途径。且一般报馆的发行队伍都比较庞大,如当时美国《印第安新闻报》(*Indianapolis News*),每天的销数约 13 万份,而该报直接雇用的送报人有 2200 名之多,卖报童子 450 名,报馆还备有送报汽车,每天分 74 路传送。[③] 此外,英美国家还有无人售报模式,就是报馆在交通发达之地,如地下铁路、公园、十字街头、剧场中设卖报台,多无人管理,买者把钱放至桌上即可取报一份。[④] 后来逐步发展成为无人售报机来完成售报的工作,这也是报馆自主发行的网络之一。

---

① 刘觉民.报业管理概论[M].上海:商务印书馆,1936:213-214.
② 刘觉民.报业管理概论[M].上海:商务印书馆,1936:211.
③ 毛楷清.报社组织之检讨[J].新闻学季刊,1939,1(1):38-44.
④ 谢六逸.实用新闻学:申报新闻函授学校讲义之三[M].上海:申报馆,1935:292-293.

(2)组织发行竞赛与推出相关激励制度

为了提高发行人员的积极性与工作效率,国外报馆不但组织卖(送)报人的竞赛,还推出了相关激励制度。其中发行竞赛,就是为了调动卖(送)报人,包括报童子和派报人的积极性与创造性,制定规则组织卖(送)报比赛活动,对优胜者给予奖励。让他们卖力工作,尽可能多卖(送)掉报纸,以提高报纸的发行量。具体地说,由卖报童子及送报童子参加,拿一定期间增销的份数作为竞赛优胜判断的标准,并给他们颁发奖品,即使不给奖品,也可以付给相当于增销份数的收入之百分之几的佣金。假如由派报人参加竞赛,那么每一区须有若干个奖,奖给推销最多的前几名;另外又须有总奖,奖给推销最多的前几名派报人。"优胜奖品,不能够太费钱,大约合于新定户的定费总数的百分之十到百分之三十,便很是够了。"①这种方法既是生产竞赛,也是在管理发行,还在促销与推广报纸,相比之下,成本低,效果也还可以,常为新办报纸所采纳。

此外,报馆还推出相关激励制度。其中有报馆推出级别晋升制度激励。如在当时美国弗吉尼亚州的《新闻报》,任何应征的人经报馆录用后,一律称为报童。报童服务数时且成绩卓著,就被升为初级商人。初级商人服务确实颇有成绩,就被升为首级推销员,平均约有 20% 的初级商人可升入这级别。到了这个级别,就列入"超级推销员",为数限于 30 人,全报馆的人都称之为"三十人总会"。各级别的人都戴一定的臂章符号,极易识别。升为初级商人后,每年都有一个星期的假期,可参加免费露营;至于列入"三十人总会"的人,更有特殊权利,"可于他个人在圣诞节前一星期的营业总额中,抽取二分之一的数目算作特别奖金,其数约在 10~15 美元,尽够供圣诞节的费用了"②。有的报馆还推出"荣誉报差"等精神奖励,如当时美国大西洋州的《乔治亚美国报》(Georgian American)采用"荣誉报差"的办法,奖励优良的服务,增进销数,加速收款。被列为"荣誉报差"的人享受的权利有:"每周赠送戏券;接连四周成为荣誉报差者,免费参加游园会;接连 26 周成为荣誉报差者,领受 5 美元的现款奖金。荣誉报差表每逢星期日公布。"希望列入"荣誉报差"表者的条件是:"准时出席指定集会;分销站主任,指定某若干晚间,

---

① 马星野.欧美报纸之销路推广术[J].新社会,1934,6(8):172-177.
② 詹文浒.报业经营与管理[M].上海:正中书局,1947:131.

出发征求新订户，他切实奉行；过去七天之内没有引起读者的不满；在精神上，在文字上，奉行分销站主任的各项命令；经分销站主任证明，在过去一星期内，他确已竭尽全力，向顽强读者推销；按照规定日期全部付款；路程书保持整洁，按时送呈分销站主任检查；行为无可疵议，衣服整洁，彬彬有礼；切实注意琐碎事项，如读者保险、附送杂志、改易地址等手续，都切实明了；经营全线订报事宜确有进步；详细阅读推销手册，并能按照指示改进推销手续，收获成效。"[①]

（3）设立发行推广机构

为了提高报纸自主发行的效率，国外各大报馆又在拥有自己发行队伍的基础上，增设推广科（或推销组或企化组）来专门策划、组织与处理报纸促销与推广的事务。比如有的报馆设立企划组。企化组一般处理关于扩张新闻贩卖上所需要的一切宣传事务及电影班的事务，包括标语、传单的设计，突发重大事件之际张贴墙报，新闻摄影，赠送优胜旗、优胜杯、奖章和各种赏品等，援助各地的博览会等有意义的大集会、飞行宣传、电影班（大报馆内常备有宣传用的电影班数队）。[②]

2. 建议国内报馆建立自主发行网

为了摆脱邮局发行的高昂代价及报贩、派报社对发行市场的把持，在借鉴国外报馆自主发行经验的基础上，国内新闻学者们纷纷主张建立自主发行网。

（1）建立城市自主发行网

报纸最主要的发行渠道就是城市本地发行，所以建立城市自主发行网是报馆实现自主发行的关键。关于城市自主发行网的建立，吴定九主张直接售卖或直接发行，他把发行分为直接发行与间接发行，其中"凡读者直接向发行处订阅，由新闻社派人分送或邮寄及向发行处购买者，谓之直接售卖"[③]。其实一般意义上的自主发行是不借助包括邮局在内的社会网络来递送的，也就是说，"直接发行之办法则在昔由新闻社雇佣（用）送报夫若干人，每晨令其按照定阅之数，按户分送，然徒步以行，至为迟缓。故今则都由新

① 詹文浒. 报业经营与管理[M]. 上海：正中书局，1947：132-133.
② 徐渊若. 新闻发行学：申报新闻函授学校讲义之九[M]. 上海：申报馆，1936：17-18.
③ 吴定九. 新闻事业经营法[M]. 2版. 上海：现代书局，1932：58.

闻社用自行车若干辆,令送报夫骑车送报,既迅速而又便利,使读者于晨起即得见报,盖较前为进步矣"①。甚至有学者认为"直接发行"(也即自主发行)是发行小型报纸最理想的办法,"因为使营业部下的发行股,得能充分发挥其权能,使能指挥统一,推广顺利。对于送报人,一方给以工资,一方要给以新订阅户的奖励,更需提出一笔特别奖金,在月终或季终结算,考核成绩最优良者给舆(与)之,使他们因竞争占获特别奖金,推广报纸的销路"②。

与此同时,也有学者对当时报馆自主发行存在的问题进行反思。詹文浒认为,一方面,直接订户报(报馆直接发行或自主发行网的订户),读者直接向报馆订阅,由发行部直接处理递送、收账等具体事务,报馆雇用报差按地址递送。其好处在于可以将读者的地址直接留在报馆,有需要时可直接与之通信。所以一般报馆很注意直接订户的吸收。另一方面,自主发行的缺陷在于报馆要为发行部职员计算收账等事,为报差专司每日递送之事;送报的报差按月支薪,多送少送工资固定,存在吃"大锅饭"现象,且工作缺乏积极性,效率低、服务态度差,更无心去发展新的订户。③ 这个问题确实存在甚至很常见,但不是自主发行的制度本身的问题,而是由发行管理消极混乱造成的,因为没有奖惩机制,自然就无法调动发行人员的积极性与创造性。

建立城市自主发行网不仅仅是设想与主张,有报馆真的进行了实践。比如晚清民国时期《申报》《新闻报》《立报》等很多大报馆一般都自己雇人直接派送报纸,其中成舍我到上海办《立报》时,也曾遭遇报贩与派报社的刁难,但他不与报贩和解,据说当年该报定下两条规矩:"第一,是绝对不登广告""第二,不迁就报贩",报馆购买自行车,且自配发行人员,为的就是与地位低下但势力庞大的报贩抗衡,最终《立报》的发行很快就取得了突破。④

(2)建立全国性的自主发行网络

关于建立全国性的自主发行网络,有人主张在全国重要城市设立分馆。分馆是由新闻社认为某地有设立的必要而派人前往组织成立,并聘人或派人主持分馆事务。分馆,是"新闻社之直属机关,一切管理,经费,及报费收

① 吴定九.新闻事业经营法[M].2版.上海:现代书局,1932:67.
② 许邦兴.中国小型报纸[J].报学,1941(1):145-158.
③ 詹文浒.报业经营与管理[M].上海:正中书局,1947:123.
④ 王润泽.北洋政府时期的新闻业及其现代化(1916—1928)[M].北京:中国人民大学出版社,2010:277-278.

入等等,均须新闻社直接处理"①。"分馆的设立是非常重要的,分馆的设立应具有全国性,这样办事既有线索,具有把握,并且更能够统一调和。因为分馆的主人一定是各该地区的地方人士,他熟悉当地的情形,所以也可以供给新闻,与报馆的访员联络,同时更可以向本地的商家拉揽广告。"②所以分馆的设立不仅可以保证报纸在外地的直接发行,而且可以拓展外地的广告,实现发行与广告的互动循环。也有人主张创办一个全国性的出版物发行公司,"要以有知识的人作发行工作,代替那些无知无识而昧良心来只想牟利的书商报贩"③。但由于战乱等种种原因,很多建立自主发行网的主张都仅停留在设想的层面,没来得及实践与尝试。

二、多样化促销与推广的思想

"尝有一种变态之心理,存于经营新闻事业者之脑海,即彼辈常自视甚高,曰:'我报自能不胫而走,何必推广,致低身价!'此种心理,支配我国新闻界,实已历有年所。故偶有一报,致力宣传与推广,众即嗤之以鼻,或云:此为新出报纸,固宜如此。或云:此是小报章法,不足为例。"④虽然报界曾有人对于报纸的促销与推广持有否定甚至鄙视的态度,但是在报纸发行实践中,尤其是在报业发行理论上,既强调提升报纸质量和报馆各部门之间通力合作等根本性的促销与推广措施,也非常重视低价、竞赛、赠品、广告、社会服务与读者服务等创新性促销与推广的措施。

（一）促销与推广的根本措施：提升报纸的质量及报馆各部门之间通力合作

报纸是市场销售的文化商品,商品要赢得更广的销路,首先要保证质量,要有生产、营销等各部门的密切联系和全力合作。这也是报纸促销与推广的根本与前提。

1.提升报纸的质量

"以质取胜"是市场竞争的根本法则,也是报业竞争不变的规律。报纸

---

① 吴定九.新闻事业经营法[M].2版.上海:现代书局,1932:68-69.
② 魏九如.新闻纸发行论(上)[J].上海记者,1944,2(5-6):4-7.
③ 萨空了.科学的新闻学概论[M].香港:文化供应社,1946:157.
④ 陈铭德.报纸经营与报社管理[J].中国新闻学会年刊,1942:54-57.

要促进销售、提高发行,其根本在于报纸的质量。所以,"报纸发行的前提与基础是使自己的报纸,真能:成为可能范围内最优越的报纸;刊印最上乘的特稿;从事真正的社会服务工作;从事实上,证明你的报纸确属大公无私,纯洁正直"①。也就是说,提升报纸自身的质量,尤其是报纸的内容质量,才是报业促销与推广的根本措施。"使一报所登之材料,不惟品质精美,而且分量丰富有各界人士所注意者,别旧订者自愿续订,即新订者亦必源源而来,此事之当然者也。"②也就是说,报纸内容质量得到了读者的认可与好评,不仅可以留住原有读者,而且还会源源不断地吸引新的读者订阅,报纸的销量自然就增长了。同时报纸在读者长时间的阅读过程中逐渐获得了读者的信任,反过来又促进了报纸的稳定销售,并不断地吸引新的读者,最终实现报纸的质量与发行的良性互动。所以,有学者说:"新闻纸之销路广远,不胫而走,固全赖消息灵通,内容充实,能得社会之信仰。"③也即报纸有了质量的保证,获得了社会的信用,才会有更大的销路。

　　然而,如何来提升报纸的质量呢? 这是报纸促销与推广的根本与前提。首先,从宏观上,要求报纸做到新闻灵敏准确、评论公正、广告真实、材料丰富、编辑精良等。学者钱伯涵等认为:"……像立论严正,为多数人的福利着想,消息灵通,材料丰富,编制合理化等等,都能获得读者的青睐,使销数上增。"④而徐宝璜认为:"故就品质言,一报所登之新闻,应确为多数阅者所注意之最近事实,所载之社论,应确为对于时事所下之正当透辟之批评,所收之广告,应确为毫无欺骗性质之商业与人事的消息。就分量言,材料应极丰富,不限于一界,不拘于一地,凡各地人各界人所注意者,莫不有之。"⑤也就是说,报纸的新闻、评论、广告、编辑等基本内容有了基本质量的保证,那么报纸销售问题也就迎刃而解了。其次,从微观上,要求报纸适当刊载读者需要与感兴趣的内容,如特载作品、增刊、读者问答等。如有人建议,报纸刊载特载文字或图书作品来吸引读者,尤其是名家的署名纪事,利用作者的名气吸引读报的人;可以学习外国报纸刊载照片、通信、纪事、市场消息、时装、戏

①　詹文浒.报业经营与管理[M].上海:正中书局,1947:112.
②　徐宝璜.新闻学[M].北平:国立北京大学新闻学研究会,1919:80.
③　吴定九.新闻事业经营法[M].2版.上海:现代书局,1932:79.
④　钱伯涵,孙恩霖.报馆管理与组织:申报新闻函授学校讲义之二[M].上海:申报馆,1936:116.
⑤　徐宝璜.新闻学[M].北平:国立北京大学新闻学研究会,1919:80-81.

剧、电影等,以及人像画、讽刺画、滑稽画等;①可以出版各种特刊,像本埠、电讯、汽车、医药、国货、妇女、无线电等,名目很多,甚至还可以学习外国报纸重视星期刊,星期刊销量是平日的两三倍,载有文学、国际问题、金融消息、服装、美术等。② 这样可以集中为读者提供感兴趣的材料,吸引读者,以期增加发行量。

但是,报纸要遵守社会道德,不能为了刺激报纸发行而刊载庸俗的、低级趣味的内容,比如"是黄色新闻,既以挑发公众之感激为目的,虽其局面卑不足道,而能投合时流。故其发行亦甚广"③,"甚至为迎合社会心理以推广销路起见,于附张中或附印小报、登载'花国新闻'、香艳诗词、道淫小说、及某某之艳史等件"④。虽然这在当时确实存在,即使到了今天,国内报纸、电视、网络等媒体为了吸引更多的受众,也常常发生类似的现象,如今天屡禁不止的所谓"低俗""庸俗""媚俗"的"三俗",但是这与职业道德与社会公德都不相符,所以遭人诟病与谴责。

由此可见,报纸的质量才是报纸促销与推广的根本与前提,也正如生活书店创办者邹韬奋所言,"但是根本还是在刊物的内容。内容如果真能使读者感到满意,或至少有着相当的满意,推广的前途是不足虑的。否则推广方面愈用工夫,结果反而愈糟,因为读者感觉到宣传的名不副实,一看之后就不想再看,反而阻碍了未来的推广的效能"⑤。

2.强化报馆各部门的通力合作

报纸拥有广泛的销路,仅靠编辑部提高报纸质量也是不够的,还需要发行部、广告部与印刷部等各部门的密切联系、通力合作。因为报纸是整个报馆集体的产物与成果,不是单独一个部门所能完成的,所以"我们认为任何推广办法的成功,必须符合一个基本原则,即报馆的各部份必须全力合作,通盘运用。发行部应当根据版面特点,充分加以发挥;编辑部亦当在发行部全力推广之时,在版面上益发加上特点,以资号召。如此合作无间,推销就

① 钱伯涵,孙恩霖.报馆管理与组织:申报新闻函授学校讲义之二[M].上海:申报馆,1936:133.
② 钱伯涵,孙恩霖.报馆管理与组织:申报新闻函授学校讲义之二[M].上海:申报馆,1936:134.
③ 松本君平.新闻学[M]//余家宏,宁树藩,徐培汀,等.新闻文存.北京:中国新闻出版社,1987:132.
④ 徐宝璜.新闻学[M].北平:国立北京大学新闻学研究会,1919:6.
⑤ 邹韬奋.几个原则[M]//韬奋新闻出版文选.上海:学林出版社,2000:225-227.

易奏效"①。为了实现报纸的好销路,"发行部、编辑部与广告部之间的密切
联系,通力合作,发行部内部职工的密切合作,相互促进与帮助,为共同目标
一起奋斗"②。

因此,从根本上说,报纸质量的提升与报馆各部门的密切合作是报纸的
促销与推广的根本与前提,没有这个前提,一切市场创新的措施都是无本之
木、无源之水。

(二)促销与推广的创新措施:低价、竞赛、赠品、广告与服务等

在报纸有质量保证和各部门密切合作的前提下,各大报纸可以说是想
尽一切市场促销与推广办法来提高报纸的发行量。在这五花八门的市场促
销与推广措施中,最普遍使用的措施主要是低价、竞赛(也称悬赏或投机)、
赠品、广告、社会服务与读者服务等基本方法。

1.低价法

低价是市场竞争的铁律。任何商品都可以以降价或低价的方式来促销
与推广,报纸作为市场销售的文化产品自然也不例外。其具体做法包括定
价低廉、折扣优待与捆绑销售等常见形式。自从英美一便士便可买一份的
"便士报"问世以来,低价销售更是成为报纸竞争与促销的惯用手段,廉价报
纸也已逐渐成了社会惯例。同样也正是廉价报纸首次实现了报纸销售的大
众化,销量达百万份。比如内尔松于 1880 年在美国堪萨斯州的堪萨斯城创
办的《堪萨斯明星报》就曾推行"一角钱一周"的策略成功促销,每日出 4 页报
纸,一周出版 6 期,价格为每周一角,后来增加了星期刊,还是每周一角;后来
又增加了晨刊,每周增刊 6 期,共计 13 期,每周价格还是一角。③ 成舍我在
上海创办的《立报》也曾实行"一元钱看三个月"的低价销售措施,坚持"除国
家币制,及社会经济,有根本变动外,我们当永远保持'一元钱看三个月'廉
价报纸的最低价格,决不另加丝毫,以增重读众的负担"④。

① 刘觉民.报业管理概论[M].上海:商务印书馆,1936:136-137.
② 钱伯涵,孙恩霖.报馆管理与组织:申报新闻函授学校讲义之二[M].上海:申报馆,1936:141.
③ 詹文浒.报业经营与管理[M].上海:正中书局,1947:7.
④ 成舍我.我们的宣言[N].立报(上海),1935-9-20(1).

2.竞赛法

竞赛,就是通过组织一些比赛活动,吸引众人的参与,对优胜者给予奖励的做法,也称"悬赏"或"投机",①这种方法是利用人的投机心理吸引众多读者参与,并购买报纸,从而拉动报纸的发行。所谓读者的竞赛,就是为了吸引更多读者购买或阅读报纸,组织竞赛或悬赏,让优胜者获得奖励,并设立不同等级的奖励。竞赛的方式甚多,如悬赏征文、摄影竞赛、时事测验、名人竞选、政治批评等。对此,詹文浒的观点是中国社会教育尚不发达,一般读者的常识不够丰富,应以家庭卫生、儿童健康、时事测验、户外运动、一般民意测验等作为主要主题,以推广社会教育、充实读者一般常识。② 同时奖励也多种多样,据钱伯涵、孙恩霖记载,在外国报馆里,奖励的东西有大洋刀、玩偶、脚踏车、储蓄折子、书籍、无线电收音机、小马、薄衫、浴衣、棒球足球用具及名胜地的旅行等。③ 有的还奖励金表、出国留学甚至别墅一套,比如英国曼彻斯特州一家蔬食馆的主人乔治·纽思斯(George Newnes)在1881年创办了周刊《谈片报》,曾出题悬赏征答,第一名可获得一座别墅,称为"谈片别墅";另设一等奖,得奖者聘为《谈片报》的职员。④ 还有更新奇的悬赏,据记载,在伦敦畅销20年的《托比托》杂志专门设置工作室处理悬赏事务,以招徕顾客,每期都用悬赏新法,以汇集新闻。有一次伦敦的祭日,"遣写真技师数人,服奇异之装,捣器具游于从人之中,不论何人,遇则摄影,归则以影登于杂志。凡见登者赠金若干。是以是日游人咸来购阅。希可见赠也"⑤。为了吸引读者注意,招徕新订户、留住老订户,"有时设奖的金额可比较大些,竞赛的时间亦应当长些。前者较易引起注意,后者可使较多的人参加。不仅如此,这样的竞赛延长二三个月,频频刺激读者,使其不能不日常注意你的报,购买你的报。经过二三个月的竞赛时期后,他们对于你的报

---

① 当时很多学者认为竞赛包括两种,一种是针对卖(或送)报人的,尤其是报童,另一种是更普遍更常见的,即针对读者的。但笔者认为针对发行人员的竞赛是生产竞赛,更强调的是对发行的激励与管理,更适合作为发行的渠道或人员管理来论述,所以本书将这一内容安排在"主张建立自主发行网"部分。在此仅分析针对读者的竞赛,也就是作为市场营销上的促销与推广措施的竞赛。

② 詹文浒.报业经营与管理[M].上海:正中书局,1947:136.

③ 钱伯涵,孙恩霖.报馆管理与组织:申报新闻函授学校讲义之二[M].上海:申报馆,1936:125.

④ 詹文浒.报业经营与管理[M].上海:正中书局,1947:29.

⑤ 无奇不有的推销杂志法[M]//王澹如.新闻学集.西安:天津大公报西安分馆,1931:125.

纸,逐渐养成阅读习惯,那时新订户的数字可以稳定,老订户的续订可无问题"①。

3.赠品法

赠品,就是为鼓励购买或订阅报纸,给购买或订阅报纸的读者送实物礼品,以刺激和提高报纸的发行。赠品方法,又可以分为直接赠品、保险②、赠券三种基本形式。首先,直接赠品主要是日常用品,多种多样、五花八门,如书籍、杂志、文具、肥皂、无线电收音机等。据马星野介绍,伦敦报纸给新订户送《狄更斯全集》,送的日常用品有洗衣机、瓷的茶具、电熨斗、棒球拍、照相机、字典、百科全书、自来水笔、全套铅笔、袜子、衬衫、手表、睡衣、枕头、铝制的锅子、刮胡刀、时钟、手表等。③

其次,最有诱惑力,也是最有价值的是送保险(或"役务法"④),普遍的是送人身意外伤害保险。据马星野记载,读者保险始于第一次世界大战,当德国轰炸伦敦时,《每日新闻报》推行读者保险,规定凡为该报长期订户,登记后,若受伤害可以予以赔偿。⑤ 以后各报纷纷仿效这种做法。如伦敦《每月邮报》《快报》等有免费保险,以吸引读者,凡订阅这些报纸的人,如因意外而致死伤,可得抚恤金 5000～50000 镑,并刊布死者照片,以资证明。⑥ 又如美国《芝加哥讲坛报》《堪萨斯明星报》等宣布保险人不需要医生检查亦不限性别,只要将保险单填好从报上剪下附寄一元保险费,就可保障身体意外损伤若干元一年。这种推广发行的方法获得了良好效果。⑦ "读者保险之法,已为(伦敦)各报之共同推销方式,各报每年于此者,每家约十万英镑,大报读者四分之三以上,均向报馆保险,此法可以使读者长期购订而不致中途停阅。"⑧

此外,赠券也是常用的赠品,具体地说,就是在报纸上印好赠券或附上

①　詹文浒.报业经营与管理[M].上海:正中书局,1947:136.
②　当时很多学者都把保险作为直接赠品的一种具体形态,通过送保险来推广报纸确实非常特殊且有效,又与直接赠品中的日常用品不一样,所以刘觉民把它称为"役务法"。送保险其实送的是义务和责任,而不是一般意义上的日常用品。因此本书把"送保险"单列,作为赠品法的一种形式来分析。
③　马星野.欧美报纸之销路推广术[J].新社会,1934,6(8):172-177.
④　刘觉民.报业管理概论[M].上海:商务印书馆,1936:232-234.
⑤　马星野.英国之新闻事业[M].重庆:文风书局,1943:11.
⑥　奇异之推销报纸法[M]//王澹如.新闻学集.西安:天津大公报西安分馆,1931:113.
⑦　刘觉民.报业管理概论[M].上海:商务印书馆,1936:232-234.
⑧　马星野.英国之新闻事业[M].重庆:文风书局,1943:21.

赠券,读者可以凭赠券到报馆领取一种赠品,或者再支付一点现金优惠购买某种物品,或者以折扣价订一年报纸等。这种用赠品推销报纸的方式,优点是容易引起注意、激起读者的占有欲和购买欲,但最大的缺点就是以此获得的销数不能持久。[①]

4.广告法

广告法,就是通过各种广告手段来推销报纸。周钦岳的解释是,"其实,广告刺激发行,亦为有力之因素。读者对于报纸之需要,除消息,言论,文艺等等之阅读以外,即为广告。广告为社会全般生活便利而丰富之集体媒介;无论任何阶层,发生任何需要,多可于广告中求之。此种需要之供应,在进步之社会,已成习惯"[②]。所以,报纸作为最有效的广告媒介之一,其自身也可以通过广告的方式来推销发行。广告推销发行一般包括直接广告与间接广告两种形式。其中直接广告主要是为了发展新的订户,向未订该报纸的家庭免费送一段时间的报纸让他们试看,或者送订报广告传单,然后上门游说订阅。这种用来赠阅的报纸也叫推广报或赠阅报。如日本新闻社会另外给派报社相当数量的推广报,让贩报者赠予未订阅的家庭试看,然后游说其订阅,效果非常好。[③] 上海《申报》曾对期满停阅读者寄提醒读者继续订报的传单,同时向读者进行广告宣传,鼓励读者继续订报,还通过订报介绍单来规范管理新发展而来的新订户。[④] 此外,另一种广告法就是间接广告,即借助自己的或别家的报纸、杂志、无线电广播等各种广告媒介及户外广告牌、电车、火车、轮船、公共场所等发布广告来推销发行。据介绍,《纽约泰晤士报》(即《纽约时报》)为使大众易于识别,加深印象,曾经设计标语"拢总新闻是适宜于刊载的"(也即"刊载一切适宜刊载的新闻"),《芝加哥讲坛报》则以"世界上最大的报纸"为号召。[⑤] "天津《大公报》且仿外国办法,将今天重要新闻提截于路旁注目之处,以引起行人购买,且广劝读者之续定,法颇善也。"[⑥]这其实就是我们今天所谓的报纸或报馆所做的形象或品牌广告。

① 詹文浒.报业经营与管理[M].上海:正中书局,1947:135.

② 周钦岳.广告与发行[J].中国新闻学会年刊,1942:47-49.

③ 吴定九.新闻事业经营法[M].2版.上海:现代书局,1932:80.

④ 吴定九.新闻事业经营法[M].2版.上海:现代书局,1932:80-83.

⑤ 钱伯涵,孙恩霖.报馆管理与组织:申报新闻函授学校讲义之二[M].上海:申报馆,1936:132-133.

⑥ 黄天鹏.中国新闻事业[M].上海:联合书店,1930:84.

5.社会服务法

社会服务法,就是以报馆或报纸的名义为社会提供力所能及的服务,尤其是公益服务,以增强报纸在社会公众心目中的印象,获得社会公众的好感与信任,从而达到促进报纸销售的目的。这种做法一方面是为社会尽了报纸的责任与义务;另一方面也在服务过程中让公众了解了报馆或报纸,替报馆或报纸本身做了宣传。这实际上就是促进销路的一种方法。所以凡是可以为公众做服务工作的地方或能赢得大众同情心的办法,报馆必须努力去做,绝不能错过服务的机会。从服务的内容来看,报馆的社会服务包括法律、经济、社会、公益慈善、文化教育等各种社会事务,只要是社会公共事务、公益事业,都应尽可能地努力做。最著名的如《申报》开办的补习学校、流动图书馆等,而欧美、日本的报纸曾经举办烹饪学习、募集慈善基金、教授主妇持家方法、举行园艺比赛、揭露官吏的腐败、悬赏探险及奖学救贫等活动。①还有普利策在纽约创办的《世界报》于1885年发起著名的"自由神像建筑费募捐运动",不仅完成了纽约自由女神像建筑费用的募捐,让《世界报》得到了社会公众的支持与信任,也促进了该报的发行。所以当时有些报馆往往会专门设立"社会事务部"或"企划部"促进报纸发行,由"企化(划)部策划与组织种种社会活动,如讲演会、音乐会、游览会、运动会、巡回病院、巡回图书馆、博览会、品评会等事业,间接地以图订阅者的增加,以促进新闻纸销售"②。

6.读者服务法

"顾客是上帝"的商业法则在报纸市场发行领域也是适用的。可以说"读者就是上帝",因为读者是报纸存在的前提与根本,如果没有读者的阅读,报纸将失去其存在的意义与理由,所以报纸为读者服务是理所当然的。尤其是在报业发行大战中,为了争取更多的读者订户,各大报纸都尽量为读者提供细微、周到的服务。如给快要到期的订户寄订阅提醒单,征求读者的意见,甚至为读者提供其他的便利等。如《大公报》曾有过代购书报的服务,

---

① 钱伯涵,孙恩霖.报馆管理与组织:申报新闻函授学校讲义之二[M].上海:申报馆,1936:131-132.

② 俞爽迷.新闻学要论[M].上海:大众书局,1936:128.

浙江《正报》曾提供沦陷区的通信服务。[①] 邹韬奋创办的《生活》周刊不仅设立了"读者信箱"为读者解疑释惑,由他亲自回复读者的来信,而且为读者代购图书与药品等。这不仅在当时影响不小,至今也是报纸服务读者的典型。此外,很值得注意的就是当时有人主张报纸发行部通过对读者满意度或意见的调查来改进服务的做法,如谢六逸列举了 10 个问题征求读者意见[②](见表 2-1)。

表 2-1　读者意见调查

序号	问　　题
1	印刷方面满意与否?
2	对刊登照片,凡印象佳者可列举出来。
3	喜欢何种长篇小说,何种性质,为何喜欢?
4	文字中之插图(美术作品)你喜欢谁(哪个)人的作品?
5	对一般记事有何意见?
6	对于报中的记事与小说,有无意见?
7	对各种附刊有何希望?
8	经济新闻,看得懂么? 要如何改良? 始看得懂?
9	对报中漫画有何意见?
10	运动记事照目前的登法满意否?

总之,报馆为了提高报纸的发行量,会采取各种各样的创新措施来促销与推广,以上仅为常见的创新方法。这些创新措施不仅在当时很新奇有效,甚至至今仍然是报纸等大众传媒促销与推广的有效方式。但是,新闻纸推广工作的进行需要合理的技术,推广工作对报纸销路的扩充也只能起辅助作用,本身并无决定性的作用,新闻纸本身内容和信誉的优良,是推广工作最有力和最可靠的后盾。[③] 所以任何促销与推广方式的选择应遵循的基本原则都是:"第一,必须有效;第二,必须简单,不能过于繁复;第三,必须合乎经济原则;第四,必须争取优越读者,不以读者之量的激增,引为己足,且须

---

①　毛楷清.报社组织之检讨[J].新闻学季刊,1939,1(1):38-44.

②　谢六逸.实用新闻学:申报新闻函授学校讲义之三[M].上海:申报馆,1935:298-299.

③　鲁风.新闻学[M].上海:新中国报社,1944:179.

注意读者之质的提高,使其对于报纸本身,对于广告客户均属有利。第五,必须注意读者之量的累积性的增加,所谓累积性的增加,盖指反于突然的跳跃而言。"①

三、主张规范报社日常发行监控

为了实现报纸发行"长""广""厚"的要求与目标,必须每天对报纸发行网络、相关数据及读者申诉等进行日常监控,并及时处理,以免影响发行的高效运行。

（一）重视发行网络的日常监控

报馆发行网络的日常监控,主要是对本埠批发、零售、派报社及外埠邮局、分馆的日常送报、卖报、退报工作进行督察,以保证报纸日常发行的正常进行。

1.规范对发行人员的日常督察

在充分相信与鼓励发行人员的日常发行在制度范围内工作的同时,有必要对发行人员的日常工作行为、工作态度进行适当的监督,以保证日常发行工作的顺利进行。如发行人员是否熟悉自己每天送报与卖报的路线,是否做到应停则停、应寄则寄、应收款则收款、应发展则发展,是否出现晚送、寄错、数目不对等情况,收费是否正确,态度是否亲切和蔼,是否及时给新订户送报,等等。如果出现了问题,及时召集发行人员查明真相、商量对策、处理问题,同时帮助发行人员克服困难、不断进步。

2.妥善处理退报

退报的基本原则是按照报馆的相关规定行事。虽然报纸是时效性强的消费品,本应该允许没有卖完的报纸可退回,但是如果毫不受限地将所有没有卖完的报纸退回,报馆将损失重大。所以报馆发行部与贩卖负责人应共同承担责任,贩卖负责人及卖报人所领取报纸的份数也应受限制。但也有例外的情形:"第一,因当晚有特别消息而发送远地的晚报,倘若没有完全卖完,其未卖完份数可以退回。第二,发送本地的午报没有完全卖完可以退回,以免与当晚晚报和次日晨报之发送上有所障碍。但发送远地的午报则不能退回,因为远地既有晨报或晚报,无须再阅午报,是读午报者,自有其特

---

①　詹文浒.报业经营与管理[M].上海:正中书局,1947:130.

别缘因,所以不能退回。"[1]但是绝对不允许退报的话,往往会出现"吃报"现象,也即报贩、报童及分销处将剩余的报纸卖给收废纸的。这种现象表面上不直接影响报馆与报贩的利益,实际上属于无效发行,不仅直接损害广告商的利益,也会损害报馆的信用。所以,要既避免退报又防止"吃报"的话,应当对退报进行更详细的规定。一般的做法是,如果报纸完全允许退回的话,那么报纸批发价格应该比较高,同时要求退报期限是五天或一星期之内。

(二)强化日常发行的数据监控

报馆发行经理人每天应收到停止订阅报告、新订阅报告、每日总销数报告(见表2-2)及城市发行、附郊发行、乡村发行、服务报、不付费报纸等方面的详细数据报告。报馆应根据数据的变化,及时采取应对措施,或及时报告总管处和董事会,处理遇到的各种问题,以确保报纸发行的稳定高效。

表 2-2 每日总销数报告[2]

项目	内容		总数	
城市	城市送报夫、报纸贩卖商、街售、门市、城市邮寄		城市及附郊总数	共计净付报费份数
附郊	报夫、贩商、邮寄	附郊总份数		
乡村	报夫及贩商、邮寄	共计乡村已付报费		
特别或冒销				
服务报	广告户("证明报")、雇员、通信员、城市雇员、邮局及铁路雇员	服务报总份数		
不付费报纸	广告社、交换、邮寄赠阅、样报、办公室参考用	不付费报总数		
总计	总支配数 污损份数 不计算份数 印刷数	张数	收费总数	到期收费总数

(三)及时处理读者的申诉

读者的申诉是报纸发行工作中遇到的常见问题,发行经理每天都会收到读者的申诉报告或电话、书信。为了搞好报纸的发行,必须对读者申诉做

① 徐湘若.新闻发行学:申报新闻函授学校讲义之九[M].上海:申报馆,1936:160.
② 钱伯涵,孙恩霖.报馆管理与组织:申报新闻函授学校讲义之二[M].上海:申报馆,1936:138-139.

相应的处理,尽量满足读者的正当合理要求,改进发行服务水准与服务态度。其中对送报人的投诉是最常见的问题之一。对此报馆应当调查送报人是否准时送达报纸,调查送报人晚送达的原因或未曾送达的原因,用电话或其他方法了解订阅人关于送报人是否再有迟缓送达的情况,订阅人所希望的送达方法,须注意送报人是否遵照实行。甚至对于送报人是否在规定时间内送到,可以用回单,请订户写明几点几分收到,从而改进送报服务。

此外,在处理读者申诉的过程中,应对读者停止订阅或订户减少明显等现象及时调查、统计、分析其原因,并做出相应的处置。例如订户停止订阅是否因为编辑欠佳、送递迟误、报差服务不周到、报费太高、对直接订户不加优待导致还不如零购报纸划算等原因,还是读者自身的原因。①

总之,无论如何,要保证报纸日常发行稳定与高效,真正做到"长""广""厚",报馆发行的日常监控是不可缺少的。

第三节　"长""广""厚"的评判:发行稽核思想

"长""广""厚"是晚清民国时期报业发行所流行的观念,也是报业发行的基本要求和原则,但是如何衡量与评判"长""广""厚",一直以来没有依据,尤其是在晚清民国报业发行乱象丛生的状态下,引入报业发行稽核制度与方法,显得非常有必要也很迫切。

一、主动借鉴国外报业发行稽核的经验

欧美报界对于报纸发行稽核非常重视。所有报纸的发行数量,一定要请第三方加以证明才算确实可靠,为广告商所信任。据记载,美国 1912 年 8 月 24 日公布法律规定,日报发行人必须在每年 10 月 1 日,将经过宣誓的书面声明交给邮务总长,其中述及过去 12 个月中售出或分发给订户的平均销数。违反该法的发行人,可能丧失第二类新闻纸的邮政特权。在法国,根据相关法律,报纸和其他期刊必须在每一期中公布其销售数,并且该项数字由情报部的代表定期加以证实。在拉托维亚和波兰,必须把报纸印刷的份数

---

① 　贾克岐.报纸发行技术丛谈[J].新闻学季刊,1947,3(2):7-16.

通知当局。① 后来英国曾经也出现过稽核机构与会计师证明,美国也曾经尝试设立很多机构来稽核,最后是独立的"报纸发行稽核局"提供的发行量获得公认。

(一)国外报业发行稽核机构的出现

在欧美国家规范的报业发行稽核组织产生之前,曾经出现过类似功能的机构,如英国的会计师证明及销数稽核局,美国的"金标制"与美国广告者协会(American Academy of Advertising,AAA),这可以说是报业发行稽核机构的最初形态。之后才出现获得公认的美国报纸发行稽核局。

1. 英国的会计师证明及销数稽核局

英国报馆的发行份数一般由英国公认的会计师证明。虽然大家基本接受会计师证明的数字,"但不过由于会计师对新闻的内情至为生疏,故仅依会计师之证明,不能谓为完全的新闻份数"②。所以,英国也曾经尝试设立报业发行稽核的机构。据罗森堡的记载,英国有一个称为销数稽核局的报业发行稽核机构于1931年在伦敦成立。该局由发行人、广告商人与广告公司组成,主席每年由发行人轮流担任。该局会员有一半必须为发行人,其余则为广告商人(或广告经纪人)。但英国稽核局一直没有像美国稽核局那么高的地位。③

2. 美国的"金标制"与美国广告者协会

早在1860年左右,美国就倡议设置严正调查贩卖份数的机关,但一直未能实现。1870年以前,美国各广告经纪人之间的竞争主要在于调查所得报纸名字的多少与报纸出版地点详细与否。有记载,美国波斯登在1870年成立了新闻份数调查所,该所对于新闻社自称的份数,必附以"Claims"字样,用以表示编纂者并无证明的责任。④ 同时有一位叫乔治·罗韦尔(George Rowell)的经纪人,决定编印《全国报纸目录》,该目录包括报纸名字、发行人姓名、发行人所报告的销数、报纸的定价、地点、读者及报纸的政治倾向。第一期美国报纸目录终于出版了,可是各方反应冷淡,不仅广告经纪人反对,

---

① 罗森堡.报纸的销路[J].葛思恩,译.新闻学季刊,1947,3(2):17-25.
② 徐渊若.新闻发行学:申报新闻函授学校讲义之九[M].上海:申报馆,1936:69.
③ 罗森堡.报纸的销路[J].葛思恩,译.新闻学季刊,1947,3(2):17-25.
④ 徐渊若.新闻发行学:申报新闻函授学校讲义之九[M].上海:申报馆,1936:61.

也得不到报纸发行人的合作。① 后来,乔治·罗韦尔创立了一种"金标制"(gold mark system),凡报纸以后宣誓销数见告者,他就在报名之前,冠以圈中加点的金标。他自己不去调查,也不加以证实,但为表示自己对于这些宣誓销数的信任,经常公开悬赏,凡能证实某报宣誓销数不确者,致酬 100 美元。② 但此举仍然无法证明各家报纸所公布的数字是真实的,同时也不能为广告主提供报纸发行的详细情况,因此未被全面推广。直至 1899 年,美国广告者协会成立,该协会在事前征得同意后查阅各报馆贩卖部的账簿,但没有强制力。由于调查的结果不满意,再加上缺乏资金维持,美国广告者协会于 1913 年停办。③

3.成功的报业发行稽核机构:美国报纸发行稽核局(ABC)

1913 年,美国广告人、广告经纪人及发行人发起并筹集资金 5000 美元在美国广告人协会的人事与组织基础上,向伊利诺伊州注册成立美国报纸发行稽核局(the Audit Bureau Circulations,ABC),并召开第一次大会,通过了章程、规则、细则及工作计划。该组织由各广告客户、广告社及报馆组成,专为会员服务,为非营利性组织。经费由会员报馆按照其报纸销数的多少分担。稽核局的主要目标在于公布发行人会员的销数报告,派遣稽核员审查各种账据簿册,为了广告经纪人及发行人的利益,给各有关会员发布销数报告,连同说明发行的数量、质量、分配及实现此项销数时所用的推广方法。④ 会员分为:刊登广告人、刊登广告人协会、本埠刊登广告人、广告社、广告社联合会、出版人。会员定期缴纳会费,会费标准固定(见表 2-3)。出版人缴纳会费标准固定(见表 2-4),并设有董事会处理日常事务。在 1930 年后,美国日报加入该局为会员者虽不足半数,但在各报发行总数上占 90%。⑤

① 詹文浒.报业经营与管理[M].上海:正中书局,1947:141.
② 詹文浒.报业经营与管理[M].上海:正中书局,1947:141-142.
③ 徐渊若.新闻发行学:申报新闻函授学校讲义之九[M].上海:申报馆,1936:65-66.
④ 詹文浒.报业经营与管理[M].上海:正中书局,1947:143.
⑤ 莫特.美国的新闻事业[M].王揆生,王季深,译.上海:上海文化服务社,1947:154-155.

表 2-3　会员会费标准① 　　　　　　　　　　　　　　单位:美元/年

会员	会费
刊登广告人	240
刊登广告人协会	60
本埠刊登广告人	15、10 或 5
广告社	360
广告社联合会	90
出版人	依发行份数而定

表 2-4　出版人会费标准② 　　　　　　　　　　　　　单位:美元/周

出版物	出版人会费
杂志	50 万份或以上:11.5
	25 万及不足 50 万份:10.5
	20 万份及不足 25 万份:9.2
	15 万份及不足 20 万份:8.05
	10 万份不足 15 万份:6.9
	75000 份及不足 10 万份:5.75
	50000 份及不足 75000 份:4.6
	25000 份及不足 50000 份:2.88
	10000 份及不足 25000 份:1.73
	5000 份及不足 10000 份:1.15
	不足 5000 份:1
报纸	20 万份或以上:12
	15 万及不足 20 万份:10
	10 万份及不足 15 万份:7
	5 万份及不足 10 万份:6
	25000 份不足 5 万份:4
	15000 份及不足 25000 份:3
	10000 份及不足 15000 份:2
	5000 份及不足 10000 份:1.5
	不足 5000 份:1

① 刘觉民.报业管理概论[M].上海:商务印书馆,1936:239-241.
② 刘觉民.报业管理概论[M].上海:商务印书馆,1936:239-241.

（二）美国报业发行稽核局发行稽核的经验

每半年,美国报业发行稽核局对会员报纸的发行份数进行一次稽核,在稽核时会员必须给局方调查员提供各种有关的簿据账单。稽核时调查员先阅读各报所填具的报告,然后根据调查的事实逐条加以核对。查完之后,再填入稽核处所制备的表格内。稽核员将各地各报的发行情形审查完毕,即填表交回稽核处总办公处,稽核处再详加审查,如认为与订者符合,且所填写内容确实无误时,再交回该报馆负责人。10 日内,该报如认为表格中有不满意之处,得提出辩护,或请求修改。10 日后即由稽核处全权发表,不得再进行任何修正。调查的内容主要有每日报纸印刷份数、销售区域及销售方法。

1.每日报纸印刷份数

查阅报馆方面的印刷处报告和销售报告,然后相比较而得出毁污耗损的纸张数。再查阅报馆方面的购纸发票和运输凭单,报纸重量尺寸都有规定,把每日刊出页数的报纸量进行计算,去除耗损就可以得出实印份数。

2.销售区域

销售区域的调查内容包括报名、地址、创立时间、每日出版早报与晚报、报告调查日期、本城人口、附(城)郊人口、每日平均净付费发行数(见表 2-5、表 2-6)。

表 2-5　销售情况分析[①]

付费与否及报纸份数	销售情况			
已付费订阅户或欠报费在 6 个月以下订阅户	城市	报贩(长期),报差,街上叫卖,门市卖,分销处,邮寄	城市已付费共计份数	本埠已付费共计份数	发行总数
	近郊	报贩,分销处,邮寄	近郊已付费共计份数		
	外埠	分销处,邮寄	外埠已付费共计份数		
未付报费之份数	6 个月以上未付报费者,短期欠报费者		共计总数	未付报费总计份数	
	赠送广告户,职工阅读,通信员阅读,铁路及邮局职工阅读		共计总数		
	送广告社,交换及赠阅,样品,办公室及储存		共计总数		

① 高青孝.报纸发行稽核处[M]//新闻学研究.北平:良友公司,1932:125-142.

表 2-6 付款情况统计(订户付款情形按百分计)①

付报费情形	城 内				近 郊			外 埠	
	报差	报贩	分销	街头叫卖	报贩	分销	邮寄	分销	邮寄
预付报费									
现付									
按周付费									
半月付费									
按月付费									
按季付费									
欠费在 6 个月以下者									

3. 销售方法

应当注意固定送报人逐日发送报纸的路线簿及报贩的销售地点。对于报纸的批售零卖价目、退报、佣金及付费办法等，均须一一调查明白(见表 2-7)。

表 2-7 销售方法分析②

销售方法	销售情况
订报费	邮寄:全年收入,每月收入;专差送:全年收入,每月收入
零售每份价格	
退报	除城市报贩当日可退报外,其余一概不准
奖励与竞赛	报贩或儿童介绍订户若干,则奖以各种用具玩物或享予看电影一次
佣钱	介绍订户若干酬以百分之若干之佣钱
不准由别报社转介绍订户	

二、建议国内设立报业发行稽核制度

新闻学者们在肯定美国报业发行稽核局的成功做法以后，强烈建议在

---

① 高青孝. 报纸发行稽核处[M]//新闻学研究. 北平:良友公司,1932:125-142.
② 高青孝. 报纸发行稽核处[M]//新闻学研究. 北平:良友公司,1932:125-142.

国内设立类似的稽核制度和稽核方法。

首先，稽核的作用和贡献非常明显。其中詹文浒认为："稽核局的一个贡献，在把普通所谓净销数的意义一次确定，以后，都有一个共同标准可资遵守。……稽核局对于'订户'所下的界说，包括二点：第一，他至少付过相当于报价之半的数额；第二，他所拖欠的报款，不超过一年。"①同时，还"可知报纸发行的原则，不仅应求销行总数的增加，而且应求销行区域的集中，唯独销数集中的报纸，方能使所登广告发生极大效力。广告客户的利益，归根结底，究竟还是报纸本身的利益"②。也就是说，该制度为报业发行制定了较为科学的评定标准，结束了发行混乱的局面，从长远来说，对广告与报馆都具有重大意义。"况且由于稽核局的报告，各报纸对于发行上，能知缺点所在，加以改革；这样于一方面能确证报纸广告的价值，一方面又能促进各报的改良与进步。"③

其次，国内新闻学者积极建议设立报业发行稽核组织，建立报业发行稽核制度。其中刘觉民认为："ABC 的一种组织在中国很有需要，尤其在报业落后的中国更有必要。中国报纸很多不能维持的原因，大多在于广告收入不丰。而广告收入不旺的原因，又在于商人不明白各报的发行情况的缘故。如果大家坦白报告他的销数是怎样的分布，本埠多少，外埠多少，送到家庭的多少，送到公共机关的多少，等等，能完全有个报告，登广告的商人必定要多起来，哪怕你的销数只有 3000，如果有 2500 份是由家庭定阅的，那商人就很放心的来登广告了。因为报纸必须是送到家庭里去的，商业广告才会发生效力。"④他进一步强调中国迫切需要这种报业发行稽核制度："所以诚实的报告销数情况，是一件最基本而重要的事，但要使社会能完全相信你的报纸销数宣传是确实，那就非有一个公开的机关负责稽核各报的发行情况不可。所以美国的 ABC 制度，中国有急切采行的必要。"⑤储玉坤也认为中国报界非常需要类似于 ABC 的组织，他的解释是，中国"报纸的实际销数，除了该馆经理自己知道外，馆外人都是莫名其妙。但是广告的效力如何？全

①　詹文浒.报业经营与管理[M].上海：正中书局，1947：145.
②　詹文浒.报业经营与管理[M].上海：正中书局，1947：122.
③　钱伯涵，孙恩霖.报馆管理与组织：申报新闻函授学校讲义之二[M].上海：申报馆，1936 年：147.
④　刘觉民.报业管理概论[M].上海：商务印书馆，1936：237.
⑤　刘觉民.报业管理概论[M].上海：商务印书馆，1936：237-238.

看报纸的销路,因此广告的主顾,不得不设法公开稽核各报发行的数目。美国 1913 年,就有一个 ABC,凡参加这种组织的各报,均须将日销的数目陈报经 ABC 负责审核,并在报章杂志上,公开发表,如不参加 ABC 的报纸,其自称的销数,就不为社会所公认。所以 ABC 的组织,在中国报界是非常需要的"[①]。也有学者认为在报业发达的大城市有采用 ABC 组织的可能:"报纸发行稽核处(ABC),此种组织创始于美国依利崞依省(Illionois),距今 19 年,已风行各地矣。就我国沪、平、津、粤等处报纸广告之现状而言,此项办法已有采用之可能。"[②]

此外,也有人主张采用会计师检查或其他调查方法。如邹韬奋建议采用会计师的证明,他建议:"本报为保证广告之效力计,按时请会计师检查销数,正式公布,广告价格依实际销数而随之增加。"[③]而谢六逸主张尝试采用一年内报纸发行增减之程度、元旦日之份数(以五年或十年为标准)、六七月最低份数、某日的份数(每月平均数)、某月的份数(每年平均数)或自称份数等方法来调查报纸的发行份数。[④]

总之,为了规范国内报业发行,采用报业发行稽核制度是新闻界一致的观点,即使行不通,也要采取其他稽核的办法。但是由于晚清民国报业原本就不够发达,再加上战乱不停,几乎没有机会静下来设立中国报业发行稽核的具体办法与制度。然而,几十年以后的今天,全国报业不仅规模大,水平也高,甚至在网络等新媒体的冲击下,报业已近夕阳了,可是至今国内不仅没有实行报业稽核制度与方法,甚至连相关的理论讨论也不够深入。报业发行份数至今依旧是报馆的隐私和秘密,真有点让人难以理解,甚或不可思议。

第四节　本章小结

自从晚清民国时期报业发展全面进入"营业"本位以来,以发行为基础

---

① 储玉坤.现代新闻学概论[M].2 版.上海:世界书局,1945:194-195.

② 高青孝.报纸发行稽核处[M]//新闻学研究.北平:良友公司,1932:125-142.

③ 邹韬奋.创办《生活日报》之建议[J].生活 1932,7(9):114-116.

④ 谢六逸.实用新闻学:申报新闻函授学校讲义之三[M].上海:申报馆,1935:301-302.

的思想逐渐成为报业商业化经营的核心观念。为了夯实报纸发行的基础地位并逐步实现报业发行的科学管理,为报业的营业与竞争创造条件,当时报业发行盛行"长""广""厚"思想。为了实现这一目标与要求,新闻学界主张不仅要建立自主发行网络,采取多样化的促销与推广,实施报馆发行的日常监控,还应该实行报业发行稽核制度。这些有关报纸发行科学管理的观点与思想,不仅在当时是前沿的、先进的理念,直到今天也仍符合报纸发行及其他大众传媒受众市场的实际与要求。

此外,晚清民国时期还有其他关于报业发行科学管理的观念,比如报业发行"质"的思想,有学者认为,"广告效果未必常单依贩卖部数的多寡的。例如购买力多的上流家庭所看的新闻纸,然贩卖部数较少。但是比只被购买力缺乏的贫苦人看的新闻纸的广告效果多。……贩卖部数的多是好的,那是没有错的,但单是数是不成的,读者的本质是最有重大的关系。'质'的贩卖部数,非比过'量'的贩卖部数不可,这是才发现的事"①。还有人认为,"有八十万份贩卖份数的新闻纸,其广告费从收益的点上看来,当然在新闻社方面及投登广告者方面,均较仅有五十万份贩卖份数者远为有利,这是不消说的。可是这是以读者之素质为同一前提之原因,读者之素质下劣,购买力缺乏的新闻贩卖份数,其广告价值未必能与素质较好之新闻贩卖份数的广告价值作比例计算"②。在报业全面追求发行的"量"的时候,能发现并主张发行"质"的观点,是难能可贵的,而且其规律至今仍未过时。

---

① 杉村广太郎.新闻概论[M].2版.王文萱,译.上海:现代书局,1932:186-187.
② 徐渊若.新闻发行学:申报新闻函授学校讲义之九[M].上海:申报馆,1936:76.

第三章　报业广告管理思想:广告本位

自商业资本主义发达以后,广告才与新闻发生关系,进而广告刊费逐渐成为报馆经济的主要来源,甚至成为决定报馆生存的命脉,由此也导致了报业经营从"发行本位"到"广告本位"观念的根本转型。为了实现报业广告的科学管理,在广告本位的经营理念中,不仅要通过广告的专业化设计制作、个性化的广告推销、新式分类广告的开发及科学合理的广告定价来实施,而且还要特别注意广告本位不是唯利是图、见钱眼开,而应该严格遵守应有的广告道德规范与广告法律制度规范。

第一节　广告本位经营理念的普遍认同

随着报业商业化运营的发展,欧美报业的经营都经历了从发行本位到广告本位观念的转型变革。然而晚清民国时期国内报业却在经历津贴本位之后,才全面进入营业本位,进而进入广告本位。此后广告本位不仅在实践中成了根本的营业规则,在观念上更是成了普遍认同的经营理念。

一、从津贴本位到营业本位经营理念的转型

津贴本位,顾名思义,就是报馆的收入主要来源于津贴,或者说津贴是报馆的大宗收入,这种以津贴为主要经济收入的报纸经营模式被称为津贴本位。纵观中国报业发展历史,我们发现中国报业其实一直就有接受津贴办报的不良传统。从晚清的官报到以康有为、梁启超为首的维新派所创办

的系列报刊,再到以孙中山为首的革命派所创办的系列报刊,直到民国时期的系列党报,都是依靠政府或政党的津贴创办和运营的。这些报纸都是"宣传本位的,靠着政党津贴来养活,自然不大注意营业了"①。而从经营的角度来说,这些报纸就是实行津贴本位的经营模式。于是在当时很多国人看来,办报拿津贴、拿津贴办报并不稀奇,甚至是理所当然的事情。原本这对于政党报纸来说似乎也无可厚非,但是在民国初年国内整个报界出现了津贴成风、津贴泛滥的局面,令人惊讶。当时一外国观察家曾指出,在中文报业之内,"收受津贴和敲诈勒索的收入完全压倒广告和订阅收入"②。因为当时不仅政党报纸接受津贴,连商业民营报纸也纷纷接受津贴,尤其以北方报纸最为典型、最为严重。据记载,1925 年北京有 100 多万人口,竟然有 300 多家报社和通讯社,其中有 200 多家为见不到报纸的报社和不发稿的通讯社,或者与别的报纸合版,换下报头和部分社论就是另一份报纸。有的仅印刷 20余份,送到各机关交差,市面上并不见其销售,多是拿了各大小政党或个人津贴而糊弄出资人的。③ 当时有如此多的报馆或新闻社仅挂着一个招牌,为的就是每月领取津贴。有记载,仅 1925 年底北洋政府参政院、国宪起草委员会、军事善后委员会、财政善后委员会、国民会议筹备处、国政商榷会六机关向新闻界共 125 家媒体(其中日报 47 家,晚报 17 家,通讯社 61 家)赠送的"宣传费"总计 14500 大洋。此次赠送的"宣传费"分四个等级,6 家为"超等级",每家 300 大洋;39 家为"最要者",每家 200 大洋;38 家为"次要者",每家100 大洋;"普通者",每家 50 大洋。④ 而据中国人民大学新闻学院王润泽教授的考证,《顺天时报》《益世报》《京报》《社会日报》《世界日报》、天津《益世报》、天津《大公报》、天津《泰晤士报》、国闻通讯社、新闻编译社等知名报纸和新闻社都在此次名单中,分别接受了不同等级的津贴。⑤ 这些只为津贴的

① 天庐主人.天庐谈报[M].上海:光华书局,1930:30.

② 徐小群.民国时期的国家与社会:自由职业团体在上海的兴起(1912—1937)[M].北京:新星出版社,2007:262.

③ 王润泽.北洋政府时期的新闻业及其现代化(1916—1928)[M].北京:中国人民大学出版社,2010:265.

④ 《世界日报》史料编写组.《世界日报》初创阶段(1924—1927)[M]//新闻研究资料(第 2 辑).北京:中国社会科学出版社,1980:149-162.

⑤ 王润泽.北洋政府时期的新闻业及其现代化(1916—1928)[M].北京:中国人民大学出版社,2010:265.

报馆与新闻社甚至严重扰乱了北平的报纸发行。有人对此曾谴责说，"更有多数无聊之新闻社，可名为津贴本位之新闻社。甘受其（即北京送报人之团体）蹂躏者，遂增加发行上不少困难"①。除了光明正大地接受津贴以外，有的报纸后来还变相接受津贴，"北方报纸所载之官营业广告，如铁路广告、银行广告等，实为津贴之变相，足以养成报馆贪惰之风，此皆广告不能发达之大原因也"②。有人感叹："盖华北报纸，除小报尚能经济独立外，鲜有不靠津贴过活者。"③这样一来，就逐渐形成了中国特有的报业津贴本位经营模式与经营观念。所以，有人将这一时期的报纸营业总结为，"就经营方面而言，除少数能独立自给的报纸而外，多数报社专靠他人的津贴，对于管理和经营的方法与政策，他们简直不注意"④。这确实是中国报业经营发展史中非常独特的灰暗时期。

但是，晚清民国时期报业津贴本位毕竟是当时政党林立、政局混乱的产物，也只是当时报纸营业的权宜之计。一方面，随着中央政府的南迁、南京国民政府的成立、全国政局混乱的结束，全国报业与新闻社的管理也变得严格、规范。政府除了对政府系列党报发放津贴之外，其他商业、社团报纸都再难有政治津贴。以前津贴本位的报纸失去了根本经济来源，要么关闭，要么转型商业化经营，没有更多的选择。另一方面，全国报纸数量不断增加，报纸之间的竞争也日益激烈。很多小报纸及经营不善的报纸由于没有影响力，既无法筹集到运作的资本，也无法得到任何津贴与捐赠。尤其是随着报纸运营成本的提高，即使有部分津贴，如果额度不够大，也只是杯水车薪，无济于事。于是很多小报纸纷纷破产倒闭。此外，随着全国工商企业的发展，广告业渐渐发展起来了，一般商业报纸都以发行与广告营业来维持生存与发展，并取得了非凡成绩。如上海《申报》《新闻报》及新记公司《大公报》等都已经发展成为经济实力雄厚的全国性大报。于是大多数报纸都纷纷仿效，通过发行与广告来运营，逐步实现经济的独立，并有了一定的盈利。这样一来，中国报业的营业又不得不转型，由津贴本位转向营业本位。

所谓营业本位，也就是报馆的根本经济来源于报纸发行与广告营业服

① 邵飘萍.新闻学总论：国立法政大学讲义[M].北平：京报馆，1924：72.
② 戈公振.中国报学史[M].北京：生活·读书·新知三联书店，1955：212-213.
③ 张一苇.华北新闻界[J].报学月刊，1929，1(2)：64-74.
④ 刘觉民.报业管理概论[M].上海：商务印书馆，1936：10.

务,营业所得是报馆的大宗收入甚至唯一财源,而不再是额外的其他津贴。换句话说,"营业本位,乃是说:报馆的重心,放在营业上,营业部的权力似乎比编辑部门大些。……如今投资报业者的共同心理,从十九世纪末以来,欧美一般新闻界的趋势,都转向于营业本位,广告与发行,占着一个报社的重要地位,……"①有人对此曾说:"近代新闻事业由政论本位进而为新闻本位,由津贴本位进而为营业本位,此殆东西各国所略同,故其成为一种文化之营业,乃属最近之趋势,营业欲谋发达,则必求其制作之精良,与营业之方法。制作属于编辑方面,营业则为营业部之责任。营业之致力不外二道,即发行与广告,二者互为因果。"②反过来看,又因为"营业是报馆所以维持生命之源泉,如不趋重之,则不能维持生命,生命如不能维持,又焉为公众发言",所以"'营业'二字,如能办好,还可经济独立,办报而能经济独立,外面之津贴,可以不拿,万恶之竹杠,可以不敲,在任何方面,可以不致被人收买,岂非洁身自好之一好办法乎"③。毕竟拿人津贴、为人说话,受人制约太多,没有独立自由,不能说自己想说的话,不能说自己该说的话,所以报馆实行营业本位以后,就不会有津贴的后顾之忧了。

随着社会工商业的发展,广告业不断发展,报业生产变得机械化、现代化、规模化,报纸的营业也发生了重大变化。原本依靠销售报纸来维持经济独立甚至盈利的发行本位模式逐渐失效。报纸价格越来越低廉,在美国甚至卖到一便士一份,生产成本却越来越高。所以销售报纸甚至连成本都难以收回,而且销售越多亏损越大。各大报馆不得不以广告收入来弥补发行的亏损,从而导致报纸营业只有依靠广告来维持与盈利。广告收入成为报馆的大宗收入、主要财源甚至经济命脉,就这样报纸营业进入了广告本位经营模式的时代。

二、广告本位观念的普遍认同

据有关记载,英国于 1745 年有所谓"一般广告者"(general advertiser)之"广告新闻"出现,从此开启了新闻广告的新纪元。"在此以前,新闻与广告,如风马牛不相及,新闻仅依发行之多少以为营业之目的,自有广告新闻,

---

①　毛楷清.报社组织之检讨[J].新闻学季刊,1939,1(1):38-44.
②　黄天鹏.中国新闻事业[M].上海:联合书店,1930:58-59.
③　郭箴一.上海报纸改革论[M].上海:复旦大学新闻学会,1931:29-30.

而广告费乃成了新闻社之一财源。其他报社群起而模仿，新闻的经营，遂益见其发达。其方法体裁则罗列广告五十件乃至六十件，于广告中间，插入若干之记事，形式极幼稚。"①这是最早的报纸广告，从此广告与新闻纸发生了关系，尤其是在商业资本主义发达以后，"新闻纸广告在这方面起了很重要的作用。同样的，新闻纸的经营方面，亦因此有了新的基础。若干新闻纸经营的方针，逐渐因此而由'发行本位'移到'广告本位'"②。后来，主要报馆的营业都纷纷由发行本位转为广告本位。"英美报社类以广告为本位，盖英美以商立国，货物之推销，全赖广告之宣传。商家每不惜糜耗巨额之广告费，新闻纸亦恃此为唯一之养料，读者以时间与经济之所需，日常所用，每求之于广告。因供给者与需要者之所求，英美经营新闻业者遂以广告本位为方针矣。"③有人对美国新闻社广告本位的解释是：一方面，"美国以商业立国，其国民之目标几全在于商，为商者最善之一招徕方法，为在新闻纸上刊登广告"；另一方面，"美国国民生活日趋文明化，而尤尊重时间之经济。故都市人民，日常生活之需要，几罔不求之于百货公司与其他之商店。情势所趋，乃致欲知家具、衣服、食品及其他凡百商品之品质与价格之高下者，都求之予新闻纸上刊登之广告"④。

那么何谓广告本位，其表现如何呢？所谓广告本位，就是报馆的经济主要以登载广告为大宗的收入来源，广告收入是报馆的根本收入、主要财源，以广告营业为重心的体制就是广告本位经营体制或模式。自从报业进入广告本位经营时代以后，报业营业发生了重大变化。首先，广告收入成为报馆的最大收入，甚至是决定报馆生存的命脉。如有人认为，"广告为新闻社收入最大之源泉，新闻纸之生命几全赖之以维持。故新闻纸为自身利益计，实有谋其广告发达之必要"⑤。"所以若（如）果想报社的经济独立，则不得不趋重于广告一方面。于是广告费须成为报社经济的主要来源了。因为报纸是依赖广告来生存的，所以新闻学者时常说'广告是报纸的血液'。广告是事业之轮，一切事业，大半需依赖广告，才得发展。"⑥而且所有报馆支出几乎全

①　邵飘萍.新闻学总论：国立法政大学讲义[M].北平：京报馆，1924：62.
②　鲁风.新闻学[M].上海：新中国报社，1944：182.
③　黄天鹏.中国新闻事业[M].上海：联合书店，1930：59.
④　吴定九.新闻事业经营法[M].2版.上海：现代书局，1932：7.
⑤　曹用先.新闻学[M].上海：商务印书馆，1933：83-84.
⑥　丁一.新闻广告漫谈[M].上海记者，1942(2)：10.

靠广告收入来支撑。"广告刊费,为报纸业务之重大收入,一报之经济状况,自以广告收入之多寡以为断。"①"而报纸之支出,亦多仰给于广告。故在欧美发达之报纸,其广告费常占收入十分之九而强。"②所以"一报之有告白(广告)与否,尽足以定一报之运命。今美国报馆,进款之半数,皆出于告白费。至订阅报章之资、仅供购致(置)纸墨邮票之用而已。报馆人物之俸给、以及其他支持馆务之费,皆取给于告白费也"③。广告本位经营也使报纸告别了津贴的制约。"用广告营业以维持报纸生活,此殆已成近日新闻社之公例。然如何使广告发达,则业新闻者固有所企望于普通社会上一切商业之蓬勃,非大商行必不能出巨费(资,作者注)以刊广告。新闻纸乃从而受其影响,商业愈繁盛,商战将愈猛烈,为争求主顾之原因,自非大张其广告不可。新闻纸上广告既多,则无须于津贴,议论亦归于纯正,消息因亦求其灵确,销路既然广,广告遂亦臻上乘矣。"④同时"新闻纸最要之收入,为广告费,至其卖报所得,尚不足以收回其成本,此世所熟知者也。故一报广告之多寡,实与之有莫大之关系。广告多者,不独经济可以独立,毋须受人之津贴,因之言论亦不受何方之缚束,且可扩充篇幅,增加材料,减轻报资,以推广其销路也。又广告如登载得当,其为多数人所注意也,必不让于新闻。故广告加多,直接亦足推广一报之销路也。故为一报自身利益计,实有谋其广告发达之必要"⑤。其次,广告本位还改变了组织人事的地位。"营业部为新闻社之收入机关,而广告处尤为营业部中收入之大本营。"⑥因为"英美新闻,广告极多。盖广告者,为新闻社最大之利源。而新闻之成效,必以广告之多少为定。此英美新闻之理事者,所以需才干之人也"⑦。最后,广告本位还导致了报纸的版面内容调整:"篇幅上,广告占报纸的篇幅,少则五分之一、二,多则五分之二、三,"经济上,"一般报纸的收入来源,大多全仰靠广告"⑧。不仅如此,从

① 周钦岳.广告与发行[J].中国新闻学会年刊,1942:47-49.
② 戈公振.中国报学史[M].北京:生活·读书·新知三联书店,1955:212.
③ 休曼.实用新闻学[M]//余家宏,宁树藩,徐培汀,等.新闻文存.北京:中国新闻出版社,1987:241.
④ 徐宝璜.新闻事业之将来[J].报学月刊,1929,1(1):12-18.
⑤ 徐宝璜.新闻学[M].北平:国立北京大学新闻学研究会,1919:68.
⑥ 吴定九.新闻事业经营法[M].2版.上海:现代书局,1932:87.
⑦ 松本君平.新闻学[M]//余家宏,宁树藩,徐培汀,等.新闻文存.北京:中国新闻出版社,1987:136.
⑧ 庄伯勋.新闻广告学[J].报学杂志,1948,1(7):12-17.

实际统计数字来看，广告本位更为明了。据统计，在一般的报纸收入中，广告约占 70%，美国全国每年广告的总支出平均达 15 亿美元。[①] 美国学者巴弗德·奥蒂斯·布朗（Bufurd Otis Brown）的《新闻发行问题》一书中提出，任何报纸的广告收入，当占报纸收入的 2/3。其中英国《每日邮报》1928 年的收入构成是：报纸收入 155 万英镑，广告收入 300 万英镑。1929 年，美国报纸业的全部收入计 1064216617 美元，而广告收入即占 791541928 美元，报纸卖出的收入不过 272674689 美元而已。[②] 国内报人也深深认识到了广告本位的真谛。如有报人曾感叹："有人来信叫我们减少广告，甚至有人对我们建议完全不要广告，全登文字，在建议者固为好意（因为要增加文字篇幅，便是承他们重视本刊的内容），但在事实上非关门大吉不可。"[③] 所以在实践上否定"广告本位"是行不通的，也是不可能的。

由此观之，广告本位观念不仅在意识上得到普遍的认同，在实践上更是成了报馆的普遍营业规则。

第二节　广告本位的策略：科学推广设计思想

在广告本位经营理念中，广告收入是报馆大宗收入或主要财源，甚至是决定报馆生存的命脉，于是乎各大报馆都纷纷极力追求报纸广告收入的增加。但是，晚清民国时期的报馆广告一直乱象丛生，管理无方，甚至出现了"广告编辑，杂乱无章"与"广告章程，视为具文，取费时并不依据"的局面。[④] 所以，为了巩固报馆的广告本位，实现对报业广告的科学管理，必须对报纸广告进行个性化推销及专业化的设计制作、倡导新式的分类广告、科学合理地计算广告价格。

一、个性化的广告推销思想

为了增进广告收入，维持经济的独立进而实现盈利，各大报馆在强化广

---

① 毛楷清.报社组织之检讨[J].新闻学季刊,1939,1(1):38-44.
② 朱司晨.新闻纸之广告与推广问题[J].晨光周刊,1935,4(24):15-17.
③ 邹韬奋.《生活》五周(年)纪念特刊预告[J].生活,1930,5(52):860-861.
④ 戈公振.中国报学史[M].北京:生活·读书·新知三联书店,1955:212-213.

告部门的日常推销工作的基础上,都非常重视报纸广告的个性化推销。

（一）强化广告常规化推销

报纸广告的日常推销主要分为直接推销广告与间接推销广告。其中直接推销广告包括广告商直接送至报馆的广告与报馆派人招揽的广告,间接推销广告包括由广告捐客介绍的广告与广告社介绍的广告。

1. 直接推销

直接推销就是广告买卖双方直接洽谈交易完成的广告推销方式,主要包括由报馆广告部门的广告推销人员招揽的广告及由广告商直接到广告部门接洽的广告。其中就广告推销人员招揽的广告来说,广告推销员一般是由报社雇用来专门招揽广告业务的,招揽广告成败的因素有很多,但在报纸发行与影响力有保证的前提下,主要取决于广告推销员的服务与能力。一般来说,广告推销员必须熟悉市场情形、交游广泛,同时要善于辞令,勤劳敏捷,以便推销广告业务,同时长期维护好与广告客户的关系,确保广告业务的长期往来。[1] 至于如何推销,将在本节"提倡广告个性化推销"中具体分析。此外,就广告客户直接洽谈的广告来讲,这类广告是报馆最欢迎的,少花报馆的广告营销费用而且价格折扣低,但是其前提是报纸对广告客户有吸引力。报纸怎样才能吸引广告主呢? 一般地,报纸要在名声地位及其在社会上的势力、报纸的外表、广告政策、发行份数、读者的购买力、读者的性别等方面满足广告主的需求。[2] 也就是说,得凭报纸自身的综合实力来吸引广告主,要有大的销路,因为"登广告者,多觅销路最广之新闻纸登之,因其效力最大也。故销路广者广告多,销路狭者广告少,而求一报广告之发达,应先求其销路之推广也"[3]。此外,要完美地吸引广告主,报纸还要特别注重树立广告信用,提高广告技术,谋商业新闻栏之充实。[4]

2. 间接推销

间接推销与直接推销相对,就是广告买卖双方经由中介完成交易,中介

① 钱伯涵,孙恩霖.报馆管理与组织:申报新闻函授学校讲义之二[M].上海:申报馆,1936:73-74.
② 钱伯涵,孙恩霖.报馆管理与组织:申报新闻函授学校讲义之二[M].上海:申报馆,1936:169-173.
③ 徐宝璜.新闻学[M].北平:国立北京大学新闻学研究会,1919:68.
④ 徐宝璜.新闻学概论(上)[J].新闻学刊,1927(创刊号):16-20.

从中抽取佣金或回扣。这种推销方式主要包括广告捐客、特约经理处或广告社介绍等形式。其中广告捐客一般是由与报馆有长期可靠的广告推销业务合作但不属于报馆聘任的人员向报馆所兜揽的广告，报馆向其支付一定的薪金、佣金报酬或回扣。各大报馆为了扩大广告业务，一般都会有一支广告捐客队伍。而特约经理处，"系委托各都市间的特别代表，代表报馆接洽收受广告。并随时负责向请求登载广告者，加以适当的解释和帮助。他们服务的代价或支薪金，或扣回佣，看当地情形，及各家报馆的办法而定"①。也就是报馆委托在本地或外地的广告代理人来受理广告业务，同样会支付回扣或佣金。

此外，广告社介绍则不同，广告社，也即广告代理公司，是一种独立经营的广告推销的经纪人，是专门的、独立的广告设计制作与代理的企业组织。广告社与报馆只有广告业务交往，没有任何附属关系，完全是采取回扣的制度，一般的回扣标准是 15％～20％。② 所以广告代理公司会根据不同报馆的广告价格，选择对自己与广告主最有利的报纸发布广告。有些大型广告代理公司不仅广告客户资源多，而且广告业务量大，甚至可以左右广告价格与市场。所以，有学者认为："广告公司的优点，在使广告的设计，益趋于尽善尽美，能满足广告主顾的要求，增加广告的效力。但是广告公司对于报纸，也有极大的流弊：使报纸养成依赖广告公司的习惯，而不望在广告上力图上进；报纸广告既为广告公司所操纵，无形中造成广告公司对于报纸的优势，报纸在其压迫之下，只能听其支配；广告主顾与报纸之间，因有广告公司的从中阻梗，关系疏远，自难互相合作；报纸收入势必减少；易受利用，对于广告公司转来的广告，很难拒不刊载。"③但是从我们今天关于广告与编辑的关系处理来说，广告代理是科学处理报馆编辑与营业分离的有效措施。因为广告业务由广告代理公司来完成，报馆只管用心做编辑业务，而不受广告的无端干涉，使报纸真正实现编辑言论不为金钱左右、不为金钱控制。

（二）提倡广告个性化推销

为了广告业务的竞争，当时不少报馆采用个性化广告推销方式来招揽

①　钱伯涵，孙恩霖.报馆管理与组织：申报新闻函授学校讲义之二[M].上海：申报馆，1936：75.
②　刘觉民.报业管理概论[M].上海：商务印书馆，1936：268.
③　储玉坤.现代新闻学概论[M].2版.上海：世界书局，1945：190.

广告客户。其主要有广告与调查一体化服务、人员上门推销或电话推销、策划营销及开发新的广告形式推销等。这些广告推销方法针对性强,而且实行个性化服务。

1.倡导广告与调查一体化服务

欧美报馆的广告部一般设有调查股或研究设计科,专做社会市场调查,为广告商提供针对性极强的详细商情报告及广告服务计划。尤其是"专门调查营业失败的商家,替他们计划营业的步骤,专在报纸广告中作宣传,谋他们营业上的新出路"[1]。这其实类似于我们今天专门为广告主提供最有效的广告投放计划的媒介购买公司,它们既做市场调查服务又提供广告服务计划,并联系广告投放。当时美国学者布朗还曾经把报纸为推广广告而从事商情研究的各种问题和服务概括为:商人所要登广告的商品的研究;出版地的贸易区域(包括在发行所在地周围数十里的地方)里的人口分布及职业状况;他们可能的购买力;其他相同商品在这个贸易区的销售实况;该商人出品的销售实况;一般市场的观察;特殊市场的观察;出版贩卖人的刊物;贸易通路表;介绍商品推销员;门市陈列设计;广告设计。[2] 这种广告推销针对性强,尤其是对于缺乏市场调查能力或没有设立市场调查部门的企业来说非常合适,而且广告效果也明显,所以往往被中小企业所青睐。但这种广告推销当时在国内还没有出现,即使是在报纸广告比较发达的上海也尚未出现。所以汪英宾建议:"故办报人宜扩大广告之范围,以商业之智识,为商人解决推销之问题,如是则报业有充足之进款,而报(馆)事业得日新月异矣。"[3]

2.鼓励人员上门推销或电话推销

人员上门推销或电话推销,是一种传统而有效的人员推销方式,也是我们日常所说的推销员推销。但是自从电话普及以后,开始使用打电话来推销,这其实是人员推销的一种改进形式。人员上门推销主要要求推销员一方面要熟悉市场行情及所在报纸各方面的具体的综合指标数;另一方面又要掌握广告学的专门学问,有较强的游说或劝说能力。然后,从广告主的需

①　沙凤岐.报纸与社会[J].新闻学期刊,1934:88-90.
②　刘觉民.报业管理概论[M].上海:商务印书馆,1936:265-266.
③　汪英宾.中国报业应有之觉悟[M]//黄天鹏.新闻学论文集.上海:光华书局,1930:29-44.

要出发推销广告,提供周到、有效的相关广告服务,建立与维护长期的信任关系。广告推销员甚至可以通过广告折扣、广告组合计划及其他相关优惠或服务来招揽广告。在管理上可以采取一些精神与物质的激励,比如制定相应的奖励办法,采用底薪加佣金或回扣的薪酬机制等调动广告推销员的积极性与创造性。而电话推销则是在企业电话普及以后,雇用经过专门训练的电话推销员,先向广告客户打电话推销广告,然后根据客户的要求先刊发广告,再上门收取广告费。虽然这种方法难免出现拖欠广告费的情况,甚至出现呆账,但由于电话推销的广告本身是小额的广告,所以总体上,欠费与呆账还是小数目。当时美国很多报馆都已经常用电话来推销报纸分类广告,如《芝加哥讲坛报》电话推销股差不多雇用了50多个受过训练的女职员,她们全部通过电话进行广告推销。[①] 但国内当时电话尚未普及,也就鲜见电话推销了。

3. 重视策划营销

策划营销,是指由报馆广告推广设计科根据环境变化,抓住时机,策划一些广告营销计划或营销活动,从而开拓广告市场,增加报纸的经济收入。策划营销没有固定的规律与方法,随机性强,时间与地域差异也较为明显。报馆广告策划营销有很多具体的营销计划或营销活动。曾经有学者专题介绍过国外报纸广告策划营销的几种具体计划或活动形式。如"约示计划""一元日计划"、烹饪讲习会、主题专刊等。其中"约示计划",其实也就是我们今天所说的一种团购方式——报纸广告团购。具体地说,就是报社广告部先拟定30家或50家经营不同的日用必需品的商家,选定某一周为扩大推销周,由报社给所有商家拟好广告内容,都排在一个整版。每个商家因为平时不愿买整版的广告版面,此时经报社有计划的设计,使它们联合起来以最小的代价使用报纸整版的广告版面。大多数商家都愿意加入这个扩大推销周。[②] 而"一元日计划",也就是降价促销广告的一种具体活动。具体地讲,就是先征集若干商家同在某一周或某一日选定若干商品减售一元,联络其登一大幅整版广告。商家如果知道这种计划是有利的话,很少会拒绝推广

①　刘觉民.报业管理概论[M].上海:商务印书馆,1936:274-275.
②　刘觉民.报业管理概论[M].上海:商务印书馆,1936:269-270.

员的招揽。① 还有"烹饪讲习会",其实就是组织公益活动推广的一种具体形式。据介绍,美国密苏里大学新闻学院所出版的《密苏里人》日报每年会在风和日丽的春天主办一星期的烹饪讲习会。凡是当地或附近城市的一切食品商品店,如面包店、水果店、牛肉店、调味制造商、厨房用具商、糖果店、百货店等,都可以邀请来做主办人。讲习会的费用由报社负担(自然是有限的),所需各种食品原料等,则由商人捐助。这也是一种实际宣传法,商人自然乐于捐助。在未开幕之前一星期,报纸就先刊登一整版的烹饪讲习会行将开幕的广告。② 此外,还有"专栏利用",也就是我们所说的报纸主题专刊。具体地说,就是在特殊的日子报纸往往出专刊或专栏,而许多商家都乐在这个时期购买专刊上的广告版面。③ 当时国内也有过类似的策划营销,如上海《申报》与《时事新报》曾举行商标竞赛会来推销广告。④ 这些策划营销在当时很新奇,也很有效果,因此很受推崇。其实,这些举措在我们今天的传媒广告促销也是常用的。

4. 及时开发新的广告形式

随着报纸版面的美化及版面数的增多,加上广告技术的改进与提高,不断开发新的广告形式也是广告推销的新方法。比如早期报纸广告仅为文字,后来开发出图片广告,还有分类广告(关于分类广告将在本节"推崇新式广告——分类广告"中专门论述)等。当时一般企业尤其是小企业居多,大多无力刊登整版或半版广告及图片广告,尤其是彩色图片广告,所以小广告很受欢迎。但是当时国内报纸还没有普遍引入国外的分类广告形式,所以在当时分类广告成为最受欢迎的新广告形式。《新民报》发行人陈铭德在抗战时期曾呼吁各报多刊登"小广告",也即把许多"小广告"分类编辑整版广告的"分类广告"。他认为,"即今当战期,百物节约,报社用纸,亦颇省俭。在无多篇幅之中,欲尽容大量广告之刊登,颇不可能,因而若干刊户,被鲜置(拒之)于门外。每有不远百十里而来者,至报社门首,即被拒于'报端无余隙'之一语,却足使人发生厌恶之心理。余以为各报今日宜尽量拒刊大幅广告,而偏重于'小广告'。倘能多费心血,使小广告集体刊登,加以设计构图,

---

① 刘觉民.报业管理概论[M].上海:商务印书馆,1936:270-271.

② 刘觉民.报业管理概论[M].上海:商务印书馆,1936:271-272.

③ 刘觉民.报业管理概论[M].上海:商务印书馆,1936:272.

④ 曹用先.新闻学[M].上海:商务印书馆,1933:88-89.

则其收效之宏，实不下于大幅也。余且信未来之报纸，必可于此点着力，一种艺术的'叶锦广告'，其前途之发展，实不可限量。为适应时代环境之前进，余认余之理念也有理由"①。所以，作为新广告形式的"小广告"在当时确实符合企业广告的现实需求。

　　总之，无论哪种推销方法，报纸广告的推销都要注意："商家登载告白（广告），其货品必应时之新物，而索值又宜略较市价为下，此事甚要，获赢之秘。此亦一端。报馆中承徕告白之人，宜时以此节提撕商家。若夫告白费之高下，乃第二事耳。苟商家以登载告白故，博得赢利，优于他法之所得。则告白费之高下，彼固不计。然告白之费，能低减最佳。刊长期告白者，尤宜减折。若报章流通未广，则告白费固宜略高，以为支持之计，且略高亦不为过，以读报之人大半即属购货之人故也。报馆亦可与商家订约，预定每岁至少登载告白行数几何，商家无论何时欲登告白，即可随意登之。"②也就是说，不管怎样，广告的推销都要特别注意产品的新颖、时机的合适、效果的明显、讲究信用、价格的灵活、服务的便利等。

二、专业化的广告设计与制作思想

　　广告，其拉丁文为 advertere，意思是转移，英文为 advertise，意思为转移对方之心理，进行普罗大众的通告。所以"凡一种宣传，无论用何方法，能转移对方之心理，引起普众之注意，以达有利之目的者，就是广告"③，因此，"报纸为买卖货物之媒介，杂志亦然，应设法引诱本国商人登载广告，为之计划，为之打样，为之尽力，必使商人不感困难，又排列务求美观，印刷务求清晰，地位务求明显，俾易入读者眼帘，使其出费小而收效大"④。为了实现报纸广告的目的，尤其是在广告已成为专门技术甚至成为专门学问（"关于广告宣传，知识与方法之系统的研究，就是广告学"⑤）之后，报纸广告的设计与制作就更须尊重专业的规律，体现专业的水准，甚至"欲劝诱国人刊登广告，最好

①　陈铭德.报纸经营与报社管理[J].中国新闻学会年刊,1942:54-57.

②　休曼.实用新闻学[M]//余家宏,宁树藩,徐培汀,等.新闻文存.北京:中国新闻出版社,1987:242.

③　徐霄汉.广告学与术(上)[J].新闻学刊,1927,1(3):91-95.

④　戈公振.中国报学史[M].北京:生活·读书·新知三联书店,1955:220.

⑤　徐霄汉.广告学与术(上)[J].新闻学刊,1927,1(3):91-95.

由广告部代为设计,代为编制,务使能引起阅者兴趣,而使之不忘"①。

(一)主张报纸广告制作的专业化

报纸广告制作的专业化就是要使制作的报纸广告符合广告特有的规律与原则,具体表现主要是报纸广告制作的专业要求与专业技巧。

1.明确报纸广告制作的专业要求

广告是吸引公众注意而达到预期目的的宣传,所以,从总体上看,优美的广告必须"动人心目、引人兴味、令人信服"②。有人对此做了进一步的解释,那就是能引起读者的注意、能使读者发生兴趣、增进读者的欲望。③ 还有人的解释是能引起读者的注意、引起读者发生兴趣、引起读者的欲望、引起读者的信心、引起读者的行动、满足购买人的要求。④ 为了达到如此标准,对报纸广告的文字内容、形式及版面的编排都有更具体的专业要求。其中有人认为,"做到令人信服的功夫必须:有简洁精辟的文字,……熟知货物的性质和它的制造;广告稿本,宜合乎理论,循乎常识,以斟酌的情理有当乎读者意旨为归"⑤。还有人认为美术意味的广告才是理想的广告,其具体要求是:"措辞要忠(真)实,不可离题太远,徒多废话,不可一味瞎吹,失人信仰""形式要庄重大方,不可因希望塞满篇幅之故而侧画图画,不可因无力安排格式之故而空隙太多""广告地位(版面)善撰广告者,不因地位(版面)大小显劣而分美丑,因其文字既简洁生动,格式亦活泼玲珑,所谓多多益善,少亦无妨也"⑥。此外,也有人认为艺术化就是广告的专业要求,如"广告要具有艺术性、时间性、空间性、伦理性、社会性、客观性"⑦。甚至还有人对艺术化的具体表现做了解释,广告的艺术化是通过真实、选字、造句、地位、变换、附图来实现的。⑧ 其实对于报纸广告的制作要求,无论是引起读者注意、令人信服,还是追求艺术化,都只有一个目的,就是激起读者的购买欲望,达到广告宣

---

① 曹用先.新闻学[M].上海:商务印书馆,1933:85-88.

② 吴晓芝.新闻学之理论与实用[M].北平:立达书局,193:174;丁一.新闻广告漫谈[J].上海记者, 1942(2):10.

③ 储玉坤.现代新闻学概论[M].2版.上海:世界书局,1945:184.

④ 刘觉民.报业管理概论[M].上海:商务印书馆,1936:247-249.

⑤ 丁一.新闻广告漫谈[J].上海记者,1942(2):10.

⑥ 骆无涯.广告话[M]//王澹如.新闻学集.西安:天津大公报西安分馆,1931:206-207.

⑦ 庄伯勋.新闻广告学[J].报学杂志,1948,1(7):12-17.

⑧ 徐宝璜.新闻事业之将来[J].报学月刊,1929,1(1):12-18.

传的目的。

2.注重报纸广告制作的专业技巧

报纸广告的制作最根本的专业技巧就是运用广告文字、形式或其他报纸广告形态引起读者的注意,达到令人信服的目的,也就是达到广告的目的。首先,从报纸广告的文字写作手法上看,有很多不同的写法。比如接近法。接近法包含了描写的接近法、叙述的接近法、想象的接近法、释绎的接近法、教导的接近法。同时描写的接近法又包含了直接描写法、效能描写法、类同描写法、触动描写法、机警描写法、推理描写法等,叙述的接近法也包含了直接叙述法、直接触动法(示意的、委婉的、命令的)、及物叙述法等。① 此外,还有展开的方法、刺激性质的方法、暗示的方法、结合的方法。② 这些都是文学的写作手法在广告文字写作中的运用,以引起读者的注意。

但在具体写作的时候,还得运用具体的广告体裁,如直写式、寓意式、图画式、对话式、信证式、新闻式、惊奇式等③,或图案广告(如化妆品、药品等广告)、勘误广告、诗歌广告、刺激广告、悬赏广告、纪事广告等。④ 尤其是广告标题,可以通过简要、特趣、切合、赞扬、疑问、惊奇、恐怖、囫囵、劝勉、催促等手法来引人注意。⑤

另外,还得讲究文字语句的结构与修辞。如为了引起注意,可以通过引起读者好奇心、利用故事表现法、具体表现、提出问题、警惕与宣扬、密切关系、谦虚诚恳等;而为了引起读者好奇心,往往又会采用对照、新奇、明白浅显、适宜、重复、利用时机等方法。⑥ 所有广告文字须简明、生动,大多字数少而含义广,除文字以外,尽量点缀图画,甚至多用图画、少用文字,更能引起读者兴趣;同时要求标题要生动、文字要通俗、插图要相互联系、编排要醒目。⑦ 广告的语句要主旨明了、次序有条理、字法通俗易懂、句法明白简单。⑧

此外,还要注意报纸广告的内容构成。由于报纸广告"字字是金",如何

① 刘觉民.报业管理概论[M].上海:商务印书馆,1936:249-250.
② 鲁风.新闻学[M].上海:新中国报社,1944:184.
③ 黄逸民.新闻广告[M]//黄天鹏.新闻学论文集.上海:光华书局,1930:125-129.
④ 邵飘萍.新闻学总论:国立法政大学讲义[M].北平:京报馆,1924:64-65.
⑤ 俞爽迷.新闻学要论[M].上海.大众书局,1936:83-94.
⑥ 庄伯勋.新闻广告学[J].报学杂志,1948,1(7):12-17.
⑦ 紫微.制作报纸广告的基本条件[J].机联会刊,1936(153):6-7.
⑧ 俞爽迷.新闻学要论[M].上海:大众书局,1936:83-94.

用最简洁精妙的文字表达出最需要表达的要义，是广告成败的关键。一般报纸广告的内容有商品或服务的"名称"（尤其是著名品牌）、"品能"（即产品的性能、功用价值），[1]此外还有商品或服务的"价格""要求"等。[2]

所以，有人把报纸广告制作技巧概括为："著作告白之文，须凝练而易刺人目，此秘术也。盖告白费最贵，故务宜以最少之字数出之。至如何而后易刺人目，亦自有法。其文必足以动人兴趣，激人观感者，于待售之品，必不宜只说吾肆售何物；须将品物之种类，与其佳处，一一言明，行文平易。自然人皆爱读。"[3]同时，"既有告白之文，又附之以画，自足以动商家之心而生小试之意。读报购货之人，瞥见报中之画，尤足生其注意也"[4]。但是无论怎么写、用什么体裁，报纸广告的共通的规则就是诚实、信守、目的，[5]也就是说报纸广告最基本的要求是不要进行虚伪的宣传，不要使广告言过其实而失去商誉信用，不要失去广告的目的。所以"凡作告白，尤必以诚信为主。若徒推奖己货，道他家短处，语不由衷，事非真实，此为造谎欺人。报章登载之者，亦蒙其害，以人将推不信告白之心以不信报馆也"[6]。

以下是三则德国报纸上的婚介广告：[7]

请听着，男子们，请听着，我年少出落得极美丽，面白发黄，衬着两个点漆似的黑眼珠。如今急急的想要嫁了。我身重七十磅，性情柔和可爱，能使人人都快乐。我出身是使女一流。倘有大人先生不以为意的，请投函本报封面写明"白面黄发美人十九号"，我正极愿得一个保护人呢。

——德国新闻纸上的求婚广告之一

一个二十二岁的美貌学生要进大学校求学，到毕业为止，倘有富家

① 徐霄汉.广告学与术（下）[J].新闻学刊,1927,1(4):149-151.

② 詹文浒.报业经营与管理[M].上海:正中书局,1947:168-169.

③ 休曼.实用新闻学[M]//余家宏,宁树藩,徐培汀,等.新闻文存.北京:中国新闻出版社,1987:238.

④ 休曼.实用新闻学[M]//余家宏,宁树藩,徐培汀,等.新闻文存.北京:中国新闻出版社,1987:242.

⑤ 刘觉民.报业管理概论[M].上海:商务印书馆,1936:250.

⑥ 休曼.实用新闻学[M]//余家宏,宁树藩,徐培汀,等.新闻文存.北京:中国新闻出版社,1987:243.

⑦ 德国新闻纸上的广告[J].紫兰华片,1922(3):41-42.

妇女愿意担任这笔学费的,他愿意把身心供献于罗裙之下,做他的丈夫。

——德国新闻纸上的求婚广告之二

待嫁中的少妇,现有大众少妇待嫁极切,种类繁多,年岁少长不等,有妆奁二千马克到五十万马克,内中有几个富家女子且还希望结成纯粹恋爱的婚姻,所有往来函件,我们是严守秘密的——飞碟立克街。

——《太格勃拉》的婚介广告

(二)倡导广告编排的专业化

报纸是平面媒介,所以写得再好的广告也得有恰当的版面编排处理,才能锦上添花,否则也只会淹没在报纸信息中,无法引人注意。对于报纸广告的编排来说,主要包括版面位置的选择与广告文字字体、字号等的选择与处理。

首先,关于报纸广告版面位置编排的一般原则是醒目,吸引读者视线,甚至让读者不得不看。如民国时期很多报纸都把封面和底页作为广告版面。也有人认为用金字塔结构来排列广告,能使广告的吸引力格外明显。[①]有人认为,"新闻下面登性质相类之广告,使眉目分明,读者极易寻觅"[②]。也有人认为,"广告四面皆有新闻者为最优,三面新闻者次之,两面新闻及一面新闻者更次之,广告与广告相处,不与新闻衔接者,斯为取费最低之广告地位"[③]。甚至有人认为,"最妙将广告杂排新闻之空隙中,则读者看广告与看新闻一样的要看,换句话说,使(是)将广告变为新闻化"[④]。这是从令广告引人注目的角度来说,技术上应该这样安排。但是这又势必导致新闻与广告的混淆,甚至广告新闻化,那就存在欺骗与不诚信的问题,不符合广告道德的要求。这与我们主张新闻与广告在编排上分开相悖,当时却是报纸广告编排比较认同的做法。此外,也有人主张设立编排广告的版式。为了维持各版版面的平衡,使广告接近读物,符合中国读者的阅读习惯,使广告本身的文字图画平均配置,设立编排广告的版式,如新闻广告拼版的版式分为:

---

① 钱伯涵,孙恩霖.报馆管理与组织:申报新闻函授学校讲义之二[M].上海:申报馆,1936:163.
② 邹韬奋.创办《生活日报》之建议[J].生活,1932,7(9):114-116.
③ 张友鸾.新闻纸面[J].中国新闻学会年刊,1942:58-63.
④ 顾红叶.新闻发展之新途径[J].新闻学刊,1927,1(1):20-22.

散乱式;上半部新闻,下半部广告;前面几版只排新闻,后面几版才排广告;广告排在左右下端里面;分类编排;半边宝塔式;楔形式;等等。[①]

其次,报纸广告文字的处理要美观醒目。"普通人认为一广告登在前页,地位占全面篇幅其效力定为百分之一百,反之,登半页则其效率为百分之五十。其实不然。根据美国广告学者之研究,效率大小,并非与地位之大小成正比例。广告能否引人注意,地位大小并非是唯一原则。文字的排列,措辞及插图等配置,以及种种有关印刷技术(typography)的设计,均为决定一广告优劣之条件。"[②]所以文字的处理也很重要。广告字体选择的一般原则是易于认识;广告字体宜简单,不宜复杂;广告文字篇幅不宜过大过长;字与字、行与行间须留空白;字体的大小对于广告清晰的程度产生各种不同的影响。[③] 在文字版面处理上也要注意重要字句宜用较大号的字;边饰宜用得得法;宜保留空隙地位;字体宜只用一种;格式宜排得匀融;图画宜尽量利用。[④]

所以,报纸广告的编排更多是利用了报纸编辑学的原理,讲究视觉效果与平面效果的统一,从而使报纸广告更专业、更有效。

三、推崇新式广告——分类广告

在报业"广告本位"的经营观念中,为了实现广告的增收,报馆不仅要重视报纸广告的个性化推销与专业的设计制作,还需要不断创新和推出广告的新形式,引入国外新式广告类型——分类广告。

(一)国外报纸分类广告的经验借鉴

分类广告,其英文表达是 classified advertising,指的是把原本各种各样的零散小广告按照其性质种类的差异,分门别类编排在同一广告版或广告栏的广告类型。其广告内容可以是促销某种商品或服务,也可以是招领等启事,涉及社会日常生活的方方面面。这种"小广告"也称"需要广告",即 want advertisement。之所以称之为"需要广告",是因为这种广告虽然很小,甚至从经济的角度来说是很不值钱的小小广告,但都是个人或企事业单位

① 刘汉兴.各国报纸广告的比较[J].新闻学季刊,1940,1(2):62-72.
② 许邦兴.中国小型报纸[J].报学,1941(1):145-158.
③ 刘汉兴.各国报纸广告的比较[J].新闻学季刊,1940,1(2):62-72.
④ 林鹤钦.怎样增加新闻纸中广告的效力[J].文艺印刷月刊,1937,1(7):19-23.

日常生产生活中需要的商品或服务广告,如人事、遗失拾得、招租、教育、征求、旅行、旧车买卖、营业等。

与其他商业广告相比,特别是与整版或半版的形象广告相比较,分类广告是小小广告,所以一般更适合个人或中小企事业单位。但是这种广告无论对社会读者还是对报馆都有非常明显的作用。首先,对读者来说,一方面,"分类广告的内容,在某种意义之下就是新闻,而且在若干读者看来,或比一般新闻更有新闻价值"[①]。有人直接认为,"此种广告实乃小形之新闻"[②],满足了部分读者的信息需求。另一方面,分类广告收费低廉,内容简单,效果明显,是报纸服务读者的园地。正如有学者所言,分类广告"其最大之功用则为服务读者,为社会读者效劳也。苟某报之分类广告对社会读者服务最多,收效最大,则一般临时或短期读者必欲订购此报,非为专读新闻,乃阅读分类广告也"[③]。可见,分类广告是读者日常生产生活中所需的内容之一,不可缺少。其次,对于报馆来说,分类广告不仅促进了报纸的销路,也为报馆增加了部分广告收入。具体而言,"分类之告白(如招请、待请、赁屋、待屋、遗失、待访之类)亦足推广报纸之销路。盖此种告白,不啻小形之新闻。自有一部分人,急欲得而读之,取价务宜极廉"[④]。有学者甚至认为分类广告是最能促进报纸销路的广告形式,"正当广告中之最足以推广一报之销路者,为分类广告。即将几种最普通之广告,如遗失、待访、招请、待请、招租、待租、新书出版、学校招生等,各为一类,聚于一处登之。此种广告实乃小形之新闻。每一种类,均有一部分人,急欲取而读之。故如取价甚廉,使其发达,则足以推广一报之销路,毫无疑义"[⑤]。分类广告对报纸的零售影响尤其大,有人认为,"报纸零星发行,实端赖此项小广告之读者。其关系报纸发行诚非浅鲜"[⑥]。可以说,分类广告是报纸扩大销路的绝好办法。此外,分类广告给报馆带来了广告收入,尤其是对于分类广告量大的报纸来说甚至是可观的广告收入。如当时美国《芝加哥讲坛报》的分类广告,在美国报纸

① 詹文浒.报业经营与管理[M].上海:正中书局,1947:163.

② 徐宝璜.新闻学[M].北平:国立北京大学新闻学研究会,1919:69.

③ 高青孝.分类广告之研究[M]//新闻学研究.北平:良友公司,1932:237-246.

④ 休曼.实用新闻学[M]//余家宏,宁树藩,徐培汀,等.新闻文存.北京:中国新闻出版社,1987:243.

⑤ 徐宝璜.新闻学[M].北平:国立北京大学新闻学研究会,1919:69.

⑥ 高青孝.分类广告之研究[M]//新闻学研究.北平:良友公司,1932:237-246.

中算很发达的一家,常年所收的小广告数在 80 万条左右。① 而在当时各国的报纸当中,最注意分类广告的是英国的《泰晤士报》,该报第一、二、三版基本上都是分类广告,最后一版也大比例刊登分类广告,每日分类广告总值 16576 大洋(战前法定汇价)或 42180 元法币(当前价)。而美国《纽约时报》每天的分类广告收入达 1122300 法币,足抵中国大报差不多一年的广告收入了。②

尤其值得一提的是英国《泰晤士报》,该报读者不是大众化的市民,而是政治家、外交家、法官、学者、教士、高级官员、海陆军将帅、一部分市镇的贵族和地主及一般被认为是上流社会的人。可是为了了解英国的社会生活,他们也爱读《泰晤士报》的分类广告。该报一般第一、二、三版几乎全为分类广告,比伦敦其他各报的分类广告都要多,分类广告所刊载的事,主要有个人的出生、死亡及租赁、求职、营业、投资、收集邮票、喂养宠物、购买照相机等。这些分类广告还吸引了英国全国妇女购买订阅这张"阳性"报纸。③

所以可以说,"报纸分类广告,苟能经营得法,非仅等广告者与读者得其益,报纸本身受其利,更为报纸提高其威权巩固其信用之良方也"④。

(二)国内发展分类广告的潜力及策略

晚清民国时期分类广告不仅是一种新式广告,而且其市场潜力大,所以如何发展分类广告也很受关注。

1. 国内发展分类广告的潜力巨大

首先,也是最重要的是国内广告以不生产的分类小广告居多。由于晚清民国时期长年的战乱,整个国家经济仍以农业为主,工商业不发达,所以报纸广告很少有大型的生产性企业广告,而以日常生活类的小广告居多。据记载,"今日中国报纸之广告,即以上海各大报而论,不外乎声明之一种。商店之新开也,开幕声明;学校之开学也,招生声明;提单之失继也,遗失声明;某公司急欲经理也,招请声明;此种声明广告,强数千读者读之,而其结果则为得一经理,得一提单等。此种广告,予谓之曰不生产之广告"⑤。其实

① 钱伯涵,孙恩霖. 报馆管理与组织:申报新闻函授学校讲义之二[M].上海:申报馆,1936:158.
② 刘汉兴. 各国报纸广告的比较[J].新闻学季刊,1940,1(2):62-72.
③ 詹文浒. 报业经营与管理[M].上海:正中书局,1947:39-40.
④ 高青孝. 分类广告之研究[M]//新闻学研究.北平:良友公司,1932:237-246.
⑤ 汪英宾. 中国报业应有之觉悟[M]//黄天鹏.新闻学论文集.上海:光华书局,1930:29-44.

这些广告就是我们所说的杂项广告,是小广告,也就是国外的分类广告(或需要广告)。可见在当时国内的广告当中,其实分类广告是最常见的一种广告类型。尤其是在抗战时期,地方报纸广告的重要收入,是启事类广告,而又以结婚或离婚广告、遗失广告、人事纠纷广告为大宗。① 这就更明显地证明了启事类分类广告已经是地方报纸广告的重要收入来源。也由此可见,在当时分类广告市场潜力巨大。

但是当时国内报纸广告中分类广告尚不发达,其中有学者调查统计过上海《申报》、天津《大公报》、上海《时事新报》、天津《庸报》、北平《世界日报》、北平《实报》、北平《晨报》、北平《群强报》所刊登的分类广告情况,发现在这 8 家报纸当中,上海《时事新报》的分类广告最多,却也仅占普通广告的10%,而天津《庸报》最少,不到 3%。② 这与国外报纸的分类广告量相去甚远。那么其原因是什么? 有人认为,"中国报界对于分类广告,其所以未经全力发展者,无非因为它的字数少,收入少,可是它的手续,还是同样的麻烦,同样的要接稿样,要开发票,要应付主顾"③。也就是说,分类小广告手续多、收益小,所以当时很多报馆经理看不上,不愿费力去发展分类广告。

2.国内报纸分类广告的发展策略

关于国内分类广告的发展,首先应该向普通民众、小商人和中小企业主普及分类广告的常识及其应用。其中有学者认为应该培养民众看分类广告的习惯,鼓励、训练民众刊登分类广告,指导民众使用分类广告,④从而逐步培育起国内的分类广告市场与使用分类广告的习惯。其中有人就如何引起民众注意与阅读分类广告提出了几点措施。如在分类广告栏上配有漫画、滑稽画,或多留空白,或在第一版做广告,或组织一些抽奖等促销活动等。⑤这样可以让民众逐渐地认识与了解分类广告,然后关注报纸上的分类广告,在此基础上组织分类广告的推销。比如通过传单或电话推销与接洽分类广告,或报馆时时宣传分类广告刊登的政策和价格,或派广告推销员推销,或

---

① 邵鸿达.地方报纸的广告[J].战时记者,1939(9):15.
② 高青孝.分类广告之研究[M]//新闻学研究.北平:良友公司,1932:237-246.
③ 詹文浒.报业经营与管理[M].上海:正中书局,1947:163.
④ 刘觉民.报业管理概论[M].上海:商务印书馆,1936:250;高青孝.分类广告之研究[M]//新闻学研究.北平:良友公司,1932:237-246.
⑤ 詹文浒.报业经营与管理[M].上海:正中书局,1947:166-168.

个人介绍，或组织其他优惠促销等，让普通市民在报纸上刊登启事类分类广告。此外，还可以设置一般性分类广告的大纲范本供需要发布分类广告的民众参考。如当时美国《芝加哥讲坛报》就汽车交易、商业机会、征聘人员、家具出让、遗失报告、失物待领、寻求工作、商店出盘、征求合作、房屋公寓别墅等的出租出售诸项，各拟了一个大纲，供一般广告客户采纳。[①]

总之，从国内广告状况及国外的经验来看，当时国内分类广告市场有很大的发展空间。所以有人说，"分类广告在中国各报尚未特别发达，谁愿蓄意提倡，谁肯努力推广，谁就可得优先地位"[②]。

四、主张科学合理的广告定价

谈及报纸广告的价格，一般人都认为报纸广告价格非常昂贵。然而报纸的读者众多，流传迅速，发行区域广大，再考虑到其印刷的张数及费用，通过详细计算，报纸广告的千人成本（广告价格的计算方法之一，即每 1000 名受众所费成本的多少）却是报纸、杂志、广播、电视、网络等大众传媒广告价格中最低廉的。然而晚清民国时期国内报纸广告价格的计算主要以广告版面位置而确定的等级及广告的"行"或"面积"为计算标准，并没有太多的价格差异，甚至等级是怎么确定的也没有科学的依据，所以当时很多学者纷纷引入欧美国家报馆的种种广告价格的计算方法，希望能对国内报纸广告价格的科学合理计算有所借鉴与启发。

（一）国内报纸广告价格的一般计算标准

广告费计算的一般标准是分等级按字数、行数或面积。当时国内报纸广告费的计算标准主要是按等级、行数或面积来计算的，其中"行"是指以新五号字体所占的宽度与栏的高度为标准，而"面积"则是以每一英寸可排新五号字 8 枚，每方英寸可排 64 字为标准。比如《中央日报》、上海《新闻报》《申报》等广告费以行为计算单位，北平《京报》、天津《大公报》《庸报》等则以英寸面积为单位。同时，长期刊登广告有折扣，广告价格还会因广告性质而有差异。各报馆根据报纸不同版面位置设立广告的等级。如上海《新闻报》曾设立 7 等和 5 等 12 类，对每一等级"行"或"方英寸面积"都有明确的标价。

---

① 詹文浒. 报业经营与管理[M]. 上海：正中书局，1947：168-169
② 詹文浒. 报业经营与管理[M]. 上海：正中书局，1947：163.

广告费折扣的计算及广告经手佣金或回扣等都在广告章程中明确规定。

广告费因广告刊登位置的不同而设立了不同等级,等级越高价格越贵。比如有的报纸登于新闻中为一等,登于封面及专电或评论前为二等,登于分类栏为三等,登于普通位置为四等。平津报纸广告有评论前广告、封面广告、中缝广告、普通广告、分类广告之别。① 而上海《申报》的广告位置等级为:登于报名下或登于提要前或登于新闻栏中为特等,登于报名旁、下封面半版位置或自下封面起至时评前止为头等,登于紧要分类广告位置为二等,登于本埠增刊分类广告位置为三等。② 但从广告学的角度看,在报纸刊登广告,其收费标准因篇幅位置而有差异,一般以广告四面皆有新闻者为最贵;三面新闻者次之;两面新闻及一面新闻者更次之;广告与广告相处,不与新闻衔接者,广告费最便宜。③ 这种版面位置的差异往往因时因地而异,也会因为报纸本身的特点而不同,没有绝对的规则。

此外,报纸广告价格的标准还与报纸的发行量有密切关系,一般认为两者成正比;此外,还与当时当地的物价、消费水平等有关系。

(二)提倡报纸广告价格的科学计算

报纸广告价格的计算一般以报纸广告价格比率为计算的基础单位。所以只要确定了报纸广告价格比率的计算方法,那么报纸广告价格的计算也就有了依据与标准。但是报纸广告价格比率的确定涉及诸多的因素,因此,往往因为计算的出发点的差异而出现多种计算标准与计算方法。

1.借鉴国外报纸广告价格比率(advertising rates)的一般计算法

广告价格比率,指的是某报纸单位广告的平均价格,其计算公式为:广告价格比率=(总费用-发行收入)/广告刊登发行数(或方寸数)。所以广告价格比率的决定因素有纸张的成本、广告的分类、贩卖的份数、尺寸的大小、所占篇幅的大小等。在实际计算的时候,又分为无折扣计算法与升降计算法。其中无折扣计算法,是按广告刊期及篇幅而毫无折扣的计算方法。而升降计算法,就是按广告刊期之长短和所占篇幅之大小而有伸缩或升降的计算方法。虽然有人极力坚持无折扣计算法,如当时美国学者布朗认定

① 吴晓芝.新闻学之理论与实用[M].北平:立达书局,1933:181.
② 吴晓芝.新闻学之理论与实用[M].北平:立达书局,1933:182.
③ 张友鸾.新闻纸面[J].中国新闻学会年刊,1942:58-63.

报纸广告价目一经厘定之后,绝对不可减削,所有的广告刊登者都应支付同样的价格,一张报纸的广告价目即使定得高,也不会引起广告推广困难的问题。[1] 但因为无折扣计算法一般被认为对广告主不公平,所以大多数报馆一般采用升降计算法。按照升降计算法,广告所占篇幅大者,广告价格比率较大;广告所占篇幅小者,广告价格比率较小。广告登载日期长者,广告价格比率较小;广告登载日期较短者,广告价格比率较大。投登广告所占篇幅较大而日期长者,即可减少广告价格比率,于是投登广告者自愿长期登较大的广告。广告登载日期较短而广告价格比率较大,广告登载日期较长而广告价格比率较小,于是投登广告者宁愿投登长期广告。[2]

2.参考国外报纸广告价格比率的特殊计算法

报纸广告价格比率的特殊计算法有很多。当时美国学者萨夫利(Safley)认为,广告价格比率应当根据报纸的实际销数、报社的费用及最低限度的利润来确定。同时要求在价目定好之后,如果报纸的销量激增,不妨提高价格比率;但切不可因营业竞争而减小价格比率,因为这样反而会失去广告刊登者的信仰,以致广告推广困难。[3] 还有当时美国学者阿伦(Allen)以为订定广告合同的公司商店,在一年之内如能刊登一定数量的位置,不妨以最低的价目计算,不过分类广告的收费应当高于大幅的广告。[4] 而当时美国学者米尔斯(Mears)在他所著《报纸定价与发行分析》(*Newspaper Rate and Circulation Analysis*)一书中认为,一个报纸的广告价目在表面上看不出究竟是高是低,必须用下面的三种方法去测度:第一种方法是分析每100美元广告费所买到的报纸销量的性质是什么(重要的是本埠与外埠发行销量的差异);第二种方法是求每一美元广告费所买到的 LCD(Agate line circulation per dollar,每行价格比率),计算公式为:LCD=销数/每行价格;第三种是7—2—1定率法,就是将计算的定率依本埠发行,贸易区域,及外埠发行的重要性而定为7、2、1。[5] 在美国当时还有一种称为"百万行定价"(milline rate)的计算法,就是以百万份报纸的销量作为基准,求出各种销量

① 刘觉民.报业管理概论[M].上海:商务印书馆,1936:253-254.
② 徐渊若.新闻发行学:申报新闻函授学校讲义之九[M].上海:申报馆,1936:182.
③ 刘觉民.报业管理概论[M].上海:商务印书馆,1936:252.
④ 刘觉民.报业管理概论[M].上海:商务印书馆,1936:252-253.
⑤ 刘觉民.报业管理概论[M].上海:商务印书馆,1936:254-257.

不同的报纸的定价，以显示哪家报纸的刊费合算。计算公式为：（1000000/某报销量）×某报每行定价＝某报百万行定价。[1] 这个计算方法的最大缺点就是只注重报纸销量，而忽略了其他相关因素。也有一种广告价格比率计算法称为"实效行定价"（truline rate），这是斯克里普斯·霍华德（Scripps Howard）报系所创制，以报纸的集中发行作为计算的主要准则，认为广告的目的在于效果，唯独集中在市区的销量，方可在广告上获得直接收益，计算刊费之贵廉，应视集中（或有效）销量之多寡以决定。其公式为：（某报总销量/某报有效销量）×某报每行刊费＝（某报的）实效行定价。[2] 另一种计算法称为"购买力定价"（purline rate），即以读者的购买力作为计算准则，从而求出某报刊费之低于或高于其他报纸。该理论认为，某报广告之是否有效，全由该报读者的购买力决定，倘大部分读者没有购买力，纵使它的销量非常大，仍无补于事，反不如销量较小而其读者个个都有购买力的报纸对广告刊户更有利。其计算公式为：（某报每行刊费的定价×＄1,000,000,000）/某报读者的购买力＝（某报的）购买力定价。[3] 以上这些报纸广告价格比率的计算方法都有各自的出发点，也各有优势与缺陷，可以说都是对报纸广告价格比率科学计算的探索。

其实，决定报纸广告价格比率的因素有很多，如报纸销售的量与质、竞争对手的多少、生产成本、报纸的品牌度（影响力或势力）、广告性质、广告版面位置、广告批发与零售的差异、刊户的大小、是否套色、是否增加服务等。所以较为认同的定价方法是成本制度计算法，就是要依照报纸的生产成本计算，同时又须依销量的多少为标准。

第三节　广告本位的原则：广告道德与法规观念

为了实现经济独立，各大报馆都推行"广告本位"的经营理念。但是报馆对广告收入的追求也不能唯利是图、见钱眼开，应该坚持将应有的广告道德与法规作为基本的行事原则。诚如有学者所言："报纸选择广告，亦如选

---

[1]　詹文浒.报业经营与管理[M].上海：正中书局,1947:181.

[2]　詹文浒.报业经营与管理[M].上海：正中书局,1947:181.

[3]　詹文浒.报业经营与管理[M].上海：正中书局,1947:182.

择新闻然。凡足以影响其地位,信誉者,即以重金劝诱,亦绝对拒刊;盖以报纸受社会自然律之制裁,不能私心利用,亦不能假人以利用。譬如不正当营业之招摇、迷信、骗术之传播,对人名誉之毁损,等等,国家法令,均有限定,报纸不能任意发刊。"①不违法但是有悖于社会伦理道德的广告,也应该拒绝刊登,以免丧失报纸已有的社会信用,贻害社会。

一、背景:晚清民国时期报纸广告的乱象及其危害

晚清民国时期,有些报纸为了维持经济独立,追求营业收入,甚至不加选择地刊载各种虚假欺骗性质的广告、庸俗色情广告及卖国广告,这不仅损害了广告读者的根本利益,也丧失了报纸的社会信用,甚至严重败坏了社会风气。

(一)报纸广告的乱象

晚清民国时期报纸广告的不良现象主要表现为浮夸的欺骗性广告、庸俗色情广告及部分有损民族尊严的广告。

首先是大量夸大其词的欺骗性广告。由于晚清民国时期工商业不够发达,再加上本国工商企业没有广告推广的意识,所以起初报纸广告主要来源于洋人广告。据当时的学者所说,中国主要的报纸,一入手中,最引人注目者,大都是外国企业的广告。英美大公司在中国的香烟广告费,每年约数百万大洋,有许多报纸就靠这类广告费的收入作为其日常费用,像英国的某药品广告、美国的牛乳广告、日本的仁丹广告,都是很常见的。② 但是后来随着民族矛盾的加剧,各大报纸拒绝刊发英日广告,造成广告来源骤减。于是很多报纸为了赢利,"广告含有欺骗性质的多不能严格加以限制"③,甚至不择手段地刊登各种虚夸的欺骗性广告,如各种夸大其词的电影广告、招生广告、普通商业广告、赠券广告。尤其严重的是欺骗性的医药广告,常有"其效如神""金装廉卖"等夸大虚伪的广告出现。据记载,有记者曾经对某日报的广告数进行统计,其结果为:医药 45.5%,杂事 25%,实业 15%,消耗游戏14.5%。医药广告将近半数,而医药广告所占版面常常比较大,若以面积大

---

① 周钦岳.广告与发行[J].中国新闻学会年刊,1942:47-49.

② 蒋国珍.中国新闻发达史[M].上海:世界书局,1927:67.

③ 刘觉民.报业管理概论[M].上海:商务印书馆,1936:10.

小计,远不止半数。① 因为医药广告在国内除报纸本身为顾全道德及善良风俗,会自主选择广告外,别无其他严格的禁例,所以,按摩术广告在上海的小报上随处可见,相命广告在中国报纸最为普遍,书籍广告也乱象丛生。② 邹韬奋对此曾有这样的描述:

> 尤其可怪的是竟将特刊的地位当广告卖,大发行其"淋病专号",满纸"包茎之害""淋病自疗速愈法",替"包茎专家"大做广告,替"花柳病专家"大吹牛,"一经着手,无不病根悉除""方法之新颖,手段之老到,可谓无出其右",于每篇文字下面还要用"编者按"的字样,大为江湖医生推广营业,好像报馆所要的就只是钱,别的都可不负责任。在这方面真打破了各国报纸的新纪录! 为全世界著名报纸所不及!③

因此,有人一提到广告,便会产生龌龊的想象。因为"吾人所见之广告龌龊为多,试一闭目冥想吾国之广告,所见者非不堪入目之'灵药',则引人入胜之消耗品耳。夫广告之利害虽尚无不易之定论,然吾人所见广告之罪祸实广告之蟊贼而已。西国稍知自爱之日报期刊,于登载广告皆取舍从严,宁少毋滥。吾国实业之不兴,报馆于广告求之不得,何敢苛择,而广告之道德扫地矣。某期刊之封面第二三页皆某某丸之广告也"④。由此可见,当时的虚假广告尤其是虚夸的医药广告是比较普遍的,已经引起了众人的关注与反感。此外,还有把广告作为新闻刊登以掩人耳目的欺骗现象。如有记载:"不过报纸之营业色彩亦渐重,至将广告登于新闻之中,颇碍读者视线。有时且为广告而滥登不道德不信实之新闻与评语,……"⑤甚至更为严重的欺骗是广告收费不按章程,其中有些北方报纸还变相拿津贴。如"广告章程,视为具文,取费时并不依据,此何以取信?"而"北方报纸所载之官营业广告,如铁路广告、银行广告等,实为津贴之变相,足以养成报馆贪惰之风"⑥。

其次是时有庸俗色情等有伤风化的广告。由于广告监管的缺乏,所以很多报纸为了赢利,就饥不择食地刊登各种广告,甚至明显有伤风化的庸俗

---

① 佚名.广告与道德[J].科学,1918,4(2):202-203.
② 刘汉兴.谈报纸广告的净化[J].新闻学季刊,1939,1(1):49-56.
③ 邹韬奋.大报和小报[J].大众生活,1935(创刊号):4.
④ 佚名.广告与道德[J].科学,1918,4(2):202-203.
⑤ 戈公振.中国报学史[M].北京:生活·读书·新知三联书店,1955:356.
⑥ 戈公振.中国报学史[M].北京:生活·读书·新知三联书店,1955:212-213.

色情广告也随意刊发。"更观其广告,则诲淫之药品、冶游之指南、亦登之而无所忌惮。……且有广收妓寮之广告并登妓女照片,为其招徕生意者。"①

另外,还曾有过伤害民族情感的广告。由于洋人企业爱做广告,同时广告价格也较高,但是由于外交关系紧张、民族矛盾加剧,外国企业尤其是英日两国企业的广告都不得刊发。但是有些报纸见钱眼开,毫不忌讳地刊登为洋人辩护的广告。其中最有代表性的就是"诚言"事件。五卅惨案时,上海《申报》与《新闻报》曾刊登为英人辩护的广告"诚言",结果引发了上海全国学生联合会的抗议与抵制,并迫使这两家报纸登载避免"诚言"的广告、评论及向全国道歉的启事,并散发避免"诚言"的传单 10 万份。可见,刊登这种伤害民族情感的广告的代价是惨重的。"然事过境迁,今又有登载英日商人广告者,未闻有人訾议。其报界之健忘欤? 抑社会之健忘欤?"②这说明,后来还是存在刊登卖国广告的现象。

由此可见,民国时期的广告乱象确实较为严重,甚至有人说:"我国报纸以维持营业为藉口,于是淫药、欺骗等广告,无日靡有。"③

(二)广告乱象的危害

不正当的广告不仅给读者带来直接损害,也使报纸丧失信用,进而败坏社会风气,引发众人的谴责与批评。首先,其直接损害了读者的权益。广告作为报纸内容之一,也会引起读者的关注,尤其是某些读者感兴趣或需要的广告,更会得到众多读者的注意,甚至有些读者会根据广告去购买商品或消费。如果读者上当受骗了,其直接的后果就是金钱物质的损失,或受到精神伤害,甚至出现生命危险。其次,严重地丧失了报纸的社会信用。广告的信用也就是报纸本身的信用,所以新闻纸的广告版,出卖的是报纸的信用和社会声望。如果随意刊登各种虚假广告、色情广告或卖国广告,虽然报馆暂时获得了经济收入,但报纸的社会信用在不断地丧失。长期如此,必然使读者产生不良印象,甚至拒绝购买,直接导致报纸销路的减少,最终将导致广告收入的下降。所以"而欲得买卖双方之信托,尤应严厉拒绝含有欺骗性质之广告。是一方虽为推广报馆营业,而一方即足以促进实业"④,而且"报纸刊

① 徐宝璜.新闻学[M].北平:国立北京大学新闻学研究会,1919:6-7.
② 戈公振.中国报学史[M].北京:生活·读书·新知三联书店,1955:221.
③ 丁一.新闻广告漫谈[J].上海记者,1942(2):10.
④ 戈公振.中国报学史[M].北京:生活·读书·新知三联书店,1955:220.

出'不净'之广告,即为饮鸩止渴,予信其为智者所不为也"①。此外,从大的方面看,刊登不正当的广告还败坏了良好的社会风气。"广告有欺人之事,新闻纸若为之揭载,是即新闻纸欺人矣,其贻害社会岂有穷极乎。"②甚至有人认为,"夫伪药欺人,秽语高张,其罪岂仅盗人金钱哉,伤风败俗,杀人诲淫,小之贻害社会,大之贻害全国。报纸志在改良社会。乌可博蝇头之利贻种国之戚耶"③!

二、严格广告的道德标准

根据当时美国新闻学者阿格诺氏的调查,他在调查了22401个订户回答喜欢读报纸上哪种读物以后,发表的统计结果显示,喜欢读新闻记事的有1万余人,喜欢读广告文字的有8000余人(尤其以妇女占绝对的多数)。④ 由此可见,广告已成为新闻记事的一种,被报纸的大量读者关注。所以,为了报业长远的发展,防止广告的混乱,报馆在追求广告营业的同时,需要自觉净化报纸广告,还需要报业行业组织、报团等通过广告道德信条来规范报纸的广告道德。

(一)报馆自觉净化广告,规范广告的刊登

广告费已成为报馆的经济命脉,但是也不能过于强调广告收入,甚至来者不拒、多多益善,而应该自觉净化报纸的广告。"所谓报纸广告的净化,就是报纸上所登的全部广告,皆须令其合法、合理,如有违反公共秩序或善良风俗的,以及其他不良不正常的广告,须一律拒绝登载。"⑤对于任何广告都要从道德、信用与责任等方面预先审查,即是否危害社会、危害人群,对报馆的信用有无妨碍。尽量取缔一切含有赌博性质及淫秽内容的广告,如投机、奖券及跑狗(外国人在上海开设的赌博项目之一)等赌博性质的游戏及秘密卖淫窟的告示等。凡广告文字或图画含有欺骗性质、言过其实、有伤风化者,须一概拒绝。对于卖春药、治梅毒、名妓到京或种种骗钱的广告,宁愿舍去重金,也不能因此而违背道德、丧失信用。所以,尽管报馆要极力扩充广

① 陈铭德.报纸经营与报社管理[J].中国新闻学会年刊,1942:54-57.
② 曹用先.新闻学[M].上海:商务印书馆,1933:84.
③ 佚名.广告与道德[J].科学,1918,4(2):202-203.
④ 魏九如.新闻纸发行论(上)[J].上海记者,1944,2(5-6):4-7.
⑤ 刘汉兴.谈报纸广告的净化[J].新闻学季刊,1939,1(1):49-56.

告版面,以增加报馆的收入,但是也要顾及社会的利害、读者的权利,不能以市侩的眼光,做唯利是图的行为。有许多对社会有害的,或有伤风化和欺骗读者的广告,报馆方面应当拒绝不予刊登。① 比如日本、欧美等国的报纸特别注意不登欺诈性质的广告。其中"美国各大报,近对于广告,多采取廓清政策。既排除海淫之广告,即虚伪欺人者,亦不收登。如是其广告、不啻商业新闻,深得社会之信任"②。如梅尔维尔·E. 斯通(Melville E. Stone)于1875 年 12 月 23 日主持创办真正独立的报纸《支城日报》,该报一直坚持"报纸的广告,不能影响编辑,反之,编辑者尽可根据读者的利益,严格选择广告,其有不合报纸条件者,尽管是报社怎么大的收益,编辑者俱可严加剔除,不予刊登"③。还有《生活》周刊对于广告的限制也非常严格,"略有迹近妨碍道德的广告不登,略有迹近招摇的广告不登,有国货代用品的外国货广告不登"④;"凡是骗人害人的广告,一概拒绝不登"⑤;"凡不忠(真)实或有伤风化之广告,虽出重金,亦不为之登载"⑥。这些报纸都能自觉地拒绝各种不正当广告,净化报纸的广告。

另外,报馆还应规范新闻与广告的编辑。遵循广告道德不仅要拒绝一切不正当的广告,还要在报纸编辑中严格规范广告的版面位置,实行广告与新闻分离,不让广告影响新闻的位置与阅读。坚持"任何性质的广告,刊在广告栏,使读者一望而知其为付了刊费才注销(登载)来的广告"⑦,即"广告性质之新闻,不可登于新闻栏内"⑧。这样"划定广告在版面上的位置,把广告的地位(位置)划定,勿使广告割裂了新闻,而结果却能使新闻和广告俱保持着美观"⑨。同时为了满足读者需求,"须增辟分类广告栏(classified advertisement)及社会服务广告栏(social service advertisement)包括交通、

---

① 钱伯涵,孙恩霖. 报馆管理与组织:申报新闻函授学校讲义之二[M]. 上海:申报馆,1936:36.
② 徐宝璜. 新闻学[M]. 北平:国立北京大学新闻学研究会,1919:7.
③ 杨国良,译. 现代广告事业[J]. 报学季刊,1934(创刊号):101-104.
④ 邹韬奋:大拉广告与自立更生[M]//聂震宁. 生活与我. 上海:上海交通大学出版社,2017:221-222.
⑤ 邹韬奋.《生活日报》的创办经过和发展计划[M]//邹韬奋. 坦白集. 上海:生活书店,1936:166-167.
⑥ 邹韬奋. 创办《生活日报》之建议[J]. 生活,1932,7(9):114-116.
⑦ 詹文浒. 报业经营与管理[M]. 上海:正中书局,1947:3-4.
⑧ 徐宝璜. 新闻学[M]. 北平:国立北京大学新闻学研究会,1919:35.
⑨ 邹韬奋.《生活日报》创刊词[N]. 生活日报,1936-6-7(1).

运输、银行、保险及各大企业公司等之广告，纯粹以服务群众为目的，以促进'good will'（福祉）为主旨，不以推销商品或营利为目的"[①]。这样就可以防止广告与新闻不分，杜绝以新闻面目刊载广告的欺骗现象。

此外，报馆还采取其他方式监督违背广告道德的行为。有的鼓励读者监督报纸的不良广告，如"《纽约泰晤士报》（即《纽约时报》）为谋广告之真实起见，常求读者的援助，规定相当报酬，其注意广告道德的地方"[②]；有的组织广告检查部检查广告，如欧美有几家报纸曾提倡新闻广告伦理化，并联合组织广告检查部，自动实施严格的检查[③]；甚至可以设立广告稽核小组来专门审核，防止不良广告；有人建议，首先必须有一个完善的组织，负此责任者须手段灵活、耳目灵通。对于心理测验、社会调查，处处均极有研究，这样才能胜任。[④]

（二）推动报业行业组织统一广告道德标准

为了规范报业的广告道德，不仅需要报馆自觉地净化广告，还需要报业行业组织来制定统一的广告道德标准，通过行业道德规范报纸广告。

1. 借鉴美国报业、广告行业组织制定的报纸广告道德标准

在美国，起初是广告员俱乐部和美国广告业俱乐部联合会设法取缔欺骗性的或不正常的广告。后来世界广告业俱乐部联合会（前身为美国广告业俱乐部联合会，1914 年更名）与全国广告业联合会（前身为创立于 1910 年的全国广告经理协会，同年更名）都曾竭力取缔欺骗性的广告。世界广告业俱乐部联合会于 1915 年设立全国警备委员会，后来改名为全国业务改进委员会，在 50 多个城市设有业务改进局，主持取缔欺骗性的广告。在 1932 年，美国全国广告业联合会与美国广告公司协会合作起草了一项道德法规，凡是广告上的谎言、夸大的话、关于货价令人误会的话、伪科学的宣传、假证明书、非礼的话或是攻击他人的话，都在管制之列；还成立了一个具有权威的"批评委员会"——一个广告业的最高法院——来执行它。还有，1913 年美国日报业公会合并三个团体，成立广告局，郑重保证推进广告业务。这个广

---

① 许邦兴.中国小型报纸[J].报学,1941(1):145-158.

② 丁一.新闻广告漫谈[J].上海记者,1942(2):10.

③ 谢小鲁.我国各大报纸面构成之分析及其批评[J].新闻学期刊,1934:146-154.

④ 丁一.新闻广告漫谈[J].上海记者,1942(2):10.

告局虽产生于美国日报业公会,但有它自己的会员,是一个独立组织。①

后来美国一些州的报业行业机构或报系也发布了报纸广告道德规范。其中密苏里州报业公会的信条规定:"接受不道德的、欺人的、引人入错路的广告,既不合伦理,亦非善良的业务;商业机关或个人,欲利用报纸广告篇幅,以销售其有问题的股票,或登'投小资可获大利'等宣传的广告,报社都应时时加以调查;盖报社应保障读者,使不为不良广告所吞噬;……对于读者与广告刊户都应予以公正的待遇""广告之伪装为新闻或评论式样者,不应予以刊登""在同业中打倒一个竞争者,以便自己能站起来,不是善良的营业,且亦不合伦理;……关于报社间的冲突,不宜在报上披露""对于广告主顾,不应仅因其有广告登于他报,而要求其亦登于自己的报;成绩、效果,以及服务应为吸收广告主顾之标准。"②还有美国《堪萨斯新闻道德规律》的"出版人部分"的"广告篇"对报纸期刊广告道德做了统一规范③(见表3-1)。此外,美国伊利诺伊州报业公会对报纸广告标准价格也统一拟定,防止广告价格欺骗④(见表3-2),等等。

表 3-1　美国堪萨斯报刊广告道德规范

项目	具体内容
定义	广告就是营业的新闻或图画或者是一种职业的企业(宣传),他(它)能直接增加利益或者营业。
责任	广告主任的责任应该在契约上明白规定。在他未离职以前,应捉住读者的注意力。
地位自由	我们主张出版人应该有权借重(助)他的广告地位而变成一个土地、公债、租金,和商业事件的掮客;但是我们却反对有任何举动来限制这种权(力),因为出版所以要自由出售他的广告地位,目的正是拉拢买卖两(双)方。
报酬	我们反对签订任何契约,印行无数的自由读物。我们反对以交换物品,商业支单,或者通融办法代替付广告费。我们主张一切广告均须照付现款。

①　莫特.美国的新闻事业[M].王揆生,王季深,译.上海:上海文化服务社,1947:152-153.
②　俞颂华.论报业道德[J].新闻学季刊,1939,1(1):1-6.
③　蒋阴恩,译.美国的新闻道德规律[J].报学季刊,1935,1(3):35-55.
④　刘汉兴.谈报纸广告的净化[J].新闻学季刊,1939,1(1):49-56.

续表

项目	具体内容
价目	一切广告价目均须以每 1000 份为单位，并且登广告的人，应该完全熟悉报纸的销路，不仅在数量的方面，就连分配方面也应该注意。至于销路的报告应该指出正式订户的数目、交换的数目、优待的数目、售给报贩的数目，并且，在可能范围内，大概说明本地的分配情形。
优越地位	优越地位的契约应该比报纸所订的普通价目（格）多征收一定的百分之几；但是，如果因为普通价目（格）大减，优越地位的利益比普通价目（格）特别高，而致没有地位时，就无须再订立契约了。
比较	在报纸上，常常把自己的广告或者销路同他的对手比较，而致招人妒忌，这是有失出版人的尊严的。
注意和选择	凡是商业物品的特别商名，或者商人、制造者或者职业人的名字，而与他的物产、出品或者劳动有特别连带关系者，不应该泥杂在纯粹新闻故事之内。

表 3-2　美国伊利诺伊州报业公会所拟订的报纸广告标准价格

报纸发行数/份	每平方英寸定价/美分
1000 以下	20
1000～1500	25
1500～2000	30
2000～2500	35
2500～3500	40
3500～4000	50
4000～7500	60
7500 以上	—

此外，赫斯特报系各报社也发布了自己的广告道德信条，规定："新闻与评论都应以'可信赖性'为基本；对于广告，我们不能希望它建立于个别基础上；所有颠倒事实的，都不能允许它发表于我们的报纸；'诚实'是一个常识的典型""我们的广告，均须按定价收费，广告价目表如有错误，改正它；如无错误，便须严格实施；对于广告客户不应有两种不同的价目；减价，特别是折扣、秘密贬值等不良结果，当初或不即觉察，将来则徒见其有害于自己，所谓'君子协定'是不需要的""莫收有损公共福利的广告；广告中之有敛财嫌疑

的，以及可厌的药品，其他如千里眼、巫、命相占卜等欺人广告，不应任其占我们的广告篇幅。"①

2. 世界广告协会 1924 年的广告审查标准

1924 年，世界广告协会（Associated Advertising Club the World）规定 5 项广告审查标准：保护读者及广告标准的利益；改革报馆虚报销量的恶习，并根据报纸销量确定广告价格；广告价格须整齐划一，没有折扣；拒绝登载有害公益的广告；联合各优良的报纸杂志共同商订标准价格。②

3. 全国报界联合会劝告禁载广告的实践

报界联合会为全国报界的中枢，有纠正改良的责任，宜令在会各报一律禁载的广告有："如广告有恶影响于社会者，则与创办本社之本旨已背道而驰；如奖券为变相之彩票，究其弊可以凋敝民力而促其生计，且引起社会投机之危险思想；又如春药及海淫之书，皆足以伤风败俗，惑乱青年。此种广告，皆与社会发生极大之恶影响，而报纸登载，恬不为怪。……其类此者，亦宜付诸公决，禁止登载。"③与美国报业行业广告道德规范相比，这仅是导向性地指导会员报馆的广告刊登，并没有发布更详细具体的广告道德规则。所以有人建议："最好能就过去的报界联合会加以扩大，使中国每一报纸，皆为会员。由这组织负起这重要的责任，该会最好还成立一广告条例起草委员会，定出几条各报都能共同遵行的守则。"④

总之，各国报纸广告道德规范的目的是使报纸广告内容诚实、守信。所以报馆最起码应该拒绝的广告有：有损其他同业竞争者的宣传；违反公共利益的宣传；妨害公共秩序及安宁的宣传；有伤风化的照片、图书及宣传；未经注册的医药宣传。⑤

三、遵从广告的法律规范

在报业"广告本位"经营的理念中，广告费成了报馆的经济命脉，于是在

① 俞颂华.论报业道德[J].新闻学季刊,1939,1(1):1-6.
② 刘汉兴.谈报纸广告的净化[J].新闻学季刊,1939,1(1):49-56.
③ 全国报界联合会通过劝告禁载有恶影响于社会之广告案[M]//戈公振.中国报学史.北京:生活·读书·新知三联书店,1955:221.
④ 刘汉兴.谈报纸广告的净化[J].新闻学季刊,1939,1(1):49-56.
⑤ 刘觉民.报业管理概论[M].上海:商务印书馆,1936:244;储玉坤.现代新闻学概论[M].2版.上海:世界书局,1945:185.

追逐广告收入的过程中，出现了各种不正当的广告。为了治理这种广告乱象，一方面要依靠报业行业广告道德的自律；另一方面也需要由国家有关广告法规及报馆内部的广告制度等形成的他律。

（一）遵守国家有关广告的法律规范

随着报业"广告本位"的推行，报纸广告营业中各种乱象不断出现，因此仅依靠报业行业的广告道德规范难于约束，必须借助国家有关广告的法律规范来加强管理。

1. 国外广告法律规范的借鉴

欧美发达国家对报纸广告乱象的法律治理非常重视，纷纷通过有关的广告法来规范与管理。其中当时美国 23 个州于 1928 年通过净化报纸广告的法案，要求：一切责任由登广告者负担；呈述意见不如根据事实；不诚实的广告，可处广告人"行为不正"之罪。[①] 美国联邦政府也曾发布了美国广告管理条例，规定：不得虚报报纸销量以谋取多量的广告；禁登诽谤广告；禁登虚假广告；禁登彩票广告；禁登堕胎广告；禁登性病广告；禁登勒索款项类广告；禁登酒类广告；禁登无法律根据的离婚广告。[②] 而英国政府对于广告的管理，主要规定：赌博彩票的广告，应禁止；广告的内容须叙述真实，更不能含有轻视法庭、破坏版权或侵略商标的语句，尤其是破坏契约及诽谤他人的广告，须绝对避免；同时商人不能登载过于夸大的广告；但如果商人毁弃所订刊登广告的契约，须赔偿报纸因此所受到的损失，反之若广告不能获得社会的信赖，刊户可以毁约。[③] 此外，德国于 1933 年 9 月 12 日颁布了广告实施细则，规定在德国所能登载的广告内容是：明白真实，毫无不正当之事物；其记述乃可由事实加以证明的；避免夸张；表现德国特征的；不有害于德意志人的道德观、宗教心、爱国心、政治意识的事物；虽然很夸张但能获得高尚效果的事物；不诽谤其竞争品的；竞争的商品应避免设备的比较。[④] 这些广告管理的法律规范对民国时期政府的广告立法均有借鉴与启示，对任何报纸商业广告的法律管理都有参考的价值。

---

① 刘汉兴. 谈报纸广告的净化[J]. 新闻学季刊,1939,1(1):49-56.
② 刘汉兴. 谈报纸广告的净化[J]. 新闻学季刊,1939,1(1):49-56.
③ 刘汉兴. 谈报纸广告的净化[J]. 新闻学季刊,1939,1(1):49-56.
④ 弦平. 黄色新闻与黄色广告的取缔[J]. 新闻学报,1940,1(4-5):23-24.

2.严守晚清政府、国民政府有关广告的法律规范

虽然晚清政府、国民政府没有颁布有关广告的专门法律规范,但在《出版法》《刑法》等法律中有相关条款,同时在广告业发达的上海曾颁布过地方广告条例,加强对广告,主要是报纸广告的法律管理。首先,与报纸广告关系最直接的是《出版法》。其中国民政府颁布的《出版法》对广告的规定有:以广告启事等方式登载于出版品应受前4条所规定之限制。"前4条所规定"也即,不得"意图破坏中国国民党或违反三民主义者;意图颠覆国民政府或损害中华民国利益者;意图破坏公共秩序者""不妨害良善风俗者""禁止公开诉讼事件之辩论";战时或必要时,"禁止或限制关于政治军事外交或地方治安事项之登载"。① 所以,"例如左翼出版物之广告文,有紊乱安宁秩序,或危害国体的场合;又或性的医药的广告文,或软派(投降派或汉奸)出版物之广告的文章或图画,有坏乱风俗的场合;为此种之揭载的新闻纸,根据一般的原则,禁止其发卖散布,并处罚发行人、编辑人等"②。《刑法》的规定是:"虚伪广告与欺诈罪""他人名义之广告与私文书伪造行为罪""妨害他人之名誉、信用、业务等罪"。③ 此外,还有人概括了广告取缔的一般性法律规定,主要是:"第一,各国警察犯的取缔令上,亦通常规定'在新闻纸或杂志上,为夸大或虚伪之广告,图取不正之利者,一般的予以取缔。'""第二,各种医师法上,除业务上学位之称号,及专门科名以外,关于其技能,治疗法及经历等,禁止作为广告的资料。关于医治及其他治疗所、疗养院等,也都有类似的规定。""第三,在各种药物法、卖药法上,关于卖药的效能,除说明已得特许之事项外,不仅禁止为其夸张之公示,并且在卖药之广告中,禁止:涉及猥亵之记事或图画;暗示避妊或堕胎之记事;虚伪夸大之证明,或医师及其他人保证效能,而使世人有误解之虞的记事;暗示医治之无效,或暗中诽谤医师之记事;等等之揭载。""第四,在禁止各种悬赏,或类似奖券及供给其他的赌博(幸取)行为之取缔令上,当然禁止此种事项新闻广告之揭载。""第五,在特许法、意匠法、实用新案法、商标法等法令,禁止不关于特许而作近似于特许之表示,或为模仿之表示,这在新闻广告上,亦皆限制,而以此各别之法

---

① 榛村专一.本国新闻法制资料[M].袁殊,编译.上海:群力书店,1937:61.
② 袁殊.新闻法制论[M].上海:群力书店,1937:272.
③ 袁殊.新闻法制论[M].上海:群力书店,1937:274-275.

令为其判断的根据。"①

此外，就是1930年上海市公安局、社会局、教育局和卫生局联合发布的《上海特别市取缔报纸违禁广告规则》。其规定有：第一条，凡在本特别市内发行报纸及登载广告于报纸者，对于本规则均应遵守之。第二条，下列各项广告，报馆不得刊载：宣传淫秽书画有伤风化者；宣传药物，言过其实，迹近欺骗者；刊登猥亵图书，刺激青年视觉者；诱惑欺骗希图诈取财物者；激烈危险有妨秩序安宁者；其他经主管官署通知禁止者。第三条，报纸刊载宣传淫猥药物广告者，依照本市取缔淫猥药物宣传品暂行规则办理。第四条，报馆对于广告认为有涉本规则第二条第一款至第五款之嫌疑者，应令送登广告人先送经社会局核准后方得登载，如认为有涉同条第四款之嫌疑者，得令送登广告人觅具妥实保证后登载之。第五条，广告一经刊登，即由报馆负责。如查有触犯本规则第二条各款之一者，勒令停登。如仍违命登载，按照违禁法第三十三条处十五元以下之罚金，或十五日以下之拘留，如屡犯不悛，得依照违警罚法第十八条勒令歇业。第六条，本规则自特别市政府公布之日施行。② 这是当时国内唯一一部专门关于报纸广告的地方法律规范，也是当时国内较为具体而全面执行的少有的报纸广告法规之一，对上海报纸广告的规范管理作用巨大，而且对全国报纸广告的法制管理影响也不小。还有上海市教育、公安、社会、卫生四局曾公布《取缔淫猥药物宣传品暂行规则》，禁止淫秽广告："贩查制造或卖诲淫药品及猥亵器物，均属于犯刑章，散布该项文字图书，亦为法所不许。本市近有不肖之流，售制诲淫药品及猥亵物品，名目繁多。并以猥亵字句，登报宣传，流弊所及，足以伤风败俗，残贼人种。报纸为社会之耳目，刊登广告，虽以收入利益为目的，但此等败坏社会物品，诅容只图收入之增加，不顾显而易见之弊害。本市各报馆中，见微知著，其遏流毒者，固不乏人；而苟利昧义，实居多数。本局等考察所及，自应严行纠正，以护人民而挽颓风。务希各报幡然改回，协同防止，勿为宣传。其已接受该项不正常之广告者，即日停止登载，否则本局等必采取禁止销行，或封闭等办法，特此布告。"③据记载，1935年的六七月间，上海市公安局、社会局、教育局和卫生局曾召集了一个联合会议。会议代表包括上海日报

---

① 袁殊. 新闻法制论[M]. 上海：群力书店，1937：275-277.
② 曹用先. 新闻学[M]. 上海：商务印书馆，1933：90-91.
③ 刘汉兴. 谈报纸广告的净化[J]. 新闻学季刊，1939，1(1)：49-56.

公会成员和所有报纸发行人。大会制定了条例,禁止报纸刊登虚假医药广告,尤其是淫药和治疗性病的药品广告。[①] 1937 年初,上海市政府卫生局还颁布条令,禁止刊登任何带有下流淫秽文字、照片、图画的药品广告。[②] 由此可见,当时的国民政府尤其是上海市政府对报纸广告的法律管制还比较严厉,而且由各有关部门联合监管。

(二)严格执行报馆有关广告的制度规范

为了报业广告营业的长远发展,晚清民国时期国内外著名报纸纷纷发布广告制度规范,严格规定报纸广告的刊登。其中当时美国《芝加哥讲坛报》规定接受刊登的广告主要有:注册登记的医药书籍及刊物;政府卫生机关核准之各种预防疾疫方法及药物;卫生用器;不损伤皮肤的肥皂及其他清洁品;调节室温及通气方法或用具;矿物质水类;清洁卫生食品;一切医药(除规定的各类外)及必须得到政府核准者,得斟酌刊登。[③] 该报规定拒绝刊登的广告主要有:医师、外科医生、及药剂师;堕胎师、堕胎方法、堕胎器具、避孕方法及器具药品;政府审定为不合联邦食品药物法的一切治疗方法及用具;政府卫生局,制药公司联合会,医师公会,药房联合会或牙医师公会等所举发无效之一切治疗方法、药品及用具;含有海洛因、吗啡及古加龄(即古柯碱或可卡因)等内服药或能致瘾癖的药物;一切含有木质酒精、铅质、古加龄及其他毒质之妇女卫生用具、油膏、颜料、香水、擦剂等;隐约不明之医药报纸;一切有反联邦食品药物法的精神而为过甚之宣传之广告;除联邦食品药物法第七条所规定之汤剂等外之其他内服药;牙医广告。[④] 此外,为了保证广告的信用,当时《芝加哥讲坛报》还宣布,读者如有因广告误购物品的,该报愿负赔偿责任,并订立"无论新闻、社论或广告始终以真诚为准"[⑤]。

另外,当时美国《纽约时报》曾规定拒绝刊载的广告主要有:作伪或不可靠之生财广告;股票、债票赌博店;私人攻击;大而无保之股东盈利;赠物不

① 徐小群.民国时期的国家与社会:自由职业团体在上海的兴起(1912—1937)[M].北京:新星出版社,2007:268.

② 徐小群.民国时期的国家与社会:自由职业团体在上海的兴起(1912—1937)[M].北京:新星出版社,2007:268.

③ 刘觉民.报业管理概论[M].上海:商务印书馆,1936:244-245.

④ 刘觉民.报业管理概论[M].上海:商务印书馆,1936:245-246;刘汉兴.谈报纸广告的净化[J].新闻学季刊,1939,1(1):49-56.

⑤ 刘汉兴.谈报纸广告的净化[J].新闻学季刊,1939,1(1):49-56.

索报者；包治疾病；摩挲法（以手术治疾）；求婚；算命看相者；不正当之书籍；不雅观之医药广告。①

当时美国《星期六晚报》（*Saturday Evening Post*）与《妇女家庭报》（*The Ladies Home Journal*）也规定，拒绝刊登的广告主要有：巫医；酒类；迹近不道德之事件；事之鄙猥或太贱者，与广告之言辞或所言之物使人不愉快者；广告用意隐僻者；广告赠物而实则不然者（凡以物与人，须受者作某事或购某物为报者，皆不得曰赠）；含赌博性质之银钱事业；攻击同业。②

最后，当时国内某些著名大报也纷纷规定拒绝刊登的广告，以净化报纸广告。如《大公报》曾规定拒绝刊登的广告有：广告措词及体裁以不越法规范围为限，如有关风化或有关法律责任及其他妨碍者，得删改之或拒绝刊登；书籍杂志及一切刊物等广告，须经本馆审查其内容后，认为无关风化或不致干涉禁令者，方可照登。③《新闻报》也规定：本报收登广告，其措词及体裁以宗旨正当、不越法规为限，其有关风化及损害他人名誉或接近欺骗者，一概不登；出版品之广告，不得有淫秽词句，如标题奇突，书目淫秽者，该书内容须经本报检阅后，认为无关风化，方可照登。④《和平日报》（也即《扫荡报》）曾规定拒绝的广告有：广告以不越法规为限，否则本馆得删改之或拒绝刊登；凡涉及他人名誉及一切具有特殊性质之广告，客户须觅本埠妥实商保，在保单上盖章负完全责任，本报方可刊登；凡涉及迷信（如星相）及不正当之药品（如壮肾淋丹等）……之一切广告，本馆概不刊登；书籍杂志及一切刊物之广告，须将原出版品交本报审查，认为无碍国家法令者，方能照登。⑤

总而言之，为了保证报纸广告的真实性，各报馆应当明确的主要制度有："凡是不著名公司的招考职员，予以拒绝，即须登载，至少应派人实地调查，并令其觅一殷实铺保；拒绝海淫（淫秽）的广告（如海淫的小说及春药、花柳药等），遇到此种广告，须查阅此书的内容，并请医生检验药品，认为可靠，

---

① 佚名.广告与道德[J].科学,1918,4(2):202-203;钱伯涵,孙恩霖.报馆管理与组织:申报新闻函授学校讲义之二[M].上海:申报馆,1936:166;穆加恒.商业广告的净化问题[J].报学杂志,1949,1(10):7-11,33.

② 佚名.广告与道德[J].科学,1918,4(2):202-203;穆加恒.商业广告的净化问题[J].报学杂志,1949,1(10):7-11,33.

③ 穆加恒.商业广告的净化问题[J].报学杂志,1949,1(10):7-11,33.

④ 穆加恒.商业广告的净化问题[J].报学杂志,1949,1(10):7-11,33.

⑤ 穆加恒.商业广告的净化问题[J].报学杂志,1949,1(10):7-11,33.

然后登载;对怀疑之广告,须由登广告者觅殷实铺保,或竟不登;删除广告中言过其实的宣传文字;照欧美报纸的成法,聘请律师,审查广告中有关法律的文句或事实;随时注意别种不真实的广告,并检查商店新出物品是否名副其实。"①

第四节　本章小结

与欧美报业由发行本位到广告本位观念的转型变革不同,晚清民国时期国内报业是先历经津贴本位阶段以后才全面进入营业本位阶段,进而逐渐实现广告本位观念的全面转型。于是在晚清民国时期,国内报业逐渐形成了报业广告本位的管理思想。为了实现报业广告的科学管理,广告本位思想不仅体现在对广告本位观念的普遍认同,还体现在广告本位实施的具体策略,如广告专业化设计与制作、广告个性化推销、开发新式分类广告及科学合理的广告定价等,甚至还包含了广告本位应有的广告道德与广告法律制度等具体的行业规范。

此外,晚清民国时期广告本位思想还包含了对报纸广告特点与广告效果的理论认识,甚至引入了部分西方广告学的思维与方法,这也是值得我们借鉴与思考的。

---

① 周孝庵.最新实验新闻学[M].2 版.上海:时事新报馆,1930:405-406;丁一.新闻广告漫谈[J].
　　上海记者,1942(2):10.

第四章　报馆组织管理思想：托拉斯化

"托拉斯"是英文单词 trust 的音译，其基本含义是信用、信托的意思。在企业经营中，"托拉斯"主要是指数家有限公司通过并购重组或联合协作互相联合起来，全权委托给所信任的职业经理人实行统一管理的企业组合。在晚清民国时期，随着主流大报实力的增强及其规模的扩张，报业之间的竞争也日趋激烈。为了节约成本、扩大规模及获得高额的利润，全面实现报业的科学管理，一些实力超强的报馆不仅完全实行公司化改制，甚至出现了托拉斯化的垄断现象。在报馆组织日趋托拉斯化的过程中，报馆托拉斯化的组织管理思想逐渐兴起。从相关文献来看，特别是在民国时期，新闻界不仅从内涵、模式、效果及国内外的实践经验等方面思考与论证报馆托拉斯化，而且史量才的《申报》与《新闻报》、张竹平的"四社"、成舍我的"世界"报系、陈铭德的"新民"报系、新记公司"大公"报系、天津"益世"报系等还大胆大规模地对报馆托拉斯化进行了实践尝试，曾建立了规模巨大、管理日渐科学、形式多样的报馆托拉斯化组织。

第一节　托拉斯化思想形成的组织基础及现实背景

托拉斯化的前提是实力强大的企业组织健全及规模化运营，进而有实力向外扩张、并购与联合，以实现统一管理与运营，达到节约成本及利润的最大化。所以，托拉斯化思想产生的组织基础是报馆公司组织的健全与规模化发展。在此基础上,随着全国报业自由竞争的发展,集团垄断就是大势所趋、水到渠成的了。

一、托拉斯化思想形成的组织基础:报馆组织的规模化

企业要联合与并购同类企业或相关企业以实现托拉斯化的前提基础是该企业自身组织机构的健全且在行业竞争中处于领头地位并得到规模化发展,而且企业内部机构之间的职权分工及联动协作的关系也得到了科学管理,达到了精简高效的目标。

(一)报馆组织机构的健全及规模化发展:从简易报房到分工协作的规模化报馆

从报业发展变革的历史来看,晚清民国时期办报机构的发展历经了由报业老板自己一个人或少数几个人打理报纸一切事务,从而被称为"剪刀加浆糊"时代的简易报房,到分工精细、部门齐全且协同合作的大规模报业公司。如成舍我1924年凭借一个半人及400块大洋就建立了简易报房,办起了《世界晚报》,之后发展成为拥有《世界晚报》《世界日报》《世界画报》及北平新闻专科学校的大规模报业公司。所以,有学者曾总结了报纸发展的个人时代、政治化时代与营业化时代三个时期的特点。在个人化时代,由于一切报纸事务均由自己或少数几个人承担,因此无须设立组织机关;在政治化时代,由于报馆规模小,对报馆组织的设置也没有过多的关注与重视;只有在营业化时代,随着报馆规模的壮大及分工的精细,报馆内部的职能部门越来越多,报馆的组织问题变得日益重要,甚至各大报馆为了获得资本与赢得市场竞争的有利地位而纷纷采取股份公司的组织形式。[①] 也就是说,在报业发展刚起步的个人企业阶段或低水平发展的早期,几乎不会谈及或关心报馆组织的设置问题,只有在大规模发展、内部分工细微、职能部门繁多且报馆之间市场竞争激烈的时候,报馆组织部门的设置才变得异常重要,甚至其设置的科学与否决定了报业的生死存亡。

综合看来,在晚清民国时期实力强大的报业有限公司或股份公司,其内部组织的设置一般包括报馆社长/出版人/发行人、主笔、总编辑、总经理等

---

① 刘元钊.新闻学讲话[M].上海:乐华图书公司,1936:59-64.

高管,以及编辑部、营业部、印刷部、总管处等部门及其下设相关职能科室。

1.编辑部:报馆的战斗机关

编辑部是报纸新闻采访、编辑、评论的生产部门,是报纸的生产车间。该机构"采编新闻,撰著社论,及他种稿件如书评戏评等属焉"[①],且"新闻纸之善良与否,在于编辑部编辑之得法,与取材之丰富"[②],所以其地位非常重要。有人认为:"报纸之主务在编辑,故为报社业务技能原动力者,编辑部是也。编辑部之在新闻社,犹如吾人之神经系,新闻事业之所以异于寻常营业,而具有极高尚之威权者,赖有此耳。故得健全之报纸,必先有健全之编辑部,是为新闻事业成立之第三要素。"[③]编辑部甚至被誉为"报馆的战斗机关",如有人认为:"编辑部优(犹)之军队之战斗部队,卫锋接战之任务属也。"[④]也有人认为:"编辑部采访消息,编制新闻,以和他报较一日之短长,就是军队冲锋破阵的先锋队。"[⑤]

编辑部一般分为新闻部与社论部,并在编辑部设立主任,在新闻部和社论部分别设立总编辑和主笔全权负责本部门事务,其中"地位最高者主笔,授各记者以整理纸面之根本方针,遇有重大问题,则定本社社论主张之方向,对外为本社之代表者。其次,编辑长,指挥部内各记者自当整理纸面之任"[⑥]。新闻部根据新闻区域性又分为本埠新闻股、外埠新闻股与特别新闻股,根据新闻内容行业又分为政治系、经济系、文艺系、通信系等下属部门,有人认为,"新闻门,专司采编新闻之事"[⑦],其中"编辑除督率并指导访员、阅稿员、画师及照像师外,还决定访员得(的)进退,实行报社的政策,采集临时发生的要闻,创造新闻(创造新闻,也就是在编辑新闻中寻找和提供新闻线索)"[⑧]。而社论部配有主笔和编辑若干,"其职务为以新闻门所得之新闻为根据加以批评,发表对于时事之意见"[⑨],且两部门为并列机关,彼此不受节

① 徐宝璜.新闻学[M].北平:国立北京大学新闻学研究会,1919:72.
② 吴定九.新闻事业经营法[M].2版.上海:现代书局,1932:53.
③ 伍超.新闻学大纲[M].上海:商务印书馆,1925:167-168.
④ 吴定九.新闻事业经营法[M].2版.上海:现代书局,1932:3.
⑤ 陶良鹤.最新应用新闻学[M].上海:复旦大学新闻学会,1930:31.
⑥ 邵飘萍.新闻学总论:国立法政大学讲义[M].北平:京报馆,1924:53.
⑦ 徐宝璜.新闻学[M].北平:国立北京大学新闻学研究会,1919:72.
⑧ 徐宝璜.新闻学[M].北平:国立北京大学新闻学研究会,1919:73.
⑨ 徐宝璜.新闻学[M].北平:国立北京大学新闻学研究会,1919:72.

制,不相干涉。此外有的报馆还发行星期增刊,于是增设"星期增刊部",专门负责编撰星期增刊事宜。在"编辑部中有不问何职皆须共遵之要件,则时间之必须严守不能误其分刻是也。盖新闻社之竞争每在时间分刻之间,一人违之,则将使全部皆受其害,故新闻记者平时必养成严守时间之习惯"①。也就是说,为了保证新闻的及时性,在编辑部中必须遵守的铁定纪律就是遵守时间。

　　2.营业部:报馆的营养机关

　　营业部,也就是报馆经营报纸、招揽广告的部门,是报馆直接盈利的机构,负责"招登广告,发售报纸,收发银项,及报务行政属焉"②。所以营业部是报馆经济收入的直接来源,即"钱袋子",是"报馆的营养机关"。"新闻社之有广告部与发行部为营业方面之主脑,且一社之维持与发展,亦端赖此两部措施之得其宜也。"③且"新闻社之存亡兴废,则在营业部营业之得宜,与管理之精密"④。因此有人认为:"营业部优(犹)之军队之粮台与辎重,为报社之营养机关也。"⑤也有人认为:"营业部推销新闻纸,招揽广告,以树立全社物质的基础,就是军队运粮输弹的辎重队。"⑥还有人将其比喻为"粮库":"新闻社的营业部是一个粮库,编辑部和印刷部的消费,都赖着营业部的维持,所以营业部的完善与否,差不多可以说是新闻社的生命所寄托。在以营业为本位的新闻社,她的位置每每超过编辑部的。"⑦甚至"此部之重要,在欧美新闻界中人视之,不亚于编辑部。因新闻纸如欲尽其应尽之职务也,须先谋经济之独立,而经济之究能独立与否,则大半于营业部之办理若何也"⑧。

　　营业部一般分为广告部、发行部与会计部,由总经理直接指挥管理,掌握报馆的经济命脉,所以总经理的人选非常关键,甚至有人认为:"总而言之,一间报馆的总经理,须对于营业有经验,报学有心得的人才,才能够担

---

①　邵飘萍.新闻学总论:国立法政大学讲义[M].北平:京报馆,1924:55.

②　徐宝璜.新闻学[M].北平:国立北京大学新闻学研究会,1919:72.

③　邵飘萍.新闻学总论:国立法政大学讲义[M].北平:京报馆,1924:59.

④　吴定九.新闻事业经营法[M].2版.上海:现代书局,1932:53.

⑤　吴定九.新闻事业经营法[M].2版.上海:现代书局,1932:3.

⑥　陶良鹤.最新应用新闻学[M].上海:复旦大学新闻学会,1930:3.

⑦　陶良鹤.最新应用新闻学[M].上海:复旦大学新闻学会,1930:61-63.

⑧　徐宝璜.新闻学[M].北平:国立北京大学新闻学研究会,1919:75.

任。"①在营业部设立主任,在广告部、发行部和会计部设立经理(或部长),全面负责本部门事务。其中广告部,"不仅司理出售广告事宜,且打招揽广告之人,劝商家登载广告,又有计划广告之人,为商家编辑广告";发行部则"司理新闻纸之批发零售与预定诸事";会计部"司理收付银项,保存银钱,购买货物等事"。②

此外,也有学者建议在营业部增设计划科,也即企划推广部门,负责报纸、广告的营销推广。"计划科,则尤未见之一见,计划科之组织,与日本报纸之计划部相同,专为对外而设,如由报馆发起运动会、音乐会、演讲会等,择成绩优美者,给以奖金或奖品,其目的在:启发民智;提高读者兴味;创造新闻;使一般人脑海中有本报之印象;增高本报在社会上之地位。"③

3.印刷部:报馆的工程机关

印刷部,也称为机器部或印刷工场,是报纸由新闻大样直接变成成品的施工机构。"印刷雕刻事宜属焉。"④印刷部主要负责排字、铸字、制版与印刷的工序,其中"排字组为由新闻原稿变为新闻纸面之机关,印刷组为由新闻纸面印为新闻纸之机关,铸字组则专司鼓铸各种铅字及花边铅线等之工作,制版组则为从事于将新闻版打成纸版,而浇为铅版之工作"⑤。所以有人认为:"印刷工场乃优(犹)军队中之工程队也。"⑥陶良鹤也认为:"印刷部排印稿子,印制新闻纸,就是军队的工程队。"⑦但在一些实力较弱的报馆,往往印刷设备不完备而不得不依赖于其他报社印刷。有人概括其弊端为:"则时间不能正确""则不能保消息之绝对秘密(在未发行时为他社所窃取)""有突发消息时不能自由拆毁插入"。⑧ 所以报馆绝不可以缺少印刷工厂。

4.总管理处:报馆的总机关

随着报馆规模的扩大,有的报馆设立总管理处来统领整个报馆的所有事务。总管理处,就是统领与协调整个报馆各项事务的总机关,主要由社

① 潘公弼.报馆的组织[M]//黄天鹏.新闻学演讲集.上海:现代书局,1931:45-53.
② 徐宝璜.新闻学[M].北平:国立北京大学新闻学研究会,1919:75.
③ 周孝庵.最新实验新闻学[M].2版.上海:时事新报馆,1930:198.
④ 徐宝璜.新闻学[M].北平:国立北京大学新闻学研究会,1919:72.
⑤ 吴定九.新闻事业经营法[M].2版.上海:现代书局,1932:111.
⑥ 吴定九.新闻事业经营法[M].2版.上海:现代书局,1932:3.
⑦ 陶良鹤.最新应用新闻学[M].上海:复旦大学新闻学会,1930:32.
⑧ 邵飘萍.新闻学总论:国立法政大学讲义[M].北平:京报馆,1924:57-58.

长、出版人、发行人或董事会直接管理，并设有主任负责日常事务，其中"社长或董事会总揽指挥全社的一切事物，就是军队发布命令的总指挥部"①。所以有人解释说："总管理处，是管理全报馆一切事务的总机关，如编辑部的方针，营业的进展，银钱的支出，财产的添置，人员的支配，等等，都要经过管理处的考虑和通过。"②据记载，《申报》报馆总管理处下设：业务、文书、设计、会计、稽核及总务六股。其中业务股的职务，系调拨编辑、营业及进货三项事务，应由资望最深、权力最大的一个人去主持，《申报》由其总理自兼。设计股的职务，系调查、推广、编制统计及造制各项表册等项。这差不多系全报馆的一种立法机关，在进步的大报馆里，这是规划条陈全馆一切事务的机关，是不能付之阙如的。稽核股的职务，是审查稽核全馆的一切事务及账目。会计股的职务，是主管预算、资金、不动产及进出各项账目。文书股的职务，系掌管馆内一切印信、图记、机要各项文件，保管馆内各种档案，以及对外一切函牍电讯的收发，或称秘书处。总务股所管理的事项，是其他各部分所不及的一切事务，如中级以下人员的馆内调动、工人的处理、职员的请假、医药及其他一切庶务。大凡总务股主任的工作，就是经理的职务，直接秉承经理的命令办理全馆一切比较次要的事务。③

此外，徐宝璜建议在总管处增设审理部，也就是负责检查、监督与考核的部门，他介绍了《纽约世界报》曾为了"增进正确与公道，纠正粗心之处，并排除弊端与弄弊者"④而增设审理部，设一名主任、两名副主任。

（二）报馆组织机构之间高效分工协作关系的确立

虽然在各大规模营业的报馆内部部门设置复杂繁多甚至部门林立，但"就大体而言，则编辑与营业为新闻社组织上之两大系统，而其各局部之配置，乃依新闻纸如何制成之顺序，以谋各部衔接办事手续之种种便利"⑤。也就是说归根结底还是编辑与营业两大系统或生产与营销两大体系。所以要科学处理报馆组织内部的关系，从根本上说就是合理处理编辑与营业两大系统的关系。相关文献显示，在晚清民国时期传教士出版的宗教报刊、外国

---

① 陶良鹤.最新应用新闻学[M].上海：复旦大学新闻学会，1930：31.
② 钱伯涵，孙恩霖.报馆管理与组织：申报新闻函授学校讲义之二[M].上海：申报馆，1936：39.
③ 钱伯涵，孙恩霖.报馆管理与组织：申报新闻函授学校讲义之二[M].上海：申报馆，1936：39-41.
④ 徐宝璜.新闻学[M].北平：国立北京大学新闻学研究会，1919：77.
⑤ 邵飘萍.新闻学总论：国立法政大学讲义[M].北平：京报馆，1924：48.

人在华发行的商业报刊、国人创办的政党报刊及商业报刊等多种报刊中,由于报馆运行管理体制的差异,编辑部与营业部在报馆组织管理中的关系与地位也相去甚远。纵观晚清民国时期各类报刊运营的实践,我们发现各大报馆编辑部与营业部之间的关系与地位大致历经了编辑中心制、广告中心制、发行人中心制统领下的两部平等平行与协作等三个阶段,才最终确立两部门之间高效分工协作的关系。

1."言论本位"阶段:编辑中心制

在晚清民国时期的各类报刊中,其中有很多报纸的创办不是为了赚钱、图利,而是为了向社会表达立场、传播观点,也被称为"观点纸"或"言论纸"。比如,自王韬在香港创办《循环日报》践行"办报立言"以来,逐渐在国内兴起了以康有为、梁启超为首的改良派政党报刊及以孙中山为首的革命派政党报刊的高潮,再加之民国以来改革之前的中国国民党所主办的报刊和中国共产党等各政治党派所办的报刊,都属于非营利性的"为立言而办"的报刊。此外,在华传教士所办的宗教报刊基本上也是非营利性的,是为传播教义及西学而设。在这些报馆的运营管理中,普遍秉持编辑中心制模式。

(1)编辑中心制的内涵:编辑部是报馆的权力中心

在晚清民国时期报馆编辑中心制模式中,编辑部在整个报馆的地位与权力明显大于或优于营业部或经理部等部门,也就是说编辑部是报馆的权力中心,由报馆主笔、总编辑或主编负责统领报馆的一切重要事务。例如中华革命党机关报《民国日报》于1916年创刊,全面实行编辑部位于经理部之上的模式,改由总编辑独揽大权。

根据报业经营模式理论的解释,"为立言而办"的报馆所运行的编辑中心制当属于"发行本位"经营模式。"所谓发行本位,就是指报馆的经济政策,以报纸的发行数量为其收入的大宗。"①也就是说,在报馆所有的经济来源中,报纸的发行收入是主导与关键。报纸发行所得将从根本上决定报馆的存亡,换句话说,没有发行收入,报馆就要关闭。"从理论上言之,新闻社之营养应专恃发行之收入。盖制造所谓新闻纸之商品以出售,即于出售此种商品时获得利益而维持发展其机关,似属当然之事。"②尤其是在早期没有

---

① 木子.广告本位与发行本位[J].战时记者,1939(6):20.
② 邵飘萍.新闻学总论:国立法政大学讲义[M].北平:京报馆,1924:59-60.

广告或广告不发达时,报馆的经济收入完全或大部分依赖报纸的销售所得,所以只要编辑部生产的报纸产品质量高且受读者欢迎,报纸销量就大,报馆收入就高。

(2)编辑中心制模式的缺陷:营业部或经理部地位边缘化

在这一关系模式中,过于强调报馆编辑部的中心地位和权力中枢,报馆的一切工作都围绕着报纸编辑,各部门均服从编辑部的指挥与调遣,经理部与编辑部之间地位悬殊,且经理部或营业部的地位日益边缘化,近乎式微,甚至此时个别报馆仅设发行部,在报馆内部没有话语权,营业部门员工的积极性被严重挫伤。正如有人所描述的那样:"在一线实际情形看起来,在报社中编辑方面是特别看重的,因此在编辑部和经理部职员的待遇也相差很多,一切显得都有些歧视的样儿。社会上也似乎对编辑记者都加以尊重,而对广告员、发行员等加以鄙视。在有些报社里编辑记者们对于经理部的职员简直有不屑与谈话的情形。编辑部常常有座谈会、聚餐会,可以使大家交换意见研讨问题,有图书可借供大家进修,可是这在经理部大多是享受不到的。有的报社不但编辑部的同人薪额较经理部的同人高出数倍,就连伙食编辑部也要特别好些,有的报社甚至编辑部的人较经理部的人更可享受特别优待的权利。"①

这也致使一般报馆重视采编人才,忽视经理人才,一般社会人士也更愿意做报馆记者、编辑而不愿意从事报纸发行和广告经营。尤其是"有能力有学识的人,觉得经理部份工作,埋头苦干,成绩表现甚微,担任编采方面的朋友,一篇特写或是一篇社论,往往蜚声一时,两相比较,多不愿担任经理部份工作"②。所以有人感叹:"看到学习新闻的朋友,只重编采,而不重视经理,一般报馆重视编采人才,忽略经理人才,一般社会人士的观感也是如此,……"③甚至对经理部形成了普遍的偏见或歧视,一些人认为报业发行、广告、印刷、会计、总务等经理工作并不需要高深学问,因事用人,应付凑合,以至于在编采部认为不合格的人员,尽可塞到经理部来,用人标准如此之低,各种工作当然无力推进了。④"在报社里,很少注重经理部的质的问题,

---

① 聂世琦.如何培养报业管理人才[J].新闻战线,1942,2(7-8):7-9.
② 解宗元.报业经理部门的人才问题[J].新闻战线,1943,3(6):6.
③ 解宗元.报业经理部门的人才问题[J].新闻战线,1943,3(6):6.
④ 解宗元.报业经理部门的人才问题[J].新闻战线,1943,3(6):6.

随随便便找些人来担任各方面的工作，又随随便便地让他离开。有些报社所谓的经理先生们，他自己似乎也不大明白报社的业务，在他们的办法，以为是替报社节省开支，如是用低价来招请一些职员，不管他程度如何、能力如何，因为在他们根本认为这些工作是随便什么人可以担任的，因此军校出身的人来叫他管理印刷工务，机关的办事员可以来做发行员，学理科的学生来做会计员，商店里的雇员来做广告员，他们本身因为不熟悉于报社的业务，他的工作的表现自然无裨于报社，更谈不到如何有利于整个报纸事业。"①

　　然而，秉持编辑中心制模式的报馆，由于坚持与强调报纸内容的重要与质量，报纸广受欢迎，其传播的新观点和新思想也被广为接受并产生了广泛的社会影响，比如改良派报刊所传播的维新变革思想及革命派报刊所传播的革命救亡的思想，都一度成为当时社会的主流思潮。但是，从这些报馆的实践结果来看，由于过于忽略或轻视经理部门的地位及其工作，导致经营不善，这些报纸往往由于运营经费不足而难以维持，最终纷纷倒闭。比如梁启超、汪康年所创办的《时务报》已成为当时最有社会影响力的维新报刊之一，但是该报的发行主要依赖汪康年、黄遵宪、梁启超等核心成员存在学缘、乡缘、同事、同好等人际关联的亲友，在该馆146个外埠派报处中，至少有46个是主持人与报馆同人存在较近关系的"亲友派报处"，占报纸销量的60%左右，但是这些"亲友派报处"往往长期拖欠报费，实质上近乎资金流出。② 这直接导致《时务报》在经济上难以为继，长期处于经营困难的状态，直至停刊。对此有人总结道："我们曾经看到多少报纸编采方面没有失败，只因经营不得法，发行数字少，广告收益差，不能自力更生，或是内部管理不善，因而停刊的，比比皆是。尤其是革命初期在南洋、上海、以至于东京、旧金山等地的本党（即中国国民党）机关报，多因为营业问题影响整个报纸。"③

　　2."广告本位"时期：广告中心制

　　与此同时，随着社会商品经济的发达，报纸广告也日益发达，报纸广告收入日渐增多，报纸经营逐步转向"广告本位"经营。晚清民国时期曾有大

① 聂世琦.如何培养报业管理人才[J].新闻战线，1942，2(7-8)：7-9.
② 朱至刚.维新何以成"运动"：以《时务报》报费的流向为个案[J].新闻与传播评论，2018，71(1)：109-116.
③ 解宗元.报业经理部门的人才问题[J].新闻战线，1943，3(6)：6.

量的外国人在华创办的外文和中文商业报纸及国人创办的商业报纸，都是"广告本位"经营的典型。这些报纸自创办的第一天开始就明确宣称办报的目的就是赚钱、为了盈利，把报纸作为一种商业来经营。这些"为利润而办"的报馆为了保证获得利润，普遍采取总经理负责制下的广告中心制模式。

(1)广告中心制的内涵：经理部或营业部是报馆的权力中心

广告中心制模式，也就是在董事会领导下的总理处或总经理负责制中，由总理处或总经理统一领导和指挥报馆各部门，且在这种管理制度下，往往营业部门地位甚高，尤其是广告部作为根本经济的创收部门，权力最大，俨然是报馆的权力重心。营业部尤其是广告部的地位得到进一步凸显，有人解释说："广告依广告部努力而收效，发行依编辑部努力而得推广，编辑部赖广告收入而维持，发行、广告均属于经理部工作，故经理实占报业生命循环之二环。"①"故欧美各国新闻社之营业部，其权势与地位，殆有凌驾编辑部之上而左右编辑部之倾向。是盖以求新闻社之健全，当先谋经济之独立。而欲求经济之独立，则不得不先求营业之发展也。"②以至于报馆的一切工作都必须以广告收入为目标，报馆的一切努力都围绕着广告收入开展，报馆各部门都得服从营业部的调遣与指挥。清末民初由发行人（报业主）投资或集资开办的中文报刊为了便于运转，都实行发行人（报业主）或主笔负责制，在发行人或委托主笔负责的情况下主要采用"账房间"（相当于总经理部）领导"主笔房"（相当于编辑部）的格局，并由"账房间"统管一切业务，包括来往信件、稿件、广告、报纸拼版、付印、推广发行等。"主笔房"主管编辑业务。有记载，汪汉溪担任《新闻报》总经理期间全权负责该报一切事务，"汪汉溪在《新闻报》大权独揽，不仅经理部的事情要管，编辑部的事情他也要管"③。可以说，汪氏父子主持经营的上海《新闻报》是采取广告中心制模式的典型。据民国记者陶菊隐回忆："根据汪氏父子的经验，该报广告与新闻必须经常保持六与四的对比，即广告占六成，新闻占四成；新闻版面还包括副刊'快活林'（后改为'新园林'）、'茶话'及专栏在内。该报每日所出张数的多少，不取决于新闻，而取决于广告。准备科的任务就在于每晚齐稿时统计当天收入广告有多少，以决定次日所出的张数。所以，准备科事实上就是'广告的

---

① 汪英宾.报业管理要义[J].新闻学季刊,1941,2(1):70-76.
② 吴定九.新闻事业经营法[M].2版.上海:现代书局,1932:54.
③ 陶菊隐.记者生活三十年——亲历民国重大事件[M].北京:中华书局,2005:67.

编辑部',而其重要性则在新闻编辑部之上。"①上海《申报》也是如此,"《申报》设立了广告整理科,其职掌完全相同"②。黄天鹏的记载也证实了这一点:"《申报》营业部下设广告整理股,专司整理次日见报之广告稿件,分日夜班任事,计日班 6 人,夜班 2 人。"③

　　根据报业经营模式理论的解释,采用广告中心制模式的报馆奉行"营业本位"尤其是"广告本位"经营模式。"所谓营业本位,乃是说:报馆的重心,放在营业上,营业部的权力似乎比编辑部门大些。……如今投资报业者的共同心理,从十九世纪末以来,欧美一般新闻界的趋势,都转向于营业本位,广告与发行,占着一个报社的重要地位,……"④此时,"新闻社的营业部是一个粮库,编辑部和印刷部的消费,都赖着营业部的维持,所以营业部的完善与否,差不多可以说是新闻社的生命所寄托。在以营业为本位的新闻社,她的位置每每超过编辑部的。……自从商务兴盛了,广告的收入骤然增了许多,成为新闻社唯一的财源"⑤,也即"广告本位"经营模式。

　　所谓"广告本位",就是报馆的经济主要以登载广告为大宗的收入来源,广告收入是报馆的根本收入、主要财源,以广告营业为重心的体制就是"广告本位"经营体制或模式。尤其是在商业化报纸发行价格低廉,甚至出现严重亏损的情况下,报馆所有收入来源全部依赖广告收入。其中学者吴定九认为:"在昔经营新闻事业者,以发行报纸——销售报纸——为其主要之财源,近则以广告为主要之财源,而销售报纸反有为新闻社之损失者矣。"⑥亚浦夏根认为:"以发行报纸而赚钱,其方法不外乎注重两个要点:即'销额'和'广告'。真正可以赚钱的倒是广告,因为仅售一便士一份的报纸,其成本远不止一便士。"⑦所以,"按目下情况,以发行为本位者报纸难销行至全国,不足以维持经济之稳固。所以多数报纸采取以广告为本位的营业方针"⑧。郑瑞梅认为:"近年各国新闻营业,为引起多数之读者起见,报纸销路竞争,售

---

① 陶菊隐.记者生活三十年——亲历民国重大事件[M].北京:中华书局,2005:182.
② 陶菊隐.记者生活三十年——亲历民国重大事件[M].北京:中华书局,2005:68.
③ 黄天鹏.中国新闻事业[M].上海:联合书店,1930:57.
④ 毛楷清.报社组织之检讨[J].新闻学季刊,1939,1(1):38-44.。
⑤ 陶良鹤.最新应用新闻学[M].上海:复旦大学新闻学会,1930:61-63.
⑥ 吴定九.新闻事业经营法[M].2 版.上海:现代书局,1932:5-6.
⑦ 亚浦夏根.英国新闻纸面面观[J].学鸣,译.上海记者,1944,2(5-6):17-21.
⑧ 郑瑞梅.报纸营业之方针[J].新闻学期刊,1934:49-50.

价低廉,成本过昂,开销更大,往往报纸售价,不足以抵补纸费,发行愈多,赔累更甚,不得不改变方针,注重于广告之收入,以偿发行之损失。"①邵飘萍认为:"然苟衡诸各国新闻社之实状,即见理论与事实之不一致,因新闻纸售价特廉,而如编辑费、营业费、通信费、电报费、纸张印刷费等支出乃非常繁重。若页数多者,区区售价所获,每不足以支纸价,然则仅恃发行之收入必致经费亏累甚巨,不待言矣,既有此种显著之事实,于是各国新闻界营业之方针,莫不汲汲于图广告之发达。广告部遂占营业方面之第一重要位置。"②邹韬奋也认为:"不过销数愈多,在代销零销各方面的亏折也随之俱增,唯一的维持方法是希望因销数增多而广告也可有相当的增多,藉资挹注,否则销数愈多愈难于维持。"③比如,"欧美各国之报纸,其卖报所得,多半不及所耗纸费二分之一乃至三分之一。众视卖报贴本为当,盖其特为挹注者乃广告之刊费也。有若干之报纸,列其发行上所受之损失为'推广费',其理由实值得吾人之深思与研究"④。还有,"在中国的商营报纸,发行收入占四分之一,广告收入占四分之三;外国的商营报纸,发行收入占三分之一,广告收入占三分之二,此外特别注意的则是推销问题"⑤。

(2)广告中心制的不足:编辑部的地位被矮化

与此同时,在广告中心制中,由于营业部或经理部处于整个报馆的核心地位和权力中心,指挥和统领一切,致使编辑部的地位被矮化。作为昔日权力中心的编辑部被视为消耗部门,其经济来源仰赖于营业部门的生财与创收。编辑部的地位被严重削弱,由过去的支配地位转为被支配、被调遣与服从地位,甚至遭遇寄人篱下的悲惨处境,尤其是编辑部原有的报纸版面的分配决定权也被营业部门把持,直接影响甚至决定了编辑部稿件的安排与刊发。比如秉持广告中心制的《新闻报》《申报》都是由广告整理科(股)直接掌控版面资源的分配与安排,编辑部无权过问,以致出现了报纸版面不是以新闻为主而是以广告为主,广告版面超过新闻版面的面积。其中《申报》自1915年4月之后,所刊登广告的面积已超过其所刊载新闻的面积。"据计

---

① 吴晓芝.新闻学之理论与实用[M].北平:立达书局,1933:165.
② 邵飘萍.新闻学总论:国立法政大学讲义[M].北平:京报馆,1924:59-60.
③ 邹韬奋.编后随笔[J].生活,1930,5(9):137.
④ 陈铭德.报纸经营与报社管理[J].中国新闻学会年刊,1942:54-57.
⑤ 魏九如.新闻纸发行论(上)[J].上海记者,1944,2(5-6):4-7.

算,当时《申报》的全部面积为 5.850 平方英寸,新闻面积 1.825 平方英寸,广告面积 2.498 平方英寸,即广告面积比新闻面积大 38.5%。"[①]这也往往会引起编辑部的领导及员工内心的不服甚至愤愤不平,时而消极怠工。

此外,由于报馆过于重视广告,甚至还出现过只为广告而不顾及内容与读者的感受和情绪的情况,如上海《申报》《新闻报》在 1925 年"五卅运动"期间曾刊登英美帝国主义分子精心制作的反动广告《诚言》而遭受谴责并深陷空前的信任危机,最终,只能公开道歉才平息。[②] 这也是过于偏重营业所得的深刻教训。

3."法人本位"阶段:发行人中心制统领的两部平等、平行与协作关系的确立

鉴于报馆编辑中心制模式与广告中心制模式各自存在的缺陷与问题,民国时期各大报馆及政府新闻事业管理部门一直努力在报馆编辑部与营业部之间建立一种平等与协作而非统领或对立的管理原则及制度。直到民国中期之后,在法律上才正式确立报馆统一采用"发行人制"或称"经理制",也即发行人中心制模式。在此种制度的统领下,各报馆的编辑部与营业部之间平等、平行与协作,从而实现"发行人中心制"的良性运营。

(1)发行人中心制的两部关系:平等、平行与协作

直到民国中期之后,"在法律上,今日政府所用以管理新闻事业者,系采用'发行人制',易言之,即'经理制'是也。此种制度,与'主笔制'及'总编辑制'固有不同,然因地制宜,在目前我国各种事实环境之下,'发行人制'实较易使报纸得以发皇光大。法律上之发行人,多为报社之社长,或称为总经理。社长或总经理之下,一般的采用'四权平衡'制度,经理、总主笔、总编辑、印刷主任。或将经理分成事务、业务两部,而隶印刷部于其下;或使'主笔室'成为一个委员会,与社长为略次之平行。此种情形,各报为适应其本身之环境,虽彼此略有出入,然大体则无甚不同"[③]。所以,当时各大民营报馆及中国国民党机关报报馆等普遍践行"发行人中心制"的运营机制,各报馆纷纷实行发行人、出版人、社长或董事会总负责制,编辑部与营业部统一

① 胡太春.中国报业经营管理史[M].太原:山西教育出版社,1998:62.
② 方汉奇.中国新闻事业通史(第 2 卷)[M].北京:中国人民大学出版社,1996:127-128.
③ 陈铭德.报纸经营与报社管理[J].中国新闻学会年刊,1942:54-57.

由报馆发行人、出版人、社长或董事会统一指挥与协调。如中国国民党中央机关报《中央日报》自改革以后实行董事会、监事会领导下的社长负责制，《大公报》则实行管理处领导下的总经理负责制或总经理、总编辑负责制。这些报馆编辑与经理并重的管理实践也得到了学界的肯定与赞许，"现在有几家报社的主持人，他们深切见到这点，对报业管理方面也渐渐地和编辑一样注重起来，在这样情形下，他们所主持的报，因此也很发展，足见编辑与管理并重之必要。我希望各家报社都能把这种歧视的情形，予以纠正"①。

这些报馆的编辑部与营业部犹如报馆的两只手，有人认为："通常每一个报纸都有一个发行人 Publisher，他是报业的中心，在发行人的下面又可分为二部：一个是编辑，Editing 部分，一个是发行，Publishing 部分。编辑部分的编辑，好像工厂里的工程师，发行人就如工厂中的经理，这两个部门就恰如报纸的两只手。"②且由于"但自报社一方言之，欲吸收多数之广告，自当先求发行之广大。欲求发行之广大，由根本上言之，自当先求报纸内容之丰富，消息之灵通，而减低报纸之价值，实为推广销路之快捷方式"③。不仅如此，"实则新闻纸销路广，广告亦增多，在登广告者固择销行最广之新闻纸以刊载，是以广告多寡与报纸销路，颇有因果。而执新闻纸业者亦不歧视之，善营新闻业者必精其内容，美其印刷，阅者既多，销行自广矣"④。此外，"报馆之经营虽以广告为本位，而发行之收入亦殊可观，且广告之增加，亦以发行为正比例，是至堪注意也"⑤。因此，为了报馆的生存与发展，两部之间应相辅相成，平等、平行与联合协作。"报纸之光荣须赖经理与主笔之合作，名份确定，相互尊敬，……"⑥具体而言，"不过在报社本身，编辑部和经理部应当并重，那才能使报业之得以发展。报业整个的机构中，各部门既是分工又是合作的。采访、编辑、印刷、发行，莫不息息相关，如对一部门不重视，而不使其健全，则整张报纸必受其严重的影响。报纸内容之如何充实，当然需要编辑部方面的努力，但内容既好，要怎样推广使其普遍的被人所阅读，以及

---

① 聂世琦.如何培养报业管理人才[J].新闻战线,1942,2(7-8):7-9.

② 汪英宾.报业管理要义[J].新闻学季刊,1941,2(1):70-76.

③ 吴定九.新闻事业经营法[M].2版.上海:现代书局,1932:6.

④ 徐宝璜.新闻事业之将来[J].报学月刊,1929,1(1):12-18.

⑤ 黄天鹏.中国新闻事业[M].上海:联合书店,1930:84.

⑥ 汪英宾.报业管理要义[J].新闻学季刊,1941,2(1):70-76.

一个报社如何的可以基础稳固,这则有赖于经理部了"①。为此,有人呼吁,"在今天,报业管理与报纸编辑之同样并重,是事实上感到的需要。因此这两方面的人才,也应该同样培养起来"②,以真正实现各部门之间的平等与协作。

(2)发行人中心制统领下两部之间的新问题:推诿与隔阂

在发行人中心制统领下报馆编辑部与营业部之间的中心地位及权力之争虽然逐渐平息,不再是服从或指挥的关系,但是由于两部之间工作性质、要求及人员的差异大,再加上以往两部门之间相互贬斥的不良传统的影响,编辑部与营业部之间仍然长期存在相互推诿责任、相互指责、缺乏联络甚至隔阂很深的问题。这也是民国时期实行发行人中心制模式管理的报馆所普遍存在的问题。当时曾有人感叹,在所认识的同行中差不多都发生了经理部和编辑部缺乏联系的问题,仅其个人十几年的实际经营管理的工作中曾有若干次大大小小的沟通问题。③ 具体而言,两部之间的分歧可归结为编辑部想尽量地用钱把报纸面弄得精美而充实,与经理部对于一切开销总是倾向于因陋就简而不愿花钱之间的矛盾。比如在印刷方面,经理部对油墨、纸张、铸字钉等都精打细算,而编辑部则不惜金钱、极尽奢侈并力争使用昂贵进口的瑞典纸或重磅道林纸;在资料采购方面,编辑部对于图、书、剪、贴等力求尽善尽美,而经理部则否认资料室的建设关乎文章的好坏,且对于买书、买图等丝毫不感兴趣,甚至认为这些似乎可有可无;两部对于对方的艰辛也互不理解,编辑部不理解也不关心经理部发行、推销、拉广告等赚钱的"粒粒皆辛苦",经理部也对编辑部人员的熬夜、用脑过度、体力的疲惫与透支等漠不关心。此外,编辑部、经理部对薪工的厚薄问题及住宿、伙食、取暖、降温、照明等生活与工作条件的问题也存在诸多的分歧与误解。④

4.以科学管理的方式处理编辑部与经理部之间的关系

可以说报馆编辑部与经理部之间的隔阂、推诿甚至缺乏联络的问题长期存在,在坚持编辑中心制和广告中心制模式的报馆里尤其突出。其实在晚清民国时期各大报馆实践运行编辑中心制、广告中心制及发行人中心制

①　聂世琦.如何培养报业管理人才[J].新闻战线,1942,2(7-8):7-9.
②　聂世琦.如何培养报业管理人才[J].新闻战线,1942,2(7-8):7-9.
③　陈铭德.经理部与编辑部联系问题[J].中国新闻学会年刊,1944:84-86.
④　陈铭德.经理部与编辑部联系问题[J].中国新闻学会年刊,1944:84-86.

统领的两部平等、平行与协作模式之后,很多学者对于报馆编辑部与经理部之间关系的处理也提出不少建设性意见。尤其是针对编辑部与营业部之间长期存在权力或地位中心的争议,民国时期新闻界在强调报馆组织之间联络与协作关系的重要性的同时,极力主张通过科学管理的方法确立各组织之间高效的协作关系。其中鲁风认为报馆两部之间事务的处理"须在'科学化'管理总原则下,分别做到:布置的合理化;物资消耗的经济化;办事求取敏捷化"①。

一方面,在管理观念上特别强调和重视报馆各部门机构之间的相互配合、紧密联系,努力保持高效的联络与协作关系。所以有人认为:"编辑、营业、印刷三部充分的联络,协作的精神,也应像军队的样子,才能够日臻完善,达到理想的新闻社。"②尤其是在历经编辑部与营业部权力彼此消长之后,各大报馆才逐渐意识到两部门的地位都非常重要,分工明确,不可替代,在报馆里面两者之间的关系不可偏废,而应该是平等、平行与协作的关系。"其实报业之成功赖主笔与经理之分工合作,二者之地位同样重要,于报业之影响均极大,不应有所偏颇,经理不改进,报业无法成功……"③民国著名报业管理学者刘觉民就曾提出:"凡不属于编辑部的事务,或须直接录属于社长室的事务宜统归营业部指挥。"④换句话说,报馆两部之间权责明晰又联系紧密,力求经济、高效。由于"新闻纸之善良与否,在于编辑部编辑之得法,与取材之丰富。而新闻社之存亡兴废,则在营业部营业之得宜,与管理之精密"⑤,所以,"经理部和编辑部是平行的机构,是社长以下的左右二膀。社务会议彼此同样的重要。这样才没有主客之分,这样才能大家联合起来,共同奋斗。否则,就有互相推诿责任的可能"⑥。也有人认为:"故以地位,编辑部与营业部同为经营新闻社之重要分子,二者乃相辅而行,相得而益彰者也。以实质言,则编辑部为消耗的,营业部为生利的。"⑦为了处理好这两者之间的关系,解宗元主张在做到编辑部人员与经理部人员待遇平衡的基础

① 鲁风.新闻学[M].上海:新中国报社,1944:201.
② 陶良鹤.最新应用新闻学[M].上海:复旦大学新闻学会,1930:32.
③ 汪英宾.报业管理要义[J].新闻学季刊,1941,2(1):70-76.
④ 刘觉民.报业管理概论[M].上海:商务印书馆,1936:55-56.
⑤ 吴定九.新闻事业经营法[M].2版.上海:现代书局,1932:53.
⑥ 陈铭德.经理部与编辑部联系问题[J].中国新闻学会年刊,1944:84-86.
⑦ 吴定九.新闻事业经营法[M].2版.上海:现代书局,1932:54.

上,这两个部门的工作不要划分得过于清楚,也就是说经理部的人也可以做编辑部的工作,编辑部的人也可以做经理部的工作。他认为:"一个最完全新闻从业员,是丢下笔杆,就可以拿算盘,丢下算盘,又可以拿钳子去拣字。这样经理部份与编采部份才可免除对立现象。"①甚至也有的报馆尝试过总编辑兼任总经理②或者像新记公司《大公报》总编辑兼任副总经理、总经理兼任副总编辑,相互兼任、相互协作、相互制约。

　　另一方面,为了从根本上确立报馆各组织之间的密切联系与协作,民国时期新闻界还主张采用制度规章、财务预算、情感交流与沟通等科学管理的方式规定与强化各部门之间日常工作的高效联络与协作。其中毛楷清建议报馆营业部门与编辑部门间应相互尊重,报社组织的理论应贴近实际,改变过于"人治"而尽可能走上"法治化"道路。③ 具体地说,"报馆组织法,简而言之,就是将全报馆各部分的如何分配,各部分各主干人员所担任的任务,以及他们管领之下的职员的工作分配"④,也就是通过颁布报馆组织法规、制度来明确各部门或机构权责的划分及相互之间的协作。陈铭德建议:"编辑人员之薪给不妨稍高,而报社之大法则必须共同遵守,不便有特殊阶级之产生。报社内各部门同为一体,荣则共荣,辱则共辱,岂能有彼此之分?"⑤也有人建议报馆组织之间在人事上服从命令、尊重生活,在经济上遵守预算、绝对公开,在情感上通过多种场合和机会加强各部门人员之间的联系与情感交流,化解隔阂与误会。⑥ 也就是说,在报馆组织的领导、干部、员工等人事方面,既要尊重个体自由生活又要服从上级命令,听从调遣与指挥,尤其是在编辑部与经理部两部的干部选拔上,"第一重要特质,是彼此对全报社整个性的意义之能了解。即编辑部的工作人员要了解经理部在报社位置的重要,要了解他也是报纸的生命滋养不可缺少的原料。而经理部的人,尤其该了解编辑部的工作于自己息息相关,一条抓着读者的消息或者言论,可以使经理部的发行顺利,广告收入增加而且迅速,所以两部的联系,便是每部自

---

① 解宗元.报业经理部门的人才问题[J].新闻战线,1943,3(6):6.
② 陈铭德.经理部与编辑部联系问题[J].中国新闻学会年刊,1944:84-86.
③ 毛楷清.报社组织之检讨[J].新闻学季刊,1939,1(1):38-44.
④ 钱伯涵,孙恩霖.报馆管理与组织:申报新闻函授学校讲义之二[M].上海:申报馆,1936:39.
⑤ 陈铭德.报纸经营与报社管理[J].中国新闻学会年刊,1942:54-57.
⑥ 陈铭德.经理部与编辑部联系问题[J].中国新闻学会年刊,1944:84-86.

身的要求,如此,(以前)不联系也会联系起来了"①。

此外,在经济上,通过公开执行"科学预算、严格遵守"的财务预算决算制度,支付各组织正常运转所需的经费以保障各组织的独立运行与发展,"自一元钱之纸笔费至机械生财之折旧,巨细借还,一一列入。如此始可认此报纸实为一有计划之报纸,虽其预算与将来之决算未必能全部吻合,但在筹拟之时,能用脑力以思考之,余敢信预算与决算,或不致相差过远"②。在情感上,通过组织各种大小的工作会议、集体庆典活动及各种团体娱乐活动让各组织领导、干部、员工之间相互认识、消除隔阂与误会、密切工作联络、强化协作与配合。如定期举行社务会议、提倡聚餐会和日常乒乓、台球、网球、排球、围棋、象棋等正当娱乐活动来联络情感。③

总之,报馆编辑部与经理部之间应该是一个"有机体"。这个"有机体"应该是健全的、毫无病态的报馆组织,最低限度须具备的先决条件为:报馆内一切职员,须能充分地联络、分工和合作;报馆须有一个统一的意识;报馆中的职员,应尊重各人的个性;报馆中各部分须充分联络;使报馆成为一个"有机体"的组织。④ 也就是说,报馆组织内部应该既分工又合作,既独立又统一,是有机的组合系统,绝非简单的拼凑,其组织之间联络与协作是顺畅、快速、高效的。

二、托拉斯化思想的现实背景:托拉斯化势不可挡

随着国内外报业垄断经营的发展,全球报业托拉斯化趋势日益明显,尤其是在欧美等发达国家报业普遍托拉斯化的浪潮下,国内报馆组织托拉斯化不仅在所难免,而且势不可挡。

(一)国外汹涌澎湃的报馆托拉斯化浪潮

晚清民国时期,随着欧美发达国家报业自由竞争的日趋激烈,世界各国报业为了节省成本并扩大规模,报业托拉斯化已势不可挡。美国新闻学者弗兰克·L. 莫特(Frank L. Mott)认为虽然报系难以界定,"可是报系的大概的趋势是很容易看得出来的"。莫特在《美国的新闻事业》一书中以每 10

---

① 陈铭德.经理部与编辑部联系问题[J].中国新闻学会年刊,1944:84-86.
② 陈铭德.报纸经营与报社管理[J].中国新闻学会年刊,1942:54-57.
③ 陈铭德.经理部与编辑部联系问题[J].中国新闻学会年刊,1944:84-86.
④ 潘公弼.报馆的组织[M]//黄天鹏.新闻学演讲集.上海:现代书局,1931:45-53.

年为一个周期,对 20 世纪 40 年代以前美国报系的发展趋势做了较为具体的概述。他在书中指出,在 1900 年,美国的 8 个报系控制着 27 种报纸,大约占全国报纸销量的 10%。到 1910 年,美国已有 12 个报系,拥有报纸数增加一倍,几乎增长中的半数都是由于"斯克里普斯—麦克莱"报系的扩张。到 1920 年,包括战时在内,有不少新报系成立起来,所拥有的报纸数又增加了一倍。但美国报业真正的全盛时期是在 1920 年以后的 10 年间,那时报系增加到 60 个左右,所拥有的报纸超过 300 种,占全国报纸总发行数的 1/3 以上。在 1930 年以后的 10 年间,正值美国经济不景气时期,上面的数字也足以代表这一时期的大概情形,当然并不尽然,这十年间大体上是既不进步,亦不退步。但我们应该注意,在星期报中,报系的报纸要占几乎一半的销量。① 同时,日本学者岛谷亮辅认为报业集团化经营可节省成本费用。他在《新闻事业之改善》一文中指出:"新闻界托拉斯的利益,在于编辑费之节约,营业费之节省,新闻事业能大批购办报纸,谁也知道是价廉的。"②所以他从当时日本新闻界的发展来断定报业集团化经营的发展趋势,他在《新闻事业之改善》一文中特别强调,"新闻事业今后之发达,经营者有组织的头脑为必要,且托拉斯在日本也极流行,是我所见的"③。此外,国内新闻学者谢六逸认为,"在现代的文明国家,'新闻'确为一种很大的企业"④,并指出,"新闻事业既然成为一种企业,所以它和其他的企业共通活动。最近合理化的趋势,成了一般企业界的显著的倾向,新闻企业自也不能独异。大资本的集结与小新闻的合并,在英美和其他各国都有共通的现象"⑤。这里"很大的企业"其实也就是我们今天所说的报业托拉斯和报业集团,这在世界各国报业都是共同的发展趋势。而学者储玉坤则更详尽地分析了世界各国报业托拉斯化经营的趋势,他认为:"……而在报业的经营方面,则采用科学的管理方法,完全资本主义化,像普通企业一样,Single Enterprizer(单一企业),Corporation(公司),Combination(联合公司)也已奏过了这三部曲,而完全托拉斯化了,尤其是英美的报业被操纵在几个报业巨子的手里,组织所谓

①　莫特.美国的新闻事业[M].王揆生,王季深,译.上海:上海文化服务社,1947:49.
②　岛谷亮辅.新闻事业之改善[M]//黄天鹏.新闻学名论集.上海:上海联合书店,1930:194.
③　岛谷亮辅.新闻事业之改善[M]//黄天鹏.新闻学名论集.上海:上海联合书店,1930:194.
④　谢六逸.世界主要新闻概观[M]//陈江,等.谢六逸文集.北京:商务印书馆,1995:368.
⑤　谢六逸.世界主要新闻概观[M]//陈江,等.谢六逸文集.北京:商务印书馆,1995:368.

'报团',尽其操纵报业的能事。"①他进一步具体解释英美报业托拉斯的具体情况:"至于现代报业的托拉斯化,在英美最为显著,所谓连锁报团(Chain Newspaper),就是操纵报业的托拉斯。记得1913年英国新闻学会会长唐纳德(Robert Donald)曾说过现代报业托拉斯化的趋势:'世界产业最显著最重要的趋向,就是兼并;在兼并的潮流中,新闻事业也不能例外。一个资本雄厚的公司,可以拥有许多报纸,这种兼并的结果,便是全国报纸,集中在少数资本家的手里。'到现在他的话完全成为事实了。目下英美的报业蒸蒸日上,销路一天增加一天,报馆的资本一天雄厚一天,可是报纸的数目却一天减少一天。"②黄天鹏进一步认为:

> 前英国新闻记者协会会长 Sir. Robert Donald 曾豫(预)言曰"在此最近之二十年,新闻界必有合并之倾向。小资本阶级之新闻,必无存在之可能"。果也,英美之新闻王出而独霸一方,此盖着眼于资本主义之发展,而势有所必然也。今(唐)氏又豫(预)于众曰"新闻界合并之倾向,在最近二十年前势将更甚,日刊新闻逐渐减少,发行额反比例增加。归几个集团所把握"。推(唐)氏之观点,似以资本主义尚有称霸全球二十年之可能,然倘资本主义一旦崩溃,则新闻事业必有剧烈之转变也。为目前之大势,实可为称(唐)氏之说为的言。美国新闻去年为1993家,比前半年减少17家,比一年半前减少53家。此种减少乃由于大资本新闻之吞并或销减所致。③

黄粱梦也认为:"借此种势力寝寝勃兴,此正可虑之酽也。……此为现代资本国家之势所必然,不独在英(英国)为然,特英(英国)为首耳。"④国内署名为"老唐"的学者也明确肯定了欧美报业托拉斯化的普遍性,他认为:"'大新闻社吞并小新闻社,新闻纸数量日渐减少。'这正是现代世界各国报纸状况的最好写照。无论在美国、英国、日本、意大利、德国都有这种很明显的倾向。所谓哈斯脱系、Scripps-Howard 系、Lochermere Newspaper 系,是其中著名的例。这种现象现在这些工业社会的国家,实是无足惊异的。"⑤

---

①　储玉坤.现代新闻学概论[M].2版.上海:世界书局,1945:13.
②　储玉坤.现代新闻学概论[M].2版.上海:世界书局,1945:21.
③　黄天鹏.中国新闻事业[M].上海:联合书店,1930:158-161.
④　黄粱梦.英国新闻界之新趋势[M]//黄天鹏.新闻学论集.上海:光华书局,1930:74.
⑤　老唐,真,陈文干,等.中国报馆应否托拉斯化[J].新闻学期刊,1934:155-162.

（二）国内报馆托拉斯化势不可挡

在民国时期新闻理论界，有不少学者已经深刻认识到报业尤其是当时各大知名商业化报纸向托拉斯化方向发展已势不可挡。比如刘觉民认为民国报业出现竞争和吞并已经是无法避免的，他在其著作《报业管理概论》中写道："高度的生产制度下的经济社会，试问那（哪）一种事业不含有企业化的意味，那（哪）一种事业不向着尖锐化的竞争和吞并的道路奔驰。报业的商业化自然也摆脱不了这个经济范畴的波涛的震荡。"①在刘觉民看来，民国报业竞争导致兼并而向托拉斯化经营发展的趋向是无法避免的。新闻学者陶良鹤也认为民国报业已经成了当时投资巨大的事业，他在《最新应用新闻学》中认为："原来新闻社大概是个人创立经营的，而初创很困难，新闻也只是一种损失的事业，后来由政论时代进化到现代的新闻业，因为有巨大的广告费的收入，又有普遍众多的读者，却变成了一种赢余的事业。资本家投了巨大的资本，招揽专门的人才，为完善的设备，其事已有较稳的把握，差不多成为确当投资的事业。"②这表明民国报业已经是托拉斯化规模巨大的产业，也是当时社会资本大势流入的领域。黄天鹏也认为中国报业苏俄式国营化暂缓而资本主义化（也即集团化）是大趋势。黄天鹏解释说："进而为苏俄劳农政府管理下之报业也。此近于国营之说也，在中国今日似暂缓论，而转眼切迫而来者，乃为资本主义化之问题，去年曾因而引起报界之怒潮，苦战半年之托拉斯化是也。"③他还认为："近来各报已有所悟，力谋协作，节约能耗，目下且有较具体较确切之合作酝酿，此诚一良好之现象。唯同时谋营业之独立，而有以经营商业之眼光，进而经营新闻事业，遂寝寝有资本化之趋势。"④

第二节　托拉斯化思想的形成及内涵

晚清民国时期报馆托拉斯化思想最初是源于国外发达国家报业普遍托

---

① 刘觉民.报业管理概论[M].上海：商务印书馆，1936：18.
② 陶良鹤.最新应用新闻学[M].上海：复旦大学新闻学会，1930：86.
③ 黄天鹏.中国新闻事业[M].上海：联合书店，1930：158-161.
④ 黄天鹏.中国新闻事业[M]//黄天鹏.新闻学名论集.上海：上海联合书店，1930：99-101.

拉斯化成功运营的学习与思考,并结合中国报业的客观实际提出中国报馆托拉斯化的设想与计划,再根据已有报业托拉斯化理论界定托拉斯化思想的内涵与本质。

一、托拉斯化思想逐步形成

自从 1889 年美国人爱德华·威利斯·斯克里普斯(Edward Willis Scripps)和弥尔顿·亚历山大·麦克雷(Milton Alexander McRae)共同创办了世界上第一家报业集团——斯克里普斯-麦克雷报业集团之后,欧美发达国家的报业开始全面走上托拉斯化道路。在学习与考察西方国家报业托拉斯化的成功实践与经验之后,国内新闻界全面兴起报馆托拉斯化的思潮。

(一)他山之石:新闻理论界对美、英等发达国家报业托拉斯化成功实践的考察与学习

民国时期,国内新闻学界重点考察与学习了美、英、德、法、日等西方国家托拉斯化程度高、规模大、拥有报纸数量多的托拉斯及其老板的成功经验。

1. 对美国新闻界报业托拉斯化成功运营的学习与考察

起初,美国新闻学者莫特对美国主要报团(即报系)及其报团老板的托拉斯实践与经验有过专门研究与介绍。莫特在《美国的新闻事业》一书中首先列举了运作成功的报系,如最老的小报系之一——密歇根州的"布思报系"(Booth Newspaper)拥有 3 种以上报纸,"布拉什-穆尔系"(Brush-Moore)拥有 3 种报纸,"李氏报业组合"(Lee Syndicate)拥有 3 种以上报纸,科普利系(Copley Chain)拥有 4 种以上报纸,奥格登(Ogdén)报系拥有 14 种报纸,梅里特·斯派德尔(Merritt C. Speidel's)报系拥有 10 种报纸,弗兰克·甘耐特(Frank E. Gannett,是目前美国甘耐特报团的前身)拥有 15 种以上报纸,詹姆士·考克斯(James Cox)报系拥有 6 种报纸,里德兄弟报系(Ridder's)拥有 7 种以上报纸,还有小斯克里普斯报系和赫斯特报业帝国等。同时还列举了一些经营不成功的报系,如芒西(Munsey)报系先后兼并或创办报纸 14 种左右,但芒西忙于兼并却无心经营,结果大多数报纸都陷入危机,报团亏损严重;凡台皮尔脱(Vanderbiet)小型报系也在 1920 年后经营不佳;伯纳·麦克法登(Bernarr Macfadden)曾拥有 10～12 种报纸,但在大

萧条时期崩溃了;普利亚姆(Pulliam)报系和一般报业公司(General Newspapers,Inc.)一度兴盛而没落;保罗·勃洛克(Paul Blook)报系后来也只剩 3 种报纸。[①] 此外,莫特在《美国的新闻事业》一书中还专门以较长的篇幅重点介绍了新闻界被称为"报业绞肉机"的"大事业家"——门塞、斯克里普斯-霍华德报系的变迁、赫斯特及其报系的沉浮录。[②]

之后,民国时期国内新闻学者对美国报业托拉斯化都极力赞扬与推介。如对斯克里普斯-霍华德报系或霍华德报系、赫斯特报系、甘耐特报系的介绍。成舍我认为中国的新闻事业还没有人能做到美国的霍华德、赫斯特等为代表的新闻大王的地位;[③]储玉坤认为,严格意义上说,美国报业够得上托拉斯的只有斯克里普斯-霍华德报团、赫斯特、甘耐特报团三家;[④]容又铭指出,美国大的报业集团已经达到 59 家之多,但势力遍及全国的只有斯克里普斯-霍华德、赫斯特两家报团。[⑤] 黄天鹏认为:

> 新闻事业之托拉斯化于是成立。此中之巨擘,首推美国之 Scripps Hovard 系、Hearst 系等,Scripps Hovard 系在全国各大城都市发行 26 种新闻纸,复以 1240 万美元收买 Pitt Burgh Press,势益膨胀。近夜大行募集社债,势必更飞梯突进。Hearst 系所经营新闻纸亦近 30 种,而致力于美人所视为低级新闻之 American Journal,使成为全国销数第一之报纸,尤著成效。[⑥]

甘家馨介绍了美国新闻大王赫斯特及其事业,[⑦]程其恒介绍了美国报界之王赫斯特,[⑧]管翼贤还在《报业名人事略篇》专门介绍了赫斯特报业经营的成功事迹。[⑨]刘元钊指出:"隶属于赫斯特出版托拉斯(Hearst Group)的《美洲纽约》(《纽约新闻报》)每逢周日出版 120 万份,旗下《国民晚报》的销数每日甚至有 250 万份以上,且每种报纸每份的张数也多至 32 至 96 张,每逢星

① 莫特.美国的新闻事业[M].王揆生,王季深,译.上海:上海文化服务社,1947:49-54.
② 莫特.美国的新闻事业[M].王揆生,王季深,译.上海:上海文化服务社,1947:31-48.
③ 成舍我.中国报纸之将来[M]//新闻学研究.北平:良友公司,1932:9-36.
④ 储玉坤.现代新闻学概论[M].2 版.上海:世界书局,1945:23-24.
⑤ 容又铭.世界报业现状[M].桂林:铭真出版社,1943:48.
⑥ 黄天鹏.中国新闻事业[M].上海:上海联合书店,1930:160.
⑦ 甘家馨.欧美新闻界鸟瞰[M].南京:南京民族通讯社,1933:19-44.
⑧ 程其恒.各国新闻事业概述[M].重庆:国民图书出版社,1944:46-53.
⑨ 管翼贤.新闻学集成(第 7 辑)[M].北平:"中华新闻学院"(日伪),1943:146-151.

期日每份新闻纸甚至多达 150 张。"①容又铭指出:"纽约州的甘耐特报团(Gannett Group)虽然也有报纸 35 家之多,可是仅偏于纽约州一隅。"②此外,有学者介绍美联社(Association Press),如刘元钊认为,"美国的 Association Press 就是美国的最大新闻纸托拉斯,其规模之大,是他本人所周知"③。

　　2. 对英国新闻大王的考察与学习

　　有关北岩报团的介绍,储玉坤认为,"英国报界的巨擘北岩爵士(Lord Northcliff)揭开了报业托拉斯化的第一幕,并成为报业托拉斯巨擘"④;甘家馨也介绍了英国新闻巨子罗斯克里夫(即北岩)及其事业;⑤詹文浒在其编著的《报业经营与管理》第四章专门介绍英国北岩建立报业帝国的经过;⑥管翼贤专门在《报业名人事略篇》介绍了北岩;⑦马星野介绍了北岩报团。⑧ 尤其是世界报界之泰斗、英国伦敦《泰晤士报》主人北岩于 1922 年 11 月来华游历,在与史量才等国内报业巨头交流过程中,首次把报业托拉斯化的理论与观念介绍给国内报界,引起国内报人的学习与推崇,也引起国内报界学者的深入思考与讨论。还有对英国罗瑟米尔报团、贝里(Berry)兄弟、比弗布鲁克(Beaverbrook)的介绍,黄天鹏认为:"英国 Lothermere Newspaper(罗瑟米尔报)系经营七大属于新闻事业之公司,势力之达,莫之与京。Allied Newspaper(爱里德报)系日刊新闻 23 种,周刊新闻 80 种,月刊年刊约百种,称为新闻界之霸王。"⑨刘元钊认为北岩爵士的弟弟罗瑟米尔在北岩去世后取得了北岩报团大部分报纸的所有权而成为当时英国最大的报系——罗瑟米尔报系(Lord Rothermere Group);⑩储玉坤认为英国的报业可以说完全操纵在北岩的弟弟罗瑟米尔、贝里兄弟、比弗布鲁克等三个报业巨子手里;⑪

① 刘元钊.新闻学讲话[M].上海:上海乐华图书公司,1936:138-139.
② 容又铭.世界报业现状[M].桂林:铭真出版社,1943:48.
③ 刘元钊.新闻学讲话[M].上海:上海乐华图书公司,1936:138-139.
④ 储玉坤.现代新闻学概论[M].2 版.上海:世界书局,1945:23-24.
⑤ 甘家馨.欧美新闻界鸟瞰[M].南京:南京民族通讯社,1933:67-78.
⑥ 詹文浒.报业经营与管理[M].上海:正中书局,1948:26-36.
⑦ 管翼贤.新闻学集成(第 7 辑)[M].北平:"中华新闻学院"(日伪),1943:103-115.
⑧ 马星野.英国之新闻事业[M].重庆:文风书局,1943:20-43.
⑨ 黄天鹏.中国新闻事业[M].上海:上海联合书店,1930:160.
⑩ 刘元钊.新闻学讲话[M].上海:上海乐华图书公司,1936:134.
⑪ 储玉坤.现代新闻学概论[M].2 版.上海:世界书局,1945:23-24.

成舍我认为中国的新闻事业还没有人能做到英国以罗瑟米尔、比弗布鲁克等为代表的新闻大王的地位①;容又铭认为,英国有屈居第二的罗瑟米尔托拉斯;②管翼贤提到哈姆斯沃思(Harmsworth)组合,也即罗瑟米尔主持时期的北岩报团有 3 种日报、12 种晚报、2 种星期刊、6 种周报;③同时管翼贤还在《报业名人事略篇》专门介绍了罗瑟米尔报业经营的成功事迹。④ 刘元钊认为,英国贝里兄弟组织创办并支配着全英国多数新闻的有名的新闻大王之一的贝里系;⑤容又铭认为,贝里兄弟操控着世界最大的报业托拉斯。⑥ 另外,马星野也介绍了比弗布鲁克集团;⑦容又铭认为英国有屈居第二的比弗布鲁克集团托拉斯;⑧管翼贤指出,比弗布鲁克组合有 1 种星期刊、1 种晚刊;⑨同时管翼贤还在《报业名人事略篇》专门介绍了比弗布鲁克报业经营的成功事迹。⑩ 此外,对于英国报业集团,管翼贤介绍了英国的地方组合、欧哈姆组合、皮尔逊组合等报业集团,并指出英国肯姆斯莱组合(Kemsley)有 8 种日报、7 种晚报、6 种星期刊、6 种周刊。⑪ 马星野介绍了卡姆罗斯报团(Lord Camrose Group)、凯姆斯利报团(Lord Kemsley Group)、艾利夫集团(Lord Iliff Group)、卡德伯里集团(Cadbury Group)、威斯敏斯集团、奥当斯集团(Odhams Press Ltd.)、喀勃莱集团、汤姆生及林氏集团、牛尼斯皮尔生集团。⑫

3. 对德国、法国和日本的报业托拉斯的考察与学习

在对德国报业集团的介绍中,刘元钊认为德国最大的报纸托拉斯是 Moce Olisten(莫斯)及 Gogenber(即 Hugenberg 的误写,哥德堡)。⑬ 储玉坤

---

① 成舍我.中国报纸之将来[M]//新闻学研究.北平:良友公司,1932:9-36.
② 容又铭.世界报业现状[M].桂林:铭真出版社,1943:48.
③ 管翼贤.新闻学集成(第 3 辑)[M].北平:"中华新闻学院"(日伪),1943:168-169.
④ 管翼贤.新闻学集成(第 7 辑)[M].北平:"中华新闻学院"(日伪),1943:115-117.
⑤ 刘元钊.新闻学讲话[M].上海:上海乐华图书公司,1936:132.
⑥ 容又铭.世界报业现状[M].桂林:铭真出版社,1943:48.
⑦ 马星野.英国之新闻事业[M].重庆:文风书局,1943:20-43.
⑧ 容又铭.世界报业现状[M].桂林:铭真出版社,1943:48.
⑨ 管翼贤.新闻学集成(第 3 辑)[M].北平:"中华新闻学院"(日伪),1943:168-169.
⑩ 管翼贤.新闻学集成(第 7 辑)[M].北平:"中华新闻学院"(日伪),1943:117-127.
⑪ 管翼贤.新闻学集成(第 3 辑)[M].北平:"中华新闻学院"(日伪),1943:168-169.
⑫ 马星野.英国之新闻事业[M].重庆:文风书局,1943:20-43.
⑬ 刘元钊.新闻学讲话[M].上海:上海乐华图书公司,1936:144.

提到,德国的哥德堡报团(Hugenberg-konzern)、集合公司(Konzerntration A G.)包括报馆、通讯社、广告公司、出版等的托拉斯性质的"连环报团",以及出于政治结合的"无头报纸集团"。[①] 而黄天鹏认为:"组织最完备者,应推德国之 Ullstrin(乌尔施泰因),全国四千种新闻杂志中归其统制者有八百余种,而兼营事业有制纸工场、印刷工场、广告代理店、新闻通讯社、电话交换公司、电影摄租公司等,其势力尤伟也。"[②]在对法国报业集团的介绍中,刘元钊指出,法国最大的新闻集团是"加特尔"(Koti),该报团规模很大,设备甚周,还附属了好几十家报馆。[③] 关于日本报业集团的介绍,管翼贤提到过日本拥有在东京、大阪、名古屋、门司四种新闻的《朝日新闻》与《每日新闻》新闻社联合。[④]

(二)部分报人对报业托拉斯化经营的成熟想法和计划

在晚清民国时期,不仅新闻理论界对报业集团化经营有了初步研究,新闻实务界的部分报人在对报业集团进行了深入研究之后,也曾经提出报业集团化经营的成熟想法和计划。其中著名报人成舍我就有过在全国组建"中国新闻公司"的成熟计划。1930—1931 年,成舍我赴欧美考察游历,他对西方的报业托拉斯向往不已,回国后萌发组建"中国新闻公司"(报业集团公司)的念头。[⑤] 成舍我最初提出建立未来中国"国家报"(也即集团化的报系):

> 据我的理想,未来的中国"国家报",譬如就北平说,北平的一个大报,他总馆设在北平,他可以就他经济能力所许可的范围内,去尽量普设分馆于他所要推销的全国各省市县镇。这种分馆,当然不能像现在上海报的外埠分馆一样,只是一个报纸的批发所。未来"国家报"的分馆,它应该等于一个地方报。他一切组织就是比总馆具体而微,他有发行、广告、编辑、采访、印刷各部的组织。但他每天只刊行一小张。专载本埠新闻,他的内容应该比当地最好的报纸更丰富、精美。每一分馆,

① 储玉坤.现代新闻学概论[M].2 版.上海:世界书局,1945:42.
② 储玉坤.现代新闻学概论[M].2 版.上海:世界书局,1945:158-161.
③ 刘元钊.新闻学讲话[M].上海:上海乐华图书公司,1936:142.
④ 管翼贤.新闻学集成(第 3 辑)[M].北平:"中华新闻学院"(日伪),1943:128-129.
⑤ 刘小燕.中国民营报业托拉斯道路的破灭[J].新闻大学,2003(4):18-22.

均有自用无线电,可随时与总馆及其他分馆,互通消息。①

太平洋战争爆发后,成舍我与程沧波等在重庆合作筹建"中国新闻公司",投资经营《世界日报》(重庆版),并打算待到抗战胜利结束,还要以南京为中心,在全国东、南、西、北、中五大地区的主要城市,分期陆续办起十家大报,都用《世界日报》命名。② 除此以外,还设想仿照美联社的组织办法,筹办一家专用通讯社、一个新闻研究中心和定期出版的新闻研究刊物、新闻画报及其他附属生产事业。③ 但由于历史原因,成舍我的报业托拉斯化的计划最终破灭了。

二、托拉斯化思想的内涵:"报业集团化合同化"

在考察国内外报业托拉斯化经营的成功实践与经验之后,国内新闻界也在外国同行的研究基础上,对报馆组织托拉斯化思想的本质与内涵进行了理论概括与总结。

(一)托拉斯化的定义:报系或集团化

从历史上看,1889 年美国人爱德华·威利斯·斯克里普斯和弥尔顿·亚历山大·麦克雷共同创办了世界上第一家报业集团——斯克里普斯-麦克雷报业集团。莫特在《美国的新闻事业》一书中肯定地认为,"近代报系的形成,起源于老斯克列泼斯(即斯克里普斯)所拥有的报纸"④。这也是新闻史一直公认的史实,也就是说,斯克里普斯报团是美国也是世界上第一个报团。在世界上首次出现报业托拉斯化运营之后,新闻理论界对报团的界定问题长期还没有形成具体的定义。美国早期新闻学者莫特认为报系(也即报业集团,简称报团)的界定非常困难,他在 1947 年由王揆生、王季深翻译出版的《美国的新闻事业》一书中强调:"所谓报系,其形式不相同,其完成也各有阶段,所以要下准确的定义实在是不妥当的,一般的统计材料也没有什么意思。"⑤

而国内署名为"老唐"的学者则以托拉斯化的意义为基础,从本质上认

---

① 成舍我.中国报纸之将来[M]//新闻学研究.北平:良友公司,1932:9-36.
② 张友鸾,等.世界日报兴衰史[M].重庆:重庆出版社,1982:221.
③ 胡太春.中国报业经营管理史[M].太原:山西教育出版社,1998:97.
④ 莫特.美国的新闻事业[M].王揆生,王季深,译.上海:上海文化服务社,1947:49.
⑤ 莫特.美国的新闻事业[M].王揆生,王季深,译.上海:上海文化服务社,1947:49.

定报业托拉斯化就是"报业集团化合同化"的倾向,他认为:"以多数的生产机关集合而受某一者的支配。这种组合称为托拉斯。托拉斯的发现是工业社会演进中的正规结果,也是资本主义发展中的一个不可避免的过程。"①他进一步认为:"报业在欧美资本主义发达的国家,也是把它当作一种优良的企业的。而报纸之为一种商品,也这(是)一般人所公认的事实。报纸既是成了一种商品,商品的利润谁都想独占,于是很自然地与其他商业一般发生了集团化合同化的倾向。这便是所谓的报纸托拉斯化。"②此外,国内署名为"真"的学者则认为,托拉斯就是多数有限公司互相联合起来,把全权委托给所信任的少数人,他指出:"托拉斯的语源是 Trust,带有信用的含义,后来就变为生计上的专有名辞了。凡是多数有限公司,互相联合起来,把全权委托给所信任的少数人,如此种组合,便是托拉斯。"③

(二)托拉斯化的成因:"自由竞争过度的结果"

在民国时期,新闻理论界学者不仅认识到了报业托拉斯化经营的趋势势不可挡,还从媒体企业的自身和行业发展等方面具体深入分析了报业托拉斯化的成因。其中署名为"真"的学者强调托拉斯的产生是自由竞争过度的结果,他认为:"这种制度产生的原因,可说是自由竞争过度的结果;因为大规模的工厂,多量的出品,发生生产过剩的流弊,小资本商业纷纷倒闭,资本家也站不稳,只有从减低成本,改良出品方面着想。为了(避免)势力的孤单,过度的浪费,便有这种联合的必要。所以托拉斯是资本主义下必然的畸形产物,大腹(富)商维持生命线的一种苟合行为。"④

著名学者储玉坤在《现代新闻学概论》中认为,除了现代生产事业以外,还有以下几个因素:

> 第一是科学的进步,技术的改良,使创办一家报馆,非有雄厚的资本不可。……总之,报业需要资本的增加,实为使现代报业托拉斯化的主要因素之一。其次是广告在报纸营业上的地位日趋重要;过去报纸的生存,端赖定户所付的报费;但是现代报纸唯一的主要收入,就是广

---

① 老唐,真,陈文干,等.中国报馆应否托拉斯化[J].新闻学期刊,1934:155-162.
② 老唐,真,陈文干,等.中国报馆应否托拉斯化[J].新闻学期刊,1934:155-162.
③ 老唐,真,陈文干,等.中国报馆应否托拉斯化[J].新闻学期刊,1934:155-162.
④ 老唐,真,陈文干,等.中国报馆应否托拉斯化[J].新闻学期刊,1934:155-162.

告费……因此一般大报每年都有极大的盈余;使一般资本家和企业家,把报业也当作普通的商业经营,其组织上也和其他的产业一样,由公司组织扩大化为托拉斯组织。第三,现代报业既以广告费的收入作为其主要的来源,但要求广告效力大,各商家都乐于刊登,就非设法增加报纸的销路不可……而如何始能使报纸的销路增加,一是在同一的市场内不许有敌报的存在;二是在把许多地方的报纸归到一个组织,藉此可以使广告商就范。要达到上述的目的,于是兼并与削减,便成了势所必至的趋向了。第四是大量生产的经济,消极方面在减低生产成本,积极方面在增加报业的盈余。……最后的因素,在读者对于报纸的态度已经转变,过去重视报纸的言论,而现在读者看报,要看的是新闻与各种娱乐文字。……①

他从科技、资本、广告、生产、读者五个方面详尽地解析了民国报业托拉斯化的具体原因。从根本上说,托拉斯化的根本原因还是"自由竞争过度"。而黄天鹏认为:"再详言之,一由印刷造纸机器之改良,劳力之节省;二由于广告主对新闻纸,必择其有最多销数者;三为谋销数之增加,必事新闻之竞争;四为人才之专门化,而薪金之增加;五为政党之争执渐趋和缓;六为广告招徕之竞争日甚,销数差者多失败。此为近因,而近十年助长此合并潮流者则为新闻纸之趋重于新闻本位,而须巨资收集材料。又欧战后物价人工昂贵,新闻社纸费、薪金等开支增多,而广告主又多改其多刊为专刊一大报之主张,此皆足以促新闻事业之合并也。"②也就是说,生产技术、报纸销量、新闻竞争、人力成本、政局稳定、广告竞争等"自由竞争过度"共同促成了报馆组织托拉斯化的产生。

(三)托拉斯化的运营方式:资本或产业的联合

根据国外大规模报业集团的实际运作情况,当时新闻学者陶良鹤把报馆组织托拉斯化分为托拉斯和辛迪加两种经营模式。他认为:"……而产生了大资本的新闻社,造了二大潮流,一是托拉斯(Trust)化,一是企业的组合(Syndicate)了。"③在此基础上,晚清民国时期学者对这些托拉斯化的经营方

①　储玉坤.现代新闻学概论[M].2版.上海:世界书局,1945:21-22.
②　黄天鹏.中国新闻事业[M].上海:上海联合书店,1930:159-160.
③　陶良鹤.最新应用新闻学[M].上海:复旦大学新闻学会,1930:86.

式进行了研究，还从其生成与实现方式、组织方式、联合方式三方面进行了归纳与概括。

首先，从托拉斯化的生成与实现方式上看，张友渔认为，托拉斯化经营的生成与实现有两种方式：报业自身自觉发展壮大从而实现托拉斯化和依靠外界资本并购从而生成与实现托拉斯化。他指出："新闻事业之资本主义化（也即指托拉斯化）含有两种意义，一为新闻事业本身的资本主义化，也即凭借自身的所拥有的巨额资本积累而实现大规模集团化经营，如日本朝日和每日报系都拥有资本数百万以至于上千万日元从而实现集团化；另一为新闻事业依靠资本家而生存，间接接受资本家支配的商业经营，也就是靠金融资本投资或并购而实现集团化。"①

其次，从托拉斯化的组织方式来看，储玉坤认为美国的连环报团也有报业集团公司和报业公司集团两种组织形式，他指出："美国连环报团有两种组织方式，一种组织一个公司（Corporation），以此公司拥有许多报纸，如美国布思报系组有布思公司，公司共有 11 家报纸，每家报纸由公司统一派理事主持；另一种连环报团中各报纸其本身都有一个公司，只是各个公司的股票操在一个人的手里，如赫斯特报团规模非常大，总共有 22 家，内设连环报团总经理，其所属各报馆表面上都是独立的，各有公司理事会推选的总经理，但一切要受总经理（连环报团总经理）的支配。"②

最后，从托拉斯化的联合方式来看，管翼贤认为托拉斯化经营有"事业联合"与"新闻社联合"两种联合方式，其中"事业联合"是指新闻社与直接有关的事业，如制纸业、植林业、油墨制造、杂志社或其他新闻业以外的事业，在资本上互相结合，如英美的大新闻社都兼营制纸业；而"新闻社联合"是指两个以上的新闻社集合于同一资本体系下从事经营，一般又有一社发行数种新闻的联合、与其他新闻社结合的联合两种类型。③

① 张友渔.日本新闻事业概观［M］//新闻学研究.北平：良友公司,1932:247-269.
② 储玉坤.现代新闻学概论［M］.2 版.上海：世界书局,1945:23-24.
③ 管翼贤.新闻学集成（第 3 辑）［M］.北平："中华新闻学院"（日伪）,1943:128-129.

第三节　托拉斯化思想的评估及其实施

在考察与学习国外报业托拉斯化运营的成功实践并结合中国实际国情进行理论的论证与研究之后，国内新闻界对当时报馆组织托拉斯化运营做了较为全面、客观的评估。在历经国内的评估之后，国内新闻界对报馆组织托拉斯化不断地进行尝试与实践。

一、托拉斯化思想的评估

无论是报馆组织托拉斯化思想的提出还是在国外报界的实践与尝试，当时新闻学者都从报业托拉斯化经营对报业行业自身和整个社会两方面来分析了报馆组织托拉斯化所产生的影响，甚至在担忧报馆组织托拉斯化消极影响的同时，表达了对报馆组织托拉斯化的排斥与拒绝。

（一）报业行业层面：托拉斯化可以实现垄断、避免竞争与节省成本

对于报业行业自身来说，报馆组织托拉斯化经营最直接的影响就是避免竞争与节省成本。署名为"老唐"的学者认为报馆托拉斯化可减轻广告主的负担，并使广告的效力增加；也可集中人才资本，使报业发展更顺利；还可避免相互竞争造成的损失。[①] 但同时，报业托拉斯化又难免使读者的利益和新闻事业的使命被漠视，报馆之间因不再竞争而缺乏活力。"老唐"认为："报馆主人或托拉斯领袖为独占利益起见，难免对读者的利益、新闻事业所负之使命有所漠视；同时报馆'托拉斯'化，使报馆间的竞争无从发现，因之报业反不会蒸蒸日上，以无互相勉励向前之志也。"[②] 而报业托拉斯化经营最直接的后果就是报业由自由竞争变为垄断，从而使新闻业沦为纯粹的企业，新闻纸成为赚钱的废纸。黄天鹏认为："……黄金（金钱或资本）霸占了新闻界，垄断了新闻界，小资本家及有宗旨的小组织丧事（失）活动的力量，自由竞争已成历史上的名词，其结果不但断丧新闻界新的生机，新闻业也成了纯

---

① 老唐，真，陈文干，等.中国报馆应否托拉斯化[J].新闻学期刊,1934:155-162.

② 老唐，真，陈文干，等.中国报馆应否托拉斯化[J].新闻学期刊,1934:155-162.

粹的企业。""新闻纸独占的结果,只成了一张'赚钱'的废纸"①。

(二)社会层面:托拉斯化必然导致言论自由的丧失及社会舆论的垄断

对于整个社会来说,报馆组织托拉斯化的消极影响中最突出的是其必将导致言论自由的丧失及社会舆论的垄断。其中最盛行的观点就是报业托拉斯化的结果必然是社会舆论为少数资本掌控者所操纵,从而导致言论自由的丧失。黄粱梦认为:"借此种势力寝寝勃兴,此正可虑之酵也。盖以资本主义者所托之国家,为维持自身之利益,为操纵本国之政治,不得不藉此具有无形的大威权之武器,以翼得以永远维系而不堕。而'言论自由'遂成空有名矣。"②储玉坤认为:"本来报纸评论的功能,仅在引导舆论,走入正轨,现在被操纵在少数资本家的手里,刊载千篇一律的评论,如何能尽量发挥报纸引导舆论的功能呢? 不仅如此,而且言论自由也变成了'徒托空言'了。所以现在报业的托拉斯化,也就是现在报业的一大危机。"③

同时,在报业托拉斯化之后,必然由新闻的独占而导致社会舆论的垄断,进而使舆论主导社会。黄天鹏认为:

> 新闻事业集中于资本主义之下,关于搜集贵重之材料,延揽优秀之人才,设备完善之通信机关,改良之贩卖之分店,与及编辑印刷等之精选,都因有巨额之资本,而臻于美备,凡小资本所不能实现者,至是者能实现。惟其此也,以中央新闻(指重要城市)直送至地方,地方新闻因人才经济两缺,势必相率以崩溃,英国已现此恐慌,新闻事业托拉斯之结果,正如工业大资本化之现象相同,勿待吾人辞费。Sir Norheliffe(即北岩)止以泰晤士(即《泰晤士报》)与密勒(即《每日邮报》)之势力,即称为舆论之制造者,其势足以去留内阁,而显其无冠帝王之威权,而成舆论执论之时代。此种托辣斯之趋势,已由一地而至全城,由一城而至一省,由省而至全国,由欧洲而至美国,而渡海东来,在中国资本主义亦已侵入新闻界,其为利为害,观乎英美各国之情形,自可了然,而不待警

---

① 黄天鹏.新闻学入门[M].上海:光华书局,1933:69-70.
② 黄粱梦.英国新闻界之新趋势[M]//黄天鹏.新闻学论集.上海:光华书局,1930:74.
③ 储玉坤.现代新闻学概论[M].2版.上海:世界书局,1945:28.

言也。[①]

同时,成舍我也担心报业集团化之后所造成的全国舆论的垄断局面。他认为:"假使左右全国的舆论机关,都操纵在少数贪狠自私的资产阶级手中,此中危险,如何重大,当然不言可喻。"[②]此外,报业托拉斯化经营以金钱垄断舆论,也会造成社会公众与劳工的反抗。黄天鹏认为:"由资本主义发达之结果,而新闻事业逐卷入'托拉斯'之怒潮,以金钱而垄断舆论,操纵报业之形势既成,而促起二种反抗之运动:第一为社会团结之势力,俱认'公家言论机关'为公家之事业,公众应觉悟联合起来管理。此公有说之由来也;第二为劳工运动之勃起,经济权若由资本家而转入劳工者之手,则工人必起而办报,如今日劳工报纸之与资本报纸之对抗也。"[③]

(三)国内新闻界的态度:担忧的同时排斥甚至拒绝报馆组织托拉斯化

当时大多数新闻界学者都认为国外报业托拉斯化会损害公众利益,同时报业托拉斯化作为资本主义经济制度问题,其弊端无法被矫正。成舍我认为:"欧美的新闻大王,他们只知道自己如何投机发财,对于社会公众的福利,几乎是毫未想到,照这样继续推演,直到现在,'新闻商业化',所以就成了世界上各种最严重的问题之一。"[④]他还认为:"'新闻大王'的产生,和现今所谓'报纸商业化',这都是整个的经济制度问题,整个的经济制度不变更,'新闻大王'和所谓'报纸商业化'的弊害,是无法矫正的。"[⑤]署名为"真"的学者在论述欧美新闻事业之新趋势和危机时认为,托拉斯势必与资本主义一同崩溃,欧美报界日渐营业化甚至是歧路。他认为:"在资本主义发达的国家,报界也做了时代浪花下的俘虏,……从事实上我们可以知道托拉斯和资本主义的密切关系,正和形影一样地不能分离。在这资本主义极端尖锐化的当儿,托拉斯势必至和资本主义一同奔溃,是可以讳言的。何况报纸负有宣扬文化启发民智的责任,不能和营私逐利的商店比拟,欧美报界日渐营业

---

① 黄天鹏.中国新闻事业[M].上海:上海联合书店,1930:161.
② 成舍我.中国报纸之将来[M]//新闻学研究.北平:良友公司,1932:9—36.
③ 黄天鹏.中国新闻事业[M].上海:上海联合书店,1930:158.
④ 成舍我.中国报纸之将来[M]//新闻学研究.北平:良友公司,1932:9—36.
⑤ 成舍我.中国报纸之将来[M]//新闻学研究.北平:良友公司,1932:9—36.

化，说不定是走上歧路……"①

　　国内新闻界在担忧报馆组织托拉斯化的同时，对报业托拉斯化的态度较为谨慎，甚至排斥报馆组织托拉斯化。如黄天鹏希望谨慎对待报业托拉斯化经营，不要牺牲了新闻业的社会公共事业性质。黄天鹏认为："此（即报业托拉斯化）虽资本主义社会中所必活，故一般组织者深望能纳于正道。所谓正道者何，即以合作之方式，而渐进为社会公共之事业者也。"②他进一步指出："固然新闻业也是企业的一种，但新闻业还带有社会公共事业的性质，我们并不希望新闻业为一种绝对的公益事业，而放弃营业致危及本身的生存。但我们却诚恳地希望其不要只着眼营利，而牺牲其对社会公众的责任。"③

　　另外，还有学者从根本上排斥报业托拉斯化经营在中国出现。其中胡政之认为报业托拉斯化经营不符合中国实际并且是有害的。他指出："我们又以为中国之大，新闻事业前途无量，然而为免除过度商业化的流弊起见，希望报纸不必办得太大，并希望地方多办适合各种环境的报纸。更不必像外国由托拉斯包办舆论，因为那在中国是不可能而实际是很有害的。"④而吴天生也认为报业托拉斯化必然集中统一于少数人之手，"其弊无穷，其害弥甚，……"⑤陶良鹤也在反对托拉斯过度垄断的同时建议发展"企业组合化"，他认为："新闻社的托辣斯化，和资本化，是违背新闻业的本质的，资本家以物质的大力，为了营业的关系，极力的迎合读者的低级趣味。而有志的人士，感到这种趋势是资本家自掘坟墓，不是妥善的办法，而在社会上也有不好的影响，为了这个原因，而有反托辣斯的运动。新闻业的较有眼光者，鉴于合作的必要，而又消费的分担，成为一种'企业组合化'了。……"⑥而戈公振就更直接地否定了报业托拉斯化经营而肯定了苏俄的工农办报。戈公振认为："苏俄系打倒资本主义国家，所以不准私人办报，只准团体办报。举凡市民、农人等协会，俱可刊行报纸。这类报纸，虽未能完全代表公共的舆论，但能代表一部分的利益——如农人协会报纸代表农人利益等便是——比较

①　老唐，真，陈文干，等.中国报馆应否托拉斯化[J].新闻学期刊，1934：155-162.
②　黄天鹏.中国新闻事业[M]//黄天鹏.新闻学名论集.上海：上海联合书店，1930：99-101.
③　黄天鹏.新闻学入门[M].上海：光华书局，1933：68-69.
④　胡政之.我的理想中之新闻事业[M]//新闻学研究.北平：良友公司，1932：37-40.
⑤　吴天生.中国之新闻学[M]//黄天鹏.新闻学论集.上海：光华书局，1930：15-27.
⑥　陶良鹤.最新应用新闻学[M].上海：复旦大学新闻学会，1930：86-87.

商业化资本化的报纸已好得多了。"①

　　不仅很多学者排斥国内报馆组织托拉斯化,甚至在论证中国报业托拉斯化的先天不足的基础上直接拒绝国内报业托拉斯化。其中有一些学者从中国的国情出发,理性论证了中国报业托拉斯化经营的先天不足。"老唐"坚持认为中国报馆无论是在主观立场上还是客观环境上,至少目前还没有到托拉斯化的程度,即使有也只能是一种畸形的发展。就客观环境而言,作为发生托拉斯的客观条件的企业的极度发展还没有具备,他认为:

　　　　就客观的环境说,现代的中国,它的一切的产业都落后,报业也远不如人。所谓第一流的新申两报的发行数,还不能超过二十万,较之伦敦《每日邮报》,《纽约太晤士》(即《纽约时报》),及东京《朝日新闻》的二百余万份的发行数,真是小巫之见大巫,沧海中之一粟耳。至于地方报纸,内容形式,都极浅陋,够不上称为 Modern Journalism(现代新闻)的。所以,发生托拉斯的客观条件——企业的极度发展——还没有具备,怎能谈到事实上的托拉斯化呢?②

　　同时他站在主观立场上认为,中国报纸不应抛弃启迪民智、扶助社会教育的重大使命而通过托拉斯专谋利润的独占:

　　　　在主观的立场上说,报纸是负有启迪民智,扶助社会教育的使命的。而现代的中国一般民众,他们智识的幼稚和缺乏,是不容讳言的事实。这种事实,是亟待于教育者去改造和启迪的。报纸却正是最好的教育者,它的影响的深切,能力的伟大,是超乎学校以及其他教育机关之上的。所以,为了这缘故,中国的报馆对自身责任的重大,是应当有所觉悟,而不应托拉斯化,专谋利润的独占,并摧残正在萌芽的小新闻社。是要在以一般民众的利益的前提下,去努力创造新的灿烂的环境。③

　　署名为"真"的学者则认为中国的教育、交通、实业、政治、人才、报业规模等现状都使中国报业够不上托拉斯化,他指出:

---

① 戈公振.报纸的将来[M]//管照微.新闻学论集.上海:汉文正楷印书局,1933:145-155.
② 老唐,真,陈文干,等.中国报馆应否托拉斯化[J].新闻学期刊,1934:155-162.
③ 老唐,真,陈文干,等.中国报馆应否托拉斯化[J].新闻学期刊,1934:155-162.

我国新闻事业因为教育未能普及，交通没有开发，实业没有兴盛，政治还未上轨，得不着一个顺利发展的环境，同时人才缺乏经济枯窘，目下真幼稚得很。全国读报的人，只有五六十万左右。销路还比不上欧美各国的零数。在这农村破产都市冷落的局面下，更谈不上托拉斯化。……何况在中国又没有保护关税，报纸和副业，却不能向外竞销，徒自排挤而已。所以根据中国现状论，是够不上托拉斯化。①

他还以报业托拉斯必然导致报业"专事营利忽视人民知识""依赖政府无真言论""摧毁地方报纸""小报停办""失业的工人一定很多"等负面影响为理由，进一步论证了中国报业不应该托拉斯化。② 而学者陈文干更是从社会制度的角度来论证中国报业不应该托拉斯化，他认为："报纸是所以反映社会客观的真实，故其动向必随社会制度而转移。"由此他推断：资本主义的美国承认报纸作为商品而存在，决定了该国报业的托拉斯化；社会主义的苏俄不承认报纸作为商品而存在，决定了该国报业为劳动者共同的事业，从而否定托拉斯化；法西斯主义的德意志确认报纸作为法西斯主义宣传与组织的武器，决定了该国报业实行统制新闻政策。然而中国当时由于国际资本和封建残余相互勾结，原本也是承认报纸作为商品而存在，从而决定报业托拉斯化的，但是由于日本帝国主义全面侵华引发的民族危机，致使报纸成为宣传、组织国民抗争帝国主义的武器，从而否定了其托拉斯化的倾向。③ 学者顾遒湘则在坚持新闻纸社会公共性原则的同时攻击资本主义的报业托拉斯化的弊端，进而论证中国报馆不应托拉斯化。他认为："新闻纸是民众的喉舌，是社会知识供给的机关，是一切人类生活现象的表现物了，这是谁都不能否认的新闻原则。因此，新闻事业在一切的场合上，皆应以大多数人类利益为前提；全时，新闻事业的职权，更应为公共所有，决不能由少数人操纵。"④"在资本主义的社会里，……随着资本主义进展，（新闻纸）成为歌功颂德的宣传品；成为蒙蔽人类的迷魂剂；成为压迫劳苦群众的武器；这样的结果，便招来了财政上的矛盾和阶级的对立。"⑤所以，"……资本主义的新闻事

---

① 老唐，真，陈文干，等.中国报馆应否托拉斯化[J].新闻学期刊，1934：155-162.
② 老唐，真，陈文干，等.中国报馆应否托拉斯化[J].新闻学期刊，1934：155-162.
③ 老唐，真，陈文干，等.中国报馆应否托拉斯化[J].新闻学期刊，1934：155-162.
④ 老唐，真，陈文干，等.中国报馆应否托拉斯化[J].新闻学期刊，1934：155-162.
⑤ 老唐，真，陈文干，等.中国报馆应否托拉斯化[J].新闻学期刊，1934：155-162.

业托拉斯化,则是苟延其风烛残年最后一种的手段,所以,结果必从其手中蜕化到另一个新形态"①。而"中国虽然没有像美国那样大的资本家,但照实质来讲,却是一个资本主义的国家,中国的新闻事业,亦已走入托拉斯化的阶段。然而,新闻事业的要义,终是为大多数人类谋利益的,决不允许少数人把持。中国连大的资本家都没有,所以,中国报馆应否托拉斯化的问题,不言可解了"②。

二、国内托拉斯化思想的实施:模式与实践

虽然很多学者排斥甚至拒绝报馆组织托拉斯化运营,但是晚清民国时期的新闻实务界还是大胆地不断尝试与实践报馆组织的托拉斯化。纵观晚清民国时期报馆组织托拉斯化实践运营的整个过程,当时报业组织托拉斯化先后出现了产业扩张的独资托拉斯、经济协作的联合托拉斯、跨区连锁股份托拉斯三种实践模式。

(一)由报业公司产业扩张实现的独资托拉斯

由报业公司产业扩张的独资托拉斯主要是指报业公司经过一段较长的时间经营与发展,随着自身经济实力的壮大、自身资本的积累,然后利用已有的人才、设备与技术优势向相关产业或不相关产业拓展,最终形成一个跨媒介跨行业的独资经营的报业托拉斯。如美查等四人合股出资1600两白银创办《申报》两年后,美查开始利用其人力和物力资源的优势,出版《瀛寰琐纪》《四溟琐纪》和《寰宇琐纪》杂志,后来又兼经销《瀛寰画报》和发行《点石斋画报》,还设立"申昌书局""点石斋书局"和"图书集成印书局",并在此基础上,投资建设燧昌火柴厂和江苏药水厂等实业。直至1889年改组成为美查有限公司时,已成为拥有30万两白银资本的跨媒体、跨行业的独资经营的报业托拉斯。

自1911年史量才买下美查有限公司并接管《申报》以后,随着《申报》报业公司《申报月刊》《申报年鉴》、申报流通图书馆、申报新闻函授学校、申报业余补习学校等相继创办,其开始向出版业和文化教育事业拓展。在此基础上,还投资五洲大药房、中南银行等化工业、银行业企业,成为一家多种经

① 老唐,真,陈文干,等.中国报馆应否托拉斯化[J].新闻学期刊,1934:155-162.
② 老唐,真,陈文干,等.中国报馆应否托拉斯化[J].新闻学期刊,1934:155-162.

营的大企业。① 此时,《申报》公司俨然发展成为一个跨媒体、跨行业的独资经营的报业托拉斯,也是上海乃至全国最大的报业托拉斯之一。

此外,成舍我自从 1924 年 4 月创办《世界晚报》以后,1925 年 5 月创办《世界日报》,1925 年 10 月把《世界日报》第五版画报单独出版,创办了《世界画报》,并于 1933 年创办了北平新闻专科学校,这样通过原有部门独立不断成长的方式逐渐发展成为"三报一校"的多媒体相关经营的独资经营的报业托拉斯。

(二)报业公司经济协作的联合托拉斯

众所周知,市场发展的必然趋势是联合与集中,这是市场经济的定律。随着国营、私营、教会等多种所有制报业公司的并存发展,中国报业公司为了应对市场竞争、防范风险,同时节省成本,取得稳定和更大的利润,于是开始通过签定协议在纸张、油墨、印刷、发行、品牌、采编业务甚至资本等方面进行合作,互通有无或联合采购等,探索报业公司之间的经济协作,试图实行联合经营,这就标志着中国报业公司发展中经济协作的联合托拉斯诞生了。其中张竹平开始组织"中国出版公司",②通称"四社",该社与其说是被报人曾虚白称为中国"政治化与企业化报纸合流"的"最早的报团"③或中国报业集团的雏形,还不如说是中国报业公司经济协作联合托拉斯的典范。1932 年 10 月《大晚报》创刊不久,在张竹平的主持下,《时事新报》《大陆报》《大晚报》和申时电讯社联合组成的报业辛迪加形式的"四社联合办事处",设在《大陆报》报馆的三楼,以此实现"三报一社"在新闻信息、生产资料、图书出版、发行等方面的协作与联合。"四社"还组织出版了《报学季刊》《申时经济新闻》《时事年鉴》和其他书籍,这在国内新闻界也一直被认为是中国报业集团的雏形。④ 但事实上,虽然"四社"都是独立的法人,张竹平对三报的参股都不足 1/3,主要是通过社会关系,由银行家、政客、军阀投资的。但因份额分散,又多属于帮助性质,所以大权仍掌握在张竹平手里。⑤ 但"四社"

①　王润泽.北洋政府时期的新闻业及其现代化(1916—1928)[M].北京:中国人民大学出版社,2010:130.

②　黄天鹏.四十年来中国新闻学之演进[J].中国新闻学会年刊,1942:33-36.

③　赖光临.中国新闻传播史[M].台北:三民书局,1983:175.

④　方汉奇.中国新闻事业通史(第 2 卷)[M].北京:中国人民大学出版社,1996:320.

⑤　黄卓明,俞振基.关于时事新报的所见所闻[J].新闻研究资料,1983(3):181-209.

虽然有资本、技术、产品、经济为纽带的联合与合作，由于国民党政权不容许它有发展的机会，直到 1935 年，还没来得及实行产权、制度、生产与人事等方面真正正式的联合与控制，却因为牵涉福建事件，"四社"就被孔祥熙强行低价收购。

另外，史量才的《申报》与《新闻报》之间也实行了资本、外地发行之间的联合经营。由于其他股东和《新闻报》上下职工的反对，国民政府当局的阻挠和虞洽卿等买办资产阶级的插手，最终迫使史量才在收购福开森《新闻报》1300 股股权的过程中妥协让步，让出 300 股，并承诺不干预《新闻报》任何事务，让《新闻报》继续独立经营发展，整个股权风波才得以平息。虽然史量才最后只拥有 50% 的股权，但他仍然是《新闻报》最大的股东，《新闻报》遇重大事件时，汪伯奇、汪仲韦兄弟仍要到《申报》来请示。[①] 但这次股权收购一直被理论界认为是失败的，因为史量才不直接参与或干预管理《新闻报》事务，所以只能算是资本的联合经营。但同时《申报》与《新闻报》在外埠报业市场上合作的机会增加了，如曾经在杭州联合出版"申报新闻报杭州附刊"，以此吸引大批的订户与广告，与地方报业展开激烈竞争。[②] 直到 1934 年秋史量才在沪杭公路上遇害，他的《申报》与《新闻报》之间的经济协作联合经营的局面并没有改变。

此外，还有成舍我"世界"报系与南京《民生报》、上海《立报》之间的经济协作联合经营。成舍我在北京受挫以后，受李石曾之邀南下南京，与李石曾共同创办《民生报》（1927—1934 年），1935 年 9 月在上海与肖同兹等集资创办且以肖同兹为董事长的《立报》。各报之间加强业务与经营的协作与联合，如《民生报》的人员在南京为《世界日报》采写新闻、拍发专电，并以民生报社为分社推销《世界日报》。[③] 在抗日战争与解放战争期间，成舍我的报系中各报之间的协作也历经艰难，逐渐衰微。

在民国私营商业报纸经济协作联合经营的同时，国民政府官方所有的党报系列也逐渐发展成为由中央所有和直接控制并独立经营的报业公司，同时各报业公司之间也在经济、业务上协作联合经营，初步实现联合托拉斯化。抗战胜利之后，国民党中央直属报系共有 18 个单位、22 家报纸，包括中

①　胡太春.中国报业经营管理史[M].太原：山西教育出版社，1998：66.

②　陈昌凤.中国新闻传播史：传媒社会学的视角[M].2 版.北京：清华大学出版社，2009：209.

③　方汉奇.中国新闻事业通史（第 2 卷）[M].北京：中国人民大学出版社，1996：340.

央日报 13 个社,其他 6 种不同报名,共 9 版报纸。① 其中国民党中央直辖的《中央日报》在抗战胜利以后有南京版、上海版、重庆版、贵阳版、昆明版、桂林版、长沙版、福州版、厦门版、广州版、沈阳版和长春版,分别在全国 12 个城市同时出版,共出版 30 个版。② 而且南京《中央日报》社还在 1946 年出版《中央晚报》,1947 年正式组建由陈立夫任董事长的南京中央日报股份有限公司。同年,上海中央日报股份有限公司也正式组建。但《中央日报》总社和分社只是名义上的称谓,而无实际隶属关系,是一个十分松散的联合体,③自 1946 年起在直属党报中一律实施企业化,改制为股份有限公司,建立起组织、财务、人事、广告、发行等一整套内部管理机制。④ 但它们都同属于国民党中央宣传部直辖,在业务上相通与协作;同时从经营的角度看,还有《中央日报》这个品牌的联合与合作。直至 1949 年中华人民共和国成立,南京《中央日报》从大陆搬迁到了台湾继续经营,其各公司之间的协作联合经营在大陆自动解体。

(三)报业公司跨区连锁股份托拉斯

在民国时期所有报业当中,通过异地扩张投资创办子报、设立分社,最终形成同名的母子报系的跨区连锁股份托拉斯也是一种非常普遍的报馆组织向托拉斯化扩张经营的实际经营形式。其中新记公司《大公报》自 1926 年从天津版开始发展,到 1945 年抗战胜利以后,《大公报》已形成天津版、上海版、重庆版、香港版及台湾航空版每天同时发行的报业跨区连锁股份托拉斯——大公报社股份有限公司。该公司在事务管理、材料采购、人事管理及财务管理上都实行统一的规则和章程,由总管处进行统一管理。⑤

另外,陈铭德的《新民报》也是在南京创刊,最后发展成为由南京版、重庆版、成都版日刊和晚刊、上海版晚刊、北平版日刊组成的拥有 5 个分社共 8 份报纸的民营报业托拉斯。⑥ 从企业法人代表的原则来看,这其实是个"五社八版"同时出版发行的报业跨区连锁股份托拉斯——新民报股份有限公

① 赖光临.七十年中国报业史[M].台北:"中央"日报社,1981:195.
② 陈昌凤.中国新闻传播史:传媒社会学的视角[M].2 版.北京:清华大学出版社,2009:218.
③ 胡太春.中国报业经营管理史[M].太原:山西教育出版社,1998:100.
④ 沈松华.民国报业的公司化进程研究[J].杭州师范大学学报(社会科学版),2009(4):68-74.
⑤ 胡太春.中国报业经营管理史[M].太原:山西教育出版社,1998:67-86.
⑥ 方晓红.中国新闻史[M].南京:南京师范大学出版社,2010:188.

司,并由《新民报》总管处对业务、人事、财务、物资进行集中统一管理。[①]

还有天津天主教报纸《益世报》,其创办人雷鸣远在 1917 年出资让杜竹萱在北平创办《益世报》,但两者相互独立。1931 年天津益世报社改组为益世报股份有限公司。[②] 在抗战胜利后由南京中国天主教总教主于斌组织复刊并发展成为拥有天津版、北平版、南京版、上海版、重庆版,每天销量达 8 万份的报业托拉斯[③](此外还有西安版)。为了联合力量、互通有无,1945 年 11 月 19 日益世总公司成立益世报股份有限公司,由于斌任董事长,刘航琛任总务长,范争波任新闻处长,潘朝英任秘书长,[④]统一管理全国各地《益世报》。直至 1949 年全国解放前夕,《益世报》各版纷纷停刊。

此外,国民党老牌军队报纸《和平日报》(又名《扫荡报》)1944 年在重庆募集资本组建股份有限公司,成立理事会和监事会,并设立总社和管理处,[⑤]实行"经营商业化""管理军事化"方针。[⑥] 在抗战胜利以后,《和平日报》总社迁至南京,并在重庆、上海、台湾、广州、南京、兰州、沈阳等地设有分社,[⑦]最终发展成为南京版、重庆版、上海版、汉口版、兰州版、广州版、沈阳版、台湾版和海口版 9 个城市 8 个分社同时出版的跨区连锁股份经营的报业托拉斯。1949 年,该报业各版在中国大陆自动停刊。

第四节　本章小结

随着晚清民国时期国内报业的自由竞争及其不断发展,各大报馆为了实现报馆组织的科学管理及高效运作,不断健全与完备组织机构,逐渐发展成为规模宏大的报业有限公司或报业股份有限公司,《申报》等具有强大实力的报馆已在产业发展与经营中开始托拉斯化的尝试。尤其是在 1889 年世

---

① 胡太春.中国报业经营管理史[M].太原:山西教育出版社,1998:91.
② 罗隆基.天津《益世报》及其创办人雷鸣远[J].陈树涵,整理.天津文史资料选辑,1988(42):136-153.
③ 方汉奇.中国新闻事业通史(第 2 卷)[M].北京:中国人民大学出版社,1996:699.
④ 陈方中.于斌枢机传[M].台北:台湾商务印书馆,2001:135.
⑤ 郑炯儿.从"扫荡"到"和平":《扫荡报》研究(1931—1950)[D].台北:台湾师范大学,1999:76.
⑥ 扫荡世界人类的公敌[N].扫荡报(重庆版),1943-7-23(1).
⑦ 许孝炎.我所见到的中国新闻事业——新闻讲座之二[J].新闻学季刊,1947,3(1):5-7.

界第一家报业托拉斯——斯克里普斯-麦克雷报业托拉斯在美国诞生之后,欧美发达国家的报业迎来了一次托拉斯化高潮。当时新闻理论界与实务界在翻译外国新闻著作或游历考察国外报业托拉斯化实践之后,通过著书立说来介绍、研究与讨论欧美报业发达国家报业托拉斯化的定义、起源、托拉斯及其老板的概况、运营方式、趋势与消极影响等报业托拉斯化经营现象与理论,在国内新闻界掀起了一场报馆组织托拉斯化的思想浪潮。

在这次托拉斯化的浪潮中,国内新闻理论界和实务界系统考察与研究了国外报业托拉斯化的实践经验与理论,并结合当时国内的实际情况进行了全面思考及理性论证,对国内外报业托拉斯化经营的发展给当时国内报业行业、社会层面的消极影响深表担忧,很多国内新闻学者在态度上较为谨慎,甚至排斥和拒绝报馆组织向托拉斯化方向发展。

然而,即使托拉斯化思想遭受国内新闻理论界的排斥与拒绝,但在国外托拉斯化实践的推动之下,晚清民国时期国内具有强大实力的报馆都纷纷尝试扩张独资托拉斯化、经济协作联合托拉斯化或跨区连锁股份托拉斯化。这些托拉斯化的实践尝试虽然由于种种原因并未长久发展,但为日后我国报馆组织托拉斯化的发展提供了实践经验及教训。虽然在传媒托拉斯跨区域甚至跨国界及全媒体、跨媒体发展日益普遍的今天看来,晚清民国时期报馆组织托拉斯化似乎不足为奇,但是在当时却是极为先进、科学的报业管理与运营模式。事实上,这些托拉斯化的思想与实践对于现在的国内传媒全媒体化、跨区域甚至跨国界的集团化发展仍有诸多的启发与借鉴。

第五章　报馆人事管理思想：
"卓然"之"树立"，"在专材之养成"

晚清民国时期由于新闻人才的普遍缺乏，报界用人一直呈现出人才难找，找到也难留住的状态。报馆逐渐意识到人才的重要，甚至普遍认为：报馆"卓然"之"树立"，"在专材之养成"。因此，报馆特别尊重新闻记者的专业化，并主张通过公开招考录用的方式公平引进新人，提倡通过培训、薪酬与福利等措施留住人才，逐步实现"科学地挑选工人，并进行培训教育，使其成长"①的科学管理目标。尤其是"规模较大之报纸或通讯社，亦宜多纳青年，培庸奖进，蔚为成材。庶新陈代谢，不感才难，而久任编辑者，亦得因瓜代有人，或调充外勤，或出而游历，既酌情动静，复增扩见闻，如是则健康不损，兴趣续永，新闻事业之进展，亦攸赖焉"②！

第一节　人才之"重"：
"报馆譬之人体，人材则灵魂也"

晚清民国时期，由于国内报业发展较晚且一直较为落后，再加上国内新闻学或报学专业教育规模小，所能培养的高等专业人才极少，所以整个晚清民国时期新闻人才都非常紧缺。因此在报业竞争中，各大报馆及学界都非

---

① 泰勒.科学管理原理[M].黄榛,译.北京:北京理工大学出版社,2012:19.
② 钱沧硕.谈编辑[J].中国新闻学会年刊,1942:40-43.

常强调新闻人才的重要性,甚至认为新闻人才是报纸竞争的核心与灵魂,也即"报馆譬之人体,人材则灵魂也"。

一、背景:晚清民国时期普遍缺乏新闻人才

晚清民国时期新闻业与新闻学教育都处于刚起步的阶段,一方面,大的报馆很少,仅有上海《申报》《新闻报》、天津《大公报》《益世报》及南京《中央日报》《新民报》等几家,而且报业产业规模也不大,仅集中在上海、南京、天津等几个大都市;另一方面,新闻教育仍处于初始阶段,新闻专科学校或大学新闻学系或报学系也仅有数所。即使后来不断增加,但由于战乱,很多新闻院系都纷纷关闭停办,所以整个晚清民国时期都普遍缺乏新闻人才。有人这样概括当时的情况:"在民国以前,大多数的中国报人是具备些'第二手'的新知识的'士大夫'""民国以后,报业有突飞猛进的形势,报人也因此较前多而且杂,可以说三教九流,无奇不有。官僚政客,落魄文人,以至于下野军阀,赌棍流氓都来办报,具有职业的兴趣者,不过是有限的几个留学生。"直到民国 17 年以后,"职业的报人才一天一天的多起来。事变的前几年,相当可观的一批受过大学报学教育的生力军走进了报业"[①],但是对于整个新闻业来说仍然是杯水车薪,无法解决人才的紧缺,甚至人才的恐慌问题。

民国初年,国内还没有新闻学专业毕业生,所以真正的新闻人才仅为少量海外留学生。当时国内新闻教育才刚出现,仅有上海圣约翰大学新闻学系、平民大学新闻学系、燕京大学新闻学系等开始招收和培养新闻人才,但所毕业的新闻学生不及百人,所以普遍感觉到新闻人才的缺乏。当时在上海报馆工作的戈公振曾估算:"大(概)率一馆之中,出类拔萃者仅十之二三,余备员而已。"[②]而当时大报馆的主持人或总编辑都感叹新闻人才的奇缺。如上海《新闻报》创办人福开森曾这样说:"本报自办理以来,最大难处即为缺乏熟为新闻事业之人才。"[③]而上海《新闻报》总经理汪汉溪对新闻人才的奇缺更是有切身体会,尤其感叹报馆经营人才的紧缺:

① 刘豁轩.中国报业的演变及其问题[J].报学,1941(1):5-13.
② 戈公振.中国报学史[M].北京:生活·读书·新知三联书店,1955:244.
③ 福开森.新闻报之回顾与前途[M]//《新闻报》三十年纪念册.上海:新闻报馆,1923:1-2.

各省军阀专权，每假戒严之名检查邮电，对于访员威胁利诱，甚至借案诬陷，无恶不作。故报馆延聘访员人才，难若登天。有品学地位具优而见闻较广者，咸不愿担任通信；坐井观天之辈，为糊口计，欲谋充访员者，虽车载斗量，报馆亦不愿使若辈滥竽充数。至各埠分销人，须具两项资格，方为合格：（一）须有勤俭干练之能力，能使报纸销路推广，日增月盛，方为合格；（二）须银钱可靠。然两项资格具备之人甚不易得。盖凡具有广交之才者，其人用途必大，以报纸蝇头微利，月得几何，不数月辄苦亏负。如谨慎拘执之人，银钱虽可靠，而办事钝滞，欲使其推广销路，必难收效。故欲求推广报纸人才，殊非易事。余对于此项人才加意选择，故各分馆暨各分销处主干均具有完全资格，方有今日之良好成绩。泰西报界新闻记者，均具有专门学识，曰新闻学，曰广告术，故报馆各部人材无患缺乏。乃中国报界缺乏专门人才，虽近年来各大学校间有附设新闻学一科者，亦正在教学期间，此吾国报界所以有幼稚之叹。①

而曾任《申报》总编辑的陈冷则特别感叹报纸编辑人才的紧缺：

有普通之一语，曰苦无人才。而报馆中之编辑部，则为尤甚者。何也。凡有才能者，多不愿任，即任亦不愿久。苟无才能者，又不能任。故必须有相当之学识，而又无雄心大欲之人，始能久任而勿去。此其一。方今之世，人心机变百出，任事编辑之人，日与此机变之人心相接触者也。使不识人心之机变。一意忠厚者任之，则必至受人之愚，使深悉人心之机变。智巧之士任之，则又必因利乘便，丧失报纸之价值，故必须能暗世情而又秉性正直者，始能胜任而愉快。此其二。……凡任事于报纸编辑之人，五年十年之后，鲜有不患神经衰弱，或心怖或胃病者。必须其人身体健全，善自调摄，始能持久而不怠。此其三。有是三者。故报馆编辑部人才之难，实视其他事业为尤甚也。②

此外，还有很多新闻学者也开始思考当时新闻人才的紧缺问题，如有人认为："盖我国现在之新闻界，其腐败幼稚，毋庸讳言。而根本问题，由于人才之缺乏、品类之不齐。"③也有人认为，"就是从大体上视察起来，新闻事业

①　汪汉溪.新闻事业困难之原因［M］//《新闻报》三十年纪念册.上海：新闻报馆，1923：2-5.
②　陈冷.编辑部中之经验［M］//王澹如.新闻学集.西安：天津大公报西安分馆，1931：116-119.
③　邵飘萍.新闻学总论：国立法政大学讲义［M］.北平：京报馆，1924：249.

幼稚病的症结,可以说是由于专门人才的缺乏"①。陶良鹤认为:"我国新闻事业最感困难者,即缺乏人才是也。"②

而到了抗战时期,国内新闻人才的紧缺问题不仅没有从根本上解决,甚至出现了新闻人才缺乏的恐慌,因为抗日战争的全面爆发,仅有的新闻院系停办了。据记载:"在中国,民国元年即有设立新闻学院之提议。到了现在,开过新闻学功课的大学,不下三十余。然而在八一三以前,只有燕京大学、复旦大学同中央政治学校设有正式的新闻系,抗战发生,燕大的新闻系也停办了。以这样需要新闻人材之中国,训练记者的机关这样缺乏,这当然是一种不调和的现象。"③而且战争的危险还导致很多新闻人才的流失。有人对此曾这样描述:"目前一般报界都感到人才缺乏的恐慌。这是很严重的问题,值得注意。我们可以看到各报社编辑部或经理部,旧有的人,或系不耐清苦,或系受别方面的邀请皆渐渐改业;新的人,感到兴趣的想进报社而又不见重用,即使进了报社也是一个过渡的打算。特别是经理部,在现在的情况下,是真正有兴趣而来的,简直很少,要说是专门的人才,那更不可多得了。"④而对于当时的小型报来说,报业人才就更为紧缺,有人曾这样感叹:"小型报的(之)所以失败,因为办报的人程度太浅,既无普通水准以上的教育程度,更无专门的报学知识。一般有学问,有经验的人,多半被大报搜罗殆尽,……"⑤所以"大凡是办过新闻事业的人,一定都会感到'人才难找,找到又留不住'的苦衷"⑥!

在抗战胜利以后,因内战全面爆发,全国仍处于战乱之中。虽然大部分报业与新闻院系纷纷恢复发展,有的甚至得到扩大发展,但战争导致物质紧张、物价高涨,国民政府主要忙于战事而无暇顾及解决国内新闻人才紧缺的问题,所以新闻人才紧缺的格局没有根本改变。当时除了《中央日报》《申报》《大公报》《新闻报》《新民报》、中央社等实力较强的新闻企业之外,其他报业企业,尤其是地方报纸仍然难以找到所需要的新闻人才。

所以,从总体上看,整个晚清民国时期都普遍缺乏新闻人才,其实这种

---

① 陶良鹤.最新应用新闻学[M].上海:复旦大学新闻学会,1930:72.
② 吴晓芝.新闻学之理论与实用[M].北平:立达书局,1933:225-226.
③ 马星野.新闻记者之训练问题[J].新民族,1938,2(19):293-294.
④ 聂世琦.如何培养报业管理人才[J].新闻战线,1942,2(7-8):7-10.
⑤ 许邦兴.中国小型报纸[J].报学,1941(1):145-158.
⑥ 张志智.发展全国新闻事业刍议(下)[J].新闻战线,1943,2(9-10):13-16,19.

报业人才紧缺的局面直到新中国成立初期仍然没有得到根本解决。

二、"报馆譬之人体，人材则灵魂也"

在企业竞争中，人才是企业的核心竞争力。在报业企业竞争中也是一样，尤其是在新闻人才极为紧缺的晚清民国时期，新闻人才更是报馆竞争的核心力量，甚至是报馆经营发展的根本与灵魂。正如"美国的钢铁大王卡内琦（即卡耐基）曾说过这样的话：假如他的事业被人占去，而他的人员还是誓忠于他，那他很容易创造另一新事业；可是要是他的人员被人争去了，那他的问题就严重了"①。戈公振认为："报馆譬之人体，人材则灵魂也。故报纸之良不良，可自其人材多寡而知之。"②其实当时很多人都意识到了新闻人才对报馆、报业的重要性。他还认为："才难之叹，自古已然。况甫具萌芽之报界乎？今后之办报者，欲卓然有所树立，将不在资本之募集，而在专材之养成。"③并强调，"我们要想编一种良好报纸，就要有良好的编辑人才"④。而黄天鹏认为："执役报馆之职工，为一报之灵魂，倘有巨额之资本，与完善之设备，而用不得其人，则犹无从言发展也。"⑤陶良鹤也认为："要一种专门事业的发展，第一需要着专门的人才。所以新闻事业伟大的前程，迫切地待专门人才的出来担任。"⑥邹韬奋也在实践中意识到了新闻人才的重要性："一人的精神材力无论如何奇伟卓越，总有限制，故事业的规模愈大而内容愈繁者，其成败兴衰的枢机愈在用人之得当与否。"⑦

因此，各大报馆也都非常重视新闻人才的运用。如上海《新闻报》主持人福开森认为："……故于所延人员，辄为本馆自为诱掖，以期养成专才。凡任职本报者，欲图自进，本报辄力为谋方便焉。馆员之中，盖颇有常川服务，久而未替者，而逐年以来，亦时复沿用新人，故于办事人员，颇寓绵延进化两旨。"⑧而该报总经理汪汉溪也特别强调要用好人，认为："报馆各部人才既如

① 詹文浒.报业经营与管理[M].上海：正中书局，1947：156.

② 戈公振.中国报学史[M].北京：生活·读书·新知三联书店，1955：244.

③ 戈公振.中国报学史[M].北京：生活·读书·新知三联书店，1955：246.

④ 戈公振.新闻学泛论[M]//黄天鹏.新闻学演讲集.上海：现代书局，1931：1-8.

⑤ 黄天鹏.中国新闻事业[M].上海：联合书店，1930：92.

⑥ 陶良鹤.最新应用新闻学[M].上海：复旦大学新闻学会，1930：71.

⑦ 邹韬奋.用人的三种制度[J].生活，1930，5(26)：421-423.

⑧ 福开森.新闻报之回顾与前途[M]//《新闻报》三十年纪念册.上海：新闻报馆，1923：1-2.

此难得，慎重延聘，尚虞陨越，量才使用，均能洁身自好，绝无党派关系，同心同德，得有今日之声誉者，未始不由于此。余自己亥任事，迄今二十四年如一日，兢兢业业，不遑启处，各股东诚信相孚，用人言论，从未加以丝毫干涉，故得积极进行，……"①为了科学有效地用人，也有人建议报馆在人事科专门设立招工股、训工股、卫生股、安全股、研究股、服务股等管理职工的雇用训练，工作的考勤及办理职工的储蓄或其他事务。②

总之，在晚清民国报业逐步实行科学化管理的过程中，不论哪一个阶段，新闻人才总是紧缺的，有时甚至出现人才缺乏的恐慌，所以对新闻人才的重视已经成为报界与学界的共识，"报馆譬之人体，人材则灵魂也"成为普遍的观念。

第二节　人才之"专"：新闻记者的职业化思想

虽然晚清民国时期新闻人才普遍紧缺，但是报界都非常重视与尊重新闻学的研究与教育，全面认同新闻记者的专业化、职业化，同时在理论上也努力追求新闻从业者的职业化思想与理念。根据西方职业化理论的解释，英文单词 profession 源于拉丁语的 profess，所以"职业主义"就是"一个探求某种学术性技艺的群体本着服务公众的精神共同执业"③。作为社会上一种为公共服务的独立职业，在职业主义者看来，profession 应该具有的三个主要特征是："(1)建基于深奥理论基础上的专业技术，以区别于仅满足实用技巧的工匠型专才；(2)为公众服务的宗旨，其活动有别于追逐私利的商业或营业(Business)。尽管，自由职业跟其他行业一样需要经济收入，甚至需要较高收入，但是高收入不是首要目的而只是附带的结果。最根本的价值是为公众服务的精神。(3)形成某种具有资格认定、纪律惩戒和身份保障等一整套规章制度的自治性团体，以区别于一般的'工种'(Occupation)。"④概括

①　汪汉溪.新闻事业困难之原因[M]//《新闻报》三十年纪念册.上海.新闻报馆，1923:2-5.

②　徐渊若.新闻发行学:申报新闻函授学校讲义之九[M].上海:申报馆，1936:170-171.

③　Roscoe Pound. The Lawyer from Aatiquity to Modern Times[M]//William Hornsby. Clashes of Class and Cash:Battles from the 150 Years War To Govern Client Development. Ariz. St. L. J, 2005,3(Summer):257.

④　季卫东.法律职业的定位——日本改造权力结构的实践[J].中国社会科学，1994(2):63-86.

地说，也就是西方学术界对职业化（professionalization）进行描述和下定义时普遍强调的三个属性：通过接受高等教育而获得理论和专业知识；不计报酬而为公众服务的职业道德；以自我管理和通过职业社团控制入业标准取得在提供某种职业服务方面的自治和垄断。① 也就是说作为一种服务公共的独立职业，最起码必须具备上述三个特点，也可以说这三个属性就是职业化的根本标志，也是衡量某种执业行为是否为"职业化"的标准。那么，新闻从业者的执业能否被社会认同是"职业化"，其关键也在于新闻业本身是否具有上述三个最根本的属性。历史与现实证明，新闻业自从出现以来，便是一种公共信息服务，甚至代表公共利益，并且一直在努力通过规范自身公共服务的职业道德，以高等教育的方式传授行业的理论与专业知识，甚至组建职业社团实行行业的自治等措施来实现行业自身的职业化。虽然新闻记者的职业化是一个漫长的历史过程，甚至在不同的国家也有不同的职业地位，如在民国时期，"新闻记者视为专业的国家有澳大利亚、法兰西、德意志、英吉利、匈牙利、意大利；新闻记者视为主要职业的有波兰、美利坚、瑞典、日本；新闻记者视为独立职业的有瑞士、中国"②，但是新闻记者职业化是毫无疑义的。具体地说，作为专业化的新闻人才的新闻记者，其职业化主要体现在新闻记者实行严格的行业资格证制度、新闻记者职业道德信条及新闻记者职业社团组织三个方面。

一、实行新闻行业资格证制度的观念

波斯纳对职业化做了这样一种解释："职业的标志是这样一种信念，即这是一个具有相当公共意义的工作岗位，从事这一工作要求非常高的专业的甚至深奥的知识，这种知识只有通过专门的正式教育或某种精细监管的学徒制才能获得。由于这些特点，因此职业就不是一种能自由地负责任地进入的工作岗位，只有符合某个规定的通常是很苛刻的协议并且要有能力之证明才能进入。由于这种工作岗位的重要性，以及因此而来的职业人员有能力伤害社会，人们通常认为，职业进入应当由政府控制。不仅'医生''律师'以及诸如此类的头衔应当保留给那些满足了某个职业自己的职业标

---

① 徐小群.民国时期的国家与社会：自由职业团体在上海的兴起（1912—1937）[M].北京：新星出版社，2007：8-9.

② 谢六逸.实用新闻学：申报新闻函授学校讲义之三[M].上海：申报馆，1935：37-38.

准的人，而且不应当允许任何人不领取政府执照就履行职业工作。"①也就是说，作为一种服务公共的职业，必须通过专门的正式教育或严格的学徒制方式获得该专业的高深理论及专业技能，并获得政府强制认定的执业资格才能进入该行业。换句话说，就是对该行业实行执业资格证制度。所以新闻行业的职业化必须实行的职业制度之一就是新闻行业资格证制度，也就是新闻记者只有通过专门的高等教育获得新闻学专业的高深理论与专业技能，且获得政府强制认定的新闻记者证，才能进入新闻机构从事新闻工作，否则就是非法执业。所以休曼认为："新闻事业者，今已成一种之职业。从事者需专门之教育，应有特别之嗜好，又必能耐劳苦，若仅欲略知一大报之组织与办法，其事固属易易也。"②谢六逸甚至认为："就现在各国培养新闻记者的现况看来，我们知道新闻记者不是可以随便从事的，没有真正的学识就不能担任新时代的记者的任务。所以中国未来的新闻记者，应该脚踏实地地研究新闻学。如果认定新闻记者为自己的终身职业，就应该以此为'专业'，不可再兼他种业务。"③

晚清民国时期国内关于新闻记者资格的标准一般要求有"高等的常识"、高尚的品德与健康的体格。其中任白涛认为，"新闻记者必要之常识、比诸一般常识、尤当较高一等。即于普通常识之上、又须有相当之素养……故新闻记者必要之常识、谓之高等常识"④。而邵飘萍对"高等的常识"有更具体的理解："所谓'高等的常识'者与世人所称之常识比较有异，盖世人所称之普通常识，大约中学毕业或与之有同等学力者，即可称有普通常识之人。然苟以之充职务较为繁重之新闻记者则嫌其不足，必也对于专门学者之意见有充分了解之程度，对于专门的事件之记述有明确观察之识力。而尤在平时即有头脑明晰之素养。其所具理解足为裁量多数事物之尺度。"⑤其实也可以认为新闻记者应该具备高等教育的文化常识，而在品德上要达

---

① 波斯纳.道德和法律理论的疑问[M].苏力，译.北京：中国政法大学出版社，2001：217.
② 休曼.实用新闻学[M]//余家宏，宁树藩，徐培汀，等.新闻文存.北京：中国新闻出版社，1987：168.
③ 谢六逸.实用新闻学：申报新闻函授学校讲义之三[M].上海：申报馆，1935：36.
④ 任白涛.应用新闻学[M].6版.上海：亚东图书馆，1937：13.
⑤ 邵飘萍.新闻学总论：国立法政大学讲义[M].北平：京报馆，1924：31-32.

到"贫贱不能移,富贵不能淫,威武不能屈,泰山崩于前,麋鹿兴于左而志不乱"①的境界。所以很多学者都从学识、品德与体格三方面来确定新闻记者的资格条件。如谢六逸认为,"新闻记者为一种知识劳动者,所以充当新闻记者的唯一条件是学识丰富,勤苦耐劳,再加上'责任心'与'伦理观念',然后可以称为一个完全的新闻记者"②;李公凡认为,新闻记者的资格条件是具有高等的常识、完美的德性与强健的体格,③具体地说,必须是大学或专门学校毕业的,能随时自省的,能随时注意体格训练的;④曹用先也认为,"普通访员必须有广博之知识,特别访员必须有专门之研究"⑤;戈公振认为,做新闻记者的条件是:有高等的教育、热心、文字的清顺、身体强健;⑥等等。

所以国民政府根据民国时期新闻行业的实际情况,在《新闻记者法》中(1943 年 2 月 15 日出台)较为具体地规定了新闻记者的资格条件。该法第三条规定:"凡具有下列资格之一者得申请给予新闻记者证书:1.在教育部认可之国内外大学或独立学院之新闻学系或新闻专科学校毕业,得有证书者。2.在教育部认可之国内外大学或独立学院或专门学校修得文学、教育、社会、政治、经济或法律各学科毕业,得有证书者。3.曾在公立或私立大学、独立学院、专门学校任前 2 款各科教授一年以上者。4.在教育部认可之高级中学或旧制中学毕业并曾执行新闻记者职务二年以上,有证明文件者。5.曾执行新闻记者职务三年以上有证明文件者。"⑦同时对于新闻记者资格的限制,该法第四条规定:"有下列情形之一者,不得给予新闻记者证书,其已领有新闻记者证书者,撤消其证书:1.背叛中华民国证据确实者。2.违反出版法第 21 条之规定者,或因贪污、或诈欺行为被处徒刑者。3.禁治产者。4.剥夺公权者。5.受新闻记者公会之会员除名处分者。6.国内无住所者。"⑧可见国民政府对新闻记者职业资格的认定还是极为严格与规范的。

① 邵飘萍.实际应用新闻学[M]//肖东发,邓绍根.邵飘萍新闻学论集.北京:北京大学出版社,2008:18.
② 谢六逸.实用新闻学:申报新闻函授学校讲义之三[M].上海:申报馆,1935:34.
③ 李公凡.基础新闻学[M].2 版.上海:复兴书局,1936:154.
④ 李公凡.基础新闻学[M].2 版.上海:复兴书局,1936:158.
⑤ 曹用先.新闻学[M].上海:商务印书馆,1933:18.
⑥ 戈公振.告有志于报业者[M]//王澍如.新闻学集.西安:天津大公报西安分馆,1931:152-158.
⑦ 程其恒.战时中国报业[M].马星野,校订.桂林:铭真出版社,1944:146-150.
⑧ 程其恒.战时中国报业[M].马星野,校订.桂林:铭真出版社,1944:146-150.

二、建立新闻记者职业道德信条的思想

根据西方职业化的理论,服务公共的职业道德是某一行业职业化的标志之一,所以新闻行业要实现职业化,也必须建立自身的职业道德标准,拥有新闻从业者的职业信条。从历史上看,历代国内外新闻从业者都在努力推动与建立新闻行业的职业道德操守与信条。晚清民国时期新闻学界也在全面借鉴国外新闻记者职业道德信条的基础上,积极尝试建立符合当时中国国情的新闻记者职业道德信条。

(一)国外新闻记者职业道德信条的借鉴与参照

在国外新闻记者职业道德信条正式诞生之前,有些报纸或地方报人公会曾经尝试建立自己的职业道德规范。如早期的"访员十诫"①(见表 5-1)专门对新闻采访写作的记者与新闻编辑制作的编辑制定了应该遵循的职业道德规范。此后也有地方报人公会发布的新闻记者职业道德信条,如当时美国俄勒冈州编辑人公会根据新闻真实、正确、客观、公正、仁爱、平衡等方面的要求发布了自己的职业道德信条与操作规范②(见表 5-2)。有些报纸也发布了自己的新闻记者职业道德信条,如当时美国《圣蜂报》的信条③特别强调新闻的正确、公正、客观、人文关怀等方面的职业道德操守(见表 5-3)。还有当时美国《西雅图时报》的信条④则特别在有关社会风化、尊重女性、防止色情等方面确定自己的职业道德操守(见表 5-4)。而当时美国著名报人《星报》主笔沃伦·加梅利尔·哈定(Warren Gamaliel Harding)也曾制定了新闻记者职业道德信条⑤,该信条特别强调客观、忠诚、真相、准确、公平、宽宏、建设性、人文关怀等方面的职业道德规范(见表 5-5)。

---

① 周孝庵.最新实验新闻学[M].2 版.上海:时事新报馆,1930:146-147;刘元钊.新闻学讲话[M].
　上海:乐华图书公司,1936:79-82.
② 俞颂华.论报业道德[J].新闻学季刊,1939,1(1):1-6.
③ 俞颂华.论报业道德[J].新闻学季刊,1939,1(1):1-6.
④ 俞颂华.论报业道德[J].新闻学季刊,1939,1(1):1-6.
⑤ 蔚平.新闻伦理论[J].上海记者,1943(6):5-8.

表 5-1　"访员十诫"

对象	戒律
关于作业者	1.尊业尊己,报业乃至高尚之职业,勿自轻地位、自降人格、亦勿视己为至高无上
	2.以坦白之态度对人,以冷静之头脑处事
	3.养成好品性,好习惯,勤敏耐劳,忠于职务,凡采得之任何新闻,应守业务上之秘密
	4.嫉忌心不可有,竞争心不可不有
	5.勿爽约,力所不能,勿与人约
关于作稿者	1.新闻不问属于社会或政治,可别(分)为三等,如深夜暗杀案、苟以最捷之方法,得最详之记载,为人所不知,而独最先发表于"本报",此一等新闻也;追事实披露,而始记"访问尸体属"焉、"官厅缉凶"焉、"事后状况"焉,此虽皆为重要新闻中应有之笔,然严格言之,仅可列入二等新闻;至于其他普通新闻,均可列入三等。为访员者,应常注意第一等新闻,以不背"新"之原则,但亦不可因此置二三等新闻于不顾
	2.文字忌冗芜,尽力将不重要之字句删除,盖记述新闻之文笔,务求明洁也(其有特别记载之价值者不在此限)
	3.新闻除"灵""确"以外,无成立之余地,但"灵而不确"所予读者之恶印象,较"确而不灵"为尤甚
	4.毋令个人之爱憎,流露于字里行间,毋使不忠实之记载,见之于新闻,攻奸批评,尤非所宜
	5.新闻如有疑点,宁搁笔再访,须知访员一时之怠忽,足以损报纸长时期奋斗而得之盛誉

表 5-2　俄勒冈州编辑人公会的信条

序号	信条
1	伦理的新闻事业之基础是在"忠实"。凡是一个忠实的新闻记者,他的目的,他的写作,一定是正直无私的。他努力于求"真",则必常常是真实的
2	在求"真"的伦理态度中,我们是应该虚心的
3	我们认为新闻事业乃一种需要"正确"以及需要"学问"的一种职业
4	由(只有)不断的(地)研究调查观察,我们才能常常自强不息地进步,使我们的写作愈真确,愈有广阔的见地,且愈能裨益于社会
5	我们以为用人之主要点,不仅是在取其善良的伦理态度,且须取其相当的才具足以贯彻其理想

续表

序号	信条
6	我们公诸社会的"事实的记载"及"意见的发挥",在下笔之时,必须细心谨慎
7	我们希望我们自己,我们的同事,我们所用的人,都做事正确,准备充足,而自尊其才艺,同时希望我们别的同盟亦是如此
8	我们于从事写作出版工作之时,必须勉于工作上表示出我们"公正""仁爱""慈祥"的特征
9	无论对新闻或评论,我们不能言过其实
10	我们认为"正确"与"完全"二者比较,"早发表"更重要
11	新闻须配置适当。勿使有重要性的新闻为不重要者所掩盖
12	在任何写作与出版方面,我们当注意于"持平"与"恒性"

表 5-3　美国《圣蜂报》的信条

序号	信条
1	我们所要求于写作人的,是以"正确"为第一义
2	对于新闻的处理,我们所要求的是绝对的"公正"
3	勿使新闻栏评论化
4	莫夸张或言过其实
5	假使有错误,则必须更正
6	凡有关于妇女的姓氏与名誉者须格外谨慎。即对于不幸的妇女,因其自己的罪孽而损其贞操,亦应加以怜悯
7	莫议"种族""宗教"与有残疾的人。"莫伤他人感情"这原则,在任何情形之下,任何新闻之中,都应恪守
8	有幽默之时,亦有严正之时
9	新闻之供给者固随时有申说之机会。但在新闻栏中对人对事不宜作左右袒。苟有此必要,应由评论部斟酌决定
10	有人若应我们的要求,而接见我们的人,发表谈话,则对其谈话,我们未便处予以鄙夷或加酷评
11	如登载对于官员或任何私人的控诉,则须使被控诉者之辩词亦得在同栏发表
12	关于被罚案件的消息,非由官方得来,宁缺勿载,以免错误
13	认定我们的报纸,当如法庭般的欲予人人以公道

表 5-4　美国《西雅图时报》的信条

序号	信条
1	须常记得许多青年女子都是我们的读者
2	关于产儿等生理勿在我们的报上讨论
3	社会上发生的一切无耻之事,一概免登。除非另有别的特别的命名
4	关于男女两性间之反常的关系,如须发表,则在我们的报上,只能照下列的词气登载:即"这一对夫妇是离婚了",或"他们是分离了""对于他们双方或一方的许多谴责,我们觉得在本报上未便发表了"
5	"强奸""通奸""猥亵""乱伦"等词语,一概不得在我们的报上披露
6	关于两性间犯罪行为的新闻,一概免登
7	女子怀孕,或普通无辜的女子,虽经医师证明,与"性"罪有关,概免登载。其他类此的新闻亦然
8	人若遇意外不测之事,以致重伤或竟殒命,则关于他惨伤或残废,毁形等详细记载,一概免登。关于"肢解"等以及类此之名词,亦一概不得在我们的报上使用

表 5-5　美国《星报》主笔哈定制定的新闻记者职业道德信条

序号	信条
1	每一个问题发生时,须牢记其必有两方面,尽取其两方面之事实 ——唯有从两方面所摄取的报告,才是最完善,不偏不袒的报道,不致被任何一方面所蒙蔽,甚至利用
2	以忠诚之态度,探取真相 ——忠诚之态度本是新闻记者的天职,但有些记者往往因受贿或另有企图而泯灭其忠诚,歪曲其事实,这都是有悖于新闻道德的
3	错误自不能免,唯力求准确,与其有半误之记载百篇,宁有真对之记载一篇
4	务适当,务公平,务宽宏 ——所谓适当与宽宏,当然是有限度的,但至少在新闻伦理上讲,新闻的记事应当是启发,而不是恶意的暴露,更不是谩骂或攻讦 宜表扬,无攻击 ——这种的表扬,决不是捧捧闻人名流之谓,而是依据事实的宣传
5	凡报告一种政治上集会,务穷其实,以纯粹之真相披露,勿就自己之好恶,有所藻饰
6	如可防免,切勿述人丑行或误举,转使清白之妇女以及童心中映着一种恶念。不待人之问,先人之问而为之 ——这里的勿述人丑行或误举,是指勿恶意的(地)揭露,但对于故意的犯罪行为,则将予以无情的(地)制裁

在此基础上,当时的美国报界还就整个新闻行业发布了新闻记者的职业道德信条,如时任美国密苏里大学新闻学院院长、世界报业联合会会长威廉斯(Williams)博士曾拟订了新闻记者信条(The Journalists Creed)①(见表5-6)。该新闻职业道德信条首次明确新闻记者应以新闻事业为终身职业,而且认为此职业的性质是为公共服务,所以要求新闻、广告、评论都应该真实、客观、公正、建设性。此外,美国报人协会1923年也制定了新闻界信条(Canons of Journalism)②(见表5-7)。该信条则更进一步要求新闻记者要坚持负责任、新闻自由、独立、真诚、信仰、确实、公允、大公无私、言行一致等职业操守与职业精神。

表5-6　威廉斯博士拟订的新闻记者信条

序号	信条
1	我信新闻事业为终身之职业
2	我信公共新闻纸为公共所信任,凡与此信条有关系者,以其全部责任而言,皆有其所信任者,不为公共服务者,为此信条之蟊贼
3	我信净思与明论,确实与公允为善良新闻事业之基础
4	我信报人只须写出心目中所持以为真者
5	我信凡压制清议而不为社会幸福设想者,不予以辩护
6	我信报人之写作,应如君子之作风,避免抄袭他人亦如他人抄袭者,个人之责任,不因为他人之指使与厚利而逃弃
7	我信广告、新闻及评论,均宜引起读者之高尚兴趣,全然有助于真确明洁而有划一之标准,为公众服务之措施,为善良新闻事业之高度测验
8	我信新闻事业之成功为最崇高,且亦为最应有成效者。畏上帝而敬人群,独立而不挠,舆论之傲慢,权势之贪婪,皆不足以移之。其为业也具有建设性,可容忍而绝不忽略;能自制而有耐心,始终敬重读者,且无所畏惧,对不公平者迅予制之,不为权利所引诱,不为激变而动摇。凡法律与公议及人类慈悲所为者,必期予人人以机会,一相当之机会,报人应深爱其本国,提高国际善邻邦交,增进世界无间之友谊。皆属于今日且为今日世界上人类之新闻事业

---

① 韦恒章.新闻道德之研究[J].新闻学季刊,1947,3(1):23-35.

② 韦恒章.新闻道德之研究[J].新闻学季刊,1947,3(1):23-35.

表 5-7 美国报人协会 1923 年制定的新闻界信条

序号	信条
1	负责任——报纸为毫无限制以吸引并把握读者之权利,但有公共福利之顾虑。报纸之功用在于民意,并决于其责任感以役于人,其应由各会员分任之。报人为私欲或无价值之目标,利用其权力,诚无崇高之信心
2	新闻要自由——新闻自由乃如人类主要权利之必于护卫,斯乃无何疑问之权力,用以讨论任何法律未予明文规定者(包括任何有限制之立法方式)
3	有独立报格——对所有义务皆有自由,除非确有重大之公共利益者。擢掖任何私益而反公益者,乃不适于新闻界之公诚,故不应发表其无公共意识之所谓私人新闻资料,或胡乱由其形式与实质,认为新闻而重视其请求。凡党派报纸之社论,刊出明知其与真理脱离者,实乃侮辱新闻界之崇高精神,党派性新闻亦违背职业上之基本原则
4	宜真诚、信仰、确实——予读者以优良信心,乃新闻界信誉之基础。为优良信念起见,报社应为真诚勉而为之,凡有缺乏具体或正确性或不履行条诚者,将不予以谅宥。标题应全部保证新闻内容为其所标出者
5	应大公无私——凡新闻之报道及意见之发表,应熟谙其间清晰之分别安在,新闻报道应容纳所有清议及任何偏见(此规则并不适用于所谓为左袒显然之特写,或为权威作者之私人论列或译述著作)
6	方式公允——新闻纸不应发表有关于令名之非官方训令,或无根据将受人谴责之道德行为,凡公正之起诉于法律程序外者,在所有严重控诉案中,应按下列之情形习用之;新闻纸不应侵犯个人之权力并情感,得从公众好奇心所称著者,而确欲保持公众福利为之;凡有新闻及评论错误时,无论其来源如何,应迅速更正,此乃报纸之特权,报纸本身之责任
7	言行一致——新闻纸不能逃避不诚实之自觉,凡有罪犯恶迹被发现,而为公众利益所不耻者,应本职业上之高尚道德为鹄的,对其行为有所补正
8	本会冒昧提出此信条,除表吾人希望外,凡流于邪途而有邪恶之本能者,必将遭受有效之共同攻击,并屈服于崇高职业力量之谴责

(二)建立国内新闻记者职业道德信条的实践

更为难得的是,在晚清民国时期,我国新闻从业者还在借鉴国外新闻职业道德信条的基础上,努力创建适合当时国情的新闻职业道德信条。其中较早的有我国报人信条草案(见表 5-8)①。该信条特别强调维护国家、民族、

① 詹文浒.报业经营与管理[M].上海:正中书局,1947:110-111.

抗战的利益与需要,坚守新闻正确、评论公正、独立、无私等职业规范,同时要求新闻记者自身不断进取、同业互助。此外,还有时任南京《中央日报》社长的马星野先生所拟的中国新闻记者信条[①](见表5-9)。该信条特别强调维护"三民主义"根本指导原则,坚持新闻正确、评论公正、建设性的职业规范,要求新闻记者大公无私、吃苦耐劳并维护读者利益、社会风化与报纸信誉。

表 5-8　民国时期报人信条草案

序号	信条
1	我们应终身服膺国家至上、民族至上的信条,积极为国家民族的利益立言记事,决不做任何妨害国家民族利益的言论与记载
2	在抗战时期,我们应坚持军事第一、胜利第一的目标,积极为抗战致胜,鼓舞人心,寻求并结纳国际盟友,决不作任何妨害军机、沮丧士气及有伤国誉的言论与记载
3	我们应终身把握意志集中、力量集中的宗旨,积极拥护国家统一及民族团结,绝不做任何动摇国本或鼓励分裂的言论与记载
4	我们记述新闻正确第一,凡一字不真,一语失实,不问有意歪曲或无意致误,均不自恕
5	我们评论时事公正第一,是是非非,善善恶恶,一本纯洁动机,冷静思考,精确判断,忠恕宽厚,以与人为善,勇敢独立,以坚守立场
6	我们从事圣洁的新闻事业,应有高尚人格,冰霜操守,必期做到富贵不淫,贫贱不移,威武不屈,浮名不惑,誓不挟私自便,誓不受贿肥己,誓不谄媚权势,誓不落井下石,凡良心未安,誓所不为
7	我们应将物质享受减至最低程度,精神道德提至最高标准,发育乐观的态度,开廓明朗的胸襟,坚定卓越的意志力,发挥热烈的同情心
8	我们应随时注意学业的进修,知识的研求,以期日新又新,而不落伍
9	我们应戒绝一切不良嗜好,斩断一切私欲私利,养成规律谨严的生活习惯,锻炼体魄,注意健康,以为吾业作任重致远之奋斗
10	我们应有救国济世的抱负,待人接物,均宜谦诚敬慎,而不稍涉骄慢欺诈,同业之间,声应气求,尤须相爱相助

---

① 韦恒章.新闻道德之研究[J].新闻学季刊,1947,3(1):23-35.

表 5-9　民国时期马星野先生所拟的中国新闻记者信条

序号	信条
1	吾人深信:民族独立,世界和平,其利益高于一切。决不为个人利益、阶级利益、派别利益、地域利益作宣传。不作任何有妨建国工作之言论与记载
2	吾人深信:民权政治,务求贯彻。决为增进民智,培养民德,领导民意,发扬民气而努力。于国策作透彻之宣扬,为政府尽积极之言责
3	吾人深信:民生福利,急待促进。决深入民间,勤求民疾,宣传生产建设,发动社会服务。并使精神食粮,普及于农村、工厂、学校,及边疆一带
4	吾人深信:新闻纪(记)述,正确第一,凡一字不慎,一语失实,不问为有意之造谣夸大,或无意之失检致误,均无可恕,明晰之观察,迅速之报道,通俗简明之叙述,均缺一不可
5	吾人深信:评论时事,公正第一。凡是是非非,善善恶恶,一本于善良纯洁之动机,冷静精密之思考,确鉴充分之证据而判定。恩恕宽厚,以与人为善,勇敢独立,以坚定立场
6	吾人深信:副刊文艺,图画照片,应发挥健全之教育作用,提高读者之艺术兴趣,排除一切诲淫诲盗,惊世骇俗之读材,与淫靡颓废,冷酷残暴之作品
7	吾人深信:报纸对于广告之真伪良莠,读者是否受欺受害,应负全责。决不因金钱之收入,而出卖读者之利益、社会之风化与报纸之信誉
8	吾人深信:新闻事业为最神圣之事业,参加此业者,应有高尚之品格。誓不受贿! 誓不敲诈! 誓不谄媚权势! 誓不落井下石! 誓不扶私报仇! 誓不揭人阴(隐)私! 凡良心未安,誓不下笔!
9	吾人深信:养成严谨而有纪律之生活习惯,将物质享受减至最低限度,除绝一切不良嗜好,剪断一切私利私害之关系,乃做到贫贱不移,富贵不淫,威武不屈之先决条件
10	吾人深信:新闻事业为领导公众之事业,参加此业者对于公众问题,应有深刻之了解与广博之知识。当随时学习,不断求知,以期日新又新,免为时代落伍
11	吾人深信:新闻事业乃最艰苦之业,参加此业者应有健全之身心,故吃苦耐劳之习惯,乐观向上之态度,强毅勇敢之意志力,热烈伟大之同情心,必须锻炼与养成
12	吾人深信:新闻事业为吾人终身之职业,誓以毕生经历与时间,牢守岗位,不见异思迁,不畏难而退。勤勉从事,必信必忠。以期改进中国之新闻事业,作(造)福于国家与人类

　　由此可见,晚清民国时期新闻从业者尤其是著名报人对新闻职业道德的建设是非常重视的,而且能够在不断借鉴国外新闻职业道德操守与信条

的基础上,根据当时国内的实际情况与现实要求,努力建立符合国内新闻事业的由新闻记者自觉遵守的新闻职业道德信条,为国内新闻记者的职业化创造条件。

三、建立报业行业自治组织的思想

职业化的重要标志之一就是拥有本行业的社团组织,以此实现对行业准入的控制、自治与垄断,同时维护本行业的根本权益,并为入会的自由职业者提供福利设施和施行救助。而晚清民国时期国内新闻记者作为自由职业者,也同样应该拥有自己的行业自治组织,以维护新闻从业人员的根本权益,为新闻记者们提供救助与职业保障。

(一)国外报业行业自治组织的借鉴

随着现代报业高度商业化发展,英、法、德、日等国家新闻从业者纷纷联合起来组建新闻行业社团组织,实行同业互助,维护新闻行业利益,为新闻记者提供救助与维权等职业保障。

1.英国新闻业基金会、新闻记者全国联合会、新闻记者学会等行业自治组织的实践

当时英国新闻行业主要由新闻业基金会、新闻记者全国联合会、新闻记者学会及其他行业组织组成,这些组织都极力维护行业权益,为新闻从业者提供职业保障,并实行同业互助。首先是报纸发行人、社长等发起组织的新闻业基金会,也称为报业基金会或新闻业协会。该组织成立于1864年,其基金主要由各报馆自由捐赠,会员主要是社长、经理、主笔、访员、画家及广告各部的记者。1916年,该基金会已有了2600多名会员,积存的财产已在10万英镑以上了。[①] 基金主要用于救助新闻从业员的失业、患病、残废、死亡及其遗族的抚养。据记载,该基金会所发出的抚恤金、救济费等近法币800万元,1935年内支出已达法币40万元左右。[②]

其次为新闻记者全国联合会。该组织成立于1907年,起初只是一种职业组织,后来发展成为"全国新闻记者联合会"(The National Union of Journalists),凡曾任记者三年以上,而以新闻事业为生活来源者,均可加入

① 陶良鹤.最新应用新闻学[M].上海:复旦大学新闻学会,1930:79-80.

② Reuel R. Barlow.欧洲新闻从业员之职业保障[J].报人世界,1936(5):1-3.

为会员，但主笔及总编辑等对记者有任免权者除外。会员每人年纳会费约合法币 40 元。会员所享的权利主要有：赠阅每月发行一次的会刊《新闻记者》(*Journalists*)，若发生职业纠纷，可提请调解委员会处理失业救济金及养老金、义务律师、遗族抚恤金、救济金、橡山公共宿舍、职业登记及介绍、罢工、新闻教育、图书馆、最低工资、最高工时之保证规定。1924 年，该会员的人数增加到 4480 人，1935 年达 4800 人，会员的总数已经超过英国全国新闻记者的半数。① 1943 年，该会有会员 6600 人，占合格新闻记者的 80％以上。②

　　还有英国新闻记者学会，该会成立于 1886 年，其会员分为甲种会员、乙种会员、青年会员、荣誉会员及赞助会员。凡是服务报业者，如在职记者、编辑及学会认为有新闻记者资格的人员，或为在报馆经相当时间的实习，或为经学会考试而及格，或由新闻学校或大学某种科系毕业，且曾在报馆实习达一年者，均可成为会员。该会为正式会员提供的服务主要有：审查所属会员的就业资格；办理各种新闻记者福利事业，如举行各种讲演、出版年刊、举办各种展览会、失业救济、老年救济、疾病救济、孤寡遗族救济等；介绍会员之求职；调查关于新闻记者的职业法律与各种规例，提高新闻记者的社会地位，如规定新闻记者最低薪资，向国会提出记者登记法案，保障记者生活，提高记者待遇。③

　　此外，还有其他新闻业行业组织，其中报业主的组织，如创立于 1906 年由伦敦各报业主加入组成的报主协会(Newspaper Proprietors Association，NPA)，成立于 1836 年由伦敦以外之（包括英格兰与威尔士）报业主加入组成的报纸协会(Newspaper Society)，在苏格兰有苏格兰日报会社(Scottish Daily Newspaper Society)，在各地方有分会组织。这些组织最主要的工作就是统一工人工作时间、工资、待遇，商定行业之间竞争合作规则及行业利益的维护等具体问题。④ 女性记者甚至也有自己的职业组织，如女记者会社(Society of Woman Journalists)。印刷工人也有自己的职业组织，如伦敦排工会社、全国排工及助理人员会社等。

① 谢六逸.实用新闻学：申报新闻函授学校讲义之三[M].上海：申报馆，1935：39.
② 马星野.英国之新闻事业[M].重庆：文风书局，1943：49-50.
③ 袁殊.新闻法制论[M].上海：群力书店，1937：161-163；马星野.英国之新闻事业[M].重庆：文风书局，1943：51.
④ 马星野.英国之新闻事业[M].重庆：文风书局，1943：48-49.

2. 法国报业互助会、全国记者公会等行业自治组织的经验

法国新闻从业人员也有受政府监督指导的互助组织。法国全国性的新闻从业人员组织有 120 余个,还有 50 个省级范围的组织、15 个外国记者组织,其中最大的报业职工组织是法国报业互助会。该会成立于 1927 年,由全国报业联合会与法国报界组合总委员会联合组织。新闻从业者加入该会,须缴纳其所得的 5% 为会费,各社社长也缴纳其所得的 5% 为会费,并代其雇员支付一半的保险费。年达 60 岁后,即可向此互助会领取养老金。法国还有纯粹新闻记者的职业组织,如全国记者公会,该会成立于 1909 年,会员达1800 人,每人年费约法币 15 元。该会规定,设置惩奖委员会以惩奖其会员。与报社所有人达成工资协定,每月最低工资合法币 300 元左右。公会规定了一定式样的工作合同,负责保护各会员的法律权益,还为会员提供疾病及死亡救济金①。此外,法国报界组合总委员会还另设仲裁机关,以调解各报社与其雇员所发生之一切可能的纠纷。

3. 德国新闻记者协会、德国新闻业者协会等行业自治组织的经验

据记载,1926 年德国新闻记者协会与德国新闻业者协会对于新闻发行者与编辑者之间的法律关系,缔结了包含普通雇佣契约的赁率契约②(见表5-10)。这个契约规定有效期至 1935 年 12 月 31 日为止,不得解约,且依照德国劳工部所宣言有一般的拘束力,赋予法律同样的效力,以此维护新闻记者的根本权益。

表 5-10　德国新闻记者协会与德国新闻业者协会签定的赁率契约

序号	契约
1	发行者与编辑者之协力劳动,依于为图新闻纸之公益的义务而限制,故发行者,不得对编辑者为良心之压迫。编辑者既与发行者订定契约,则于编辑上之政治的、经济的、文化的标准之范围内,做成各个记事的版面,应保障其精神的行动之自由
2	雇佣契约关于发行者之根本的立场,或新闻稿之方针,必须包含此点之约定,以成立于当事者间,且须做成书面

---

① Reuel R. Barlow. 欧洲新闻从业员之职业保障[J]. 报人世界,1936(5):1-3.

② 袁殊. 新闻法制论[M]. 上海:群力书店,154-157.

序号	契约
3	解约之预告期间,双方当事者必须同等。预告期间,置于各四分之一年之末日至六周间,勤务三年以上者三个月,勤务在十年以上者,置于四分之一年之末日至六个月
4	编辑者不仅正当的实行契约上的义务,而于为出版犯罪开始刑事手续,或判定刑罚的场合,发行者亦不得为无预告期间之解雇
5	在事业让渡的场合,发行者及受让人,在适当之期间内,受让人对于全部或各个之编辑者之契约之是否承继,必须发表声明。如受让人不承继其契约,则编辑者有即时退社之权利义务。而得请求法律上至契约之预告期间的经过,或至契约之终了时期为止之俸给的即时支付
6	在事业让渡的场合,如编辑者拒绝继续服务,必须于让渡后之 4 周时间内,发表适当的声明。此种场合,编辑者可以即时停止服务,但是仍保留法律上或契约上之预告期间之经过为止的俸给的请求权
7	发行者于变更其根本的立场或新闻纸之方针,或不遵守关于此点的当事者之间的约定的场合,编辑者在已被变更的事情之下,不得期待自己之活动的公正的继续的时候,知道事情之变更后的一个月内,可以废止自己之活动。然而,编辑者保有对解约预告期间之经过为止之契约上的给与之支付的请求权。继续勤务在 5 年以上者,得请求半年之俸给;又继续勤务在 10 年以上,得请求全年之俸给。又,发行者,在编辑者为行依于发行而确立的发行者之根本的立场及新闻纸之方针以外的行动,或侵害当事者间之约定,于屡屡警告不被接受而仍企图进行此种之侵害行为的场合,得为无预告期间之解雇
8	由雇佣关系而发生的关于请求权的纷争一概禁行诉讼手续,归由德国新闻杂志劳动组合之平等仲裁所之管辖。但此规定,没有宣告其有一般的拘束力,所以除契约缔结团体以外的组合员,不被适用

此外,德国还对新闻从业人员的工作时间、休息时间、保险及教育培训等都有明确规定。如关于工作与休息时间的规定:"雇员于工作时间之外,另兼属于新闻事业之职务时,须得雇主之允许。雇员在职死亡时,雇主须支给 4 个月薪给之抚恤金。每星期必须有连续达 24 小时以上之休息。第一年任职期中,得有 2 星期之假期,第二三年为 3 星期,此后为 4 星期。"关于保险的规定为:"凡收入在月薪 2000 马克以下,年 25 岁以上,并任职新闻界逾一年者,皆须按照德国记者联合会之规定保险。此项保险费由雇员支出其薪给之 5%,另由雇主支出其同等数字。"关于新闻记者教育培训的规定为:"德

国记者联合会另有训练新闻从业员之责,在新闻学校中设立特班,招收练习生,施以 3 个月之实习训练,然后继续工作 9 个月,经过考试,方能成为正式新闻从业员。新闻学校之正式毕业生,则须有 6 个月之实习。"还有借款制度,以备其会员有必须借款以供周转者。①

除英法德等国家新闻行业有自己的职业组织外,日本也有日本新闻协会、春秋会、二十一日会、新闻研究会、社团法人新闻记者协会等。这些组织曾经做了不少维护行业权益的工作,如记事广告的净化,内外电报、电话费用的降低,抗议新闻记事的检查与扣留等。② 美国有 1923 年成立的美利坚新闻记者联盟,意大利有意大利新闻联盟会。③ 还有世界报业行业组织,那就是万国报界大会,该会在 1915 年成立于美国旧金山,参与者达 30 余国,并召开大会,通过决议与章程,促进全球报业的发展与维护报业行业权益。④ 全世界的新闻记者也有自己的职业组织,就是国际新闻记者协会(International Federation of Journalists)。该会由各国的新闻记者加入组成,会员有 25000 人,曾于 1927 年召开国际新闻会议,公开讨论新闻记者的职业上的利益。⑤

(二)国内报业行业自治组织的早期实践与重建设想

随着国外新闻行业职业组织的发展与壮大,国内报业也曾经在 20 世纪二三十年代组织过中国报界俱进会、全国报界联合会、上海新闻记者联合会等新闻行业职业组织。但是由于种种原因,这些组织没几年便瓦解了,再加上全面抗战的爆发,几乎所有报业行业组织都解散了。但是在考察了国外报业行业组织的实践与经验之后,报界及学界都充分认识到了新闻行业职业组织的重要性。所以报界在国内曾经实践过,在抗战期间及抗战胜利以后也纷纷筹划自己的职业组织,以维护新闻行业的权益,实施同业互助。

1.国内报业行业自治组织的早期实践

国内报人在借鉴国外新闻行业职业组织经验的基础上,很快便在国内组织了类似的团体组织,如中国报界俱进会、全国报界联合会、上海新闻记

① Reuel R. Barlow. 欧洲新闻从业员之职业保障[J]. 报人世界,1936(5):1-3.
② 袁殊. 新闻法制论[M].上海:群力书店,163-164.
③ 施钧伯. 新闻记者职业的保障[J]. 报学季刊,1935,1(4):53-58.
④ 黄天鹏. 中国新闻事业[M]. 上海:联合书店,1930:131.
⑤ 谢六逸. 实用新闻学:申报新闻函授学校讲义之三[M]. 上海:申报馆,1935:39.

者联合会等。所以有人说:"代表整个的报馆所组织的团体,很早就有了,像上海的日报公会,和十年前所召集的全国报界联合会等。"①其中中国报界俱进会于 1910 年由《时报》与《神州日报》在南京发起,该会会员先后达 60 余家报纸,但因为经费问题,不到 3 年便瓦解。该会曾经就核减电费寄费、设立各地通信社、联合设立造纸公司并用中国纸印报、加入国际新闻协会、不认晚清既有报律、设立新闻学校、设立广告社、组织记者俱乐部等通过决议案,②以维护新闻业行业利益。而全国报界联合会于 1919 年由广州《七十二行商报》与《新民国报》提议,广州报界公会致电上海日报公会发起,该会会员曾达 80 多家报馆。但因接受政界津贴,内部分裂,不足 3 年即瓦解。该会曾就对外宣言、对借款宣言、维持言论自由、减轻邮电各费、阴历年终报纸不停版、拒登日商广告、表扬报界先烈、筹设新闻大学、组织国际通信社等通过决议案,③以保护报界的整体利益。

更为重要的是新闻从业人员的行业组织也随着报业的商业化发展而出现了。由于当时新闻记者虽然为公共服务,但是其地位地下、待遇很差,甚至丧失自身人格。对此现象曾经有人是这样描述的:"中国的记者们代表公共利益,但他们的社会地位却是低下的,因为他们辛勤劳动却得到很低的报酬。"④但是"一般报馆和通信社的新闻记者,大都不能认识自己的地位与人格,言论行动,亦多有可以非议之处。而且缺少新闻学的知识,只知因陋就简,不能出奇制胜。遇有国际间纠纷发生,则又昧于世界大势,不知所措,眼光短浅,无从论断。这些缺点,几乎成为各个新闻记者所共同的了。又对下则自视太高,对有权势的人则又自卑太甚,丧失自己的人格,堕落自己的地位"⑤。所以,为了提高新闻记者的地位、维护其人格尊严和基本权益,施行同业互助,只有所有新闻行业从业人员都联合起来,团结一致,组织起自己的行业组织,通过行业集体的力量才能实现。据记载,以新闻记者为主体的行业自治组织曾经有新闻记者俱乐部、上海市新闻记者公会、新闻记者联欢

① 张静庐.中国的新闻记者[M].2 版.上海:光华书局,1928:102.
② 戈公振.中国报学史[M].北京:生活·读书·新知三联书店,1955:280-282.
③ 戈公振.中国报学史[M].北京:生活·读书·新知三联书店,1955:284-286;黄天鹏.中国新闻事业[M].上海:联合书店,1930:127-129.
④ 张静庐.中国的新闻记者与新闻纸[M].上海:现代书局,1932:11-17.
⑤ 张静庐.中国的新闻记者与新闻纸[M].上海:现代书局,1932:11-17.

会、中日新闻记者恳亲会、万国新闻记者俱乐部等。① 但"新闻记者本身的组织,那么要算民国十年所组织的上海新闻记者联欢会,为全国新闻记者的组合的嚆矢了"②。为了提高新闻记者的地位和维护记者的声誉,上海新闻记者联欢会于 1921 年 11 月 11 日成立,该会的领导人有戈公振、张静庐、严独鹤、潘公展,起初限制报馆经理、总编辑和主笔的加入,会员只有 31 人。后来仅限经理加入,会员达 72 人。③ 该会宗旨为"研究新闻学识,增进德智体群四育"④。该会曾经要求会员们捐钱集资为已故记者举行葬礼,或邀请外国记者、归国留学生和其他学界人士进行有关西方新闻学及新闻学在中国的发展前景等方面的演说。⑤ 该会在 1926 年就北平《京报》创办者和著名记者邵飘萍及知名记者林白水惨遭杀害事件做过讨论,并决定向邵飘萍、林白水的家人进行慰问,还"对滥用职权者加以相当之警告,冀其以后勿再惨杀无辜"⑥。该会还曾经提出过"新闻记者星期休息"的议案。⑦

还有代表日报记者公会、通信社记者公会而兴起的新闻记者联合会。该会于 1927 年由叶如音、严慎予、张振远、李子宽等人发起,会员人数达 82 人,第一届常务委员为严慎予、何西亚、张振远、蒋剑候、张静庐五人。这是比较进步的一个组织,不仅为谋会员本身的利益而集合并参加民众团体的各种运动,并且直接为整个新闻记者的利益而组织政治运动。该会曾经有过"改良新闻记者待遇"的拟议。⑧

更有影响力的新闻记者团体是上海市新闻记者公会。该会前身是上海新闻记者联合会,于 1927 年 4 月 29 日由曾任《民国日报》总编辑和国民党上海市党部常委兼宣传部长的陈德徵发起,共有由 9 家报社和 4 家通讯社的记者组成的 59 名会员。该会于 1931 年 3 月 2 日将宗旨改为"发展新闻事业,

① 戈公振.中国报学史[M].北京:生活·读书·新知三联书店,1955:297.

② 张静庐.中国的新闻记者[M].2 版.上海:光华书局,1928:102.

③ 张静庐.中国的新闻记者[M].2 版.上海:光华书局,1928:104-105.

④ 戈公振.中国报学史[M].北京:生活·读书·新知三联书店,1955:300.

⑤ 徐小群.民国时期的国家与社会:自由职业团体在上海的兴起(1912—1937)[M].北京:新星出版社,2007:268.

⑥ 时报,1926-8-23(5).

⑦ 张静庐.中国的新闻记者[M].2 版.上海:光华书局,1928:107.

⑧ 张静庐.中国的新闻记者[M].2 版.上海:光华书局,1928:107-108.

增进舆论权威，拥护国民利益，保障新闻记者生活"①。该会于 1932 年 6 月改名为上海市新闻记者公会，当时拥有 200 多名会员。② 上海市新闻记者公会在 1937 年 5 月 2 日的春季动员大会上决议：创立一个新闻业图书馆；组建记者团到全国各地及海外考察；要求国民政府确立记者资格，并通令全国各地的党政机构给予记者工作便利。公会准备完成的任务还有：制定办法以防止警探冒充记者；审查会员资格，开除消极成员；保护会员，为其提供服务；雇用西医和中医为记者提供免费或半价医疗。③ 1932 年 7 月镇江《江声报》总编辑刘煜生以宣传共产党、鼓动阶级斗争和背叛党国的"罪名"被捕，未经审判却被拘禁达 5 个月之久，并在 1933 年 1 月 21 日被枪杀。上海市新闻记者公会执监委员会就这一事件召开了紧急会议，决议呈请政府起诉江苏省政府主席顾祝同，④并成立了一个专门委员会专程赴镇江收集《江声报》上所载的被江苏省政府认定为宣传共产主义的文章，向国民党中央党部和国民政府递交了调查报告。⑤ 该会调查报告认为，加于刘煜生的"进行共产主义宣传"罪名是很牵强的。顾祝同如此草菅人命、蹂躏人权的行为，甚至在军阀时代也是罕见的。如果顾祝同不受到依法惩办，新闻事业就无法得到发展。⑥ 上海市新闻记者公会还在 1934 年 6 月就徐州《公言报》因在一篇有关县政府腐败的社论冒犯了一个县长而遭到查封且经理被捕这一事件，致函国民党江苏党部、江苏省政府和省民政厅，要求对侵犯公权限制舆论的行为加以纠正。⑦

在上海市新闻记者公会成立以后，各地新闻记者都纷纷组建同样的组织，如北京的新闻记者公会，广州的新闻记者联合会，其他各省埠有两家以上的报纸的所在地都成立了此类组织。⑧ 这些组织也都曾经采取了实际行动来维护新闻记者的地位与权益，如武汉新闻记者联合会曾提出"革命的言

① 马光仁.我国早期的新闻界团体［M］//新闻研究资料（第 41 辑），北京：中国社会科学出版社，1988：61-78.
② 申报，1932-6-15(10).
③ 申报，1937-5-3(15).
④ 时报，1933-2-1(5).
⑤ 时报，1933-2-13(5).
⑥ 时报，1933-2-13(5).
⑦ 申报，1934-6-10(10).
⑧ 张静庐.中国的新闻记者［M］.2 版.上海：光华书局，1928：106.

论自由""提高新闻记者的地位""新闻记者的薪金加高,年功加俸,年节纪念
日发给双薪"[1]等倡议。

同时由于新闻从业人员组织的兴起,各地报馆相继出现了为维护权益
的劳工运动。有记载,广州新闻记者于1927年联合要求加薪,连告胜利,各
地也闻风兴起,但不够团结,尤其是编辑人员与资方较有私情关系,所以少
见成效。还有上海《申报》编辑部同仁人会于1929年曾向馆主要求改良待
遇,结果只加薪三成了事。[2] 而工人方面则有排字工会,该会非常团结,所以
在五卅运动以后,工人待遇也日臻改善。1929年报界工会开大会时曾讨论
决议改良宿舍、统一各报馆之最低工资两个重要议案。[3] 有人逐渐意识到新
闻从业人员职业团体对报馆及报业的直接影响,要求重视并加以解决,认
为:"在最近数年中,报界有二种新事实,有不可不注意者,即记者与工人之
渐知团结是。盖报纸既成为社会之必需品,同时报纸又趋于商业化,于是有
此二种反动兹生。如记者之所谓星期停止工作案,如工人之所谓废除工头
制案,虽皆未见实行,然与报馆当局,若已立于相对之地位者。又如上海报
贩所组织之捷音公所,广州报贩所组织之派报总工会,隐操推销报纸之权,
因利益多寡之关系,常与报馆起龃龉。且年来工潮澎湃,报馆工人时被牵入
漩涡,报纸停刊,数见不鲜。此虽为一般政治与社会问题,然既与报馆直接
发生影响,应如何研究预为消弭之乎?"[4]由此可见,当时新闻从业人员的职
业团体在维护自身权益及与报馆业主的劳资斗争中发挥的作用不小,影响
也很大。

总之,这些报业行业自治组织在当时已初步显露其应有的作用与影响,
也确实部分地维护了新闻从业者的基本权益。但由于各种原因,尤其是全
面抗战的爆发,这些组织纷纷消失,但它们为日后新闻行业职业组织的运作
提供了实践经验与教训。

2.重建国内报业行业自治组织的设想

随着报业商业化、资本化甚至集团化的发展,报馆劳资双方的关系开始

---

① 罗敦伟.革命时期新闻记者的新要求[M]//王潄如.新闻学集.西安:天津大公报西安分馆,
1931:166-168.

② 黄天鹏.中国新闻事业[M].上海:联合书店,1930:94-97.

③ 黄天鹏.中国新闻事业[M].上海:联合书店,1930:97-98.

④ 戈公振.中国报学史[M].北京:生活·读书·新知三联书店,1955:362.

变得紧张,尤其是报业资本家开始无视报馆员工权益,并对其进行经济剥削。有人对此曾这样描述:"因为现在新闻事业已卷入资本主义的旋涡,资本家以经营商业的眼光来办报业,新闻记者便变成一种精神的劳工,和工人阶级立在同等的位置。以各先进国过去的事实,和我国今日发生的现象,资本家已像厂主一般的压迫着工人,记者的笔完全在属服馆主的淫威下,受着他不合理的指挥,精神上已失却了记者的尊严,差不多成了资本家的机械式地干着。"①面对强大的资本势力,虽然"中国之结会,有五年生命者几百不得一,新闻记者对于本身职业问题,尚如此散淡,望报业之发展可乎",但因为"凡事合则成,分则散,报业亦然,况报业之成职业,尚属幼稚时代,一切信条规例以及促进报业发展种种问题,皆须联合为之"②。新闻从业人员被迫努力联合,组建行业职业组织,实行同业互助,并维护团体自身根本权益。如有人认为在劳资关系紧张条件下,新闻记者只有组建自己的团体组织并且团结一致,才能保障权益,维护记者的地位与人格。具体而言,"今当新闻业亦在资本主义旋涡中之时代,记者乃一精神劳动之劳工,而资本主义之压迫使其生活时时动摇,使其人格时时被夺。殆各国所胥不能免之事实。我国今之营新闻业者,对于记者地位之观念尤有轻视冷酷之习性。其结果倔强者悉遭摈斥,蒙宠遇者,乃半属先意承志乞怜摇尾之徒,是人格既先破产,尚安能保其社会公人与第三者地位之资格。各国新闻记者团有鉴于此,乃有种种团体之组织,专以互助之方法,保障生活地位人格之安全。此层我国亦决不可少,而新闻记者之所以能团结一致,又与人才问题有关系。盖必先自认识其地位人格,乃方有使资本主认识其地位人格之余地也"③。李公凡也认为:"关于新闻记者的生活地位人格安全的保障,近来各国新闻记者自身有了许多组织。我觉得这是唯一的办法,我们中国也应采取,像英国的新闻记者财团(基金会)、新闻记者协会、国民新闻记者同盟等。"④也有人认为,为了改善新闻记者的社会地位与经济状况,必须组织自己的职业组织:"新闻记者是一种劳工,既是劳工就须设法改善自己在社会上的地位和经济状况。在大都市的报馆服务的新闻记者,他们的地位比较可以安定,但是依旧是不

---

① 陶良鹤.最新应用新闻学[M].上海:复旦大学新闻学会,1930:77.
② 汪英宾.中国报业应有之觉悟[M]//黄天鹏.新闻学论文集.上海:光华书局,1930:29-44.
③ 邵飘萍.新闻学总论:国立法政大学讲义[M].北京:京报馆,1924:250.
④ 李公凡.基础新闻学[M].上海:复兴书局,1936:205-207.

可靠的。新闻记者的报酬甚薄,所以在物质方面常感到不足。他们的工作时间又极没有规则,大多数在夜间工作,对于身体的健康,时时受到威胁。因这些原故,新闻记者非有组织不可。有了组织,大家可以同心协力研究改善地位增进福利的方法。"①即使在抗战的非常时期,也仍有人积极建议组建新闻记者的职业组织,并认为:"新闻记者公会的组织,已为新闻界一般的要求,亦为政府当前急欲促成之事。新闻界的要求,多少为基于人类群性发展,达成互助互利,进而贡献力量于抗建(抗战建国),政府促成的目的,更十足由于时代的需要。"②可见,建立新闻从业人员的行业组织在当时可以说是整个新闻从业者的共同心声。

在此基础上,新闻学界对新闻行业职业组织的宗旨与任务也有过很多高深的见解。其中邵飘萍认为新闻行业职业组织为保障新闻记者的地位应做的事项主要有:"保有职务上精神之自由,不能视为机械的或其他被雇之使用人员;非有自身不职或道德上之缺陷,不得以感情爱恶藉口撤换之,而如年限契约等,亦宜有一定之办法;失业记者之介绍救济,定少年记者、老年记者等每周给费之最低额;调查关于新闻业之法规惯例,为欲达新闻记者行使职务之圆满,努力于立法之修正改良;设置新闻记者公共之图书馆及集会建筑物等;准据《国民保险条例》,营新闻记者之储蓄保险事业;依一切法(律)手段以图新闻记者地位之增高与意志之团结。"③而陶良鹤认为,国内新闻记者团体亟待解决的问题有人格的独立、职业的保障、地位的提高、公益的设施、同业的互助、优待的条例、保险的预备等(见表 5-11)。④

表 5-11　中国新闻记者团体亟待解决的问题

亟待解决的问题	具体内容
人格的独立	新闻记者虽服务于一个新闻社,立于受雇佣的位置,但在人格上是应当独立的,在职务上是应当自由的。资方倘有不合理的压迫,应团结起来,维持本来的尊严

①　谢六逸.实用新闻学:申报新闻函授学校讲义之三[M].上海:申报馆,1935:38.
②　朱家让.关于组织新闻记者公会[J].新闻战线,1942,2(7-8):5-6.
③　邵飘萍.新闻学总论:国立法政大学讲义[M].北平:京报馆,1924:251.
④　陶良鹤.最新应用新闻学[M].上海:复旦大学新闻学会,1930:81-84.

续表

亟待解决的问题	具体内容
职业的保障	新闻记者的职业,应依海关及邮局的办法,以人才为本位,以年俸加进例为奖励,使其无职业的疑虑,或生活不安的痛苦,非有不称职的行为,或不名誉的行动,不能受馆主或上级职员,随喜乐而予取予夺,故订约及解约应有一定的办法
地位的提高	新闻记者应受相当的高等教育,而有丰富的职业经验,才能负了这么大的责任。尊重自己的学养人格,以博社会的同情。使社会了解记者位置的高贵,而知所尊重
公益的设施	为促进记者的德智体三育,而对于会所内为种种的设施,如德育的修养,学行的相励,图书馆的开办,体育场的设施,都是有必要的。再如消费合作的事业,以及关于记者的公益事宜
同业的互助	关于同业的待遇先立一相当的标准,并积存基金,以为失业记者的救济,年老记者的补助,而凡同业意外的身死教养,也应为有力的救助,至(于)职业的介绍,更不用说了
优待的条例	新闻记者为人群社会服务,国际及政府自然要有优待的办法,如执业时的种种便利,使用电报函件及舟车等的特别优待。以及记者法律上社会上的位置与保障,应督促当道(局)适当的优待
保险的预备	新闻记者为谋身体的安全,及意外的储蓄事业的预备,都应由新闻记者会负责计划之,为至善的设备
其他的计划	其他一切关于记者的安乐与自由,记者都应看着时势的需要,为适当的设施与建树

也有人呼吁国家《新闻记者法》应规定由主管机关会同所在地新闻记者组织确定新闻记者的待遇与工作时间:"新闻记者之待遇,应视当地生活程度,由主管机关会同该地记者公会规定一最低之标准,遇重要物价剧烈变动时,得随时予以调整;新闻记者之工作时间,通常应以每晚十二时为止,其担任十二时以后之深夜工作者,每人所担任工作时间之总数,应不得超过四小时;新闻记者每星期休息一日。"①

此外,还有人对于组建国内新闻记者团体的宗旨、任务、会员资格、组织、经费、章程等具体问题都进行了详尽的筹划。其宗旨是"研究新闻业务,

---

① 成舍我.《新闻记者法》的缺点及其补救办法(上)[J].新闻战线,1943,3(5):12-14.

发展新闻事业,促进文化宣扬政令"。其任务是"研究新闻学术事业;促进社会文化地方风尚;协助政府对内对外宣传;砥砺新闻记者品德;维护共同利益;联系国际记者"。会员资格"限于领有证书及现在从事本业务者"。其实行强制入会,"非加入公会不得执行业务"。其组织级数要求是"采有级数无系统原则,即分县市、省市、全国联合会三级。下级团体为上级团体之会员,组织区域一律以行政区域为准"。其法定人数的规定为"县市 10 人以上发起;省市以三个县市公会以上发起,及全体过半数同意;全国联合会以三个省市公会以上发起,过半数同意,但必要时得由社会部会同目的事实有关机关以命令组织之"。其指挥监督者是"各级社会行政机关。其目的事业,同时受目的事业机关指导监督"。其职员、名额、任期是"一律称理监事,其中县市公会员额:理事 3～9 人,监事 1～3 人;省市公会员额:理事 9～17 人,监事 3～5 人;全国联合会员额:理事 11～21 人,监事 3～7 人。任期一律以 2 年为限,连选得连任一次"。其经费来源是"入会金;常年或常月会费;呈准主管官署后筹集事业经费"。其章程应载明的事项是"名称、区域及会所所在地;宗旨组织及任务;会员入会、出会及除名;理监事名额、职权及选任、解任;会员大会及理监事会议之规定;会员应遵守之业务道德与风纪;经费及会计;章程之修改"。其会员范围是"以现在报社或通讯社担任撰述、编辑、采访业务之编辑人,及主办报社、通讯社之发行人,并依法登记记者为限。据中国新闻学会方面的意见,认为凡在教育部认可之国内外大学新闻学系,或新闻专科学校毕业,得有证书,而在报社或通讯社担任发行、广告、会计、稽核、印刷、管理之人,视为新闻记者"。同时,该团体还须举办福利事业以维系人心。[1]

　　同时《新闻记者法》第七条规定:"新闻记者应加入其执行职务地之新闻记者公会或联合公会,其地无公会者应加入其邻近市县新闻记者公会。"[2]也即新闻记者必须加入新闻记者职业社团新闻记者公会或联合会方可执业。但是由于抗日战争的全面爆发,原有的新闻记者团体如上海新闻记者公会及各地新闻记者公会都纷纷解散。即使是在抗战胜利以后,虽然很多人呼吁重新组建新闻记者的行业团体,但是由于种种原因,最终没能真正实现。

---

① 朱家让.关于组织新闻记者公会[J].新闻战线,1942,2(7-8):5-6.
② 程其恒.战时中国报业[M].马星野,校订.桂林:铭真出版社,1944:146-150.

总之,为了提高新闻行业及新闻记者的社会地位与尊严,维护新闻从业者的根本权益,并改善对社会的公共信息服务,新闻从业者努力从传授新闻学高等理论与专业技能而获得职业资格、建立服务公共的职业道德与建立行业自身的职业社团组织来实现新闻记者的职业化,为新闻从业者建立严格的职业资格制度,提高新闻行业的专业水准。

第三节　人才之"进":公开招考聘用的观念

报馆要发展,用人是关键,而引进人才则是关键之关键。在晚清民国时期,长期以来人们习惯于"熟人举荐"以求安心,但是往往出现用人唯亲、用非所学的不良现象,所以很多报馆尝试公开招考录用人才,学者也极力主张通过考试制度来选拔与引进员工。如邹韬奋曾认为:"关于用人方面,我们严守人才主义,力戒安插冗员的恶习,尤注意紧缩政策,非万罢不了的人不得任意添请";"职务上应请的人才,须经过干部全体的通过,或用公开考试的办法";邹韬奋主持《生活》周刊社以来,未曾用过一个亲戚;"对于用人,最主要的基本态度是大公无私,是非明辨"。①

一、背景:晚清民国时期报业"关系本位"的熟人举荐传统

中国自古以来就非常重视熟人关系,甚至被称为"熟人社会"。无论是工作、生活还是人际交往都极其讲究熟人的关系,甚至只信任熟人。晚清民国时期报馆职工的引进虽然包括招请(或公开征求)、托人介绍、投函自荐、到大学新闻系或科招收新闻专业毕业生或者经职业介绍所推荐,但一般报馆都喜欢用熟人,尤其是亲友间推荐或熟人推荐介绍的人,"以求个安心,不必提心吊胆,深怕受累"②,以至于长期以来一直保留了这种"关系本位"的私人举荐传统。据记载,在报馆所雇用的职工当中,无论是对于重视学历与经验的编辑部人员、注重阅历与眼光的营业部人员,还是重视技能与体力的普通职工,其雇用都常以熟人介绍为最相宜。报馆普通职工除了私人介绍外,

① 徐培汀,裘正义.中国新闻传播学说史[M].重庆:重庆出版社,1994:355-356.
② 詹文浒.培养报业人才管见[J].中国新闻学会年刊,1944(2):98-100.

还可公开征求,举行测验,如一般智力测验、怪癖测验、特种能力测验、商业知识及技能测验、个人兴趣测验或个性测验等。① 有人对此曾这样描述:

> 怎么叫做"办私"? 开宗明义第一章即是安插私人。只要你做一个什么"长",局长也好,校长也好,或只要做了什么"理",总理也好,协理也好,总之只要你做了一个独当一面有权用人的领袖,大领也好,小领也好,便得了无上机会去实行"举不避亲"的政策!

> 常语有两句话 ,一句是"为人择事",一句是"为事择人",其实能人为事择人,是要办某事而选用合于此事的人才,固然是很好的事情,就是因有了人才,寻得相当的事叫他去做,也不是什么不好的事情。所最可痛的是不管事情弄得怎样糟,只要是自己的亲戚弄得饭碗算数!

> 但是"办公室"到底是办公的地方,只有秉公办事始能令人心悦诚服。倘若硬把"办公室"一变而为"办私室",便极容易引起暗潮,引起纠纷。有某机关的庶务先生,因为要拉一个私人做茶房,就原有的茶房里面拣出一个"弗识相"的开除掉,弄得全体"茶博士"宣布罢工,闹得乌烟瘴气! 我又亲见某机关的领袖任事十余年,全取人才主义,从不用一私人。凡有什么难问题,或同事中有所争执的事情,他数言解决,众无怨言。因为大家都知道他是大公无私,全以当前的事实为评判的对象,自然使人易于谅解。这位领袖对于"办私"的机会虽不知道利用,但据他自己对我说,他因此对于"办公"方面却大为顺利。②

甚至有人斥责熟人推荐往往用非所学,应该学习欧美报馆唯才是举的考试制度:"今日报馆之用人,尚无正轨可循,大约仍以情面为主,一为主干者之亲戚朋友,一为有关系者之推设介绍,每多用非其学,欧美唯材主义之考试制度,尚未能施行也。以是而言事业,是犹缘木而求鱼耳。"③其实这种熟人举荐的传统与习惯一直都没有根本改变,不仅在报业,在当时国内的其他行业也是如此。甚至时至今日,此种状况也仍未根本改变,无论报馆招工还是其他单位招工招干,都或多或少有熟人关系的推荐与介绍。从科学管理的角度来说,这确实违背"唯才是用"的科学用人原则。因此,当时很多人

---

① 储玉坤.现代新闻学概论[M].2版.上海:世界书局,1945:180.
② 邹韬奋.办私室[J].生活,1929,4(9):83-84.
③ 黄天鹏.中国新闻事业[M].上海:联合书店,1930:92.

从报馆科学管理的角度出发,极力主张报馆应该公开公正地招考录用人员。

二、公开公正招考录用人员的理念

为了实现报馆管理的科学化,合理用人,让每个人发挥各自的能力与专长,避免出现"不当的任用一个人,就足以构成对制度的破坏"①的现象,革除熟人举荐的传统、采取公开公正的招考录用人员、"科学地挑选工人"逐渐成为当时各大报馆人才引进的共同观念。

（一）报馆员工招考录用的原则

晚清民国时期各大报馆在录用普通职工的时候,也部分采用公开征求法,但是并不普遍和常态化,尤其是对于编辑、记者、经营部门的职员,仍然习惯于熟人介绍。但在很多报人与学者考察了欧美报馆唯才是用的考试选拔与引进人才的制度和做法以后,就更极力推动报馆实行招考录用员工的方式,实现以岗择人、用人唯才,避免用人唯亲、用非所学的现象。如有人在考察了日本报馆招考记者的具体做法以后认为:"考试制度足以甄拔真才,不容讳言,故以考试施于最初入馆之访员,尤属需要。日本对于访员,限制极严,须大学毕业生始得应试,一经录取,先派为访员,经相当时期之'前线工作',始再引为编辑,其法甚佳。吾国对于访员,既无大学毕业之规定,复无考试之办法。……吾国若将来实行考试制度,访员的应试资格应规定如下:国内外大学新闻科或新闻大学毕业者;或国内外专门以上学校毕业者;或竞照日本办法,须大学毕业者;或能证明已往工作之经验者。"②而考试内容主要是:须下笔迅速而清楚,须在嘈杂场所不乱文思,须记述问答式之文字,须有推考力。③邹韬奋阐述了考试制度的公平性与科学性,认为考试制度是较为公平的用人制度,其理由是:考试制度"一方面可选用真才,一方面可使职务因安定而效率随之增加,同时并可减少奔竞钻营的恶劣风气。舅老爷兄老爷弟老爷果有真实本领,尽可按照规章公开应考,向来须由保荐进身的人果有真实本领,也尽可按规章公开应考。所以考试是可算比较公平的用人制,不但政治上,就是其他机关的录用人材——除特殊重要的领袖须

---

① 萧同兹.中央社二十周年纪念会讲词[M]//冯翔志.萧同兹传.台北:台北传记文学社,1975;陈伟中.萧同兹和中央通讯社[J].常宁文史资料,1988(4):155-156.
② 周孝庵.最新实验新闻学[M].2 版.上海:时事新报馆,1930:12-13.
③ 周孝庵.最新实验新闻学[M].2 版.上海:时事新报馆,1930:12-13.

由下级翟升或另行物色外——都应尽量的采用考试制度"①。他进一步解释了考试制度的科学性:"平心而论,我们并不承认考试是万能,但严密周详的考试总比看看文凭更能测验'平时的成绩'。平日对于某种学问没有相当工夫的人,对于某种学问的严密周详的考试,决不能临时能像变戏法似的无中生有,做出好成绩来。"②不仅新闻理论界认识到了招考录用员工的科学合理性,而且很多报馆,尤其是像《大公报》《新闻报》《申报》这样的大报馆都逐渐采用笔试、口试或两者并用的考试方法来选拔新的员工。其中《新闻报》曾明确规定,对招录的任何工作人员均须经过考试的程序,且考试含笔试和口试,考试科目视所需用何种人员而定;对拟录用人才均要求做严格的体格检验,并要求保人担保;招考人员一经录用,必须经过 1~3 个月的试用期限(probation period),试用期内薪金为职员 30 块大洋,技术工友 20 块大洋;试用期后薪金为职员普通 25 块大洋,福食(日常膳食)12 块大洋,工友工食(工钱)29 块大洋。③ 而《申报》则采用"荐举加招考"的考试方法。具体而言,首先委托省立上海中学、南洋模范中学、民立中学、中华职业教育社、立信会计补习学校、中华会计补习学校等"办理完善、成绩卓著"的中学或职业学校先行"选拔学行兼优之高中毕业生",以便予以"职业上之智能训练";此外,还在指定学校设立助学金,并从享受助学金的学生中挑选"服务能力较优之高中学生有志就业者"作为招考的对象。④

招考录用员工确实是报馆科学用人的方式,但是考试的内容标准与程序则是决定其科学性与公平性的根本。首先,报馆人员考试选拔的标准主要是德才兼备,尤其是具备胜任岗位工作的实际才能。邹韬奋对以实际才能招考录用人才曾做这样的描述:

> 我向来主张用人当注重真才实学而不必问资格——指学校毕业的资格。我此次征求同志,绝对不问资格,倘有如我上面所提出的条件,虽连小学毕业的资格都没有,我仍要竭诚聘请,否则虽有极好听的衔头,决不请教;以实际材能为标准,绝对不讲情面。所以虽素昧平生,只要能在投稿上及试用上表示实际材能,无不扫榻以待。熟友的保荐信

---

① 邹韬奋.用人的三种制度[J].生活,1930,5(26):421-423.

② 邹韬奋.再复朱经农先生的一封信[J].生活,1930,5(34):571-572.

③ 孙慧.新闻报创办经过及其概况[J].档案与史学,2002(5):3-8.

④ 上海市档案馆(Q430-1-1).

以及"吹嘘",等等,一概用不着,如不在实际能力上表现而另外致函商量,恕我一概不复,俾两方省却许多麻烦;陈布雷先生曾经和我谈起下面的几句话,使我永不能忘。他说个人对于社会应当多少有一些贡献,但是最大的贡献须是最适的贡献。他说他不愿做超过自己能力的事情,不愿勉强担任超过自己的能力的职务;他觉得世间最浪费的事是勉强担任与自己性质不相宜的事情。我希望有意应征求的同志对此点要特别注意。社会的事情是要于合作之中分工的,分工的最重要标准是各人应依各人的个性兴趣材能而分途努力,这样才能兴致淋漓,把自己和所做的工作融合为一。①

其次,由报馆人力资源部门根据部门岗位的要求拟订具体的招考条件、要求、待遇与程序。如有人建议报馆设立招工股,招工股的具体职责主要是:平时对于工人来源的推荐与寻找;注意选择工人的标准是否与研究股所定的相符合;协助工人开始工作;设法知道并解除劳资间的误会或不满;实际执行工人的职位的升降;执行各部间工人的调整,以资降低职工的周转率,并增加生产;撤退工人;接收并决定增加工资的请求。② 招工股一般根据劳动的种类,如管理干部、技术人员、管理人员、一般职员、普通劳工或练习员等,从工作时间、工作分量与工作报酬三个方面来确定职工雇用的条件。如北京《晨报》1925年招聘记者的条件为:"刻苦耐劳誓不沾染时下记者习气者;高中以上学校毕业,或与有同等学力者;至少须通达一种外国文;体格特别强健,善于讲演者。"③天津《大公报》1928年夏招聘练习生的条件是:"本报招考练习生:中等学校毕业,文字通顺;录取后每天工作时间由下午2点到晚上10点,星期日不休息;除供给伙食外,每月津贴五元;北方人要懂南方话,南方人要懂北方话;试用一个月,合则留,不合则去。"④

在发布招聘公告以后,招工股与用人部门一起根据应聘人员过去的经历,最重要的是根据曾经受过的教育、技术训练及做过的工作进行初步筛选。在筛选之后,对剩下的应征人员进行面试,也就是口试。一般面试主要

① 邹韬奋.征求一位同志[J].生活,1930,5(34):571-572.
② 徐渊若.新闻发行学:申报新闻函授学校讲义之九[M].上海:申报馆,1936:171-172.
③ 方汉奇.中国新闻编年史(中)[M].福州:福建人民出版社,2000:1019.
④ 王润泽.北洋政府时期的新闻业及其现代化(1916—1928)[M].北京:中国人民大学出版社,2010:250.

对品性、身体、学识和经验等进行详细的考察，如姓名、住址、电话号码、希望何种职位和薪水、前薪数目、诞生地、日期、婚否、婚龄、小孩人数、父母姓名及国籍、教育程度、在校年数及是否曾毕业、喜欢与不喜欢的课程、是否计划继续求学等。如是跳槽的，还需问到的内容有：前雇主姓名、地址、行业，职位、服务时间、薪水数目、跳槽的动机；本馆是否有亲戚及是何人，由何人介绍，希望应聘何职位，属于何种社会、体育或宗教团体，爱好何种事业，有人依靠否及是何人，有储蓄否及是何家银行，保人寿险否。[①] 在面试完之后，如果有必要的话，还得依工作的性质分别举行特种测验，如一般智力测验、怪癖测验、特种能力测验、商业知识及技能测验、个人兴趣测验、个性测验等。[②] 如《申报》曾制定了《练习生考试办法》。该办法规定，考试科目分笔试与口试，笔试包括国文、英文、数学等基础科目，口试则注重仪容、举止、思想等。设有考试委员会，"除人事科主任为当然委员外，由总经理于（与）主任以上职员中遴选四人组织委员会主持练习生考试事宜"[③]。而有的则先试用，满意后面谈，再确定薪资，如有人公开征求评论撰述，要求先投稿 3 个月，满意后约谈，确定后月薪底薪为 120 块大洋。[④]

（二）报馆各类员工招考录用的具体标准条件

晚清民国时期，不仅报馆极力在实践上推行公开考试来选拔新进员工，理论界也在理论层面探讨报馆各类员工的素质要求，作为报馆公开招考录用员工的标准。其中对新闻记者、编辑的素质要求最为重视。梁启超曾把新闻记者的素质要求概括为常识、真诚、直道、公心、节制，称为"五本"。[⑤] 民国初年著名记者黄远生曾根据自己的经验，把新闻记者能力要求概括为脑筋能想、腿脚能奔走、耳能听、手能写，也即"四能"。其解释是："调查研究，有种种素养，是谓能想；交游肆应，能深知各方面之势力之所存，以时访接，是谓能奔走；闻一知十，闻此知彼，由显达隐，由旁得通，是谓能听；刻画叙述，不溢不漏，尊重彼此之人格，力守绅士之态度，是谓能写。"[⑥] 而一般对新

---

① 钱伯涵，孙恩霖.报馆管理与组织：申报新闻函授学校讲义之二[M].上海：申报馆，1936：208-209.
② 刘觉民.报业管理概论[M].上海：商务印书馆，1936：129.
③ 上海档案馆（Q430-1-1）.
④ 邹韬奋.征求一位同志[J].生活，1930，5（34）：571-572.
⑤ 梁启超.《国风报》叙例[N].国风报，1910-2-20.
⑥ 黄远生.忏悔录[J].东方杂志，1915，12（11）：5-10.

闻记者的素质要求都强调品德修养、知识修养、专业技术修养及身体条件等。如有人认为新闻记者"品性为第一要素",其品性主要包含人格、操守、侠义、勇敢、诚实、勤勉、忍耐及种种新闻记者应守之道德。要做到"贫贱不能移,富贵不能淫,威武不能屈","泰山崩于前而色不变,麋鹿兴于左而目不瞬"。作为记者所必备之知识与经验主要有:通晓新闻价值、观察力、推理力、联想力、细密与注意、机警与敏捷、个性抛弃、来源秘密、不发表之预约、但知事实不要求登载等;还要求身体健康。[①] 徐宝璜认为访员之资格是敏捷、勤勉、正确、知人性、有强健之记忆力,有至广或至深之智识。[②] 张万里认为新闻记者应具有的修养是:贞洁的品行、强健的身体、丰富的常识、渊博的学问、冷静的头脑、刚强的判断、强健的记忆、和蔼的性情、敏捷的手腕、勤勉的习惯。[③] 宋鸿猷认为外勤记者应有的修养是:勤劳的习惯、敏锐的眼光、忍耐的性格、和平的态度、高尚的德行、无畏的精神、牺牲的宏愿、缜密的心思、冷静的头脑、丰富的知识。[④] 张静庐认为记者必备的条件是:强健的体格——能耐辛劳;丰富的常识——熟知一切;和蔼的性格——交际活泼;冷静的头脑——慎辨事理;裁剪的工夫——帮助记忆;高尚的德性——人格尊严;懂两种以上外国语。[⑤] 还有人对新闻记者的素质要求做了更详尽具体的解析,认为记者的基本资格是身体须健康、思虑宜锐敏、宜诚实而无偏依。但具体来说,勤勉、正直、信任、宜注意新闻纸、贵重时刻、须有自信之念、宜知杂报之轻重、宜有敏捷精细之思想、须有临机应变之才、胆欲大心欲细、尊重他人的意见、不怀私意、事实须精密。[⑥] 乐恕人认为新闻记者要求道德高尚、学识丰富和技术娴熟,详细地说,道德方面要有品格、有气节、有操守,要"行"其所"信",要有"仁",要有"乐业"的精神;学识方面要博学多知,再从博学做到专精一门学问,如文学、哲学等。[⑦] 而地方报记者应具备的基本条件

① 邵飘萍.实际应用新闻学[M]//肖东发,邓绍根.邵飘萍新闻学论集.北京:北京大学出版社,2008:18-25.
② 徐宝璜.新闻学[M].北平:国立北京大学新闻学研究会,1919:35-36.
③ 张万里.新闻记者应有的修养[J].报学季刊,1935,1(4):59-62.
④ 宋鸿猷.外勤记者应有的修养和我的采访经验[J].报学季刊,1935,1(3):101-104.
⑤ 张静庐.中国的新闻记者[M].2版.上海:光华书局,1928:26-40.
⑥ 松本君平.新闻学[M]//余家宏,宁树藩,徐培汀,等.新闻文存.北京:中国新闻出版社,1987:36-39.
⑦ 乐恕人.现代记者的修养问题[J].新闻战线,1941(2):8-10.

主要是:熟识当地情形的当地人,必须有丰富的学问、多方面的社会关系、基本的科学知识、活动能力、机警敏捷,尤其要紧的是要有深入社会的决心和勇气。①

此外,对报馆主笔、总经理、发行经理、评论、校对等员工的素质要求都有相关论述。如有人认为:"主持笔政者,应有洁白之胸怀,爱国之热心,公平之性情,凭良心之驱使,作诚恕之文章,为众请命,或示人以途,总以国利民福为归。"②也有人认为:"一间报馆的总经理,须对于营业有经验,报学有心得的人才,才能够担任。"③而对发行主任的素质要求主要是:精明干练,刻苦耐劳,有办事的能力;还要有创造和组织的能力;对于编辑和广告等都要有深入了解,并随时和其他部门的负责人交换意见。④ 同时发行经理须具备的条件是:忠实诚挚、富思考力、商业知识、销售才能、尽职负责、熟悉地方情形、长于商业书信。⑤ 报社评论家应具备的条件是:学问要渊博精深、常识要力求丰富、眼光要高瞻远瞩、发挥要条理井然、文字要富于情感、头脑必须冷静、文笔必须优美。⑥ 有人曾公开征求评论撰述的条件是:大公无私、思想深入、文笔畅达、至少精通一种外国文。⑦ 而校对员则应当具备的条件是:沉静和仔细的习惯,工作时不涉旁念,专心致志,学问方面更须广博。⑧

总之,报馆用人应尽量留住已有的熟练职工,人员流动不要过于频繁,即使是为了扩大营业要引进新员工,也要深入了解与研究所需要工作能力的种类和性质,并合理地确定待遇与条件,通过公开考试选拔录用所需人才,尽可能做到人才招聘的科学与公平。

① 赵家欣.地方报的采访工作[J].战时记者,1939,2(3):8-9.
② 徐宝璜.新闻学[M].北平:国立北京大学新闻学研究会,1919:67.
③ 潘公弼.报馆的组织[M]//黄天鹏.新闻学演讲集.上海:现代书局,1931:45-53.
④ 钱伯涵,孙恩霖.报馆管理与组织:申报新闻函授学校讲义之二》[M].上海:申报馆,1936:117-118.
⑤ 刘觉民.报业管理概论[M].上海:商务印书馆,1936:229.
⑥ 吴晓芝.新闻学之理论与实用[M].北平:立达书局,1933:136-138.
⑦ 邹韬奋.征求一位同志[J].生活,1930,5(34):571-572.
⑧ 范心易.谈谈报纸之校对[J].上海记者,1942(2):11.

第四节　人才之"养":"培庸奖进,蔚为成材"

在通过招考录用"找到人"之后,更重要的是"留住人"。为了"留住人",报馆要对员工"进行培训教育,使其成长",最终实现"培庸奖进,蔚为成材",逐渐成为晚清民国时期各大报馆"人才之养成"的共识。具体而言,就是通过及时的专业技术教育培训来实现新进员工或平庸员工的进步与提高,通过派发红利或股票等方式额外奖励先进员工的贡献与业绩,通过合理的薪酬与基本的福利尽力留住所有员工,从而实现全体员工"共志趣、共生活、共前途"[①]的目标。

一、对"庸"者之"养":倡导施以适时的教育培训

所谓"庸"者,顾名思义,一般指的是在实际工作中业绩平平甚至表现落后的员工,他们往往是技术不熟练的新员工及没有或极少经过专门技术训练与专业教育的老员工。晚清民国时期国内报馆普遍不重视教育与培训,都喜欢用熟手,这样可以省却麻烦,不必从头到尾重新训练,却阻碍了优秀青年的加入与追求上进,甚至阻碍了整个事业的发展。[②] 事实上,因为晚清民国时期国内新闻学教育不够发达,报业人才普遍紧缺,所以很多报馆都招收了大量非专业的员工以满足实际工作的需求,所以对报馆"庸"者的专业培训教育就更是不可缺少的环节。然而,大部分报馆对表现平庸员工的专业教育培训不够重视,致使国内新闻记者因为采访技巧不高明、学识和修养不充足、社会文化水准低等种种关系而遭受社会的轻视,不像外国记者那样受人尊重。[③] 所以当时很多学者都意识到了教育培训的重要性,并建议通过"庸"者的自觉学习、短期专业培训或与学校长期合作定期培养来提高他们的技术水平与专业素养。

（一）建议给"庸"者创造条件进行自觉学习

由于晚清民国时期缺乏教育资源、经济条件困难,所以当时比较现实的

---

① 鲁风.新闻学[M].上海:新中国报社,1944:192-196.
② 詹文浒.培养报业人才管见[J].中国新闻学会年刊,1944:98-100.
③ 赵慕儒.采访新闻的方法[J].记者月报,1941(2-3):7-12.

做法就是强调一般员工应自觉地学习。如《生活》周刊主编邹韬奋认为，事业的发展要靠人才，职业修养便是造就人才的源泉。"事业的发展是靠全体同事的共同努力，职业修养的增强是发展事业的发动力"，职业修养要求从领导到一般职员，都要"诚恳、谦虚、和蔼""时时在用心学习，时时在进步中前进"①。而且报馆员工的学习更要从现实出发、从工作的实际需要出发，"新闻记者之学问，决不可杂乎'现在'及'实际'之二点。例如研究历史、由古代及中世、近世、普通之顺序也。新闻记者当以现在为出发点、而及于过去、渐次追源古代"②。同时报馆员工应多读新书，对于事物多加观察，对于技术多加练习。③ 当然"欲为新闻记者、须积得多量之知识、尤不可无相当之修养"，因为"即纵具渊博之学问、而无忧乐天下之抱负与毅力者，则新闻事业，终不许其从事；即从事，亦难告厥成功"④。也就是说，为了成就新闻事业，报馆员工既要重视专业知识与专业技术的学习，也要重视新闻职业精神与理想等专业修养的培养。

因此，报馆应为一般员工的自学创造条件，并鼓励一般员工平时多读书、读新书，尤其是与工作有关的出版方面的专业书。其中有人认为新闻记者应研究的科学有：切实研究新闻学内之科目，明了自然科学的作用，明了历史的演进，各种地理知识，明了社会的本质，明了政治现象，明了社会的法律现象，明了社会的经济现象，明了教育的原理及其实用，明了财政的原理及其政策。⑤ 也有人认为理想的政治记者应该研究历史、地理、法律、国民经济及统计学和外语；理想的商业记者应该研究国民经济及统计学、私人经济、地理、重要的法律和英语；理想的省报或地方报的记者应该研究历史、地理、国际公法、国民经济及统计学和特殊的法律；理想的文艺记者应该研究哲学、历史和本国文学，除此以外，对于他们将来服务的报纸的宗旨，当然也要有深刻的研究。⑥ 同时，做经济记者除了要有基本的学识修养，还要做到不要嫌数字麻烦，不讨厌图表，不以耳代目，敬惜字纸，跑跑账房，接近老农，

---

① 徐培汀，裘正义.中国新闻传播学说史[M].重庆：重庆出版社，1994：356.

② 任白涛.应用新闻学[M].6版.上海：亚东图书馆，1937：14.

③ 李公凡.基础新闻学[M].上海：复兴书局，1936：159-161.

④ 任白涛.应用新闻学[M].6版.上海：亚东图书馆，1937：16.

⑤ 吴晓芝.新闻学之理论与实用[M].北平：立达书局，1933：16-20.

⑥ 戈公振.新闻教育之目的[J].报学月刊，1929，1(2)：49-59.

预备主题,[①]等等。

(二)主张适时为"庸"者提供短期的专业培训

一般来说,企业对一般员工的培训主要包括对新员工的岗前专业培训与新技术新制度的速成培训,以及对非熟练职工、非专业员工的短期专业培训。但是晚清民国时期报馆"庸"者的专业培训不仅有新进员工的岗前专业培训,还有战时报馆非专业人才的职业培训。

首先为新进员工提供业前专业培训。报馆新进员工种类多且差异明显,既有编辑部的外勤记者、编辑、主笔及营业部的大小职员等大量知识劳动者,又有印刷部的工人和送报员等体力劳动者。所以有人主张报馆应设立"训工股"专门处理员工的培训工作,尤其是对于大型报业公司来说更有必要,让"训工股"帮助工人做好准备,以资增加工作效率;帮助工人做好准备,以资升迁;帮助工人做好准备,以资调遣;指导训练工人的职工;详示工人以厂内的工作状况,以资工作的平稳进行;与工业学校合作,使学生或半工半读者易于就业;提倡并援助职业教育。[②] 还可以学习欧美大规模组织的报纸,像银行等单位一样,对于职工的雇用,另外有一个训练班专门对员工进行培训。同时报馆各部常备办事细则(如编辑部细则,访员须知等)分发给新员工学习参考,以熟悉业务。甚至,各部还要求所有新老员工参加定期举行的工作会议。[③] 具体培训形式主要有图书馆、学术讲座、学术演讲、技术培训、学术讨论会等,但根本方法是"不断进修"。[④] "在训练上,最好要着眼于分工合作的制度。一方面使得他对于本身活动范围中的各种技巧,十分熟练;另一方面又要确切了解他所服务的报纸的立场,政策和发行方针等。"[⑤]但是无论何种新闻工作人员的长期或短期训练,其训练要点除了要掌握新闻事业上必须具备的基本知识外,还应特别注重专业精神的培养。[⑥] 其中当时美国报馆对新送报童子有所谓"一日一小时训练法",就是每天由发行部主管人员向送报童子施行谈话训练。其训练的目标是使送报童子能具

① 申兰生.如何做经济记者[J].上海记者,1942(5):23.

② 徐渊若.新闻发行学:申报新闻函授学校讲义之九[M].上海:申报馆,1936:172-173.

③ 钱伯涵,孙恩霖.报馆管理与组织:申报新闻函授学校讲义之二[M].上海:申报馆,1936:206-207.

④ 鲁风.新闻学[M].上海:新中国报社,1944:196-197.

⑤ 钱伯涵,孙恩霖.报馆管理与组织:申报新闻函授学校讲义之二[M].上海:申报馆,1936:206.

⑥ 张志智.发展全国新闻事业刍议(下)[J].新闻战线,1943,2(9-10):13-16,19.

备随时进行推销的能力，能应付得了订阅人，能完全知道本报的特点并随时为订阅人解答，能对订阅人有礼貌，能最快地将报纸送到订户手里，能每月按时收缴报费。[①] 而对于新进广告人员，训练的第一要领是从业人员的操守，其原则主要是：争取营业、发展业务、人选适当、密切合作。新进广告从业人员训练的主要内容有：本报的历史、组织与各种规章；本报的发行情况，如每日总销数，集中销在市区的销数，街上零售的销数；兜销的一般原理，尤其是这些原理在广告上的运用；所在地的市场情形，例如人口、购买力、消费习惯、批发与零售商的姓名住址、各种重要商品的售价，以及它们的分销回佣等；广告上最常见的货物，它们的原料如何、成分如何、用途如何；何种报纸广告推荐一种新的货品最为有效；兜销门类和兜销区域；报馆的各种手续，以及它们与报馆各部门的联系；报馆的广告价目，能在短时期内算出广告的行数及应付的广告费；丰富的时事知识。[②] 对报馆新进印刷工人培训的内容主要是：排版、制版、铸字技术；政治认识与各种学科文化；采写编评等新闻技术；抗日救亡工作。[③]

其次是战时报馆非专业人才的职业培训。自从 1937 年抗日战争全面爆发以来，国内报业与学校都遭受了严重的破坏，各大城市报馆与学校纷纷转移到西南后方，有的甚至直接关闭停办，这直接导致了新闻人才的流失与后续培养的中断。据记载，自民国以来开过新闻学课程的大学有 30 余家，然而在"八一三"事变以前，只有燕京大学、复旦大学同中央政治学校设有正式的新闻系；全面抗日战争发生后，燕京大学的新闻系也停办了。[④] 而抗战期间，国内仅有中央政治学校、国立复旦大学、私立燕京大学及私立广东国民大学开设新闻系，学生总数不过 200 人左右，其余新闻专修科班的学生，亦甚为有限，以之供应战后新闻事业之需求，可知其不敷甚巨。[⑤] 但是从当时现实来看，仅存的报业的发展仍然需要大量的新闻人才。而更为急切的是，为了抗战宣传的需要，政府极力以县团为单位发展地方报纸与通讯社，这又需要更多的新闻人才来充实新闻行业。根据中华民国第二届参政会的提议，以县

---

① 刘觉民.报业管理概论[M].上海：商务印书馆，1936：136.
② 詹文浒.报业经营与管理[M].上海：正中书局，1947：156-158.
③ 罗高.新闻纸与印刷工人[J].新闻记者，1939(6)：18-23.
④ 马星野.新闻记者之训练问题[J].新民族，1938，2(19)：293-294.
⑤ 陈立夫.新闻事业与文化建设[J].中国新闻学会年刊，1944：10-13.

为单位创办地方报纸与充实国家通讯社,仅每个县就需要至少3名新闻工作人员,全国1900个县,共需要训练有素的新闻记者5700多人。[①] 这直接导致了新闻人才的需求与供给的严重落差,以致整个报界出现了人才荒问题。[②] 所以国家也深感"新闻记者在抗战过程中,其任务之重大与工作之艰苦,实非有丰富之学术经验者不能胜任。为增进新闻记者之学识与工作效能,在目前培养大批干部新闻记者,并予以各种优待,以负此种艰巨工作,实为必要"[③]。

因此,为了适应抗战的需要,政府应该迅速地举办"战时新闻记者训练班",培养大批有高度的政治水准、知识水准及丰富的新闻学修养的健全的新闻人才,与敌人进行有力的新闻战。[④] 具体而言,可以由政府设立战时新闻记者训练班,定期召集全国新闻记者实施军事政治等各种训练。也可以在政府当局辅助之下,由新闻界组合,或新闻学术团体,举办战时记者训练班。如组织全国报业协会,负责训练现有的报业人员或各国立大学设立新闻学系或设立短期的新闻人才训练所,克服教材、师资、设备严重缺乏的困难进行短期的基本职业培训,以迎合报业人才的现实需要。[⑤] 但从报馆方面来说,也应重视并采取具体措施来培训与储备新闻人才。其中湖北报业的人才培训办法有:就各大学新闻系毕业生施以实际之训练;就各大学政经系毕业生,选其有志终身从事于新闻事业者,施以各专门技术之训练;报社自办新闻人才训练班,技工训练班,或请托当地大学或职业学校代办;确立人事计划,使各员工得以安心工作;报社各部门练习生名额增多。[⑥] 而福建报业的人才培训与储备办法是各大报社自己各处搜罗学有根底的优秀青年,分发至各部实习,由报社高级人员予以适当的指导,培养终身从事新闻事业的坚定志趣,训练新闻工作的技能,同时由各重要报社联合会同在闽优良大

① 马星野.新闻记者之训练问题[J].新民族,1938,2(19):293-294.
② 陆铿.报界的人荒问题[J].新闻战线,1942,1(8-9):1-2.
③ 马星野.新闻记者之训练问题[J].新民族,1938,2(19):293-294.
④ 裴克.培养战时新闻人才[J].战时记者,1939(5):5-6.
⑤ 马星野.新闻记者之训练问题[J].新民族,1938,2(19):293-294.
⑥ 王隐三,陈裕清,张志智,等.各地报业现状及战后发展之意见[J].中国新闻学会年刊,1944:115-147.

学,举办新闻专科,造就新闻人才。① 甚至有人建议新闻记者的培训要注意编辑管理并重、训练青年造就干部、加强报社与新闻学校之联系。② 也有人建议推出几个编辑与社会见面使其成为社会知名人物,获得较高的社会地位,转变新闻界原有的不良风气,从而吸引青年们去做无名"编匠"的报纸编辑,为报业增加新的血液。③ 还有人就一般党报人才的培训提出具体的意见,最好由党的最高宣传机关中央宣传部来开办一个"党报人材训练所"或"党报记者专门学校"专门培训党报新闻记者,使党报工作人员活泼、敏捷、勤勉与公正;对于政治、社会、经济、法律等各科常识都有所涉猎甚至有深刻的研究;具有实际工作经验;有革命的精神;对党义要有深刻的研究;明了党的历史;认识党的环境。④

(三)提倡报馆与学校长期合作,为"庸"者提供定期的教育与培训

短期培训仅为解决人才荒或人才养成的治"标"办法,是应急的权宜之计,而根本的办法是报馆与学校长期合作,为一般员工提供定期的教育与培养,进而提升"庸"者的技术水平与业务素质。

首先,报界与学校联手培养新闻人才逐渐成为共识。报业已发展成为专门的事业,所以报业的发展需要专门的人才。但是由于起初欧美名记者都认为报馆是最好的学校,"从事新闻之业,虽可依书籍师授,以研究探访、校正、编辑及各种分门之事业。要之,最良之学校者,则莫如此新闻社。以其兼有责任,而优于实际之方法教授也。他事无论已,即其条理布置之事,虽如何口讲指画,如何研究书籍,而新闻社内探访精密之技术,终不以实见实行施之教授。非谓学校讲习之中,无新闻学教授之要。盖以学新闻学者,将来入于新闻编辑室,其敏捷活泼之素养,虽不可缺,而考求其实际事业,则非经验实践者不为功"⑤,因此报业教育曾遭受轻视。直到后来,报界才逐渐认识到报业教育对新闻人才培养的作用与影响不可忽视。虽然"诚欲求为绝良之新闻家,其道即在躬事实习,此实不二之法门、其余无足论也已",但

① 王隐三,陈裕清,张志智,等.各地报业现状及战后发展之意见[J].中国新闻学会年刊,1944:115-147.

② 聂世琦.如何培养报业管理人才[J].新闻战线,1942,2(7-8):7-10.

③ 刘光炎.怎样增加新血输[J].中国新闻学会年刊,1944:114.

④ 张源鹏.党报人材的训练[M]//王瀣如.新闻学集.西安:天津大公报西安分馆,1931:144-147.

⑤ 松本君平.新闻学[M]//余家宏,宁树藩,徐培汀,等.新闻文存.北京:中国新闻出版社,1987:67.

"今美国之大学校有设新闻学专科者,此于斯道、亦有小补。函授学校之新闻学,教之得其道,亦自有用。"①"然自此种人材加入报界之后,觉成绩优良,远过于未受专门训练者,于是报界之怀疑始去,而乐与教育界携手。世间有一颠仆不破之公例,即学问绝无害于经验,而有助于经验也。"②尤其发现"虽然青年记者,如能谙新闻社内外之实务,又加以有历史、经济、政治、文学养之有素,则可凌驾乎仅有实务经验之人焉"③,于是"访员之养成,不能不有高深之教练,若专攻新闻学之大学生,不仅熟暗(谙)新闻之采访与编辑,且富有新闻学以外之普通学识,以之为访员,必较未受新闻教育之人为宜焉"④。可见"要养成良好的新闻人才,须要在学校中有充分的新闻学的教养"⑤。所以"报业既犹未成一种职业,自当有报业教育以养成专门资格。报馆何尝不能培植报界人才,惟中国报馆之办有成效者有几家,仗少数报馆以培养人才以备全国报界之用,吾恐杯水难救车薪。……故对于培植人才一层,不能不赖教育"⑥。且"新闻学与新闻事业之关系,不啻如行影之密切,故欲矫正新闻业之弊害,则新闻学之提倡研究,乃其根本急务。所谓提倡研究新闻学者,其最显著之效果,即为新闻记者人才之养成。若新闻界皆为对于新闻学研究有素之记者,则前途自易有改进之余地也"⑦。因此,报界与学校联手培养新闻人才成为共识。

其次,学校与报馆长期合作为非专业员工定期教育与培训,以解决战时报界的人才荒问题。为了满足抗战宣传的需要,解决报界人才紧缺的问题,"必须训练人才,训练人才,则须设立学校,最好由国家设立学校,宗旨容易一致,国策容易实行,将来有了造就新闻专门人才之高级学校,则学术与技术的进步,亦必迅速"⑧。同时要求"其培养机构及学生名额,似应预计今后新闻事业发展之趋势,设法予以扩充。同时训练方面亦应充分加强,俾能提

①　休曼.实用新闻学[M]//余家宏,宁树藩,徐培汀,等.新闻文存.北京:中国新闻出版社,1987:183.
②　戈公振.中国报学史[M].北京:生活·读书·新知三联书店,1955:257.
③　松本君平.新闻学[M]//余家宏,宁树藩,徐培汀,等.新闻文存.北京:中国新闻出版社,1987:69.
④　周孝庵.最新实验新闻学[M].2版.上海:时事新报馆,1930:15.
⑤　张静庐.中国的新闻记者[M].2版.上海:光华书局,1928:90.
⑥　汪英宾.中国报业应有之觉悟[M]//黄天鹏.新闻学论文集.上海:光华书局,1930:29-44.
⑦　邵飘萍.新闻学总论:国立法政大学讲义[M].北平:京报馆,1924:248.
⑧　关企予.吾国新闻事业之过去与将来[J].记者月报,1941(2-3):1-6.

高素质。至于目前从业人员之中,当不乏优秀特出之人才。此则有望于各新闻机构之主持人员,留心识别,提携而奖拔之,使蔚为国用"①。具体而言,一方面普通学校开设新闻学课程向学生灌输关于新闻学的常识,以吸引更多优秀青年从事新闻事业工作;另一方面新闻学校和大学开设新闻学系,为新闻事业培养新闻经营、编辑、记者等各种专门的人才。② 此外,"政府并应对新闻学者,加以鼓励与提倡,或予以种种优越之便利,或资送出洋,作更深之研究,有此大批的人才养成,而后可以谈改良,谋扩充,为记者终身之职业。'富贵不淫,贫贱不移,威武不屈'为记者处世之良训。作负责任的及同情的言论自由,避免单纯的谩骂与诽谤"③。

但是"报业教育,在欧美亦甚新,引在我国,其幼稚固不待言也"④。自从民国初年开始新闻教育,"然新闻教育机关,现时总共已不下三十五处之多,有三大学设立新闻学系,为国内最著名者。不过此三校皆采用美国制度,有时不能令人满意,因中国报纸的销路不大,广告收入不丰,不能采用美国大规模的经营方法"⑤。同时"年来吾国国内大学之设新闻一科者甚多,专以养成专门人才,但偏于学理者多,侧重实验者少,实一遗憾,良以各大学所设之新闻科,应学验并重"⑥。如何实现符合国情的新闻教育,并做到学理与实践的统一,有人"主张设有新闻科系之大学,必备具有规模之实习报纸,磨砺有资,书不虚读,出而问世,自能合辙"⑦。更重要的是学校与报馆密切联系、相互合作,共同培养新闻人才。比如学校请报业成功者讲演成功或失败的经历来激励与启发青年对报业的兴趣与志向,或者安排学生自己创办一个实习通讯社或制作一张实习报纸,亲自经历新闻采访、编辑、叫卖的全过程,之后再安排学生到报馆实习锻炼。同时,报馆也应当经常选拔年轻有为的优秀员工到学校进修学习,以提高专业理论水平。⑧ 为了培养报业管理人才,学校应在新闻专业教学中加强有关经理部分的课程或从工作中培养经理类

---

① 陈立夫.新闻事业与文化建设[J].中国新闻学会年刊,1944:10-13.
② 陶良鹤.最新应用新闻学[M].上海:复旦大学新闻学会,1930:72.
③ 吴晓芝.新闻学之理论与实用[M].北平:立达书局,1933:225-226.
④ 戈公振.中国报学史[M].北京:生活·读书·新知三联书店,1955:257.
⑤ 聂士芬,罗文达.中国报业前进的阻力[J].报人世界,1936(6):1-3.
⑥ 周孝庵.最新实验新闻学[M].2版.上海:时事新报馆,1930:14.
⑦ 钱沧硕.谈编辑[M].中国新闻学会年刊,1942:40-43.
⑧ 詹文浒.培养报业人才管见[J].中国新闻学会年刊,1944:98-100.

的人才。① 为了培养新闻翻译人才,学校应在新闻专业教学中增加英文或其他文字课程。② 为报馆中"庸"者提供定期的专业教育与培训变得更为必要与迫切。

二、对"进"者之"养":提倡予以红利或股票等额外奖励

所谓"进"者,就是指在实际工作中业绩突出、贡献较大的优秀员工、骨干力量,他们往往是技术娴熟、经验丰富或专业学理深、管理有方的总编、主笔、记者、编辑、印刷、发行、经理等。他们对报馆贡献大,所以理应获得额外的奖励。因此,为了让报馆优秀员工长期安心地努力工作而不会见异思迁,晚清民国时期有学者建议为报馆"进"者有条件地、自主自愿地推行分红或股票等额外奖励措施与制度。因为分红或股票是随着报馆业绩的变化而变动,如果报馆经营业绩好,那么优秀员工所能获得的红利或股票收益就多,反之则少,所以优秀员工要想获得更多红利或股票收益,就必须尽力为报馆工作。这样一来就把报馆的业绩与员工自身的利益捆绑在一起,形成一荣俱荣、一损俱损的关系,从而在根本上使员工对报馆有主人般的认同感与满意度。

首先,给报馆"进"者分红。分红,通俗地说,就是让员工有机会参与分享报馆在一定时期,比如一年内经营所得的利润或盈余,这是对报馆员工的额外奖励,从而让员工把报馆的营业与个人的利益统一起来,进一步调动员工的进取心与责任感。《新闻报》董事长福开森在该报三十年纪念时曾说:"办报遇有赢余,馆员皆分其利,使馆中人员皆以报务之发达为心,视同切己之事焉。"③有人认为这还可以化解劳资纠纷,"采取利益均沾的原则,如每年有盈余,职工亦应享有分红待遇,如此,劳资双方就可以打成一片,不致发生劳资纠纷"④。在当时,国内公司普遍以个人薪资大小比例、业绩的大小或贡献的大小作为分红的依据。但这种分红机制往往被视为存在严重的利益分配不公问题,因为这种分红制度必然导致收益分配的两极分化,使高薪者获得更多的红利,而低薪者仅获得极少的红利。所以当时有学者提出"递减累

①　解宗元.报业经理部门的人才问题[J].新闻战线,1943,3(6):6.
②　许君远.报纸需要翻译人才[J].新闻战线,1943(1):4.
③　福开森.新闻报之回顾与前途[M]//《新闻报》三十年纪念册.上海:新闻报馆,1923:1-2.
④　储玉坤.现代新闻学概论[M].2版.上海:世界书局,1945:180.

增率"的分红办法,认为"最好的方法是用递减累增率,就是薪工愈小的享受分红的百分比就愈高,例如薪金在一百以下八十元以上定率百分之十五;八十元以下五十元以上定率百分之二十之类"①。有记载,"上海各大报年终,对职工尚有花红之分,视各报之赢(盈)余而定"②。其中《新闻报》分红提成的力度大,"馆员分红提奖,每年收入约等于增发五个月的工资。馆员入馆时工资起点甚低,每月仅有三五十元,服务时间愈久,工资提高愈多"③。

其次,让"进"者购买优先股票。报馆鼓励优秀员工自愿分期支付的办法认购报馆的股票,尤其是价格变动小而收益相对稳定的优先股份,而且允许员工在辞职以后可以把股票转让给第三者或转换为公司债券,让员工可以额外获得报馆的股票性收益。这种"股票扩散,是促进劳资合作更进一步的办法。就是从个人利益的保护心理出发,认为劳资合作的深刻化,是应当使劳动者有逐渐变为公司所有者的一分子"④。所以对于优秀员工来说,购买报馆优先股票不仅能鼓励职工储蓄、增加职工的收入,还能增长职工股票投资的常识,并让职工获得分享报馆经济盈余的法律权利。而对于报馆公司来说,让优秀员工购买股票不仅可以减少职工的离职从而增加劳动力的稳定性、增加公司的资本,还能使职工对于报馆更忠诚,从而加倍地努力工作。⑤据记载,1916 年福开森创办的《新闻报》在美国特拉华州注册股份公司时核定为 2000 股,当时每股价值为 50 美元,其中 100 股赠予汪汉溪总经理。⑥而在 20 世纪 30 年代,《大公报》《新民报》《新闻报》等都引进了股权激励制度,向业绩优异的员工赠股。其中《新闻报》对于考核成绩优异者,以增股方式给予奖励。⑦可见,让优秀员工购买优先股票其实就是集激励与约束于一身的"金手铐",因为不仅完全把员工与报馆两者的利益与责任约束在一起,同时对双方来说又是非常有利有效的激励机制。这在当时是较为新

---

① 刘觉民.报业管理概论[M].上海:商务印书馆,1936:144.
② 黄天鹏.中国新闻事业[M].上海:联合书店,1930:98.
③ 陶菊隐.记者生活三十年——亲历民国重大事件[M].北京:中华书局,2005:104.
④ 刘觉民.报业管理概论[M].上海:商务印书馆,1936:144.
⑤ 刘觉民.报业管理概论[M].上海:商务印书馆,1936:145.
⑥ 张立勤.1927—1937 年民营报业经营研究:以《申报》《新闻报》为考察中心[D].上海:复旦大学,2012:107.
⑦ 宗亦耕.20 世纪二三十年代上海报业的运营机制与规律[J].上海大学学报(社会科学版),2006,13(2):115-119.

颖先进的企业激励机制，尤其是对于奖励、留住报馆优秀拔尖人才是非常有效的。即使是在今天，股票（股份）也仍然是企业管理中常见的激励方式之一，但是在目前国内上市的国有大众传媒企业公司中，由于国家传媒制度与政策的限制却未能普遍实施。

总之，报馆给优秀员工派发红利或优先股票是在保证员工基本福利的前提下实施的额外奖励，只有经营业绩良好、收益多的报业企业才能实现，对于一般报业公司来说很难实施。除此以外，还可以通过职务晋升、精神荣誉等其他方面的激励来留住紧缺的优秀新闻人才。

三、对所有员工：主张给予合理的薪酬与基本的福利

由于晚清民国时期报馆员工薪酬、福利等待遇普遍偏低，报馆为了防止人员流失，要真正做到"留住人"，最基本的要求就是为所有员工——无论职务高低或工作种类差异——提供合理的薪酬及医疗、养老等基本的福利待遇。

（一）背景：晚清民国时期报馆员工的薪酬福利普遍偏低

无论是黄金时期的 20 世纪二三十年代，还是处于全面战争时期的 40 年代，晚清民国时期由于几乎战乱不停，对全国经济造成了严重破坏，经济几近崩溃，同时对全国报业、广告也造成了直接的冲击与破坏。这直接影响了报馆的营业与收入，从而也导致了当时全国报馆员工薪酬福利普遍偏低。

1. 20 世纪二三十年代，国内报馆员工的薪酬福利偏低

20 世纪 20 年代和 30 年代是国内相对较为稳定的时期，也是中华民国社会经济发展的黄金时期，全国经济发展较快，报业、广告都呈现出良好的局面。但是报馆员工工资水平明显较低，从而导致报馆员工兼职、干私活、赚外快，甚至敲竹杠等不良现象。与同时期国外同行相比也相差甚巨。

首先，与其他行业相比，国内报馆员工一般工资偏低。根据戈公振的统计，在 20 世纪 20 年代和 30 年代，报馆员工的月薪一般最高有 300 银元左右，最低则仅有 10 银元左右，总经理、总编辑 150～350 银元，一般编辑 60～100 银元，专职记者 30～100 银元，专职印刷工人 10～20 银元[①]（见表 5-12）。

①　戈公振.中国报学史[M].北京：生活·读书·新知三联书店,1955:244-246.

其他人的统计数字也大致如此，如黄天鹏记载的数字是："一个总编辑月薪150～350银元；编辑主任月薪120～200银元；一个编辑月薪60～100银元，偶尔会升到150银元；驻外地记者月薪大约100银元外加业务费；本地采访的记者大约为50银元。"①周孝庵记载的数字是："吾国报馆对于记者薪金，视各报之经济状况而定，以上海一隅而言，总编辑（即编辑部长）约自200～400银元，编辑（或称内勤记者）约自40～200银元，专雇访员（或称外勤记者）自30～150银元，公雇访员（即分送各报之普通访员）自5～50银元。往昔各报对于北京特约访员，有薪金自200～400银元者，特稿有一篇自1至10银元者。"②一些当时的记者的回忆也证明了当时报馆员工工资的实际情况，如顾执中于1924年进入《时报》当记者，月薪为80银元，这在该报社记者中算收入高的，两年后他离职时仍为80银元。③ 1928年徐铸成以缮写员身份加入国闻社时，月薪为20银元，成为天津《大公报》练习记者时月薪为40银元，升为编辑后月薪70银元，几个月后月薪升至100银元，派驻汉口记者后月薪为150银元，外加50银元业务费。④ 陆诒1931年进入《新闻报》成为练习记者之前，作为小学教师月薪80银元，成为记者后月薪50银元，但提供免费住宿；1937年离职时，月薪为140银元。⑤ "对于一个记者和编辑来说，可能达到的最高工资是月薪300银元，但通常很少有人能达到这个工资水平。在《新闻报》的职员中，只有总编辑李浩然的工资接近于月薪300银元。"⑥

表 5-12　20 世纪 20 年代国内报馆员工月薪等级

职务	月薪/银元	职务	月薪/银元
总经理	300 左右	本埠编辑（城市编辑）	80 左右
总编辑（总主笔）兼社论	150～300	特别访员	40～60

① 黄天鹏.中国新闻事业[M].上海：联合书店，1930：93.
② 周孝庵.最新实验新闻学[M].2 版.上海：时事新报馆，1930：204.
③ 顾执中.一所并不理想的新闻学校[M]//新闻研究资料（第 26 辑）.北京：中国社会科学出版社，1984：33-50.
④ 徐铸成.报海旧闻[M].上海：上海人民出版社，1981：263.
⑤ 徐小群.民国时期的国家与社会：自由职业团体在上海的兴起（1912—1937）[M].北京：新星出版社，2007：268.
⑥ 徐铸成.报海旧闻[M].上海：上海人民出版社，1981：262.

续表

职务	月薪/银元	职务	月薪/银元
编辑长	约150	体育访员	约30
地方新闻编辑	约80	普通访员有兼职	10～30
特派员	约100,交际费若干	副刊编辑	约60
驻地记者	专职40,兼职10余	营业部长	约100
翻译	50～80	营业员	约35
校对	约20	印刷工头	约40
制版兼外出照相	30～40	直接雇用印刷工	10～20

　　与同时期其他行业相比,就会很明显地发现,报馆员工的薪酬福利水平低了不少。根据相关统计与研究显示,与当时的医生、律师、大学教授相比,报馆员工工资月收入最高工资300银元仅为医生、律师的最低工资,也是大学教授中月薪最低的层次,所以根本无法与同类自由职业者相比(见表5-13)。而与当时公务员月薪相比,报馆员工月薪最高工资300银元仅为秘书的最低工资,是科长中月薪最低的层次,而一般记者编辑则为科员月薪的最低层次,新进记者则还不及科员的最低月薪60银元(见表5-14)。至于普通记者、印刷工人、营业员则相当于当时邮局职员和拣信员的月薪,在10～150银元(见表5-15)。甚至根据当时的社会调查,与当时上海的蓝领工人的月薪相比,上海工人(真丝工业)工资在20世纪20年代和30年代平均每天是0.408银元,平均工作11小时,即使一个月工作30天,月工资才12.24银元。收入最高的工人(造船业)平均每天挣1.256银元,平均工作11小时,月工资为37.68银元,[1]两者则相差无几。据记载,在20世纪20年代,一个非熟练工人平均每月生活开支为11.85银元,他们的五口之家每月花费21.34银元。而熟练工人每月生活费为19.26银元,他们的五口之家每月花费35.85元。[2]所以普通记者、印刷工人、营业员如果仅凭自己的工资收入,根本无力支付一家五口人的最低基本生活费。可见,"新闻记者的薪给都是并不丰富的,比在工厂中做工的劳工固然似乎稍优,比其他从事工商业的一切

<hr>

① 唐海.中国劳动问题[M].上海:光华书局,1928:172-173;申报年鉴[R],1933:8-9.

② 唐海.中国劳动问题[M].上海:光华书局,1928:176-178;密勒氏评论报[J],1929,12(34):423.

职业,则相差也就很远了"①。由此可见,与当时社会其他行业比较,报馆员工的月薪无论是高层管理者还是普通员工都是明显偏低,根本无法与当时的医生、律师、教授等其他自由职业群体的月薪相比较,只能与当时的邮局职员、真丝业工人、造船工人等蓝领工人持平。这与每天加夜班且无休息日的工作时间与劳动强度极不相称。

表 5-13　20 世纪 20 年代和 30 年代上海自由职业者收入②

职业	月薪/银元	职业	月薪/银元
医生	300～3000	大学教授	210～1500
律师	300～2000	新闻记者	70～300

表 5-14　20 世纪 30 年代政府官员月工资③

职务	月薪/银元	职务	月薪/银元
部长	800	局长	450～600
副部长	675	处长	450～600
秘书长	525～600	秘书	300～400
署长	525～600	科长	250～400
司长	450～600	科员	60～180

表 5-15　1925 年中国邮政部门的月工资④

职务	月薪	职务	月薪
运信员	19～48 银元	邮政官员(华人)	100～600 两白银
拣信员	21～71 银元	邮政官员(外国人)	175～1250 两白银
邮政职员	35～159 银元		

　　其次,报馆员工兼职、赚外快,甚至"敲竹杠"等不良现象普遍存在。"新闻记者所受之物质的报酬,殊有不若从事他种职业者。而他种职业所不能

①　张静庐.中国的新闻记者与新闻纸[M].上海:现代书局,1932:16.
②　徐小群.民国时期的国家与社会:自由职业团体在上海的兴起(1912—1937)[M].北京:新星出版社,2007:58.
③　申报年鉴[R].1933:28.
④　唐海.中国劳动问题[M].上海:光华书局,1928:162-167.

受之精神的报酬,新闻记者则独享之,斯固为新闻记者之所荣,亦即新闻记者人格堕落之所伏也。"①所以,为了谋生与养活家人,报馆员工仅依靠报馆月薪难以维持,有些记者开始人格堕落,纷纷赚外快、干私活、兼职,甚至敲竹杠。当时有人感叹:"以今日生活程度之高,而薪水之少如此(此就上海而言,他处恐尚不及此数),其不能养廉必矣。上焉者,则兼任馆外之事,下焉者,则有外面津贴,其数且常较报馆所给为优。报馆以为经济所限,亦明知故昧,而无如之何也。"②"以上海论,生活程度如此之高,收入有限,支出浩繁,收支既不相抵,则为维持其生活计,不得不仰给于馆外之收入,兼职以后,精神分散,报馆于其工作上,无形中必蒙不少损失,不言可喻。"③甚至当时好些有名的报人都在兼职赚外快,如包笑天1905年在《时报》月薪为80银元,兼职《小说林》每月收入40银元;周瘦鹃主持或创办若干鸳鸯蝴蝶派刊物、写小说、兼职《申报·自由谈》;陶菊隐供职《新闻报》却秘密把长沙通讯寄给《申报》以赚取外快;董显光一直是熊希龄的秘书,兼任《密勒氏评论报》的副编辑达10年之久;徐凌霄于1924年任职北洋政府农商部,兼任平民大学新闻系等学校讲师或教授。④ 更为严重的是,有的报人记者利用采访的便利收受津贴、红包或贵重礼品,这在当时几乎是行业公开的秘密,报馆也睁一只眼闭一只眼,放任不管。这个传统甚至流传至今仍未能革除。所以有人谴责报馆与报馆记者这种短视的做法,要求报馆为长远发展给员工加薪:"中国报馆往往爱贪便宜,所有记者及办事人均系兼差者,其意以为报业均在晚间,利用他种职业者之休息时间,以极小之工资,得适合之应用。其实此类职员既非专门,且于日间工作之余,疲顿已极,往往草草从事,敷衍了之。其不知日间之编辑有较晚间为要者。……新闻既精确,阅者自众,广告随之,薪水亦可从之增加,否则似是似非之新闻记者往往不能尽职业上各种责任矣。"⑤甚至有人建议报馆禁止员工兼职:"吾国记者以薪金菲薄之故,大都兼任学校功课或其他职务以稍丰其收入,抑知精神分散,成绩必劣。为报馆计,曷若增加记者薪水,而禁止其兼任外务,俾得精神贯注,一心营职,其

① 任白涛.应用新闻学[M].6版.上海:亚东图书馆,1937:15-16.
② 戈公振.中国报学史[M].北京:生活·读书·新知三联书店,1955:246.
③ 周孝庵.最新实验新闻学[M].2版.上海:时事新报馆,1930:202.
④ 王润泽.北洋政府时期的新闻业及其现代化(1916—1928)[M].北京:中国人民大学出版社,2010:260.
⑤ 汪英宾.中国报业应有之觉悟[M]//黄天鹏.新闻学论文集.上海:光华书局,1930:29-44.

成绩自非兼职者所可同日语矣。"①

最后,与国外同行比较,国内报馆员工的月薪相差甚巨。报馆对于员工的待遇,各国都不相同。有人从工作时间对比发现,世界各国新闻记者每天工作时间平均为6~16小时。英国的新闻记者每周能够休息一天半,其他各国记者每周也有一天的休息,而且还有年假,凡服务10年以上者,每年可以享受一个月的休假。我国的新闻记者除假日之外,没有周末的休息时间,更没有年假。而且我国普通新闻记者的报酬极其菲薄,多不能自给,所以如与英国、日本的新闻记者的所得比较,相差甚巨。② 有记载,在同时期,"美国青年之初入报馆者,第一年约自500~700美元,第二年倍之,倘其人灵敏富天才,则第三年当得一良好之职位,美国访员之俸给每周约30美元,但高下不等。虽同在纽约,而收入各异,以总主笔一职言,纽约报纸有每年酬以15000美元者,但亦有每年10000美元左右者;其他撰述或副主笔,年获自2500~5000美元,成绩优良之访员,年获2000或3000美元,否则,1500美元或1000美元而已"③。"芝加哥撰述评论者年约2000或2800美元,总主笔有每年收入10000或7500美元者,本埠主笔或夜主笔报酬与纽约大致相同,访员则自750至3000美元,薪金之高下,视其才能与经验而定。"④由此可见,无论是绝对数字还是实际经济收入,国内报馆员工的收入都不及国外相同职务员工薪水的1/10。

2.20世纪40年代,国内报馆员工薪酬福利依然偏低

自从1937年抗日战争全面爆发直到1949年,国内长年大规模、大范围的战争,直接导致了全国经济的长期困难,全国物资紧张、物价飞涨,报业与广告的发展受到直接的冲击与破坏。而报馆员工的薪酬依旧偏低,甚至难以保证。有记载,1942年《大公报》规定的等级工资,每一级工资又分为五级,其中甲级中一级1000元法币,二级900元法币,三级800元法币,四级700元法币,五级600元法币,⑤这是《大公报》最高管理层的月薪。仅从一串数字难以说明问题,有人感叹报馆员工的悲惨生活,甚至影响到了健康:

① 周孝庵.新闻学述要[M].1928:23.

② 谢六逸.实用新闻学:申报新闻函授学校讲义之三[M].上海:申报馆,1935:40-41.

③ 周孝庵.最新实验新闻学[M].2版.上海:时事新报馆,1930:203.

④ 周孝庵.最新实验新闻学[M].2版.上海:时事新报馆,1930:204.

⑤ 胡太春.中国报业经营管理史[M].太原:山西教育出版社,1998:78.

"……尤其是报馆的新闻编辑应付困难日夜倒置，脸色灰白，健康日减，说得厉害一点，简直过着悲惨的生活。不独没有像一般人所想象的那样美满，而且哑子吃黄连，暗苦无处说。"①即使与同时期其他行业相比，报业薪水也是偏低的，甚至不能保证基本的健康："物价及材料飞跃的猛涨，报价的增长，无论怎样是赶不上的。报社员工的一般待遇，比普通公务员低，但他们工作时间（没有星期日）倒比一般公务员多；又因为工作时间在夜间，以及营养不良的关系，他们大多保持不了水平线的健康。"②全面抗战时期，政府与全国人民都处于一切为了抗战、生活只为保命的状态，所以报馆员工也处于此种状态。其实即使是在抗战胜利以后，《大公报》《新民报》等都已发展成为连锁报系了，但是整个国家很快又处于全国性的内战，所以各地报业仍受战争的影响，报馆员工的薪酬没有发生根本性改变，依旧偏低。而与国外同行相比，那就更是有天壤之别了。所以有人告诫说："我们须知道，中国是经济落后的国家，报业仍在萌芽的时期。中国的记者在短时间内是不希望上（有）欧美各国那样的优厚待遇和崇高的地位。"③

（二）主张为报馆所有职工提供合理的薪酬与基本的福利

晚清民国时期由于长年战乱，全国经济长期困难，报业与广告受到直接的冲击与影响，从而导致全国报馆营业艰难，进而使报馆员工的薪酬普遍偏低。为了报业的长远发展，为了报馆员工的切身利益，争取合理薪酬和基本福利成了当时报人的共同认识与目标。

1. 主张为所有员工支付合理的薪酬

针对国内报馆员工薪酬的普遍偏低，甚至连最基本的健康也难以保证的情况，虽然报馆也采取了一些措施，如"用工少，工资高"和"送红包，不相告"等，但是没有从根本上、制度上解决报馆员工薪酬低的问题。所以，晚清民国时期很多学者一方面强调工资对报馆及报馆员工的重要性，另一方面纷纷从报馆员工薪水的核定标准出发，强烈要求报馆为报馆员工支付与劳动强度相称的合理薪酬。

① 文心.报馆新闻编辑的生活[J].现代青年,1942,6(2):53.
② 王隐三,陈裕清,张志智,等.各地报业现状及战后发展之意见[J].中国新闻学会年刊,1944:115-147.
③ 饶引之.介绍新闻学(三)[J].读书青年,1945,2(1):12-13,22.

首先,薪酬不仅决定着报馆员工的生存生活,还影响着员工的工作热情及职业操守与尊严。有人认为:"在物质上,新闻记者有也应得有较优的待遇。因为这种为公的事业,又须冒险耐苦,是应当给以丰厚的代价,使从事这事业的人生活安定,不致每天计算着柴米油盐,才能安心任事。将这作为终生的事业,然后对于这事业才有所贡献,有所发展。"[1]还有人认为:"记者月俸问题,极关重要,语有之'衣食足而后知荣辱',故月俸之多寡,足以转移记者之操守,何则,新闻记者之地位至高,惟其高,斯诱惑者,其旁者众。"[2]确实如此,因为收入难以养家糊口,很多报馆员工屈身在馆外兼职干私活、赚外快,甚至做出有失职业操守与尊严的"敲竹杠"行为。

其次,就是讨论报馆员工薪资的核定标准。其中有人介绍国外薪资制度,希望能给国内报馆有所借鉴与仿效。比如报纸销售人员的报酬有按小时、天、周、月或年的薪资制度,销售提成的佣金制度,外出费用津贴,底薪加提成的薪资佣钱制度。[3] 在实际操作中,薪资又分为:支付给新用工人的开始工资或试用工资,按件数计算和按时间计算支付给熟练工人的正常工资。[4] 更重要的是工资的核定标准,当时国外报馆已经实行科学化管理,其员工工资核定标准主要有两种:一种是雇主以劳动市场价为参考确定工资的雇主主观法则,依照各种标准把员工分类分等级核定工资的团体等级制;另一种是依照一定标准核定员工工资的雇主客观法则。其中雇主客观法则的标准主要有社会平均生活必需费用、以生产量为标准、以生产质为标准、原料消费、过去经验及教育程度、对工作的指示的多少、工作年限的长短、工作的难易、其他各业的工资、营业兴衰的情况、营业获利的大小、劳动供求的大小等。[5] 有人认为:"记者薪金,应以学识经验才能三者为标准,其增加办法,可按照邮局海关或银行,按年递加,服务愈久,薪金愈高,如是则外鹜之念减,侥幸之心减矣。"[6]也有人认为:"故遇有可造之材,宜少责以事,使有读书之暇,多与以薪,使无生计之忧。倘能实行年功加俸之制,则人自不至见

① 张静庐.中国的新闻记者[M].2版.上海:光华书局,1928:92.
② 周孝庵.新闻学述要[M].1928:20.
③ 徐渊若.新闻发行学:申报新闻函授学校讲义之九[M].上海:申报馆,1936:167.
④ 刘觉民.报业管理概论[M].上海:商务印书馆,1936:131.
⑤ 刘觉民.报业管理概论[M].上海:商务印书馆,1936:132-133.
⑥ 周孝庵.最新实验新闻学[M].2版.上海:时事新报馆,1930:204.

异思迁,视报馆如传舍矣。"①也有人认为,"工资不能过薄,应以报馆的营业状况和一般生活水准为标准"②;还有人认为员工的工资"主要以工作时间、工作分量与工作性质来决定的"③;等等。

此外,对于各类员工工资差异问题,观点差异比较大。有人主张编辑人员薪资可偏高:"余个人之意见,编辑人员之薪给不妨稍高,而报社之大法则必须共同遵守,不便有特殊阶级之产生。报社内各部门同为一体,荣则共荣,辱则共辱,岂能有彼此之分呢?"④也有人主张编辑与业务并重:"我们需要年青有为,正气凛冽的人,来主持报馆业务,我们在心理上就需有个切实的纠正。偏重编辑的观念,已经落伍了,正常的看法,是编辑与业务并重,为求矫正不妨过正起见,在现阶段的中国报业史上,即使喊出'业务第一'的口号亦不为过。"⑤还有人主张员工薪资应该平衡,比如为了解决报业经理部门人才的紧缺问题,应当坚持"编采部分人员与经理部分人员待遇平衡"⑥。即使从整体着眼,"提高待遇应该平衡的提高,而不当把某一种工作者视为特殊阶级。……我不赞成随时加薪,我只主张工人应有一个够水准的生活,这种生活不要因为物价的波动而涨落"⑦。

虽然当时学者们并没有为报馆员工薪酬科学合理的核定提供一整套的方案或计划,但是这些观点都或多或少包含了员工薪资管理的科学成分与智慧成果,为后来报馆员工薪酬标准体系的建立提供了参考。

2. 为报馆所有职工建立与健全医疗、养老等基本的福利

为了养成人才,除了给报馆员工的合理的直接薪酬之外,还需给他们间接的报酬——福利。在管理学意义上,福利(welfare)就是企事业单位支付给员工的间接报酬,一般包括健康保险、带薪假期、节日礼物或退休金等形式。由于福利一般不需纳税,相当于等量的现金支付,从某种意义上来说,对员工具有更高的价值。针对晚清民国时期报馆员工工作繁重、工资普遍偏低而且工作环境差等实际情形,甚至"我国的新闻记者,大多数以报馆作

① 戈公振. 中国报学史[M]. 北京:生活·读书·新知三联书店,1955:246.
② 储玉坤. 现代新闻学概论[M]. 2版. 上海:世界书局,1945:180.
③ 鲁风. 新闻学[M]. 上海:新中国报社,1944:192-196.
④ 陈铭德. 报纸经营与报社管理[J]. 中国新闻学会年刊,1942:54-57.
⑤ 詹文浒. 培养报业人才管见[J]. 中国新闻学会年刊,1944:98-100.
⑥ 解宗元. 报业经理部门的人才问题[J]. 新闻战线,1943,3(6):6.
⑦ 张万里. 战时报业工人管理之研究[J]. 中国新闻学会年刊,1944:101-105.

为'踏脚梯',借以走进政界,或希图他人的津贴,或另觅不正当的财源,长此以往,我国报纸终无革新的希望"①,当时很多学者纷纷倡导所有报馆建立健全报馆职工的基本福利。

作为激励员工工作的福利待遇内容很多,涉及员工的生老病死养等方方面面。甚至凡是能为员工工作、生活、学习等创造条件或提供便利的各种积极措施或制度都属于福利设施。一般常见的基本福利主要有生活补贴、工作津贴,医疗、养老、失业保险,婚丧生产扶助费,等等。对于"生产效率较一般水准高的职工,公司理应在付给正常工资之外,加付一种勤工奖励金"②,对于公司裁员或工龄长的员工给予劳动补偿,为每一位员工购买团体人寿保险、健康保险、失业保险等基本的劳动保险。③ 甚至"工人有家室之累的,让他的家室也参加这个集团工作;不可能时,也得让他家室有赡养之资,而享受大家一样的生活。子女教育、疾病、婚、丧、养老,这一切的事,都要照料接济,不使工人稍有后顾之忧,然后才能发挥工作最大的效果"④。如内尔松于 1880 年在美国堪萨斯州的堪萨斯城创办的《堪萨斯明星报》,亲自为自己的记者出庭对诉,维护记者的权益,并对因工殉职的员工实行抚恤补偿。⑤据记载,当时美国《芝加哥讲坛报》还曾组织牙医为工人提供口腔卫生指导与整治牙齿,组织体育项目比赛以提高员工体质与加强员工之间的联系和情感。美国报纸还给工人送人寿保险、养老金、健康保险及旅行休息的机会。其中《芝加哥讲坛报》甚至根据工人人数规模,以报业公司预先不动产贷款投资成立"建筑贷款会",若干年后所有股本都归报业工人。⑥ 而当时国内"一些经营较为成功的报社如《新闻报》《申报》与《大公报》,除了工资以外,给职员提供的福利待遇,主要包括年终奖或婚丧及生日津贴。自 1926 年始《新闻报》报社甚至为员工提供人寿保险、病假、药费和退休金"⑦。此外,也有人建议实行年功加俸的福利制度,因为上海各大报"每年劳资双方每有

① 谢六逸.实用新闻学:申报新闻函授学校讲义之三[M].上海:申报馆,1935:40-41.
② 刘觉民.报业管理概论[M].上海:商务印书馆,1936:140.
③ 刘觉民.报业管理概论[M].上海:商务印书馆,1936:142-143.
④ 张万里.战时报业工人管理之研究[J].中国新闻学会年刊,1944:101-105.
⑤ 詹文浒.报业经营与管理[M].上海:正中书局,1947:14-15.
⑥ 钱伯涵、孙恩霖.报馆管理与组织:申报新闻函授学校讲义之二[M].上海:申报馆,1936:92-96.
⑦ 徐铸成.报海旧闻[M].上海:上海人民出版社,1981:264;汪仲韦.我与新闻报的关系[M]//新闻研究资料(第12辑),北京:中国展望出版社,1982:127-157.

争执",所以"吾人于此有感者,则欧美日本之年功加俸制,亟有采用之必要,既可以销减劳资之争端,而职工亦可无忧生计,而专任其事,报业自可日就发荣矣"①。甚至还有人建议:除了提高待遇、养老、抚恤、年功加薪等制度外,为保障报人一切安全计,应由中央制定保障法。②

甚至有的报馆自己额外设立了救助计划作为员工的福利项目。如当时美国《印第安那新闻报》针对送报童子遭遇疾病或其他意外的危险而陷入窘迫的情况,实行一种所谓互济的计划。报社主动劝导送报童组织一种互济会,每人在加入的时候缴会金0.5美元,自后凡每周缴费5美分的,如果有疾病或危险发生,就可得每周3美元的互济金;每周缴费10美分的,就可得每周6美元的互济金;每周缴15美分的,就可得每周9美元的互济金;每周缴20美分的,就可得每周12美元的互济金。会员每周以至多缴20美分为限;每一会员不得连续享受8次互济金,换句话说,每个会员不能连续8周以上享受互济金的接济;而每年之内不能有10次以上的请求。所有未动用会员基金所得的利息每年年终照交纳比例来分配。③

此外,报馆还要特别为员工的健康安全提供应有的福利设施。除了工作环境、基本医药设备、防火设施、膳宿设施、娱乐及运动设施等员工必需的基本福利设施外,由于"中国新闻记者之健康,其情况之恶劣,必为世界新闻界中一个特殊的纪录。……换言之,深度近视、肺病、胃病,殆为新闻记者通有之病,这是极自然的解说……"所以"要谋增进新闻记者的健康,首要之举,在改正新闻记者的工作时间"④。改善工作时间,增加休息时间,或星期休刊办法,如《中央日报》"曾创立休息制,我让同人每周休息两天。这两天内,无论任何大事,不去麻烦他。我们不怕人手少,到休息的时候,一个人可以做三个人的事,大家聚精会神的做,大家都意味到休息以后的滋味,是头脑与体力,都感到新生"⑤。报馆还要经常为员工组织多种娱乐及运动活动项目,让员工得到调节与放松。

有的报馆甚至设立专门的福利组织与制度来负责处理员工的福利事

---

① 黄天鹏.中国新闻事业[M].上海:联合书店,1930:98.
② 张志智.发展全国新闻事业刍议(下)[J].新闻战线,1943,2(9-10):13-16,19.
③ 刘觉民.报业管理概论[M].上海:商务印书馆,1936:221-222.
④ 程沧波.新闻记者的健康问题[J].中国新闻学会年刊,1942:19-21.
⑤ 刘光炎.新闻界的空气[J].中国新闻学会年刊,1942:37-39.

务。如天津《大公报》1943 年成立同人福利委员会,后来还制定了《〈大公报〉
社职员福利金支给暂行办法》专门管理报社员工的日常福利事务。规定员
工享有的福利主要有:依照服务实足年数算年资加薪;对于因工受伤或在职
身故或衰老离职的,给予抚恤金;任职在 10 年以上,精力衰弱不宜服务且年
过 55 岁的,发放退休赡养金;职员服务 5 年以上且其子女达到初中以上,开
始给予子女教育补助费;服务 10 年以上职员的直系亲属患重病的,给予医药
补助费;职员本人婚嫁,给予两个月薪水补助费。[①] 其中对抚恤金又有更详
细的规定:任职 20 年以上者照本薪全发;任职 15~20 年照本薪的 8/10 发;
任职 10~15 年照本薪的 6/10 发;任职 5~10 年照本薪的 4/10 发;任职 5 年
以下者照本薪的 3/10 发;任职 20 年者一次性发抚恤金 900 元法币,超过 20
年者每年递增 36 元法币,最多不超过本薪 2 年半之额数。[②] 由此可见,当时
国内经济实力雄厚的报馆对员工的福利不仅非常重视,而且福利制度也不
断健全。

　　总之,报馆为了养成人才,不仅要为"庸"者提供及时的教育与培训,以
帮助他们成长成才,还要为"进"者提供红利或股票等额外的奖励,以激励他
们再接再厉,也要对所有员工提供合理的薪酬、基本的福利待遇。甚至泰勒
还建议,为了"要想完全激发工人的积极主动,管理者必须给工人一般企业
所没有的'特殊激励'。这种'特殊激励'方式多样,比如,快速提拔或晋升,
提高薪酬(既可提高计件价格,也可是给予超产优产奖或红利),缩短工作时
间,优化工作环境与条件等;更为重要的是:除了这种('特殊激励')之外,管
理者还应真心实意地关怀工人、真心为工人着想,与工人打成一片"[③]。最终
实现让所有新闻人才全心工作而无后顾之忧,也无旁骛之心。

第五节　本章小结

　　晚清民国时期新闻人才普遍缺乏,所以"报馆譬之人体,人材则灵魂也"

---

①　王润泽.北洋政府时期的新闻业及其现代化(1916—1928)[M].北京:中国人民大学出版社,
　　2010:259.
②　胡太春.中国报业经营管理史[M].太原:山西教育出版社,1998:79.
③　泰勒.科学管理原理[M].黄榛,译.北京:北京理工大学出版社,2012:17-18.

的观念逐渐形成,甚至普遍认为报馆"卓然"之"树立","在专材之养成";同时对于新闻人才特别强调新闻记者的职业化、尊重新闻的专业性。因此为了实现报业行业人事的科学管理,新闻界学者们极力主张革除"熟人举荐"的用人传统,转而实行公开招考选拔引进新人。同时对于已有新闻人才更要通过教育培训、合理薪酬、基本福利、额外奖励等措施以达到"培庸奖进,蔚为成材"的管理目标,进而把他们留住,真正解决"人才难找,找到难留住"的问题,让报馆所有员工与报馆主人"共志趣、共生活、共前途"[①],实现报业雇主财富最大化与员工收入最大化的共同目标,营造和衷共济的良好氛围。

---

① 　鲁风.新闻学[M].上海:新中国报社,1944:192-196.

第六章　报馆财务管理思想：
倡导建立新式会计制度

"经营一桩事业……知道计算成本，筹集资金，节省生产费，增加生产额，使产业趋于合理化，消费者、劳动者与企业家各得其平，而令事业自然发展。"[①]所以对于商业化经营的晚清民国报业来说，通过建立"新式会计"制度来科学理财是非常迫切的工作。尤其是在晚清民国时期全国新式会计运动的推动下，报馆新式会计制度的观念逐渐形成，并极力主张通过在实践中设计与实施预算决算、报告报表等具体会计业务来全面建立新式会计制度，最终形成报馆"新式会计"理财的思想。

第一节　新式会计制度观念的逐步形成

在晚清民国时期长时间的新式会计运动的浪潮中，不仅国内工商企业逐步地采纳了西方会计方法与会计制度，就连发展相对迟缓的报业产业在历经理论的论证与实践的尝试以后，在报馆的财务会计业务管理中也逐步形成了"新式会计"的观念。

一、背景：晚清民国时期"新式会计"运动的浪潮

在几千年的封建社会里，我国一直有自己的一套传统的会计方法，那就

---

① 胡道静. 报业管理概论[M]//胡道静. 报坛逸话. 上海：世界书局，1940：63.

是较为简单但没有完全统一规范的单式簿记,也就是我们日常所称的中式簿记。虽然这种单式簿记也历经了"三脚账""龙门账""四脚账"等革新与发展,但是随着经济的发达,企业规模化甚至集团化以后,营业范围日益扩大,财产类目日渐复杂,而传统的仅以现金为主体的"收""付"记账的中国旧式簿记再也无法满足企业现代化公司的会计需求。为此,在晚清民国时期全国上下开始了一场大规模大范围的新式会计推广运动。

(一)中式簿记的严重弊端

一般认为,中式簿记一般以现金为记账主体,以"收"(或入、来)、"付"(或出、去)为记账符号,采取草流、细流和总清的中式三账体系,应用上收下付的垂直型账户格式,采用实地盘点或账册盘点的方法计算经营损益情况。[①] 这种在中国民间一直普遍使用的单式簿记也经历了"三脚账""龙门账""四脚账"等革新与改进。

根据国内著名会计学家郭道扬的概括,中国旧式簿记之单式簿记的初始阶段,俗称"三脚账",又称"跛行账",通常采用"三账"体系。但其重点在"流水账(或曰日清簿)"方面,后来"流水账"又分为"货清簿""银清簿""往来簿",采用上收下付的账目登记格式。凡转账事项记录两笔,比作"两脚",凡现金收付只记一笔,比作"一脚",最后合称"三脚"。[②] 后来,人们对"三脚账"进行改良,开始注重总清账目,形成了"龙门账",这种会计账目设置"草流",用于营业时暂记备忘,起原始凭证的作用;设置"流水簿",用于整理账目,具有日记账的专门作用,一般于当日晚间由"草流"整理过入;设置"总清账",用于分类核算,与当今总账的作用相同。但核算的重点在"总清账"。[③] 此后又进一步改良与完善,开始注重证、账、表三位一体的会计账目体系,于是发展成为"四脚账",又称为"天地盘账",包括流水账(含草流与细流,细流又分为日清簿、银清簿、货清簿)、总清簿(分清账)(包括交关总、货总、杂总)、会计结册。由此基本实现了证、账、表三位一体,对内、对外反映兼顾,对现金与往来转账业务的考核并重。[④]

表面上看,中式簿记本身也在日渐科学化,但是依然存在严重弊端。首

---

① 常国良.近代上海商业教育研究(1843—1949)[D].上海:华东师范大学,2006:119.
② 郭道扬.中国会计史稿(下册)[M].北京:中国财政经济出版社,1988:111-112.
③ 郭道扬.中国会计史稿(下册)[M].北京:中国财政经济出版社,1988:117.
④ 郭道扬.中国会计史稿(下册)[M].北京:中国财政经济出版社,1988:299-303.

先,中式簿记最大的缺陷就是没有成本核算与控制。整个会计系统仅用一本流水、一本总清,采用上收下付的单式簿记。这对工商企业的成本核算非常笼统,更无法对生产进行有效的实时管理及对成本进行有效的控制。往往从年头到年尾,都没有产品成本的准确核算,也始终没有一张较完整的资产负债表,全凭估计。存货估价无标准、固定资产与折旧估价混乱、不划分资本支出与收益支出,甚至固定资产的折旧根本就没有计算到成本里去。所以这种会计方法往往存在无会计科目、无账簿组织、无会计程序、账目不清、科目不明、记账不便、会计结算不清、会计报表反映不全、不能精确地反映资金的运营状况与风险,也无助于利用会计信息对经济活动进行科学的预测与控制等弊端。

其次,虽然这套中式簿记的原理是固定的,方法也大体一致,但在不同的行业、不同的地域甚至不同的商家之间的应用千差万别。20世纪30年代初期,有人曾实地调查旧式簿记的应用情况,对此概述为:"此次调查旧账,始觉记法不一,无规定制限,虽同行亦不能尽同,旋向司账者查询。据云:中国账法,此行与彼行既不能相同,本行之账亦各不相同,盖因各有私例,非局外所能知也,是以账目胥不能划一,记法各随其意,此正中国账法流弊之一端也。"[①]所以,这种会计方法的具体账目内容不过是一家之簿记惯例,出了店门,甚至另一同行的司账,亦未必看得懂。

此外,这种会计方法的传授也仅以学徒式口头传授,没有固定和统一的传授方法与教育渠道。所以传统账房先生只能"向由学徒擢升,整理账目之技术,亦赖口头传授"[②],更谈不上系统会计理论的传授与学习了。

但是,随着经济的快速发展,企业公司日益现代化、规模化、集团化,传统中式簿记就愈发无法胜任了。因此,会计学家徐永祚认为,"自近世经济发达,资本集中而后,个人企业改组为公司,小资本经营扩充为大规模组织,事业之范围日见宏大,财产之种类因之复杂。会计事务之处理乃大难。……事业创始时之会计设计,平时之会计检查,失败时之管理善后,均非具有会计上专门学识与相当之经验者不克日胜任……"[③]因此,中式簿记这种会计方法与会计制度已经到了非改良、改革不可的地步了。

---

① 李锡龄.新式簿记与旧式记账法之渊源及其得失[J].会计月刊,1930(1):8-14.

② 徐永祚.改良中国会计问题[J].会计学报,1928(创刊号):83-94.

③ 徐永祚.会计师制度之调查及研究[M].上海:徐永祚会计师事务所,1923:1-3.

（二）晚清民国时期新式会计运动的始末

"新式会计",也就是西方会计方法,因为与国内旧有的中式簿记会计方法相对,而称为"新式会计"。同时因为国内传统中式簿记仅一个账房先生即可独立掌管,所以中式簿记又叫作"单人账",而较为复杂的西式会计则是两人以上掌管,因此与中式簿记相对,称为"双人账"。这种新式会计方法在19世纪下半叶随着晚清西学东渐的浪潮引入国内,但是一直以来往往仅被洋人企业、部分商行及某些中国的现代化企业所使用,没有被全国的各企事业单位广泛采纳。直到中华民国成立以后,北洋政府财政部1912年拟订《会计法草案》,中国工商企业和银行才开始逐渐采用西方会计方法。为了进一步推广科学的会计方法,民国时期全国上下掀起了一场旨在推广西方会计以改革与改良中国会计的运动。

1914年3月,北洋政府财政部颁布了《会计条例》。该条例在同年10月2日,经中华民国参政院决议改为《会计法》,这是我国正式颁布的第一部会计法。该法对"新式会计"中预算、收入、支出、决算、契约、期满免除、出纳官吏等方面的内容都做了法律规定,可以说这是政府首次以国家法律的力量来向全国推广与普及新式会计。

此后,全国知名会计师继续通过建立中国的会计师制度的方式进一步推动新式会计运动。享有中国的"第一位注册会计师""中国会计师制度的创始人"称号的谢霖于1918年6月上书北洋政府主管全国工、农商业经济的农商部、财政部,建议设立"中国会计师制度"。1918年,北洋政府农商部颁布了委托谢霖起草的《会计师暂行章程》,开始规范全国会计师职业。1925年,被称为"中国注册会计师执业第一人"的会计学家徐永祚等人发起成立了全国第一个会计师专业团体——上海中华民国会计师公会。该会通过拟订会计师法规,建议政府加快推广会计师业务。1928年1月,国民政府根据徐氏所拟订的草案,颁布了《会计师注册章程》。次年,国民政府对这个章程进行了修订,更名为《会计师注册条例》,并向全国颁布。

此外,全国会计学家还通过发起改革会计的学术讨论来推动新式会计运动。1933年,会计学家徐永祚在《会计杂志》上发表了文章《改良中国会计问题》[①],并出版了《改良中式簿记概说》,主张采取中西结合的方式改良中式

---

① 　徐永祚.改良中国会计问题[J].会计杂志,1933,1(1):5-16.

簿记。而会计学家谢霖 1935 年在《会计杂志》上发表了《新式会计方法在中国之过去与未来》①，主张全面采用西方会计方法来改革陈旧的中式簿记法，被国内著名会计学专家郭道扬教授评价为"中国会计发展史上最早也是影响最大的一次会计学术讨论与交流"的中式簿记改良与改革之争全面展开。从学理方面主张通过西方会计方法对中式簿记进行改良或改革，持续推进了新式会计运动的发展。

1935 年 8 月 14 日，国民政府废止了旧的《会计法》，并参照美国 1921 年《预算与会计法案》的基本内容制定与颁布了新的《会计法》，并从 1936 年 7 月 1 日起施行。这个新的《会计法》对会计报告、会计科目、会计簿籍、会计凭证、会计人员、会计事务程序、会计报告程序、会计交代等新式会计内容做了严格而明细的规定。从此"新式会计"正式全面成为国家法定的会计方法与会计制度。后来，新式会计的相关法律还得到不断修订与完善。其中 1945 年，南京国民政府还颁布了《会计师法》。这是国民政府的第一部会计师法，该法对会计师的登录（登记）、业务及责任、公会、惩戒及附则等做了法律规定。1948 年，国民政府对 1935 年颁布的《会计法》进行修订，对会计制度、会计事务、会计报告及决算报告、会计人员等方面进行法律规范。从此，新式会计运动才逐渐平息，新式会计也开始作为国家法定的会计方法与会计制度，并在全国各行各业推广使用。

二、报馆新式会计制度思想的提出与实践

随着《公司法》（1929 年）、《会计法》（1935 年）等法律的全面执行，全国报界不仅出现了采纳新式会计制度的思想，而且在不断地尝试与实践。

（一）报馆新式会计制度思想的提出

长期以来在中国工商企业一直盛行中式簿记，而不愿意采纳"新式会计"方法与会计制度，其原因除了长期账目管理的习惯与企业营业规模小之外，徐永祚认为还因为中式簿记理论和会计程序比西方的更简单，且较为节省经费。他的解释是所谓节省经费，是指"中式簿记所用之簿册笔墨，价值低廉，记账人员取材甚易，非若西式簿记所用账簿表单，费用昂贵，簿记人才

难以物色,处处须加经费也"①。晚清民国时期工商企业对待"新式会计"尚且如此消极,那么对于一直以来发展分散、迟缓的中国报馆来说,要采用西方会计方法、推行新式会计制度就更加困难,甚至很多小报馆根本就不予以考虑。因为自民国初年至抗战胜利,整个全国报业公司除了《申报》《新闻报》《中央日报》《大公报》等仅有的几家规模大、营业范围广之外,大部分都是仅拥有十几个人的小报馆,甚至还有包括老板在内仅有两三人的报馆。这些小报馆连记者、编辑都无力聘任,就更无法采用费钱的新式会计了。

　　但是根据国民政府《公司法》(1929 年)、《会计法》(1935 年)及南京国民政府 1936 年宣布从 1937 年开始全面征收所得税等法律的规定,全国所有大大小小的报馆也迫不得已开始筹划采纳新式会计制度。同时,当时国内报业管理学研究者也积极倡导报馆实行新式会计方法与会计制度。其中上海申报新闻函授学校教授徐渊若在其编写的教材《新闻发行学:申报新闻函授学校讲义之九》的"报馆理财"一节中极力提倡报馆采用新式会计制度,他认为:"现在一般人总反对新式会计制度,其理由是费用太大。但是他们想不到多用几个人的薪水,和用后所得的好处,两相比较,实在是极合算的。"②不仅如此,当时中央政治学校新闻系教授刘觉民还直接引入了西方会计方法与会计制度,建构中国报馆财务管理的会计方法与制度。他在其《报业管理概论》一书的"财务管理"与"报业理财政策"两章中,不仅强调"财务管理最重要的问题,不外是财政的、会计的、审核的三方面"③,还强调报馆财务必须采用"新式会计"的"出纳""会计""稽核"三大基本体系与构成,而且全面引入了新式会计中的预算编制、商誉与报业估值、折旧、财政报告等基本内容,④甚至还引入了西方会计中资本化元(即公司、企业的股票与债券的总和)、活动资本、公积金与分红政策、扩张营业与借贷、报业收支分析等前沿内容。⑤ 此外,曾任中央政治学校新闻系主任的詹文浒也在其《报业经营与管理》一书的"报业理财政策"中使用了新式会计中的预算、估价、折旧、财务应急等基本会计方法与会计制度。⑥ 由此可见,报馆采纳新式会计这一问

---

① 徐永祚.改良中式簿记概说[M].上海:徐永祚会计事务所,1933:2-3.
② 徐渊若.新闻发行学:申报新闻函授学校讲义之九[M].上海:申报馆,1936:143.
③ 刘觉民.报业管理概论[M].上海:商务印书馆,1936:150.
④ 刘觉民.报业管理概论[M].上海:商务印书馆,1936:150-209.
⑤ 刘觉民.报业管理概论[M].上海:商务印书馆,1936:276-298.
⑥ 詹文浒.报业经营与管理[M].上海:正中书局,1947:207-231.

题,基本上得到了报界的认可。

(二)报馆新式会计制度的实践

根据国民政府《公司法》(1929 年)、《会计法》(1935 年)的强制要求,加上强烈的现实需要,国内营业范围广、规模大的新闻出版企业开始设计并实践新式会计制度与方法。其中上海商务印书馆在 1922 年就全面实行新式会计制度。具体地说,"五四"运动以前,由于商务印书馆曾经发生香港和安徽分馆会计携款潜逃、夏瑞芳亲戚鲁云奇贪污案、职员私改邮汇兑换等贪污舞弊事件,直接暴露了商务印书馆在内部财务管理中存在诸多漏洞。于是总监理张元济决定聘请在英国伦敦政治经济学院学习货币银行学的杨端六来设计与实施新式会计制度。1921 年 7 月,商务印书馆与杨端六订立筹办新式会计制度的合同,同年 8 月设立了由总经理直接指挥和管辖的成本会计办事处,又开办了讲习所以培养新式会计人员。1922 年 1 月起,新式会计制度付诸实施,中国惯用的旧式直行记数法,改为现在通用的新式簿记法。[①] 1923 年,杨端六被任命为商务会计科科长。后来,商务印书馆增设预算管理委员会。1930 年,总经理王云五向董事会提交《科学管理法计划》,决定通过建立完善的预算体系、改革成本会计与统计制度两个方面来改革财务管理制度。商务印书馆新式会计改革获得成功。这不仅使原先混乱的财会工作走上正轨,扭转了亏损局面,同时也引起了国内其他新闻出版公司的仿效。

此外,"有些大报馆的账簿账单,是用新式簿计方法来写的"[②]。如上海申报馆在 20 世纪 30 年代设立的会计科下设收入与支出两股,在总经理室设立稽核股。[③] 新闻报馆也在总经理室下设会计科、稽核科,在营业部下设收银科。[④] 这从组织机构的设置上基本形成了新式会计的出纳、会计、稽核三大基本体系。

《扫荡报》武汉时期的会计制度还曾设立了新式会计的多种会计科目、会计报告、会计簿记及会计凭证等。该报会计制度包括会计规程与簿记组织。各簿记组织分别设计了会计科目、会计报告、会计簿记、会计凭证。整

① 钱益民.1920—1921 年商务印书馆的改革[J].浙江师范大学学报(社会科学版),2002,27(3):54-58.

② 郭步陶.本国新闻事业:申报新闻函授学校讲义之十一[M].上海:申报馆,1936:7.

③ 黄天鹏.中国新闻事业[M].上海:联合书店,1930:55-57.

④ 戈公振.中国报学史[M].北京:生活·读书·新知三联书店,1955:200.

个制度已规定的总分类账科目 85 个,已规定的明细分类账科目 46 个,单位
会计的普通及时账簿 1 个,特殊及时账簿 9 个,总分类账簿 1 个,明细分类账
簿 16 个,备查簿 2 个,静态会计报告 10 个,动态会计报告 7 个,发行课与广
告课分会计的簿记各 4 个,静态会计报告各 1 个,动态会计报告也各 1 个,[①]
这就比较完备地实施了新式会计的制度与会计方法。

第二节　新式会计制度的原则:
强化风险控制与相互牵制

随着报馆的公司化、股份制甚至连锁集团化的发展,仅以现金出入账的
传统中式簿记已经不能满足报业公司会计业务的现实需求。因为"昔日通
称管理会计之人曰管账(book-keeper),一若会计事务除管账而无其他能事
者然,然今则以管账为较易之事,其最有研究之价值者,则为会计之设计与
检查。设计云者,创拟一定之法则,以为整理会计之准绳也,检查云者,检查
会计之实际,以坚外界之信用也"[②]。所以必须引入西方会计方法与会计制
度来为报业公司提供科学的会计制度,以树立报业公司的会计信用。

新式会计讲求科学管理、精确计算,要求建立内部牵制制度、成本会计
制度、资产折旧制度、信誉估值制度、预算决算制度等,并且在分类的会计账
户上,以"借""贷"为记账符号进行复式记账,同时采取会计凭证、会计账簿
和会计报表的会计文件体系,通过资产、负债和收入、费用类账户之间的相
互关系精确计算公司财务状况及经营损益状况。所以,可以说,新式会计的
基本原则就是强化风险控制与相互牵制。

一、对外:会计控制风险的思想

现代西方会计讲求科学管理、精确计算,通过内部牵制、预算决算、成本
会计、资产折旧、信誉估值、财务报告报表等系列会计制度与会计方法,不仅
可以全面详尽科学地记载各类财务会计账目,而且能及时动态地反映报业

---

① 何连玉.主办报社会计事务的回忆[J].服务月刊,1940,3(5-6):45-50.
② 徐永祚.会计师制度之调查及研究[M].上海:徐永祚会计师事务所,1923:1-3.

公司财务运营状况,还能有效地控制公司的金融风险与债务风险。

(一)新式会计制度对报业资本风险的控制

随着新闻事业的资本化,一方面,资本成了新闻事业的命脉;另一方面,资本筹集的渠道及报业资本风险也都成了报馆财务管理的重大问题。所以引入科学的西方会计制度与会计方法来控制报业资本风险是晚清民国时期现代化报馆财务管理的必然选择。

1. 资本:新闻事业的命脉

在经济学意义上,资本指的就是用于生产的基本生产要素,如资金、设备、厂房、材料等物质资源及商誉等无形资产。自从新闻事业商业化运营以来,资本不仅是报业经济独立、市场竞争的根本,甚至是整个新闻事业的命脉。诚如成舍我所述:"自从产业革命以后,报纸也同样的受了蒸汽机和电气的影响。报纸商业化,就一天一天扩大起来,从前那班文人,想以个人力量去办报的,近百年来,在欧美几乎是绝不可能。中国现在,虽有些文人,用极少资本,凭个人文章和资望,去自行创办报纸,然而这种报纸的成功希望,是一天会比一天减少。"①不仅如此,根据刘豁轩的描述,甚至出现了报业资本化的局面:"以前三五万元(法币),甚至三五千元(法币)便可以办报;现在,如在津沪等地,新办一个报起码非一二百万(元法币)不可。不用说几千几万(元法币),就是三十万五十万(元法币)的资本,也等于以卵击石。所以民国时期以来,津沪两地很少新兴的独立经营的报纸。就是以党或政府为背景的报,在两个地方也不能立足。"②许邦兴也认为,办一大报,想设备完全,规模适中,资本当在百万元法币左右。③ 而《新闻报》总经理汪汉溪对当时上海报界资本筹集困难做了如下描述:

> 惟其致败之由,……半由创办之始股本不足,招集股本一二万,勉强开办,其招足十万八万为基金者殊未多见。股未齐而先从事于赁屋、购机、布置器具、延聘编辑、访员、雇用工役,以沪市物用昂贵,开支浩大,恐在筹备期内基金业已耗尽。及至出版,销数自难通畅,广告收入甚微,报馆人才,征求延聘尚难入选;而各股东加添股本。股东每日所

①　成舍我.中国报纸的将来[M]//新闻学研究.北平:良友公司,1932:9-36.
②　刘豁轩.中国报业的演变及其问题[J].报学,1941(1):5-13.
③　许邦兴.中国小型报纸[J].报学,1941(1):145-158.

荐之人未能满意,多愿抛弃原有权利,以免屡加股本之忧。股本既难添招,收入亦无把握,进退维谷之时,不得不仰给于外界。[①]

由此可见,资本在整个报业的创办与运营中是何等的重要。可以说资本不仅是设备、物资、人力等基础设施所必须的,还是报业维持经济独立、赢得市场同业竞争的根本条件,甚至可以说是整个新闻事业的命脉,以至于整个新闻事业都被"资本主义化"了。张友渔认为这种新闻事业之"资本主义化","含有两种意义:一为新闻事业本身的资本主义化,即直接地为一种资本主义的企业;一为新闻事业依靠资本家而生存,即间接地受着资本家支配的一种商业的经营"[②]。所以投资报馆首先必须考虑的就是"资本大小",开办一种报纸,究竟要花多少资金? 这个问题,一时无法轻易解决。[③]

2.报业资本的筹集

报业的创办与经营既然需要如此巨额的资本,那么,作为报业的投资者又是如何合法地进行资本的筹集呢?

一方面,报业企业的巨额资本筹集的常规渠道,主要是银行、信托公司、保险公司、商业票据公司、发行股票与债券等金融筹资及公积金、资产处置等非金融融资。其中创办或并购大型报业公司所需的巨额资金筹集主要通过正规金融机构来实现。如独资或合伙报业企业的固定资本主要来源于股东或合伙的股本、储蓄银行、保险公司、信托公司,其流动资本主要来源于商业银行、钱庄、商业票据贴现公司(commercial credit and discount companies)、商业票据承销公司(commercial paper house)。而报业股份公司的固定资本则主要来源于股票持有人(包括个人、信托公司、储蓄公司、保险公司等)、社债票持有人(包括个人、信托公司、储蓄公司、保险公司等)及短期借据持有人(包括个人、信托公司、储蓄公司、保险公司等),其流通资本主要来源于商业银行、钱庄、商业票据承销公司、商业票据贴现公司等。但是对于小规模的投资与扩张,如更新设备、扩大营业等,往往可以通过动用企业公积金、出售不必要的资产等非金融方式实现。

---

① 汪汉溪.新闻事业困难之原因[M]//《新闻报》三十年纪念册.上海:新闻报馆,1923:2-5.
② 张友渔.日本新闻事业概观[M]//新闻学研究.北平:良友公司,1932:247-269.
③ 钱伯涵,孙恩霖.报馆管理与组织:申报新闻函授学校讲义之二[M].上海:申报馆,1936:210-211.

另一方面,报业公司之间的协作或合并重组也是报业资本筹集的新渠道。为了报业产业的发展,报业公司之间的协作融资也是必要的,比如共同参与设立报业发展基金会或专业银行等。其中有学者曾建议,创设新闻合作银行,①以解决报业产业的融资困难。与此同时,随着报业市场的竞争,必然出现优胜劣汰,经营不善的报业公司面临倒闭或被兼并、收购的可能。因此通过合并重组不仅是报业托拉斯化的结果,也是资源优化、资本重组与筹集的一种方式。管翼贤认为,报业企业合并重组的形式有两种,一是"事业联合",即新闻社与制纸公司、杂志社或其他新闻业以外的事业,在资本上互相结合;另一种是"新闻联合",即新闻社与其他许多新闻社在资本上相互结合(其中包括一社发行数种新闻和与他社结合两种形式)。②

此外,发行有价证券也是资本筹集的一种渠道。如罗瑟米尔(即北岩爵士的弟弟)在北岩死后,控制了《每日邮报》,并组织了一个每日邮报托拉斯,用有价证券的方式,发行有价证券吸收公众资本,把他自己的股票也都换成该报托拉斯的证券。③ 这在当时是报业资本筹集的创新。

但在所有的资本筹集方式中,通过股票或债券的发行是最常用的渠道,无论是大型的民营报业公司《新闻报》《大公报》等,还是政府或政党经营的《中央日报》等,都改组为股份有限公司,向社会发行股票或债券,实现巨额资本的筹集。

3. 新式会计制度对报业资本风险的控制

在报业企业筹集资本与实际运营中,经常遭遇各种可预测与不可预测的困难与风险,如融资的困难、投资的失误等,甚至还出现了过度资本化的问题。刘觉民认为报业过度资本化,比如出现水股,公司所交纳财税必将增多,无形中又得多支出不必要的红利,致使公司不能按标准提取各种折旧基金及准备金,在无形中增加了公司的债务,势必导致公司财政信用的破产,反过来又加重了下一次资本筹集的困难;而对于股票持有人来说,过度资本化不仅要蒙受股票跌价的损失,使股票为借款的保证价值减小,还会导致股票价值日趋跌落的现象,甚至在报社改组或停止经营的时候,投资人将承担

---

① 高雪汀.关于新闻界经济协作的几项建议[J].报学季刊,1934(创刊号):73-74.

② 管翼贤.新闻学集成(第3册)[M].北平:"中华新闻学院"(日伪),1943:128.

③ 徐钟珮.英国报界现况之分析[J].新闻学季刊,1940,1(2):73-76.

最大损失;而对于公众来说,过度资本化不仅会导致报纸质量降低或使广告增价的趋向,导致职工薪给降低的可能,还会引起股票交易的投机,产生不良营业政策的效尤,甚至导致在报社因过度资本化而不能继续维持的时候,所有报社的债权人均蒙受损失。① 所以,在报业企业筹集资本与实际运营过程中,必须通过健全、科学的新式会计制度来规范、防范与控制风险。

具体而言,首先,新式会计通过日常的预算决算、成本会计、资产折旧、信誉估值、内部牵制、明晰账目报表等系列会计制度与会计方法,不仅能科学统计报业公司的各类财务账目,而且能及时动态地反映公司资本的运营状况,还能为公司资本的决策提供参考,以防范资金的风险。正如刘觉民所概括的那样,"会计是公司财政的基本,会计最大的任务就是在每营业年度终了的时候,造具营业报告,报告一年中营业情形;资产负债表,分别记载公司的积极财产和消极财产;财产目录,详细登载各项财产;损益计算书,精密计算营业的盈亏"②。同时"完善之会计制度,固在杜绝流弊,且其最重要之工作则在纪载报社一切交易收支编制表报,以示报社正确之营业情形,及财政状况,因会计报告表,为主持人之参考,使其洞悉过去,明了现在,进而推测将来,估计预算,决定营业方针,及理财政策……"③比如新式会计可以为公司债券发行或抵押贷款的时间选择、购买与销售政策的决策、债务支付的评估、信用及收款政策的制定等方面提供科学决策的依据及建议,而这一切功能与要求都是传统中式簿记所无法实现的。

其次,新式会计制度还可以通过灵活的财务会计手段来防范与控制公司资本的风险。新式会计重视研究或利用所有资本的来源,并把所有有形的或无形的资产均记载于资产表,还可以根据预先做成的各种表格来支付款项。若能赚钱就不怕借债或还债,且做到投资不分散资本于一方面或向外投资,同时利用收入对付各项用途以维持未来的发展,以便实现仅依靠日常利用所有现款或调度资产以得到特殊机会或防意外之遭遇。

再次,新式会计还善于通过财政信用来控制资本风险。新式会计通过报馆的资产、信誉、支付能力及相当影响力等所形成的信用,向金融机构或社会公众筹集资本以应对难关或危机。譬如当交易上发生重大变化或责任

① 刘觉民.报业管理概论[M].上海:商务印书馆,1936:279-280.
② 刘觉民.报业管理概论[M].上海:商务印书馆,1936:37.
③ 陈铭德.报纸经营与报社管理[J].中国新闻学会年刊,1942:54-57.

的时候,为了维护公司的信用,报馆方面甚至宁愿牺牲自己在市场上的种种利益,尽量购买适合需要的物资,以迎未来。而且如果报馆急需资金而银行资金又紧张的时候,报馆以信用担保向银行用贴现方法取款,以供急需。

最后,新式会计也可以通过股票或债券买卖的限制来防范与控制资本的风险。其中有的报业公司财务规定内部员工对公司股票或债券有优先购买权。比如当时美国《堪萨斯明星报》员工合股集资购买了该报创办人内尔松遗留的股票和过半股票股东欧文·R.柯克伍德(Irwin R. Kirkwood)所遗留的股票。同时与该报每一股东签一股票信托契约,如本人已故,或脱离该报时,则其他股东或本社有优先权,收买其股票。股票价值由会计师按账核算,当时每股约140美元。据优先权规定只需付20%现款,其余5年内付清。待其他股东与本社不愿收买时,方可任意售与他人。① 这就使公司不会因为股东的更换引发财务与资本上的不测与风险。还有的通过限额投资购买报业公司的股票或债券以控制风险。如邹韬奋主张《生活日报》不向大老板、大股东募集资本,"因为《生活日报》是以最大多数老百姓为背景,所以它不该由少数大老板出钱来办,也不该由一党一派出钱来办,是应该由大多数人投资来经营的。因此本报的招股,并不希望有什么大股东,只希望投股者人数之多;人数愈多,这个报愈为大众所有"②。

(二)新式会计制度对报馆债务风险的控制

在会计学意义上,债务就是指由单位或个人在过去交易、事项过程形成的,并且要承担预期会计导致经济利益流出单位或个人的现时义务,包括各种借款、应付及预收款项等。报馆债务,就是报业公司在交易及事项中产生的会导致经济流出的各种义务,比如各种借款、债券、应付及预收的各种款项。这是报业公司应当在特定时间内支付或偿还的资本。但是对于任何一个企业来说,其拥有的资本与营业创收能力都有一定的极限,所以其应当或能够承担的债务也是有限的。因此,为了保证一个企业的正常运营,就必须严格控制其债务的增加,防范与控制债务风险与危机的发生。

要充分利用会计方法与会计制度来控制报业公司的债务风险,这是依靠传统中式簿记的简单出入账所无法实现的,所以必须引入西方会计方法

---

① 陆锡麟.近十年来堪萨斯明星报之成功史[J].报人世界,1937(7):1-4.
② 邹韬奋.我们要怎样办《生活日报》? 什么背景? [J].生活星期刊,1936,1(13):2.

与会计制度。新式会计，也即西式簿记，一般采用复式记账，在明确会计账户性质的基础上，以"借""贷"为记账符号，采取会计凭证、会计账簿和会计报表的会计文件体系，并且在账簿之间实行平行记载，应用左借右贷的横向型账户格式，通过资产、负债和收入、费用类账户之间的相互关系精确计算财务状况及经营损益状况。这种会计方法与会计制度既可以通过预算决算、成本会计等日常会计手段控制报馆债务风险，也可以通过控制流通资本（或活动资本）来控制债务，甚至还可以利用债务交易政策来化解报馆债务危机。

首先，新式会计利用预算决算、成本控制、资产折旧、信誉估值等日常的会计方法来控制报馆债务风险。西方会计制度与会计方法把资产折旧基金与商誉等无形资产的估值都纳入了会计资本的统计范围，使报业公司资本的统计更为科学与全面，且也为债务的控制提供了更为精确的依据。同时，新式会计通过严格的预算与决算制度来总体控制报业公司的收入与支出，还通过单位产品成本、行政管理成本等系列成本会计手段来严格控制报业公司的成本支出，实现成本的节约与控制，进而控制债务的增加。在此基础上，严格及时支付与审核报业公司的各项债务与应付款项及每天现款收入，应以各项票据核对，并将这些现款暂存报馆，以免零用也要向银行支付。同时及时有效地催收应收的账款，比如对先付报费者，可打折扣，以尽快获得应收款项，尽量避免呆账与死账，以免影响报业公司的正常收入。若遭遇特殊情形，收支不能相抵时，得在公积金项下移补，同时最好采取募集基金制度，以备万一。[①]

其次，通过控制流通资本来控制报业公司的债务。活动资本（working capital）或流通资本（circulating capital）是指流动资产超过流动负债的部分，包括原始流通资本、经常流通资本组成的固定流通资本与季节流通资本、紧急流通资本组成的可变流通资本。[②]刘觉民提出报业公司控制债务风险最稳健的理财政策是保持流动资产两倍于流动负债。具体地说，报业公司债务风险的活动资本必需的数量是流动负债的两倍，才足以保证流动资本必须超过流动负债而使营业不受财政的制肘。更为重要的是，这个二比一的

① 鲁风.新闻学[M].上海：新中国报社，1944：200.
② 刘觉民.报业管理概论[M].上海：商务印书馆，1936：280-282.

规则，一方面可以使营业中的支付可以自如应付，增加内部各方面的工作效能；另一方面因活动资本雄厚，对外支付能力强大，随时需要银行信用，均不会发生问题；此外，对于货品及役务容易获得信用购买，还可以获得现金折扣的利益。但是流动资本也不能保持得太多，否则会造成浪费，也会引起经理负责人挪用公司资金于私人投资的企图，还会导致利金的损失与股东红利的损失。① 所以要控制报馆债务风险，就必须严格控制活动资本。一般来说，报业公司的活动资本主要来源于日常收入、投资于有价证券的积累未分盈余、现金折扣、预收款项、股票售卖、债券售卖、票据折现、银行借款、银行承受票、信托收据、透支账及其他借款。所以我们可以从改进生产方法、科学的物质采购方法、专业的推广发行及广告方法、信用政策的实施、一切固定资产的维护、科学的行政管理等方面来控制与节约活动资本，实现对报业公司债务的风险控制。

此外，在万不得已的情况下，新式会计还可以通过"债务交易"政策来控制报业公司的债务风险。"债务交易"政策，是利用甲的借款应付乙的借款，用丙的借款应付乙的借款的方法，如此继续一借一还。② 这种债务支付策略是在万不得已的情况下使用的，因为一方面这种借款经营虽有获利机会，但亦有亏折的机会，受营业财政危机的限制；另一方面在资本达到一定限度之后，因不能与组织及营业相调适，而难以保持管理的经济，导致在借资扩张营业上受到限制。此外，营业的情况及销数的增减，也足以使借贷受限渐大，以致借贷不成。③

二、对内：相互牵制的会计制度理念

中式簿记仅有一个账房先生来管理现金支付的出入账，所有工作无人监管，一切账目也难以看懂，所以往往很容易出现舞弊与财务漏洞，甚至携资金私逃的现象。但是，新式会计自会计体制的设计开始就始终讲求科学管理、精确计算，要求建立内部牵制制度，防止疏漏与流弊。这种制度通过在会计部门同时设立会计、出纳、稽核三个各自独立又相互牵制的岗位机构来共同处理会计账目与会计事务。

---

① 刘觉民.报业管理概论[M].上海：商务印书馆，1936：283-284.
② 刘觉民.报业管理概论[M].上海：商务印书馆，1936：296.
③ 刘觉民.报业管理概论[M].上海：商务印书馆，1936：296-298.

（一）会计、出纳、稽核三位一体

与传统中式簿记仅一个账房先生完全独立掌握整个报馆的会计体系相比,新式会计需要会计、出纳、稽核三个各自独立的岗位来完成报业公司的会计事务。所以相比之下,西方会计方法与会计制度的费用要更高,而且记账与各种报表、程序都非常复杂。因此新式会计在国内一直遭受抵制。但是,新式会计为了科学、精确地管理报馆的会计账目,把会计工作在程序上进行科学的分类与细化,把传统账房先生的工作分为会计、出纳与稽核三道程序,每一道程序独立设置岗位,配备会计学专业人员独立完成。其中会计负责办理会计、记账、财务报告等工作,而出纳负责处理现金和一切票据的收付,稽核则负责审计一切账项记录。会计、出纳与稽核三个岗位三道程序共同完成一桩会计事务,即所谓会计、出纳、稽核三位一体的会计设计。

（二）会计、出纳、稽核各自独立,相互制衡

根据新式会计内部牵制的要求,报业公司财务部门一般在总管理处下设有:会计主任一人、会计员若干,负责办理会计、记账、财务报告等工作;出纳主任一人、出纳员若干,负责处理现金和一切票据的收付;稽核主任一人、稽核员若干,负责审计一切账项记录。这三个机构各自独立、权限分明,起到互相牵制的效用。

首先,会计、出纳、稽核在体制上相互牵制。为了防止错误和舞弊,新式会计在体制上将会计实务与会计记表分开,对于每一项经济业务的处理,都要求由会计、出纳、稽核三道程序来完成,至少有三个人共同分工负责,会计、出纳、稽核之间彼此监督,彼此负责,层层节制,以相互牵制,形成互相制约的机制。

其次,会计、出纳、稽核在工作程序中还通过簿记相互牵制。新式会计采取会计凭证、会计账簿和会计报表等组成的会计文件体系,要求每一会计事务的处理,都必须做到会计凭证、会计账簿与会计报表完全一致。也即通过原始凭证与记账凭证、会计凭证与账簿、账簿与账簿、账簿与会计报表之间的核对,达到会计、出纳与稽核的相互牵制。

历史证明,这种会计、出纳、稽核的内部牵制不仅保证了报业公司会计账目的精确、财务管理的科学,同时更为报业公司的重大决策提供了科学的依据。所以《新闻报》《申报》《中央日报》等大的报业公司基本都设立了会

计、出纳与稽核三个独立的机构来处理报业公司的会计业务。其中南京《中央日报》在抗战胜利以后，公司财务实行业务、会计、稽核、出纳四系统互为制衡，一如银行系统。公款均须存入银行，非有合法手续不得动用。支出事先事后均要审计，巨大开支要报请中监会稽核处派员监验。①

第三节　新式会计制度的实施：
严格预算决算与报告报表

报馆为了控制风险、内部相互牵制，防止财务漏洞与流弊，方便稽核与审查，会计部门必须设立会计账户、会计科目、各种会计簿册及会计报表。所以刘觉民认为："会计是公司财政的基本，会计最大的任务就是在每营业年度终了的时候，造具营业报告，报告一年中营业情形；资产负债表，分别记载公司的积极财产和消极财产；财产目录，详细登载各项财产；损益计算书，精密计算营业的盈亏。以供董事于（与）股东常会三十日前提交监察人查核。在股东会承认以后，十五天内呈报主管官署查核。"②其中按照中国国民党《中央宣传部直辖报社及分社管理规则》（1943 年 6 月 28 日第五届中央常务委员会第 232 次会议备案）规定：直辖报社及分报社于每年年度开始，应拟具营业计划书、营业预算书，呈送中宣部核定。每年年终，应造具营业状况各月份比照表、资产负债各月比照表、营业损益各月比照表、营业损益预算决算对照表及财产目录，呈报中宣部备查。每月月终应依中央颁布党务机关会计规定，造具营业状况表、资产负债表、损益计算书、财产增减表、固定负债目录表、现金现存表，呈中宣部审核。③

一、严格预算决算以控制成本

预算，顾名思义，就是根据往年生产情况对下一年度生产经营活动编制事先的预估算，以控制成本，保证利润的会计方法。而决算，就是在年度结束之后，根据年初预算对经营期的经营活动进行总结，实际数字就是决算。

---

①　胡太春.中国报业经营管理史[M].太原:山西教育出版社,1998:109.

②　刘觉民.报业管理概论[M].上海:商务印书馆,1936:37.

③　胡太春.中国报业经营管理史[M].太原:山西教育出版社,1998:101.

预算决算都须经过董事会审核通过,方可执行。这是新式会计的重要制度与方法之一。报业公司引入新式会计,也就必然要采用预算决算,但关键在于科学的预算及其执行。报业公司预算为何如此重要?预算的依据是什么?预算的内容有哪些?这是报业公司预算中必须回答的问题。

(一)预算:报馆量入为出的根本途径

通过财务预算达到"量入为出"的目的是会计理财的基本原则,也是新式会计一贯的原则与要求。因此,"任何事业之发展,皆当有精确之预算,报社亦未有不立预算而能发展者。虽报纸不能如一般之商品,易于估计其销路,然经营新闻事业者,固应有眼光与腕力,事先加以把握也"①。也就是说,报业公司要事业发展,实现财务的正常运营,也必须实行科学的预算制度。根据往年财务状况及下一年的公司目标编制下一年的财务预算,对报业公司的总收入、成本、费用、利润及具体报纸、广告产品的品种、数量、售价等做一个明细财政预算,从总体上保证收支平衡,控制总成本与总利润。所以"报业务使开支不超过收入,而有利润可图,最好事前能编制预算"②。当然,"一切之预算,固当求其十分精确,以免执行时之捉襟见肘",即使"盖略有出入之预算,实乃较毫无预算者为优越也"。③ 所以,在采取科学化管理的报业公司当中,几乎没有不执行预算制度的情况。

(二)预算编制的依据:往年预算或同行竞争者数据

预算的编制不是随意编造的,应当有可参照的较为科学的数字依据作为前提。一般地,对于报馆的预算依据主要是往年的预算、同行竞争者的预算数据,也即詹文浒所说:"我们不能凭空编造预算,我们应当有数字根据,这所谓根据不外两种:其一,为自己过去的经验。其二,为其他同级报馆的数字用以作为参考。"④对这两种依据,《新民报》发行人陈铭德做了更具体的解释:"报社已有最初之预算,则以后每年度之预算,皆较易于草拟。资产负债,眉目一清,经济基础,遂得建立。一切进行,依照预算大刀阔斧以向前,初无须稍有畏馁矣。"⑤也就是说,报馆有往年的预算作为参照依据,编制新

① 陈铭德.报纸经营与报社管理[J].中国新闻学会年刊,1942:54-57.
② 储玉坤.现代新闻学概论[M].2 版.上海:世界书局,1945:179-180.
③ 陈铭德.报纸经营与报社管理[J].中国新闻学会年刊,1942:54-57.
④ 詹文浒.报业经营与管理[M].上海:正中书局,1947:207.
⑤ 陈铭德.报纸经营与报社管理[J].中国新闻学会年刊,1942:54-57.

的预算则非常容易,不必多虑。对于初次预算,无法预算报纸的发行数,更无法对报馆广告、收入等进行预算,陈铭德的解决办法是:"……报纸内容能认真做到'丰富'二字,而印刷设备又能迅速,再考察当地交通环境,文化水平,则自预算其销路,亦属易事也。"①也即可以根据所在地的环境,也包括同行竞争者的情况来初次编制自己的预算。

此外,报馆预算编制依据的应急办法,就是简单成本计算办法。詹文浒提出"总数量法"(quantity method)、"直接人工法"(direct labor method)、"主要成本法"(prime-cost method)②作为普通的成本计算办法,也可以为编制预算提供参照依据。

(三)预算编制的项目内容:收入、支出与利润

无论何种事业,其预算编制的项目内容都应包括收入、支出与利润三大部分。对于报馆来说,其预算编制也是如此,主要包括"报纸能销售若干?广告及副业能收入若干?一切支出需要若干?第一年度应赔累几何?第二年度是否可以减少赔累?第三年度又是否可获得盈余?自一元钱之纸笔费至机器生财之折旧,巨细无遗,一一列入"③。具体而言,报馆的收入、支出有以下特有的项目。

1.报馆收入:报费、广告费、商誉及其他收入

陈铭德将报馆的收入概括为:"报社之收入凡三:一为报纸之发行,一为报纸上广告之刊费,一为副业之收入。"④这三项收入所占比重在各国报业中也有比较大的差异。其中 20 世纪 30 年代美国报馆,大体为广告收入占 70%～75%,发行收入占 25%～29%,其他收入为 1%。⑤ 而 20 世纪 40 年代德国报馆发行收入占 35.5%,广告收入占 64.5%;英国报馆发行收入占 29.5%,广告收入占 70.5%;中国报馆发行收入占 25%,广告收入占 75%。⑥由此可见,广告收入是报馆收入的核心和根本,在报馆中收入一般都占六成

---

① 陈铭德.报纸经营与报社管理[J].中国新闻学会年刊,1942:54-57.
② 詹文浒.报业经营与管理[M].上海:正中书局,1947:220.
③ 陈铭德.报纸经营与报社管理[J].中国新闻学会年刊,1942:54-57.
④ 陈铭德.报纸经营与报社管理[J].中国新闻学会年刊,1942:54-57.
⑤ 钱伯涵,孙恩霖.报馆管理与组织:申报新闻函授学校讲义之二[M].上海:申报馆,1936:211-212.
⑥ 魏九如.新闻纸发行论(上)[J].上海记者,1944,2(5-6):4-7.

以上。

　　此外,商誉的估值也是报馆的一项重要收益,但是长期以来在统计报馆资产的时候都对商誉的价值不加计算,直到现代企业引入科学化管理的新式会计制度以后,才开始把商誉作为可以给企业带来利润的无形资产加以评估与统计。虽然一般报馆在日常编制预算的时候也往往不把商誉作为净收益加以统计,但是对于历史悠久有影响力的大报来说,比如英国的《泰晤士报》、中国的《申报》等,其商誉的价值其实非常惊人,是绝对不能忽略的。其实报馆商誉之所以没有得到足够的重视,是因为报馆商誉的折算非常复杂而且没有统一、可操作的估算标准。其中当时美国有位名叫克莱德·H.诺克斯(Clyde H. Knox)的报馆经纪人对报业估值的计算公式有:在物质价值以外,再加每年纯利的 2 倍;在物质价值以外,再加每年纯利的 3 倍;在物质价值以外,再加每一订户一年的订报费;不问报馆的物质价值多少,仅将每年的纯利提升 10 倍;在物质价值以外,每个订户即予以 10 美元的估价;在物质价值以外,每个订户即予以 20 美元的估价;不问报馆的物质价值多少,以每年的总收入作为根据,外加总收入的 20％,算是对于商誉的估计。[①] 而1930 年,《波士顿先驱报》的商誉约为其纯收益的 1.3 倍;1930 年,麦克法登出版公司商誉约为其纯收益的 3.9 倍;《芝加哥每日新闻》1930 年的商誉约为其纯收益的 12.5 倍;纽约的《商业日报》1930 年的商誉约为其纯收益的 24倍;《哈特福德时报》1930 年商誉约为其纯收益的 13 倍;赫斯特系报纸 1930年的商誉约为其纯收益的 8.9 倍。[②] 还有阿瑟·T.罗布(Arthur T. Robb)在《主笔与发行人》(1926 年 8 月 7 日)以每 1000 份销量价值 1 万美元的比例,也即每份价值 10 美元,估计一家报纸的发行和商誉;以一年的广告和发行的总收入作为发行和商誉的估价,外加该年资产对负债的差额,以及工厂、机械及其他设备的时值;以一年的纯利作为发行与商誉价值的 10％,也即以一年纯利的 100％作为发行与商誉的价值,外加当年资产对负债的差额,以及工厂、机械及其他设备的时值;以上三法并用,将其平均数作为报纸的估价。[③] 刘觉民认为,把报纸商誉估计为一个报纸售价的一半价值也不为

①　詹文浒.报业经营与管理[M].上海:正中书局,1947:226.
②　刘觉民.报业管理概论[M].上海:商务印书馆,1936:183-184.
③　詹文浒.报业经营与管理[M].上海:正中书局,1947:229.

过。① 虽然表面上看,报馆商誉的估值的方法与标准五花八门,但是一般认为报业估值的人共同承认为比较适当的原则是:以每 1000 份销量估值一定数目(美国多以 1000 份销量估值 1 万美元)加上流动净资产及工厂价值;以过去一年或数年平均的广告与销量为估值标准,再加上流动净资产及工厂价值;以过去一年或数年平均纯收益用 10% 利率为资本化元,再加上流动净资产及工厂价值;以上面三法所得的结果,求其平均数。② 事实上,影响报纸商誉估值的因素很多,如报馆的盈余、报纸的销量和定价、广告的面积和收入、工厂的设备、地产、现款、及应收账目等,还有人才、编辑方法、社论政策、是否某大通讯社社员、报纸所在出版地点、竞争的情况、报纸在本地的地位、名誉及其安定程度等都是应加以考虑的因素。

最后,还有其他收入,主要包括报馆的印刷收入、出版收入等副业收入,资产或股票出售,甚至有的报纸还有政府津贴或补助等。

2.报馆支出:编辑费用、广告费用、发行费用、折旧费、印刷费用等

报馆支出部分主要有编辑费用、广告费用、发行费用、固定资产折旧费用、印刷费用、材料采购费用、行政管理费用、商誉贬值及其他一般费用等。其中编辑费用包括薪资、通讯社稿费、特写稿费、照相费用、绘图费用、刻版费用、通讯员费用、电报电话费用、供应品(即指不直接参与生产过程,而是为生产过程的顺利进行提供帮助的物品,相当于消费品中的方便品)及类似费用(其他杂费)等。广告费用主要包括薪资、特派代表费用、推广费用、兜揽费用、邮信费用、印刷品等费用、广告铜版纸版等费用、交通费、折扣。发行费用包括薪资、送报人津贴、分销处开支、回佣、兜揽费用、赠品费用、印刷品费用、推广费及交通费、邮递及送报费用。固定资产折旧费用包括房产、办公家具、汽车、送报车、铅字、机械设备、金属材料等的折旧费。印刷费用包括排字房薪资、铸版房薪资、印刷房薪资等。材料采购费用包括纸张、油墨、动力、燃料、电灯、金属、字模设备、纸型原料、胶棍、垫绒、水、煤气等。行政费用包括薪资、文具费、邮资、捐赠费用、电报电话费、旅费、呆账、经常修缮费、图书馆、保险费、捐税、房租、利息、现金折扣、收账费用等。各项支出在各国报馆总开支中所占比重也有所差异。比如 20 世纪 30 年代,美国报馆

---

① 刘觉民.报业管理概论[M].上海:商务印书馆,1936:181.

② 刘觉民.报业管理概论[M].上海:商务印书馆,1936:186-187.

支出方面大概为:编辑部占 23％,广告部占 7.2％,发行部占 9.6％,纸张油墨占 12.6％,其他机器支出占 17.5％,管理费占 15.1％,利润为 15％。① 其中编辑费用所占比重最大,而同时期日本报馆的纸张支出所占总支出比重最大,达到 50％以上。如日本《东京报知新闻》的支出统计,编辑费占 8.72％,广告部费用占 7.22％,发行部费用占 14.98％,办公室费用占 5.41％,排字与机器房占 8.92％,纸张占 53.1％,其他占 1.65％。② 所以各国报馆及各个报馆的各项目开支所占比重都有差异,不能划一。

尤其要解释的是折旧费用,在晚清民国时期,国内企业特别是报馆几乎没有折旧的意识,更没有折旧成本的估算,但新式会计却非常科学地评估折旧费用,并将其作为企业支出的一个部分。所谓折旧,就是指固定资产如房屋、机器之类因使用而损耗的部分,所以折旧费就是固定资产的消耗分摊在经营期间的一种营业费用。这种费用主要用于将来置换损耗的资产,因此也称为置换基金或折旧基金。由于折旧费用的估算没有固定的标准,所以报馆在估算折旧费用的时候得选择适合自己的计算方法。一般折旧费用计算的方法有:直线法,即在一定期间平均拨存置换费而不计算利息的方法;生产单位法,按照每一生产单位平均分拨折旧费;偿债基金法,即置换费常用特定的利率迭年积累,置换费于是组成一种年金;常数百分法,即资产的簿记价值每年迭减一定的百分率,任何一年的置换费等于他前一年中所减的簿记价值;投资利息法(又称为分期清偿法或年金法),即折旧费等于特定利率计算原值的利息与用偿债基金法求得置换之和。③

3. 利润

利润,就是总收入扣除成本和税金后的余额部分。徐渊若的解释是:"广义的利润是指一定时间,一个企业的总收入扣除其所付出的一切生产成本之后的盈余而言,这种盈余叫做毛利润。狭义的利润是指毛利润内再扣除自己土地的地租,自己资本的利息,和自己劳力的工资之后的盈余而言,这种赢余叫做净利润或纯利润。"④利润一般又可以分为分发给股东的红利

---

① 钱伯涵,孙恩霖.报馆管理与组织:申报新闻函授学校讲义之二[M].上海:申报馆,1936:211-212.

② 钱伯涵,孙恩霖.报馆管理与组织:申报新闻函授学校讲义之二[M].上海:申报馆,1936:212.

③ 刘觉民.报业管理概论[M].上海:商务印书馆,1936:190-191.

④ 徐渊若.新闻发行学:申报新闻函授学校讲义之九[M].上海:申报馆,1936:187.

与用于扩大生产的盈余(或公积金)。利润本身随着物价、成本的变化而变化,同时各报馆的利润差异甚大,亏损的报馆根本无利润可言。

二、规范报告报表以明细账目

按照中华民国《公司法》(1929年)与《会计法》(1935年)的规定,企业要编制营业报告书、资产负债表、损益计算书、财产目录,要有年终决算、公积金与股东红利分派议案等,而这些恰好都是新式会计的最基本的报告报表业务。所以为了发挥会计控制风险、相互牵制的作用,防止流弊与漏洞,便于稽核与审查,会计部门必须设立会计科目、会计簿册,做到原始凭证、会计凭证与会计报表的完全一致,同时要求报表完整,账目明细清楚、数据准确无误。《南京中央日报社股份有限公司章程》(1947年5月30日通过)规定:营业年度决算由社长造具并送请董事会核转监察人会复核后向股东大会报告的财务报告报表有:业务报告书、资产负债表、财产目录、损益计算书、盈余分配表。①

(一)严格财务会计报告

财务会计报告,指的是企事业单位会计部门根据经过审核的会计账簿记录和相关资料,编制并对外发布的能反映该单位在某一特定日期财务状况或某一会计期间的经营成果、现金流量及所有者权益的总结性书面文件,一般包括会计报表、会计报表附注和财务情况说明书。而民国时期中央政治学校新闻系教授刘觉民认为,一般的财政报告(即财务会计报告)主要包括损益计算比较表(累积的)、损益计算比较月表、资产负债表、用纸数量及成本报告、报纸数量及成本报告、油墨消费报告、房屋管理费用报告、财务管理及投资收入报告、行政总务费及杂项收入报表、发行费及发行统计报告、广告财务报告共计12个必备的会计报告。②

(二)统一会计报表

新式会计所建立的账户多,会计科目多、报表种类复杂多样,但是有条不紊、明细可查。其中最主要的是资产负债表、损益报表及各部门、各类的账簿与报表。

① 胡太春.中国报业经营管理史[M].太原:山西教育出版社,1998:107.
② 刘觉民.报业管理概论[M].上海:商务印书馆,1936:194-209.

1.明细资产负债表

资产负债表主要包括不动资产、投资、现金、待收账款、待收票据、存货、迟延资产、待付票据、待付账款、未清债务、准备金、净值等主要项目内容[①]（见表 6-1）。

表 6-1　资产与负债报表内容

项目	内容
不动资产	地产、房屋、机器、生财(报馆的家具杂物)、运输交通设备、商誉及其他
投资	国民政府公债、省市公债、其他债券、股票、某通讯社股份及其他
现金	包括银行存款、现款、邮票
待收账款	商业广告、分类广告、本埠分销员、外埠分销员、批发、租金、通讯社、杂项、存账、公债待收利息、票据待收利息
待收票据	各种待收票据
存货	报纸、油墨、储藏室、承印部、各部存货等
迟延资产	预付保险费、预付租金、预付费用、新闻稿及照片、预付租税及车照、印制中出版品、预付订刊费、承印部成本总账、预付薪工及其他
待付票据	待付票据
待付账款	待付账、待付存款、未领薪资、工资假扣押、认缴捐款、代收所得捐及其他
未清债务	未满期订费，应付未付广告折扣，应付未付回扣，应付未付自来水费，应付未付票据利金，应付未付杂费，应付未付薪工，其他积欠
准备金	房屋折旧基金、机器折旧金、生财折旧金、运输交通设备折旧金、呆账准备金、营业税准备金及其他
净值	优先股、普通股份、公积金、未分红利

2.规范损益报表

损益报表即为收益与费用报表[②]（见表 6-2）。

---

① 刘觉民.报业管理概论[M].上海:商务印书馆,1936:151-155.
② 詹文浒.报业经营与管理[M].上海:正中书局,1947:241-244.

表 6-2 损益报表

项目	内容
收益	发行收入、广告收入、承印收入及其他收入
费用	耗用材料(纸张、油墨及其他材料)、人工(薪金、工资)、编辑费(稿费、动力、电灯、电话、电报、修理、邮资、旅费、运费、文具、租金、伙食、铅耗、书报、医药、保险费、奖金、杂支、电台材料、折旧)、管理费(薪金、工资、呆账损失、折旧)及其他费用(承印成本、其他支出)

3.健全基本账簿

报馆基本账簿有工厂总账、待收账款记录簿、报纸印刷总账、储藏室记录簿、承印部存货记录、各部存货记录、保险记录簿、承印部成本总账、薪工预付总账、存款总账、订报记录簿、广告折扣记录簿、开支总账、薪工总账等。还有编辑部、广告部、制版部、活字间、浇铸间、印报间、有色版印制间、图画增刊、发行部、邮寄室等各部门的账簿,也有专项费用账簿,如本埠派送、房屋装修、财务行政费(会计及稽核)、总务费、纸张、油墨、呆账、折旧费、薪工报酬等。

此外,还有其他各种会计报表与会计簿册。

第四节　本章小结

在晚清民国时期新式会计运动的推动下,在国民政府新《公司法》、新《会计法》等法律的相关规定及强制执行的条件下,晚清民国时期新闻学者不仅提出要采用新式会计制度,而且直接引入了西方现代会计方法与制度理论,并根据当时的实际状况,提出了建立中国报馆新式会计制度的观点。为了实现报馆财务的科学管理,在报馆"新式会计"制度思想当中,不仅要求通过预算决算与报告报表等具体实务来建立控制风险、相互牵制的新式会计的基本原则,还特别引入了现代企业科学化管理中众多的会计项目与会计制度,如成本会计、商誉估值、资产折旧等至今仍在传媒业会计中非常重要而实用的会计项目与会计思想。

结　语

　　泰勒的科学管理理论的核心是通过科学制定工作标准,实行差别计件工资,科学选拔一流工人并进行科学教育与培养,再由优秀的工长与工人亲密合作,严格执行计划职能与执行职能的分开,以最大限度的产出取代有限的产出,每个人都发挥最大的工作效率并获得最大的成功,也就是实现用高效率的生产方式代替低成本的生产方式,以加强劳动力成本控制。通俗地说,就是用科学管理的新方式替代单凭经验管理的旧传统,最终实现低成本高效率及企业产出与工人收入的最大化。晚清民国时期引入泰勒的科学管理理论之后,国内主要报业企业在生产、发行、广告、组织、人事、财务等内部管理方面掀起了一次大规模且较为长时间的改革,从根本上废除了陈旧的经验式、家长式、能人式的管理模式,逐步建立了科学管理、制度管理等新式管理模式。

　　在报业生产管理方面的核心思想是“精编主义”,无论是“取精用宏、宁缺毋滥”及“精”“新”“真”“善(或敦)”“全”的生产理念,还是精编新闻、精辟言论、精美版面、精编副刊、精编广告等生产流程,或是精品报纸的评价标准等,都有严格规范、科学的产品标准及生产流程工艺标准。在报业发行管理方面倡导“长”“广”“厚”思想。通俗地说,“长”就是付费发行量要大,“广”就是发行地域范围要广,“厚”就是要讲信用、有声望,也就是有效发行量要大且发行范围广、知名度高。为了实现这一高效发行的目标与要求,新闻学界主张不仅要建立自主发行网络,采取多样化的促销与推广,实施报馆发行的日常监控,还应该实行报业发行稽核制度,实行发行管理的计划职能、执行职能、监督职能的分工与协作。在报业广告管理方面盛行“广告本位”思想。

"广告本位"不仅要求报纸广告必须专业化设计与制作、个性化推销、开发新式分类广告及科学合理的广告定价等科学管理,还要求遵守广告道德与广告法律制度等具体的行业规范。在报馆组织管理方面普遍推行托拉斯化思想。随着晚清民国时期国内报业的自由竞争及不断发展,各大报馆的组织机构不断健全并规模化发展,甚至像《申报》这样具有强大实力的报馆已在产业发展与经营中开始托拉斯化的拓展尝试。尤其在国内新闻界形成了一场报馆组织托拉斯化的思想浪潮之后,虽然托拉斯化思想遭受国内新闻理论界的排斥与拒绝,但在国外托拉斯化实践的推动之下,在晚清民国时期国内具有强大实力的报馆纷纷尝试扩张独资托拉斯化、经济协作联合托拉斯化或跨区连锁股份托拉斯化。在报馆人事管理方面普遍提倡"卓然"之"树立""在专材之养成"的思想。在"报馆譬之人体,人材则灵魂也"的同时特别强调新闻记者的职业化、尊重新闻的专业性。为了科学选拔、培养与利用人才,新闻界学者们极力主张革除"熟人举荐"的进人传统,转而实行公开招考选拔引进新人,并对于已有新闻人才通过教育培训、合理薪酬、基本福利、额外奖励等措施以达到"培庸奖进,蔚为成材"的科学管理目标。在报馆财务管理方面,倡导新式会计制度思想。为了节约成本,实现最大产出与最大利润,新式会计制度不仅要求通过预算决算与报告报表等具体实务来建立控制风险、相互牵制的基本原则,还特别引入了现代企业科学化管理中的成本会计、商誉估值、资产折旧等至今在传媒业会计中仍非常重要而实用的会计项目与会计思想。

晚清民国时期国内报业企业在泰勒科学管理理论的指导下,结合中国国情所实践或设计的科学管理改革的成果,对当时国内报业企业经营与管理来说是最前沿、最盛行的先进思想与观念,符合当时的社会语境及报业行业发展的实际。在我们今天看来,这些科学管理的思想与观点似乎较为粗浅,而且大多思想也已经成为传媒企业习以为常的规则。事实上,虽然距离今天已有近百年时间,虽然报业已在互联网及其新媒体的冲击之下日趋边缘化甚至大量报业企业纷纷倒闭,这些方面的科学管理思想也在实践方式上不断变化,但其核心原则至今仍然未变,也仍有效地指导着报纸、广播、电视、互联网等传媒企业内部的科学管理及现代化管理。如精编主义的生产管理思想、广告本位的广告管理思想、"卓然"之"树立""在专材之养成"的人事管理思想、新式会计制度的财务管理思想,在当前及今后传媒企业内部管理实践中不仅没有根本改变,甚至在坚守的过程中还在不断创新、丰富与发展,托拉斯化组织管理思想不仅体现在跨媒介、跨行业、跨区域的发展,还体现在跨国界的发展。即使是"长""广""厚"发行管理思想由于报业发行的萎缩似乎已时过境迁甚至被人视为无效,但是其有效最大发行与影响的根本原则在互联网等现代新兴媒体的点击、浏览、播放或推送、分发等运营的管理实践中的指导作用仍然是有效且合适的。

　　本书主要从报业生产管理、发行管理、广告管理、组织管理、人事管理及财务管理六方面较为系统而详尽地论述了晚清民国时期报业企业内部具体而微观的科学管理思想,没有涉及晚清民国时期官报报系、维新派报系、革命派报系、国民党报系、沦陷区报业及解放区报业等差异甚大的报业产业宏观政策、制度、法律等宏观管理,同时即使是同一报业企业科学管理的环节,在不同的历史阶段其具体实践形式也有所差异。此外,本书仅从问题研究法的角度梳理与建构晚清民国时期报业经营与管理思想史,是否可以从历史分期的时代研究法或思想谱系的学派划分研究法的角度梳理晚清民国时期的报业经营与管理思想史? 这些都需要学界同仁更多的后续研究来逐步推进与深化。

参考文献

一、著作

[1]白瑞华.中国报纸(1800—1912)(1933年版)[M].王海,译.广州:暨南大学出版社,2011.

[2]柏德逊.中国新闻简史(古代至民国初年)[M].王海,刘栗彬,丁洁,译.广州:暨南大学出版社,2013.

[3]波斯纳.道德和法律理论的疑问[M].苏力,译.北京:中国政法大学出版社,2001.

[4]蔡铭泽.中国国民党党报历史研究(1927—1949)[M].北京:团结出版社,1998.

[5]曹用先.新闻学[M].上海:商务印书馆,1933.

[6]陈昌凤.中国新闻传播史:传媒社会学的视角[M].2版.北京:清华大学出版社,2009.

[7]陈方中.于斌枢机传[M].台北:台湾商务印书馆,2001.

[8]陈江,等.谢六逸文集[M].北京:商务印书馆,1995.

[9]陈玉申.晚清报业史[M].济南:山东画报出版社,2003.

[10]程其恒.各国新闻事业概述[M].重庆:国民图书出版社,1944.

[11]程其恒.战时中国报业[M].马星野,校订.桂林:铭真出版社,1944.

[12]储玉坤.现代新闻学概论[M].2版.上海:世界书局,1945.

[13]丁淦林,商娜红.聚焦与扫描:20世纪中国新闻学与传播学研究[M].北京:新华出版社,2005.

[14]方汉奇.中国近代报刊史[M].太原:山西教育出版社,1981.

[15]方汉奇.中国新闻编年史(上中下)[M].福州:福建人民出版社,2000.

[16]方汉奇.中国新闻事业通史(第2卷)[M].北京:中国人民大学出版社,1996.

[17]方晓红.中国新闻史[M].南京:南京师范大学出版社,2010.

[18]甘家馨.欧美新闻界鸟瞰[M].南京:南京民族通讯社,1933.

[19]戈公振.中国报学史[M].北京:生活·读书·新知三联书店,1955.

[20]管翼贤.新闻学集成(第3辑)[M].北平:"中华新闻学院"(日伪),1943.

[21]管翼贤.新闻学集成(第7辑)[M].北平:"中华新闻学院"(日伪),1943.

[22]郭步陶.本国新闻事业:申报新闻函授学校讲义之十一[M].上海:申报馆,1936.

[23]郭道扬.中国会计史稿(下册)[M].北京:中国财政经济出版社,1988.

[24]郭箴一.上海报纸改革论[M].上海:复旦大学新闻学会,1931.

[25]胡传厚.编辑理论与实务[M].台北:学生书局,1977.

[26]胡道静.报坛逸话[M].上海:世界书局,1940.

[27]胡太春.中国报业经营管理史[M].太原:山西教育出版社,1998.

[28]胡太春.中国近代新闻思想史[M].太原:山西教育出版社,1987.

[29]黄瑚.中国新闻事业发展史[M].2版.上海:复旦大学出版社,2009.

[30]黄天鹏.新闻学入门[M].上海:光华书局,1933.

[31]黄天鹏.中国新闻事业[M].上海:联合书店,1930.

[32]蒋国珍.中国新闻发达史[M].上海:世界书局,1927.

[33]赖光临.七十年中国报业史[M].台北:"中央"日报社,1981.

[34]赖光临.中国新闻传播史[M].台北:三民书局,1983.

[35]雷恩,贝德安.管理思想史[M].6版.孙健敏,黄小勇,李原,译.北京:中国人民大学出版社,2014.

[36]李公凡.基础新闻学[M].上海:复兴书局,1936.

[37]李明水.世界新闻传播发展史:分析、比较与批判[M].台北:大华晚报社,1985.

[38]李时新.上海《立报》史研究(1935—1937)[M].广州:暨南大学出版社,2012.

[39]李秀云.中国现代新闻思想史[M].北京:中国社会科学出版社,2007.

[40]李秀云.中国新闻学术史(1834—1949)[M].北京:新华出版社,2004.

[41]李瞻.世界新闻史[M].台北:商务印书馆,1966.

[42]林德海.中国新闻学书目大全(1903—1987)[M].北京:新华出版社,1989.

[43]刘觉民.报业管理概论[M].上海:商务印书馆,1936.

[44]刘元钊.新闻学讲话[M].上海:乐华图书公司,1936.

[45]鲁风.新闻学[M].上海:新中国报社,1944.

[46]马星野.英国之新闻事业[M].重庆:文风书局,1943.

[47]马之骕.新闻界三老兵:曾虚白、成舍我、马星野奋斗历程[M].台北:经世书局,1986.

[48]莫特.美国的新闻事业[M].王揆生,王季深,译.上海:上海文化服务社,1947.

[49]倪祖敏,张骏德.报刊发行学概论[M].上海:复旦大学出版社,2005.

[50]宁树藩.中国地区比较新闻史(上)[M].上海:复旦大学出版社,2018.

[51]皮卡德.传媒管理学导论[M].韩骏伟,常永新,译.北京:人民邮电出版社,2006.

[52]钱伯涵,孙恩霖.报馆管理与组织:申报新闻函授学校讲义之二[M].上海:申报馆,1936.

[53]任白涛.应用新闻学[M].6版.上海:亚东图书馆,1937.

[54]容又铭.世界报业现状[M].桂林:铭真出版社,1943.

[55]萨空了.科学的新闻学概论[M].香港:文化供应社,1946.

[56]杉村广太郎.新闻概论[M].2版.王文萱,译.上海:现代书局,1932.

[57]邵培仁,陈兵.传媒管理学概论[M].北京:高等教育出版社,2010.

[58]邵飘萍.邵飘萍新闻学论集[M].肖东发,邓绍根,编.北京:北京大学出版社,2008.

[59]邵飘萍.实际应用新闻学[M].北平:京报馆,1923.

[60]邵飘萍.新闻学总论:国立法政大学讲义[M].北平:京报馆,1924.

[61]斯蒂德.新闻学的理论与实际[M].王季深,吴饮冰,译.上海:上海文化服务社,1947.

[62]孙怀仁.新闻学概论:申报新闻函授学校讲义之一[M].上海:申报馆,1936.

[63]泰勒.科学管理原理[M].黄榛,译.北京:北京理工大学出版社,2012.

[64]唐海.中国劳动问题[M].上海:光华书局,1928.

[65]唐任伍.世界管理思想史[M].重庆:重庆大学出版社,2011.

[66]唐绪军.报业经济与报业管理[M].2版.北京:新华出版社,2003.

[67]陶菊隐.记者生活三十年——亲历民国重大事件[M].北京:中华书局,2005.

[68]陶良鹤.最新应用新闻学[M].上海:复旦大学新闻学会,1930.

[69]天庐主人.天庐谈报[M].上海:光华书局,1930.

[70]王润泽.北洋政府时期的新闻业及其现代化(1916—1928)[M].北京:中国人民大学出版社,2010.

[71]吴定九.新闻事业经营法[M].2版.上海:现代书局,1932.

[72]吴平,钱荣贵.中国编辑思想史(上)[M].北京:学习出版社,2014.

[73]吴文虎.新闻事业经营管理[M].北京:高等教育出版社,1999.

[74]吴晓芝.新闻学之理论与实用[M].北平:立达书局,1933.

[75]伍超.新闻学大纲[M].上海:商务印书馆,1925.

[76]谢六逸.实用新闻学:申报新闻函授学校讲义之三[M].上海:申报馆,1935.

[77]休曼.实用新闻学[M].史青,译.上海:上海广学会,1913.

[78]徐宝璜.新闻学[M].北平:国立北京大学新闻学研究会,1919.

[79]徐宝璜.徐宝璜新闻学论集[M].肖东发,邓绍根,编.北京:北京大学出版社,2008.

[80]徐培汀,裘正义.中国新闻传播学说史[M].重庆:重庆出版社,1994.

[81]徐培汀.20世纪中国新闻学与传播学·新闻史学史[M].上海:复旦大学出版社,2001.

[82]徐小群.民国时期的国家与社会:自由职业团体在上海的兴起(1912—1937)[M].北京:新星出版社,2007.

[83]徐永祚.改良中式簿记概说[M].上海:徐永祚会计事务所,1933.

[84]徐永祚.会计师制度之调查及研究[M].上海:徐永祚会计师事务所,1923.

[85]徐渊若.新闻发行学:申报新闻函授学校讲义之九[M].上海:申报馆,1936.

[86]徐铸成.报海旧闻[M].北京:生活·读书·新知三联书店,2010.

[87]徐铸成.报海旧闻[M].上海:上海人民出版社,1981.

[88]余家宏,宁树藩,徐培汀,等.新闻文存[M].北京:中国新闻出版社,1987.

[89]俞爽迷.新闻学要论[M].上海:大众书局,1936.

[90]喻国明,丁汉青,支庭荣,等.传媒经济学教程[M].北京:中国人民大学出版社,2009.

[91]袁殊.新闻法制论[M].上海:群力书店,1937.

[92]恽逸群.恽逸群文集[M].南京:江苏人民出版社,1986.

[93]曾来海.中国近代报业管理学史(1834—1949)[M].北京:中国社会科学出版社,2016.

[94]詹文浒.报业经营与管理[M].上海:正中书局,1947.

[95]张静庐.中国的新闻记者[M].2版.上海:光华书局,1928.

[96]张静庐.中国的新闻记者与新闻纸[M].上海:现代书局,1932.

[97]张友鸾,等.世界日报兴衰史[M].重庆:重庆出版社,1982.

[98]张友渔.张友渔文选(上)[M].北京:法律出版社,1997.

[99]赵君豪.中国近代之报业[M].上海:上海书店,1938.

[100]赵敏恒.外人在华新闻事业[M].王海,译.广州:暨南大学出版社,2011.

[101]榛村专一.本国新闻法制资料[M].袁殊,编译.上海:群力书店,1937.

[102]周孝庵.最新实验新闻学[M].2版.上海:时事新报馆,1930.

[103]卓南生.中国近代报业发展史[M].增订版.北京:中国社会科学出版社,2002.

[104]邹韬奋.韬奋新闻出版文选[M].上海:学林出版社,2000.

[105]Frederick W. Taylor. The Principles of Scientific Management[M]. New York:Harper & Brother,1911.

二、文集及文献汇编

[1]《新闻报》三十年纪念册[C].上海:新闻报馆,1923.

[2]管照微.新闻学论集[C].上海:汉文正楷印书局,1933.

[3]黄天鹏.新闻学刊全集[C].上海:光华书局,1930.

[4]黄天鹏.新闻学论文集[C].上海:光华书局,1930.

[5]黄天鹏.新闻学名论集[C].上海:联合书店,1930.

[6]黄天鹏.新闻学演讲集[C].上海:现代书局,1931.

[7]王澹如.新闻学集[C].西安:天津大公报西安分馆,1931.

[8]燕京大学新闻系.新闻学研究[C].北平:良友公司,1932.

[9]中国青年记者学会.战时新闻工作入门[C].重庆:生活书店,1939.

[10]最近之五十年[C].上海:申报馆,1923.

三、期刊论文及论文集

[1]蔡策.杂谈发行工作[J].报学杂志,1949,1(10).

[2]陈镐汶.新闻学专刊—《大美晚报·记者座谈》——为纪念恽逸群逝世15周

年作[J].新闻大学,1994(3).

[3]陈建云.报人成舍我的成功之道[J].新闻大学,2011(2).

[4]陈立夫.新闻事业与文化建设[J].中国新闻学会年刊,1944.

[5]陈铭德.报纸经营与报社管理[J].中国新闻学会年刊,1942.

[6]陈铭德.经理部与编辑部联系问题[J].中国新闻学会年刊,1944.

[7]陈铭德.新闻标题之研究[J].报展,1936(纪念刊).

[8]陈伟中.萧同兹和中央通讯社[J].常宁文史资料,1988(第4辑).

[9]陈珍干.新闻生产的过程[J].青年界,1935,7(1).

[10]成舍我.《新闻记者法》的缺点及其补救办法(上)[J].新闻战线,1943,3(5).

[11]成舍我.从上海到香港——想起十年前手创的《立报》(上)[J].新闻天地(香港),1952(2).

[12]程沧波.新闻记者的健康问题[J].中国新闻学会年刊,1942.

[13]戴永福.论报纸的标准[J].报学杂志,1948,1(7).

[14]德国新闻纸上的广告[J].紫兰华片,1922(3).

[15]丁一.新闻广告漫谈[J].上海记者,1942(2).

[16]杜绍文.创造新闻纸独特的个性[J].战时记者,1939(12).

[17]范心易.谈谈报纸之校对[J].上海记者,1942(2).

[18]高雪汀.关于新闻界经济协作的几项建议[J].报学季刊,1934(创刊号).

[19]戈公振.新闻教育之目的[J].报学月刊,1929,1(2).

[20]耿修业.新闻与新闻要素[J].新闻学季刊,1940,1(3).

[21]顾红叶.新闻发展之新途径[J].新闻学刊,1927,1(1).

[22]关企予.吾国新闻事业之过去与将来[J].记者月报,1941(2-3).

[23]郭墨池.史量才时期的《申报》经营策略研究[J].新闻知识,2009(3).

[24]何连玉.主办报社会计事务的回忆[J].服务月刊,1940,3(5-6).

[25]贺仁麟.记者、新闻与报道[J].新闻学季刊,1947,3(2).

[26]胡健中.新闻学讲座:社论写作应有的认识[J].新闻战线,1941(2).

[27]胡健中.怎样编辑新闻[J].新闻学季刊,1941,1(4).

[28]黄旦.增发新的"性情":关于新闻传播思想研究的对话[J].新闻记者,2017(11).

[29]黄天鹏.四十年来中国新闻学之演进[J].中国新闻学会年刊,1942.

[30]黄远生.忏悔录[J].东方杂志,1915,12(11).

[31]黄卓明,俞振基.关于《时事新报》的所见所闻[J].新闻研究资料,1983(3).

[32]季卫东.法律职业的定位——日本改造权力结构的实践[J].中国社会科学,
    1994(2).

[33]贾克岐.报纸发行技术丛谈[J].新闻学季刊,1947,3(2).

[34]蒋阴恩.美国的新闻道德规律[J].报学季刊,1935,1(3).

[35]解宗元.报业经理部门的人才问题[J].新闻战线,1943,3(6).

[36]金志英.编辑新闻的五项工作[J].上海记者,1942(4).

[37]老唐,真,陈文干,等.中国报馆应否托拉斯化[J].新闻学期刊,1934.

[38]乐恕人.现代记者的修养问题[J].新闻战线,1941(2).

[39]冷冰.南京《中央日报》的经营策略及启示[J].青年记者,2005(4).

[40]李东霞,孙剑.汪汉溪主持时期《新闻报》经营管理策略[J].青年记者,2014(1).

[41]李杰琼.《实报》"小报大办"实践的困境与策略——兼论20世纪20年代小
    型报的生存空间[J].新闻与传播研究,2011(2).

[42]李锡龄.新式簿记与旧式记账法之渊源及其得失[J].会计月刊,1930(1).

[43]李秀云.中国报纸编辑理念的历史变迁[J].新闻爱好者,2007(18).

[44]李宜培.赫斯特与其报业[J].报人世界,1936(4).

[45]李煜秋.旧中国民营大报经营策略初探[J].青年记者,2009(12).

[46]梁玉峰,冯兵.恽逸群的党报经营思想[J].今传媒,2013(4).

[47]林鹤钦.怎样增加新闻纸中广告的效力[J].文艺印刷月刊,1937,1(7).

[48]刘光炎.新闻界的空气[J].中国新闻学会年刊,1942.

[49]刘光炎.怎样增加新血输[J].中国新闻学会年刊,1944.

[50]刘汉兴.各国报纸广告的比较[J].新闻学季刊,1940,1(2).

[51]刘汉兴.谈报纸广告的净化[J].新闻学季刊,1939,1(1).

[52]刘汉兴.小型报纸的检讨[J].新闻学季刊,1940,1(3).

[53]刘豁轩.中国报业的演变及其问题[J].报学,1941(1).

[54]刘小燕.中国民营报业托拉斯道路的破灭[J].新闻大学,2003(4).

[55]刘泱育.论报纸图存的战略取径及其历史资源[J].当代传播,2013(6).

[56]陆铿.报界的人荒问题[J].新闻战线,1942,1(8-9).

[57]陆锡麟.近十年来堪萨斯明星报之成功史[J].报人世界,1937(7).

[58]罗高.新闻纸与印刷工人[J].新闻记者,1939(6).

[59]罗国干.美查时期《申报》的经营之道——媒介经营管理研究之一[J].广西
    大学学报(哲学社会科学版),2006(3).

[60]罗国干.韬奋《生活》周刊的经营方略——媒介经营管理研究之二[J].广西

大学学报(哲学社会科学版),2006(4).

[61]罗国干.新记《大公报》的经营管理——媒介经营管理研究之三[J].广西大
　　学学报(哲学社会科学版),2006(5).

[62]罗森堡.报纸的销路[J].葛思恩,译.新闻学季刊,1947,3(2).

[63]马锐筹.新闻学术研究:编排的艺术[J].新闻战线,1942,2(2-3).

[64]马星野.地方报纸的症结及其对策[J].战时记者,1939(7).

[65]马星野.论新闻之风格[J].新闻战线,1945,5(2-3).

[66]马星野.欧美报纸之销路推广术[J].新社会,1934,6(8).

[67]马星野.新闻记者之训练问题[J].新民族,1938,2(19).

[68]毛楷清.报社组织之检讨[J].新闻学季刊,1939,1(1).

[69]木子.广告本位与发行本位[J].战时记者,1939(6).

[70]穆加恒.商业广告的净化问题[J].报学杂志,1949,1(10).

[71]聂士芬,罗文达.中国报业前进的阻力[J].报人世界,1936(6).

[72]聂世琦.如何培养报业管理人才[J].新闻战线,1942,2(7-8).

[73]潘焕昆.报纸上的标题[J].新闻学季刊,1940,1(3).

[74]潘君健.报纸评论与社会舆论[J].报学季刊,1934(创刊号).

[75]裴克.培养战时新闻人才[J].战时记者,1939(5).

[76]彭革陈.新闻编排的方法论[J].报学季刊,1934年(创刊号).

[77]钱沧硕.谈编辑[J].中国新闻学会年刊,1942.

[78]钱益民.1920—1921年商务印书馆的改革[J].浙江师范大学学报(社会科
　　学版),2002,27(3).

[79]秦明初.长途电话与消息传递[J].新闻记者,1937,1(3).

[80]清安.建立健全国营通讯社[J].上海记者,1942(1).

[81]阙名.新闻之标题[J].报学月刊,1929,1(3).

[82]饶引之.介绍新闻学(三)[J].读书青年,1945,2(1).

[83]沙凤岐.报纸与社会[J].新闻学期刊,1934.

[84]邵鸿达.地方报纸的广告[J].战时记者,1939(9).

[85]佘绍敏,许清茂,黄飞,等.汪汉溪广告经营理念初探[J].新闻记者,2005
　　(4).

[86]申兰生.如何做经济记者[J].上海记者,1942(5).

[87]沈松华.民国报业的公司化进程研究[J].杭州师范大学学报(社会科学版),
　　2009(4).

[88]施钧伯.新闻记者职业的保障[J].报学季刊,1935,1(4).

[89]宋鸿猷.外勤记者应有的修养和我的采访经验[J].报学季刊,1935,1(3).

[90]孙慧.《新闻报》创办经过及其概况[J].档案与史学,2002(5).

[91]孙如陵.短评概观[J].新闻学季刊,1942,2(2).

[92]孙如陵.评论与报纸的关系[J].新闻学季刊,1941,2(1).

[93]唐克明.近代美英新闻事业鸟瞰[J].新闻学期刊,1934.

[94]陶喜红,李时新.民国时期报贩对民营报业发行市场的控制及其影响[J].中国出版,2011(20).

[95]陶喜红,马庆.民营资本与报业市场结构——清末与民国时期民营报业经营研究[J].新闻爱好者,2012(3).

[96]陶喜红.民国时期民营小报发行市场竞争强度分析[J].湖北社会科学,2011(12).

[97]田萌.论版面排列[J].上海记者,1943(6).

[98]汪英宾.报业管理要义[J].新闻学季刊,1941,2(1).

[99]汪远涵.中国报业的出路问题[J].报展,1936(纪念刊).

[100]王春泉.新记公司《大公报》的经营管理之道[J].报刊之友,1997(11).

[101]王纪元.记者常识讲座:报纸版面的研究[J].战时记者,1939(8).

[102]王隐三,陈裕清,张志智,等.各地报业现状及战后发展之意见[J].中国新闻学会年刊,1944.

[103]王芸生.新闻的选择与编辑[J].中国新闻学会年刊,1942.

[104]韦恒章.新闻道德之研究[J].新闻学季刊,1947,3(1).

[105]蔚平.新闻伦理论[J].上海记者,1943(6).

[106]魏九如.新闻纸发行论(上)[J].上海记者,1944,2(5-6).

[107]温汉华.从经营的角度看《新闻报》的受众观[J].新闻爱好者,2009(24).

[108]文心.报馆新闻编辑的生活[J].现代青年,1942,6(2).

[109]我们的意见:报纸纵横谈[J].新闻学报,1940,1(2).

[110]吴雄剑.今日的中国新闻纸[J].新闻学期刊,1934.

[111]武希辕.趣味本位新闻观批判[J].新闻学季刊,1941,1(4).

[112]武月卿,孔珞,祝修麞,等.报纸下乡问题(本刊第六次座谈会)[J].报学杂志,1948,1(5).

[113]武志勇,周尚科.中国报刊发行体制变迁历史的现实启示[J].新闻大学,2011(4).

[114]武志勇.二十世纪及本世纪初中国报刊发行研究文献述略[J].编辑之友，2011(12).

[115]弦平.黄色新闻与黄色广告的取缔[J].新闻学报,1940,1(4-5).

[116]谢开杰.报纸之插图[J].新闻学季刊,1941,1(4).

[117]谢霖.新式会计方法在中国之过去与未来[J].会计杂志,1935,3(2).

[118]谢小鲁.我国各大报纸面构成之分析及其批评[J].新闻学期刊,1934.

[119]谢小鲁.新闻与广告之伦理观[J].报展,1936(纪念刊).

[120]邢颂文.地方报纸国际新闻编辑的商榷[J].江苏月报,1935,4(4).

[121]徐宝璜.新闻事业之将来[J].报学月刊,1929,1(1).

[122]徐敦楷.民国时期科学管理思想在中国的传播与运用[J].中南财经政法大学学报,2010(2).

[123]徐霄汉.广告学与术(上)[J].新闻学刊,1927,1(3).

[124]徐霄汉.广告学与术(下)[J].新闻学刊,1927,1(4).

[125]徐永祚.改良中国会计问题[J].会计学报,1928(创刊号).

[126]徐永祚.改良中国会计问题[J].会计杂志,1933,1(1).

[127]徐钟珮.英国报界现况之分析[J].新闻学季刊,1940,1(2).

[128]许邦兴.中国小型报纸[J].报学,1941(1).

[129]许君远.报纸需要翻译人才[J].新闻战线,1943(1).

[130]许孝炎.我所见到的中国新闻事业——新闻讲座之二[J].新闻学季刊,1947,3(1).

[131]亚浦夏根.英国新闻纸面面观[J].学鸣,译.上海记者,1944,2(5-6).

[132]杨国良.现代广告事业[J].报学季刊,1934(创刊号).

[133]杨宇清.韬奋经营管理思想略论[J].江西社会科学,1987(4).

[134]姚福申.解放前《新闻报》经营策略研究[J].新闻大学,1994(1).

[135]佚名.广告与道德[J].科学,1918,4(2).

[136]于右任.如何写作社评[J].新闻学季刊,1940,1(2).

[137]俞凡.胡政之报业人力资源管理思想研究——兼论对中国传媒业人力资源管理问题的启示[J].新闻界,2011(2).

[138]俞颂华.论报业道德[J].新闻学季刊,1939,1(1).

[139]曾来海.建立"新式会计"制度:民国时期报馆财务管理现代化思想研究[J].新闻春秋,2016(3).

[140]曾来海.论民国时期报馆公开招考聘用人才的观念[J].编辑之友,2018(9).

[141]曾来海.论晚清民国时期报馆编辑部与营业部间的关系模式[J].编辑之友,2019(6).

[142]曾来海.民国时期"报纸下乡"经营思想的考察[J].编辑之友,2015(5).

[143]曾来海.试论民国时期报馆"培庸奖进"的用人思想[J].新闻大学,2016(4).

[144]曾来海.试论民国时期报业广告经营的理论研究[J].新闻春秋,2015(4).

[145]曾来海.试论民国时期报业集团化经营的理论研究[J].国际新闻界,2011(3).

[146]曾来海.试论民国时期报业有效发行的市场监管与评价标准[J].浙江外国语学院学报,2017(2).

[147]曾来海.晚清民国时期传媒经济(管理)学研究的历史考察[J].国际新闻界,2013(3).

[148]詹文浒.培养报业人才管见[J].中国新闻学会年刊,1944.

[149]张佛千.追思成舍我先生:为成舍我先生百岁冥诞纪念集而作[J].传记文学,1998,73(2).

[150]张洁.中国近代民营报业经营方略(上)[J].新闻与写作,2005(6).

[151]张洁.中国近代民营报业经营方略(下)[J].新闻与写作,2005(7).

[152]张立勤.20世纪二三十年代民营报业的自主发行模式及其经营策略——以《申报》《新闻报》为考察中心[J].国际新闻界,2013(4).

[153]张立勤.从"能人时代"到"制度化时代"——20世纪二三十年代《申报》《新闻报》的组织变革[J].新闻大学,2013(5).

[154]张立勤.民国时期报纸广告的理论研究述略[J].国际新闻界,2014(8).

[155]张万里.新闻记者应有的修养[J].报学季刊,1935,1(4).

[156]张万里.战时报业工人管理之研究[J].中国新闻学会年刊,1944.

[157]张一苇.华北新闻界[J].报学月刊,1929,1(2).

[158]张友鸾.新闻纸面[J].中国新闻学会年刊,1942.

[159]张友渔.我和《实报》[J].新闻研究资料,1981(4).

[160]张志智.发展全国新闻事业刍议(下)[J].新闻战线,1943,2(9-10).

[161]赵春仙.社论之作法及其趋势[J].新闻学季刊,1947,3(2).

[162]赵家欣.地方报的采访工作[J].战时记者,1939,2(3).

[163]赵慕儒.采访新闻的方法[J].记者月报,1941(2-3).

[164]郑瑞梅.报纸营业之方针[J].新闻学期刊,1934.

[165]中国青年记者学会总会.给全国会友一封信[J].新闻记者,1940,2(8).

[166]周钦岳.广告与发行[J].中国新闻学会年刊,1942.

[167]朱家让.关于组织新闻记者公会[J].新闻战线,1942,2(7-8).

[168]朱司晨.新闻纸之广告与推广问题[J].晨光周刊,1935,4(24).

[169]朱至刚.维新何以成"运动":以《时务报》报费的流向为个案[J].新闻与传播评论,2018,71(1).

[170]庄伯勋.新闻广告学[J].报学杂志,1948,1(7).

[171]紫微.制作报纸广告的基本条件[J].机联会刊,1936(153).

[172]宗亦耕.20世纪二三十年代上海报业的运营机制与规律[J].上海大学学报(社会科学版),2006,13(2).

[173]Reuel R.Barlow.欧洲新闻从业员之职业保障[J].报人世界,1936(5).

四、学位论文

[1]常国良.近代上海商业教育研究(1843—1949)[D].上海:华东师范大学,2006.

[2]陈贝贝.成舍我的报业经营管理思想研究[D].保定:河北大学,2010.

[3]代雅静.经营报纸——史量才报刊思想研究[D].兰州:兰州大学,2007.

[4]古晓峰.民国时期《申报》经营管理研究——兼与《新闻报》的比较[D].上海:复旦大学,2007.

[5]胡志强.胡政之新闻职业观及其实践研究[D].武汉:华中科技大学,2010.

[6]黄丽丘.论中国现代报业经营的发展轨迹与特色[D].南宁:广西大学,2005.

[7]芦莉菲.邹韬奋媒介经营管理思想研究[D].保定:河北大学,2006.

[8]汪志海.新中国建国前传媒经营管理思想史[D].上海:上海大学,2005.

[9]郗怡君.新记《大公报》的经营管理之道[D].呼和浩特:内蒙古大学,2012.

[10]闫俊霞.1912—1934年《申报》的营销策略研究[D].重庆:西南大学,2012.

[11]严晋.新记《大公报》经营管理方略研究[D].长沙:湖南大学,2013.

[12]杨朕宇.《新闻报》广告与近代上海休闲生活的建构(1927—1937)[D].上海:复旦大学,2009.

[13]游垠.成舍我报业管理思想与实践研究[D].武汉:华中科技大学,2013.

[14]于鑫.史量才主持时期《申报》经营管理研究[D].保定:河北大学,2006.

[15]张立勤.1927—1937年民营报业经营研究:以《申报》《新闻报》为考察中心[D].上海:复旦大学,2012.

[16]赵娜.胡政之报纸经营思想研究[D].保定:河北大学,2008.

[17]赵旭.胡政之经营管理思想研究[D].长春:吉林大学,2011.

[18]郑炯儿.从"扫荡"到"和平":《扫荡报》的研究(1931—1950)[D].台北:台湾师范大学,1999.

后　记

　　我关于晚清民国时期报业经营与管理学术史、思想史研究的最初设想始于 2008 年,起初只是试图从自己多年来一直教学的"中外新闻传播史"与"媒介经营与管理"的专业分支领域寻找学科的基础问题或核心问题,作为研究方向或选题然后发几篇同行认可的好一点的论文。没想到,至今我在这个方向的研究已经进行了 15 个年头了。在这十几年里,关于该选题已经主持完成 1 项浙江省哲学与社会科学规划基金项目,完成 1 篇博士论文,完成了 1 项教育部人文社会科学规划基金项目,公开发表了系列论文十多篇。其中关于晚清民国时期报业经营与管理学术史的梳理已告一段落,并于2016 年出版了《中国近代报业管理学史(1834—1949)》一书。关于晚清民国时期报业经营与管理思想史的梳理也进行了七八年,部分研究论文也已经陆续刊发。为了更完整、更系统地呈现晚清民国时期报业经营与管理思想体系,在此把晚清民国时期报业经营与管理思想史的研究聚集成册形成本书,也算是教育部"晚清民国时期报业管理思想专题研究"项目(项目编号:15YJA860017)的最终成果。

　　在此,特别要感谢我的博士生导师方晓红教授。出身寒门且世代农耕的我,在考博士屡次失败几乎绝望之际,是方老师给了我读博士的机会,引导我走上了学术研究之路。能跟随方老师学习治学、做事、为人,是我人生的幸运。在博士毕业之后,虽然离开了学校、离开了南京,但方老师学识的渊博、治学的严谨、为人的正直、做事的认真一直都让我敬佩不已,也是我努力学习的榜样。

　　感谢中国人民大学新闻学院方汉奇先生及其弟子对本书的指点、引导与鼓励。2008 年,我曾在国内新闻史学界泰斗方汉奇先生的个人网站上留言咨询这个选题是否值得研究，我们虽然未曾谋面，但是方先生及其弟子很及时地给予指点与回复，他的原话是"可以做，整理出来以供参考"。这样以来，我对这个选题就更有了信心，而且越做越深，一直做了十几年。

感谢南京师范大学新闻与传播学院张晓锋教授、倪延年教授、顾理平教授、靖鸣教授、李培林教授、于德山教授对本书的指导与鼓励，感谢同门骆正林、陆高峰、庄曦、操瑞青、曹刚、高山冰等师兄师姐师弟师妹们的鼓励与帮助。

感谢我的妻子与儿女的鼓励与支持。自裸婚十几年来，妻子既要忙于自己的工作、养儿育女，还操持了大部分的家务。更令我感动的是她在已过不惑之年却以惊人的勇气，甚至冒着生命危险生下了二宝。大宝已渐渐长大，开始了中学的新生活，她虽然有时调皮，但对父母的关心与体贴让我感动不已。二宝的到来，虽然让我们辛苦了不少，但他给我们带来很多的快乐与鼓舞。

感谢岳父、岳母全家人对我十多年来的关心与支持。尤其是已经杖朝之年的岳父生病的半年里，由于距离遥远、家事公事忙得无法分身，再加上疫情肆虐引发的管控，直到离世入土也没能看他一眼，在此深感内疚与惭愧，也愿他在天堂一切安好！即将杖朝之年的岳母一直尽心尽力地帮我们看管两个小孩、做各种家务，在此深表谢意与祝福。

此外，还要感谢我远在偏远山村守护家园的年迈父母和为生活、生计而日夜奔波的兄弟姐妹的全力支持与关心。父母识字不多，他们仅凭体力劳作把我们七个兄弟姐妹养活带大实属不易，如今我们虽已各自成家，他们也已儿孙满堂，但是我们儿女未能全力尽孝，仍然由二老长年孤零零地守护着乡下的家园，在此深感内疚与不安。兄弟姐妹情同手足，他们虽然文化水平不高，但竭尽全力甚至放弃自己的读书机会来支持我的学业，虽然我已工作近二十年，但长年在外也无法顾及他们。如今自己几近知天命之年，却仍然难以回报他们，甚至连团聚的机会也很是难得，在此深表惭愧与歉意。

最后要感谢浙江大学出版社杨茜老师为本书润色、编辑所付出的辛勤劳动！

由于能力所限，本书难免有疏漏之处，恳请读者与专家批评指正。

曾来海

2023 年 1 月 29 日于杭州翰墨香林苑